원하는 단어를 즉석에서 찾아보는

Practical Korean_Japanese_Chinese.Words

실용

한·일·중 단어

신흥태•손혜영 엮음 / 미츠오 도오루•췬 차오냥 감수

빛과 향기

이 책의 본문 디자인 형식은
특허출원(실용신안)등록된 디자인이므로
출판사와 저자의 허락 없이 내용의(형식)일부를 인용하거나
발췌하는 것은 신 저작권법과 특허법에 저촉되므로
무단복제를 금합니다

실용한일중단어

2007년 7월 5일 초판 발행
2009년 3월 25일   3쇄 발행

발행인 배선희
발행처 빛과향기
등 록 제3-1250호
주 소 서울시 동대문구 신설동 114-89호
　　　　삼우빌딩 C동 403호
전 화 (02) 2233-2919
팩 스 (02) 2233-2920
E-mail lap21@korea.com

ISBN 978-89-89700-62

정가 10,000원
※잘못된 책은 구입처에서 교환하여 드립니다.

들어가는 말

이 책의 구성은 일상생활에서 자주 쓰이는 실용 5000단어를 엄선하여 수록하였으며 일본어, 중국어는 단어만 알면 외국인처럼 유창하게 말할 수 있으며, 따라서 하나의 실용단어에서 외국어 학습의 문이 무한대로 열리는 것이다.

이 학습의 시기에 가장 필요한 것이 외국어 사전이다. 그러나 대부분의 외국어사전은 한정된 지면에 방대한 정보를 수록하기 때문에 보기 편하고 쉽게 찾기에는 많은 문제를 가지고 있다. 그리고 자세한(어구, 해설, 문법) 등이 나열되어 있어도 초보자는 오히려 단어의 뜻(의미) 그 자체가 이해하기 어려운 경우가 많다. 이 실용단어장은 일본어, 중국어를 배우는 어린학생에서 노년의 실버세대까지 초보자의 시각과 입장에서 이 책을 다음과 같이 구성하여 누구나 간편하게 찾고 배울 수 있도록 만들었습니다.

첫 번째 ▸▸ 한 권의 책 속에서 3개국의 언어와 뜻과 단어를 동시에 찾고 익힐 수 있도록 구성하였으며, 또한 한 권의 책으로 다섯 권의 효과를 낼 수 있도록 구성하였습니다.

두 번째 ▸▸ 본문의 구성은 학습자가 원하는 단어를 바로 즉석에서 사전처럼 찾을 수 있도록 우리글의 가, 나, 다… 순으로 나열하였으며, 또한 학습자가 찾고 싶은 단어를 빠르고 쉽게 찾을 수 있도록 페이지의 좌, 우에 한글 단어 색인을 하였습니다.

세 번째 ▸▸ 실용 5000(일본어, 중국어)단어를 일상생활에서 자유롭게 구사하며 사용할 수 있도록 실용단어만을 엄선하여 엮었습니다.

네 번째 ▸▸ 외국어(일본어, 중국어)를 잘 모르는 초보 학습자 누구나 쉽게 읽으며 뜻을 알 수 있도록 단어 상단부에 원어민의 발음에 충실하게 한글로 발음을 표기 하였습니다.

다섯 째 ▸▸ 일본어의 부록으로는 초보 여행자를 위한 공항에서부터 호텔, 쇼핑까지 간단히 사용할 수 있는 간단 여행회화를 수록하였고, 중국어의 부록으로는 중국에서 사용하는 1급 상용한자를 수록하였습니다.

<1> 일본어 문자

일본에서는 한자(漢字)와 히라가나(ひらがな)와 가타카나(カタカナ)의 3종류 문자가 사용되고 있다. 한자(漢字)는 우리와 같이 쓰이고 있으나 일부 한자(漢字)는 정자를 간략하게 쓰는 「신자체」를 쓰고 있다. 히라가나는 한자의 초서체처럼 간단히 줄여서 만든 문자이며, 가타카나는 한자의 일부 획만을 취해 만든 문자이다.

●● 히라가나 · ひらがな

段 行	あ단	い단	う단	え단	お단
あ행	あ 아[a]	い 이[i]	う 우[u]	え 에[e]	お 오[o]
か행	か 카[ka]	き 키[ki]	く 쿠[ku]	け 케[ke]	こ 코[ko]
さ행	さ 사[sa]	し 시[shi]	す 스[su]	せ 세[se]	そ 소[so]
た행	た 타[ta]	ち 치[chi]	つ 츠[tsu]	て 테[te]	と 토[to]
な행	な 나[na]	に 니[ni]	ぬ 누[nu]	ね 네[ne]	の 노[no]
は행	は 하[ha]	ひ 히[hi]	ふ 후[fu]	へ 헤[he]	ほ 호[ho]
ま행	ま 마[ma]	み 미[mi]	む 무[mu]	め 메[me]	も 모[mo]
や행	や 야[ya]		ゆ 유[yu]		よ 요[yo]
ら행	ら 라[ra]	り 리[ri]	る 루[ru]	れ 레[re]	ろ 로[ro]
わ행	わ 와[wa]				を 오[wo]
	ん 응[ng, n, m]				

<1> 일본어 문자

히라가나는 일상적인 표기에 상용되고 있으며, 가타카나는 외래어 표기에 주로 쓰인다. 일반적으로 이 두 문자를 「가나(仮名)」라고 하며, 가나를 모음을 기준으로 나눈 「5단(段)」과 자음(ア행은 예외)을 기준으로 나눈 (10행)을 배열한 표를 오십음도(五十音図)라고 한다. 지금은 50글자 중 중복 및 소멸된 5글자는 쓰이지 않으며, 남은 45자에 발음(撥音)「ん」이 추가되어 46자가 쓰이고 있다.

●●가타카나 · カタカナ

段 / 行	ア단	イ단	ウ단	エ단	オ단
ア행	ア 아[a]	イ 이[i]	ウ 우[u]	エ 에[e]	オ 오[o]
カ행	カ 카[ka]	キ 키[ki]	ク 쿠[ku]	ケ 케[ke]	コ 코[ko]
サ행	サ 사[sa]	シ 시[shi]	ス 스[su]	セ 세[se]	ソ 소[so]
タ행	タ 타[ta]	チ 치[chi]	ツ 츠[tsu]	テ 테[te]	ト 토[to]
ナ행	ナ 나[na]	ニ 니[ni]	ヌ 누[nu]	ネ 네[ne]	ノ 노[no]
ハ행	ハ 하[ha]	ヒ 히[hi]	フ 후[fu]	ヘ 헤[he]	ホ 호[ho]
マ행	マ 마[ma]	ミ 미[mi]	ム 무[mu]	メ 메[me]	モ 모[mo]
ヤ행	ヤ 야[ya]		ユ 유[yu]		ヨ 요[yo]
ラ행	ラ 라[ra]	リ 리[ri]	ル 루[ru]	レ 레[re]	ロ 로[ro]
ワ행	ワ 와[wa]				ヲ 오[wo]
	ン 응[ng,n,m]				

<2> 일본어 발음

●●청음 · 淸音

청음이란 오십음도(앞의 히라가나, 가타카나 도표)에서 마지막 문자인 ん(ン)을 제외한 모든 음을 말하며 맑은 소리음을 내는 것을 말한다.

あ	い	う	え	お
ア	イ	ウ	エ	オ
아[a]	이[i]	우[u]	에[e]	오[o]

••あ행은 우리말의 「아이우에오」와 발음이 같으며, 단, う는 「우」와 「으」의 중간음으로 입술을 자연스런 상태에서 발음한다.

か	き	く	け	こ
カ	キ	ク	ケ	コ
카[ka]	키[ki]	쿠[ku]	케[ke]	코[ko]

••か행은 단어의 첫머리에 올 때는 발음이 강한 「가가구게고」와 비슷하며, 단어의 중간이나 끝에 올 때는 「까까꾸께꼬」로 발음한다.

さ	し	す	せ	そ
サ	シ	ス	セ	ソ
사[sa]	시[shi]	스[su]	세[se]	소[so]

••さ행은 우리말의 「사시스세소」와 발음이 같다. 단, し의 발음은(쉬)에 가까운(시)로 발음하고 す는(수)보다는 (스)에 가깝게 발음한다.

た	ち	つ	て	と
タ	チ	ッ	テ	ト
타[ta]	치[chi]	츠[tsu]	테[te]	토[to]

••た.て.と는 단어가 첫머리에 올 때는 「다데도」로 발음하고, 중간이나 끝에 올 때는 「따떼또」로 발음한다. ち는(치)에 가까운 발음이지만 두 번째 음절에오면(찌)로 발음하고 つ는(츠.쯔.쓰)의 복합적인 발음이다.

な	に	ぬ	ね	の
ナ	ニ	ヌ	ネ	ノ
나[na]	니[ni]	누[nu]	네[ne]	노[no]

••な행 발음은 우리말의 「나니누네노」와 발음한다.

は	ひ	ふ	へ	ほ
ハ	ヒ	フ	ヘ	ホ
하[ha]	히[hi]	후[fu]	헤[he]	호[ho]

••は행은 발음은 우리말의 (ㅎ)음과 거의 같다. 단 ふ는 「후」와 「흐」의 중간
음으로 입술을 자연스런 상태에서 발음한다.

ま	み	む	め	も
マ	ミ	ム	メ	モ
마[ma]	미[mi]	무[mu]	메[me]	모[mo]

••ま행 발음은 우리말의 「마미무메모」라고 발음한다.

や		ゆ		よ
ヤ		ユ		ヨ
야[ya]		유[yu]		요[yo]

••や행은 우리말의 「야유요」와 발음이 같고 반모음으로 쓰인다.

ら	り	る	れ	ろ
ラ	リ	ル	レ	ロ
라[ra]	리[ri]	루[ru]	레[re]	로[ro]

••ら행은 우발음은 우리말의 「라리루레로」와 빌음이 같다.

わ				を
ワ				ヲ
와[wa]				오[wo]

••わ행의 발음은 우리말의 「와오」와 발음이 같다. 단, を는 あ행의 お와 발음
이 같지만 단어에는 쓰이지 않고 우리말의 「~을(를)」의 뜻으로만 쓰인다.

<2> 일본어 발음

●●탁음 · 濁音

탁음이란 か·さ·た는(カ·サ·タ·ハ)행의 글자 오른쪽 윗부분에 탁점(˝)을 붙인 음을 말한다. だ행의 ぢ·づ는 ざ행의 じ·ず와 발음이 동일하여 현대어에서는 특별한 경우 이외는 별로 쓰이지 않는다.

히라가나					가타카나				
が	ぎ	ぐ	げ	ご	ガ	ギ	グ	ゲ	ゴ
가[ga]	기[gi]	구[gu]	게[ge]	고[go]	가[ga]	기[gi]	구[gu]	게[ge]	고[go]
ざ	じ	ず	ぜ	ぞ	ザ	ジ	ズ	ゼ	ゾ
자[za]	지[ji]	즈[zu]	제[ze]	조[zo]	자[za]	지[ji]	즈[zu]	제[ze]	조[zo]
だ	ぢ	づ	で	ど	ダ	ヂ	ヅ	デ	ド
다[da]	지[ji]	즈[zu]	데[de]	도[do]	다[da]	지[ji]	즈[zu]	데[de]	도[do]
ば	び	ぶ	べ	ぼ	バ	ビ	ブ	ベ	ボ
바[ba]	비[bi]	부[bu]	베[be]	보[bo]	바[ba]	비[bi]	부[bu]	베[be]	보[bo]

●●반탁음 · 半濁音

반탁음은 は행의 오른쪽 윗부분에 반탁점(˚)을 붙인 것을 말한다. 반탁음은 우리 말의 「ㅍ.ㅃ」의 중간 음이며, 단어의 첫머리에 올 경우에는 「ㅍ」에 가깝게 발음하고, 단어의 중간이나 끝에 올 때는 「ㅃ」에 가깝게 발음한다.

히라가나					가타카나				
ぱ	ぴ	ぷ	ぺ	ぽ	パ	ピ	プ	ペ	ポ
파[pa]	피[pi]	푸[pu]	페[pe]	포[po]	파[pa]	피[pi]	푸[pu]	페[pe]	포[po]

●●요음 · 拗音

요음이란 각 자음(き·し·ち·に·ひ·み·り·ぎ·じ·び·ぴ) 에 (や·야·ゆ·유·よ·요)를 작게 붙인 음을 말한다. 따라서 「や·ゆ·よ」 는 우리말의 「ㅑ·ㅠ·ㅛ」 같은 역할을 한다.

히라가나			가타카나		
きゃ	きゅ	きょ	キャ	キュ	キョ
캬[kya]	큐[kyu]	쿄[kyo]	캬[kya]	큐[kyu]	쿄[kyo]
しゃ	しゅ	しょ	シャ	シュ	ショ
샤[sha]	슈[shu]	쇼[sho]	샤[sha]	슈[shu]	쇼[sho]
ちゃ	ちゅ	ちょ	チャ	チュ	チョ
챠[cha]	츄[chu]	쵸[cho]	챠[cha]	츄[chu]	쵸[cho]
にゃ	にゅ	にょ	ニャ	ニュ	ニョ
냐[nya]	뉴[nyu]	뇨[nyo]	냐[nya]	뉴[nyu]	뇨[nyo]
ひゃ	ひゅ	ひょ	ヒャ	ヒュ	ヒョ
햐[hya]	휴[hyu]	효[hyo]	햐[hya]	휴[hyu]	효[hyo]
みゃ	みゅ	みょ	ミャ	ミュ	ミョ
먀[mya]	뮤[myu]	묘[myo]	먀[mya]	뮤[myu]	묘[myo]
りゃ	りゅ	りょ	リャ	リュ	リョ
랴[rya]	류[ryu]	료[ryo]	랴[rya]	류[ryu]	료[ryo]
ぎゃ	ぎゅ	ぎょ	ギャ	ギュ	ギョ
갸[gya]	규[gyu]	교[gyo]	갸[gya]	규[gyu]	교[gyo]
じゃ	じゅ	じょ	ジャ	ジュ	ジョ
쟈[ja]	쥬[ju]	죠[jo]	쟈[ja]	쥬[ju]	죠[jo]
びゃ	びゅ	びょ	ビャ	ビュ	ビョ
뱌[bya]	뷰[byu]	뵤[byo]	뱌[bya]	뷰[byu]	뵤[byo]
ぴゃ	ぴゅ	ぴょ	ピャ	ピュ	ピョ
퍄[pya]	퓨[pyu]	표[pyo]	퍄[pya]	퓨[pyu]	표[pyo]

\<2\> 일본어 발음

●●발음 · 撥音

발음인(ん.웅)은 항상 다른 글자 뒤에 쓰여 우리말의 받침과 같은 구실을 한다.
또한 ん다음에 오는 글자의 특성에 따라 「ㄴ·ㅁ·ㅇ」 으로 소리가 난다.

❶ 「ㄴ(n)」 으로 발음하는 경우

「さ·ざ·た·だ·な·ら」 행의 글자 앞에서는 「ㄴ」 으로 발음한다.

べんとう	べんり	あんない	かんじ
벤또- (도시락)	벤리 (편리)	안나이 (안내)	칸지 (한자)

❷ 「ㅁ(m)」 으로 발음하는 경우

「ば·ぱ·ま」 행의 글자 앞에서는 「ㅁ」 으로 발음한다.

あんま	ぜんぷ	えんぴつ	しんぱい
심봉 (신문)	젬부 (전부)	엠피쯔 (연필)	심빠이 (근심)

❸ 「ㅇ(ng)」 으로 발음하는 경우

「か·が」 행의 글자 앞에서는 「ㅇ」 으로 발음한다.

おんがく	かんこく	まんが	ぎんこう
옹가꾸 (음악)	캉꼬꾸 (한국)	망가 (만화)	깅꼬- (은행)

❹ 콧소리 모음으로 발음하는 경우

「あ·は·や·わ」 행의 글자 앞에서는 또는 단어 끝에 왔을 때는 콧소리 모음으로 발음되며 이 책에서는 「ㅇ」 으로 대용하기로 한다.

れんあい	ほんや	でんわ	あんず
렝아이 (연애)	홍야 (서점)	뎅와 (전화)	앙즈 (살구)

●●촉음 · 促音

촉음이란 つ를 작은 글자 っ로 표기하여 다른 글자 밑에서 받침으로만 쓰인다. 이 촉음은 하나의 음절을 갖고 있으며, 뒤에 오는 글자의 특성에 따라 「ㄱ·ㅅ·ㄷ·ㅂ」 으로 발음한다.

❶ 「ㄱ(k)」 으로 발음하는 경우

か행의 글자 앞에서는 「ㄱ」 으로 발음한다.

さっか	がっこう	はっけん	にっき
삭까 (작가)	각꼬- (학교)	학껜 (발견)	닉끼 (일기)

❷ 「ㅅ(s)」 으로 발음하는 경우

さ행의 글자 앞에서는 「ㅅ」 으로 발음한다.

ざっし	きっさてん	いっち	けっせき
잣시 (잡지)	킷사뗑 (찻집)	잇찌 (일치)	켓세끼 (결석)

❸ 「ㄷ(t)」 으로 발음하는 경우

た행의 글자 앞에서는 「ㄷ」 으로 발음한다.

まったく	きって	おっと	あさって
맏따꾸 (전혀)	긷떼 (우표)	옫또 (남편)	아삳떼 (모레)

※ 본문에서는 「ㄷ」 으로 나는 발음은 편의상 「ㅅ」 으로 표기하였다.

❹ 「ㅂ(p)」 으로 발음하는 경우

ぱ행의 글자 앞에서는 「ㅂ」 으로 발음한다.

いっぱい	きっぷ	あっぱれ	いっぺん
입빠이 (가득)	킵뿌 (표)	압빠레 (훌륭함)	입뻰 (일편)

<2> 일본어 발음

●●장음 · 長音

모음에는 단음과 장음이 있다. 장음이란 발음을 길게 발음하는 것을 말한다. 우리
말에서는 장음의 구별이 어렵지만 일본어에서는 이것을 확실히 구분하여 쓴다. 음
의 장단에 따라 그 의미가 달라지므로 주의해야 한다. 또, カタカナ에서는 장음부
호를 「ー」로 표기한다.

❶ あ단 글자 다음에 모음 あ가 이어질 때

おばあさん	おかあさん	まあい
오바ー상 (할머니)	오까ー상 (어머니)	마ー이 (간격)

❷ い단 글자 다음에 모음 い가 이어질 때

おじいさん	みいり	ちいき
오지ー상 (할아버지)	미ー리 (결실)	찌ー끼 (지역)

❸ う단 글자 다음에 모음 う가 이어질 때

くうせき	くうき	ふうふ
쿠ー세끼 (공석)	쿠ー끼 (공기)	쯔ー싱 (통신)

❹ え단 글자 다음에 모음 え나い가 이어질 때

おねえさん	けいえい	えいご
오네ー상 (누님/언니)	케ー에ー (경영)	에ー고 (영어)

❺ お단 들자 다음에 모음 お나う가 이어질 때

おとうさん	こうえん	とおり
오또ー상 (아버지)	코ー엥 (공원)	토ー리 (길)

●● 표준어

표준어? 지역, 계층에 관계없이 통용되는 말로, 일본어의 표준어는 도쿄지방의 교양 있는 사람들이 쓰는 언어로 규정하고 있다.

●● 발음구조

일본어는 「1자음+1모음」 의 형식을 취하거나 「1모음」 으로 구성되어 있다. 즉, 자음(子音)은 항상 모음(母音) 앞에서만 발음이 된다.

●● 어휘

일본어 어휘는 순수 고유어 이외에, 외국에서 들어온 외래어가 있다. 또한 우리처럼 한자어 어휘가 있는데, 이것은 거의 외래어라는 의식이 없어 순수 일본어처럼 쓰이고 있다.

●● 문법

일본어의 어순(語順)은 우리말과 매우 비슷하며, 용언의 활용 및 단어와 단어 사이를 연결하는 조사가 있다. 또한 영어와는 달리 단수와 복수의 개념이 분명하지 않고 성(姓)의 구별이 없으며, 경어법의 발달 등을 들 수 있다.

●● 외래어 표기법

❶ 장음은 장음부호 「ー」 를 붙여서 표기한다.

スープ(soup) 스-프   **チーズ**(cheese) 치-즈

❷ 외래어 「f-」 는 가타카나가 フ 다음에 작은 글자 ァ·ィ·ゥ·ェ·ォ를 붙여서 표기한다.

ファイア(fire) 화이아   **フィルター**(filter) 휘루타-

❸ 외래어 「ti-」, 「di-」 는 テ,デ에 작은 글자 ィ를 붙여 ティ,ディ로 표기한다.

ティー(tea) 티-   **ディジタル**(digital) 디지따루

<1> 중국어 문자와 발음

중국어는 한 글자가 하나의 음절을 갖고 있다. 어두의 자음을 '성모(声母)'라고 하며, 성모 뒤의 모음을 포함한 부분을 '운모(韵母)'라고 한다. 운모가 모음 하나뿐인 것도 있으며, 음절이 2~3개의 모음으로 된(mao, miao), 모음 끝에 비음(鼻音)을 동반한 것(san, ling)도 있다. 한자의 발음을 로마자로 표기하는 것을 병음(拼音)이라고 하며, 각 음절에는 사성(四声)이라는 성조가 붙어 있다.

●● 번체자와 간체자

우리가 사용하는 한자를 중국에서는 번체자(繁体字)라고 하고 이것을 단순화 한 것을 간체자(简体字)라고 한다. 우리는 어릴 때부터 한자를 많이 접하여 중국어가 그다지 낯설지는 않지만 간혹 익숙지 못한 글자를 접하기도 하는데, 이는 중국대륙에서 사용되는 간체자(简体字)와 한국, 대만, 홍콩 등지에서 사용되는 번체자(繁体字)의 차이 때문이다. 중국 대륙은 10여년에 걸친 작업 끝에 2,238개 한자의 표기법을 통합 정리하고 간략화 하였다. 따라서 근래 중국과의 수교 이후 우리는 간체자를 이용하여 중국어를 익히고 있다.

●● 한어병음

우리말이나 영어는 영어는 표음문자만 보고도 정해진 발음을 할 수 있지만 한자는 표의문자로 글자를 보고 의미를 짐작할 수는 있어도 발음하기 힘들기 때문에 중국에서는 한자의 발음을 로마자로 표기하는 한어병음(汉语拼音)을 제정, 공포하여 좀 더 쉽고 정확하게 음을 익힐 수 있게 하였다. 한어병음방안에 따라 표음부호로서 공식 제정되어 표준말의 보급에 절대적인 공헌을 하고 있다. 흔히 한병(汉拼)으로 약칭하며, 알파벳 26자 중 'V'자를 제외한 25자와 특수모음 'ü'로 구성된다. 이는 처음에 중국어를 표의문자인 한자 대신에 표음문자인 로마자로 바꿔 쓰기 위한 수단으로 개발된 것으로, 수차례의 수정 보완을 거쳐 병음자모로서 공식적으로 제정되었다.

중국어 성모(声母)에서 중요한 것은 무기음(无气音)과 유기음(有气音)의 구별이다. 구강에 모아둔 입김을 강하게 내뿜으며 발음하는 것을 유기음이라 하고 입김을 약하게 내뿜으며 발음하는 것을 무기음이라 한다.

유기음(有气音)	p t k q ch c
무기음(无气音)	b d g j zh z

성모표	
순음(脣音)	b 뻐 p 퍼 m 머 f 푸어
설음(舌音)	d 떠 t 터 n 너 l 러
설근음(舌根音)	g 꺼 k 커 h 허
설면음(舌面音)	j 지 q 치 x 시
권설음(卷舌音)	zh 즈 ch 츠 sh 스 r 르
설치음(舌齒音)	z 쯔 c 츠 s 쓰

<2> 중국어 성모

●●순음 ·· b p m f

두 입술 사이에서 내는 음으로서 입술을 닫은 상태에서 강한 음을 낸다. f의 발음은 우리말의 'ㅎ'발음과 비슷하면서도 조금 다르다. 억양이 강해 영어의 f를 발음할 때처럼 윗니로 아랫입술을 약간 깨물 듯이 발음한다.

●●설음 ·· d t n l

혀끝에서 내는 음으로서 혀끝을 완전히 위 잇몸 뒤쪽에 붙였다가 떼면서 내는 음이다. 특히 l는 억양이 강해 영어의 l과 같이 혀끝을 위 잇몸 뒤쪽에 붙이고 발음한다.

●●설근음 ·· g k h

혀뿌리에서 발음하는 음으로서 특히 h는 목 안쪽에서부터 강한 숨을 내뿜으며 발음한다.

●●설면음 ·· j q x

혓바닥과 위쪽 턱으로 내는 음으로서 입술을 옆으로 벌리고 혀끝을 아래 잇몸의 뒤쪽에 가볍게 붙였다가 발음하면서 뗀다.

●●권설음 ·· zh ch sh r

혀를 구부리며 내는 음으로서 구부린 혀끝을 위 잇몸 뒤쪽에 닿을락 말락한 상태에서 발음하는데 혀끝이 강하게 떨린다. 특히 r이 그러하며, 'r'음은 권설음이므로 우리말의 'ㄹ'과 같이 발음해서는 안 된다.

●●치음 ·· z c s

혀끝에서 내는 음으로서 혀를 아랫니 치근(齒根)에 붙였다가 떼면서 발음한다.

운모표			
	l 이	u 우	ü 위
a 아	ia 야	ua 와	
o 오		uo 워	
e 어			
ê 에	ie 예		üe 위에
-i(zi ci si)의 i			
-i(zhi chi shi ri)의 i			
er 얼			
ai 아이		uai 와이	
ei 에이		uei 웨이	
ao 아오	iao 야오		
ou 어우	iou 요우		
an 안	ian 이엔	uan 완	üan 위엔
en 언	in 인	uen 원	ün 윈
ang 앙	iang 양	uang 왕	
eng 엉	ing 잉	ueng 웡	
ong 옹	iong 융		

●●단운모 单韵母

운모 중 가장 기본이 되는 발음이며, 발음할 때 처음부터 끝까지 입 모양과 혀의 위치가 변하지 않는 것으로 다음과 같이 여섯 가지가 있다.

- ••a 입을 크게 벌리고 '아'하고 발음한다.

- ••o 입 모양을 둥글게 하고 '오'와 '어'의 중간 발음을 한다.

- ••e 입을 반쯤 벌리고 '으-어'라고 발음한다.

- ••i 한글 발음의 '이'하고 발음할 때보다 좌우로 더 벌려 '이'라고 발음한다. 단, 단독으로 음절을 구성할 때는 'yi'라고 표기한다.

- ••u 입술을 둥글게 오므리면서 앞으로 내밀고 '우'라고 발음한다. 단, 단독으로 음절을 구성할 때는 'wu'라고 표기한다.

- ••ü '위'발음은 발음이 끝날 때까지 입 모양을 변하게 해서는 안 된다. 보통 한글 발음은 '위-이'로 발음하지만, 중국에서는 '위-위'라고 끝난다. 단, 단독으로 음절을 구성할 때는 'yu'라고 표기한다. 또한 'j, q, x'와 결합할 때는 위의 두 점은 생략한다.

<3> 중국어 운모

●● 복운모 复韵母

두 개의 단운모가 결합하여 이루어진 것으로 입 모양과 혀의 위치는 발음을 시작할 때와 끝날 때가 각각 다르며 아래 네 가지가 있다.

··**ai** 'a'쪽에 강세를 두어 'i'를 가볍게 붙여 읽는다.

··**ei** 'e'쪽에 강세를 두어 'i'를 가볍게 붙여 읽는다.

··**ao** 'a'쪽에 강세를 두어 'o'를 가볍게 붙여 읽는다.

··**ou** 'o'쪽에 강세를 두어 'u'를 가볍게 붙여 읽는다.

●● 부성운모 附声韵母

단운모에 비음운미(鼻音韵尾)인 'n, ng'가 결합하여 이루어진 것으로 아래와 같이 네 개가 있다. 입 모양과 혀의 위치는 시작할 때와 끝날 때가 각각 다르다.

··**an** 먼저 'a' 발음을 내다가 우리말의 'ㄴ' 받침을 붙여 발음하며, 이때 'ㄴ'은 비음으로 나온다.

··**en** 'e'를 발음하면서 우리말의 'ㄴ' 받침을 붙여 발음하며, 이때 'ㄴ'은 비음으로 나온다.

··**ang** 'a'를 발음하면서 우리말의 'ㅇ' 받침을 붙여 발음하며, 이때 'ㅇ'은 비음으로 나온다.

··**eng** 'e'를 발음하면서 우리말의 'ㅇ' 받침을 붙여 발음하며, 이때 'ㅇ'는 비음으로 나온다.

●● 권설운모 卷舌韵母

성모와 결합하지 않고 항상 단독으로 쓰이는데, 때로는 단어의 끝에 붙어서 발음 변화를 일으키기도 한다.

··**er** 'e'를 발음하면서 혀끝을 말아서 'ㄹ'받침을 붙여 발음한다.

●● 결합운모 结合韵母

개구음인 'a, o, e'와 이들을 주요 운모로 하는 'i, u'가 결합하여 만들어진다.

❶ 'i'와 결합하는 것

··**ia** 'a'쪽에 강세를 두어 '야' 처럼 발음한다.

··**ie** 우리나라 말의 '이에'와 비슷하나 '예'에 가깝게 들린다. 단독으로 쓰일 때는 'e' 위에 표시를 하지만, 결합운모로 될 때는 'e'로 표기한다. 결합운모로 되는 것은 'ie'와 'e' 두 가지가 있다.

··**iao** 주모음은 'a'이므로 강하게 읽어 '야오' 같이 읽는다.

•• **iou** 주모음은 'o'이므로 이를 강하게 읽어 '여우' 같이 읽는다. 'iou'는 앞에 성모가 오면 'o'가 없어지고, '-iu'로 표기되나 주의해야 한다.

•• **ian** 표기대로 하면 '이안'이나 실제발음은 '이엔'과 같이 발음되므로 특히 주의해야 한다.

•• **in** 'i' 발음에 우리말의 'ㄴ' 받침을 붙이는 것과 비슷하다.

•• **iang** 주모음 'a'에 강세를 두어 '양'처럼 발음된다.

•• **ing** 'i' 발음에 우리말의 'o'받침을 붙인 것과 같다.

•• **iong** 'i' 발음에 '옹' 발음을 더한 것과 같으며, 우리말의 '융'과 비슷하게 발음한다.

※ 'i'가 성모와 결합하여 그 뒤에 놓이는 경우엔 그대로 'i'로 표기하지만, 성모와 결합하지 않고 그 자체로 음절을 이루게 될 경우에는 'i'를 'y'로 고쳐 표기하게 된다. ⑩ ya

❷ 'u'와 결합하는 것

•• **ua** 'u'와 'a'의 결합으로 'a'에 강세를 두어서 읽는다.

•• **uo** 'u'와 'o'에 결합으로 'o'에 강세를 두어 읽는다.

•• **uai** 주모음인 'a'에 강세를 두어 읽게 된다.

•• **uei** 주모음인 'e'에 강세를 주어 발음한다. 그러나 자음과 결합하면 표기는 '-ui'으로 바뀌고 발음은 '우이'가 된다.

•• **uan** 주모음인 'a'에 강세를 주어 우리말의 '완'처럼 발음한다.

•• **uen** 주모음인 'e'에 강세를 주어 발음한다. 그러나 자음과 결합하면 표기는 '-un'으로 바뀌게 되고 발음은 '운'처럼 읽는다.

•• **uang** 주모음인 'a'에 강세를 주어 읽는다.

•• **ueng** 주모음인 'e'에 강세를 주어 읽는다. 그러나 자음과 결합하면 표기는 '-ong'으로 바뀌게 되고 발음은 '옹'처럼 읽는다.

※ 'u'가 성모와 결합하여 그 뒤에 놓이는 경우엔 그대로 'u'로 표기하지만, 성모와 결합하지 않고 그 자체로 음절을 이루게 될 경우에는 'u'를 'w'러 고쳐 표기하게 된다. ⑩ wa

❸ 'ü'와 결합하는 것

•• **üe** 'ü'와 'e'의 결합으로 'e'쪽에 강세를 주어 읽는다.

•• **üan** 표기대로 읽으면 '위안'이 되지만, 실제로는 발음이 변하여 '위엔'처럼 발음되므로 주의해야 한다.

•• **ün** 'ü'발음에 우리말의 'ㄴ'을 붙인 것과 같다.

※ 'ü'는 성모 'j, q, x'와 결합할 때 'u'로 표기되고 'n, l' 뒤에 놓이는 경우에는 'ü'로 표기한다. 성모와 결합하지 않고 그 자체로 음절을 이루게 될 경우에는 'ü'의 두 점을 생략하고 동시에 그 앞에 'y'를 첨가하여 'yu'로 고쳐 표기한다. ⑩ xue, lǜe, yue

<4> 중국어 성조

성조(声调)에는 4종류의 고저(高低) 변화가 있는데 이것을 사성(四声)이라고 한다.
'ma(마)'음으로 발음해보자.

제1성	제2성	제3성	제4성
→	↗	↗	↘
mā (妈) 엄마	m (麻) 삼	mǎ (马) 말	m (骂) 욕하다

●● 성조의 발음

제1성: 고음에서 시작하여 계속 같은 높이로 평탄하게 발음한다.

제2성: 중음에서 시작하여 고음으로 상승하며 발음한다.

제3성: 중저음에서 시작하여 저음으로 내려갔다가 다시 올라가는 음으로 발음한다.

제4성: 고음에서 시작하여 급격히 가장 저음으로 내려가면서 발음한다.

●● 성조의 표기

성조는 1성을 「ˉ」, 2성을 「ˊ」, 3성을 「ˇ」, 4성을 「ˋ」로 표시하며 일반적
으로 운모 위에 표기한다.

妈 mā	您 nín	你 nǐ	上 shàng

그러나 한 단어에 두 개 이상의 운모가 있을 경우 주요한 운모인 'a, e, o' 위에
표기한다.

包 bāo	谢 xiè	做 zuò

만약 'a, e, o'없이 'i, u, ü'만으로 된 음절일 경우에는 마지막 주요 모음 뒤에 표기한다.

久 jiǔ   对 duì

'i'와 'u'가 이어진 때는 'u' 뒤의 음에 표기하고 'i'가 단독일 때는 위의 점을 떼어내고 표기한다.

修 xiū   吹 chuī

●●성조변화

연속적으로 발음하는 과정에서 어떤 음절의 성조는 주변음절의 영향을 받아 변화하며 이러한 현상을 변조(变调)라고 한다.

❶ 제3성이 중첩될 경우 앞 음절의 3성은 2성으로 발음하게 된다. 그러나 성조 표기는 3성 그대로이다.

你好(nǐhǎo) 안녕하세요

---

❷ 중첩형식으로 구성된 단어의 2음절 또는 '-들'이라고 하는 '们(men)'이 붙으면 원래 성조를 무시하고 짧고 가볍게 발음하는데 이것을 경성(轻声)이라고 한다.

爷爷(yéye) 할아버지   你们(nǐmen) 너희들

---

❸ '一'와 '不'의 성조변화

　'一'는 원래 1성이지만 1, 2, 3성 앞에서는 4성으로 발음하고 4성 앞에서는 2성으로 발음한다.

　'不'는 원래 4성이지만, 4성의 음절 앞에서는 2성으로 발음한다.

Contents

3개국별 5000여 개 단어 수록

실용

한일중
단어

ㄱ · 가

가게	[店]	미세 みせ	店	띠엔 【diàn】
가격	[価格]	가까꾸 かかく	价格	지아거 【jiàgé】
가결(하다)	[可決]	가께쓰 かけつ	可决	커쥐에 【kějué】
가계(가족)	[家計]	가께- かけい	家计	지아지 【jiāji】
가공(하다)	[加工]	가꼬- かこう	加工	지아공 【jiāgōng】
가구	[家具]	가구 かぐ	家具	지아쥐 【jiājù】
가극	[歌劇]	가게끼 かげき	歌剧	거쥐 【gējù】
가깝다	[近い]	치까이 ちかい	近	진 【jìn】
가끔	[時々]	도끼도끼 ときどき	偶尔偶尔	어우얼 【ǒu'ěr】
가난하다	[貧しい]	마즈시- まずしい	贫穷	핀치옹 【pínqióng】
가늘다	[細い]	호소이 ほそい	细	시 【xì】
가다	[行く]	이꾸 いく	去	취 【qù】
가도	[街道]	가이도- かいどう	街道儿	지에따올 【jiēdàor】

○ 가동(하다)	[稼動]	가도- かどう	开动	카이똥 【kāidòng】
○ 가두다	[閉じ込める]	도지꼬메루 とじこめる	囚	치우 【qiú】
○ 가득	[一杯]	입빠이 いっぱい	装满	주앙만 【zhuāngmǎn】
○ 가랑비	[細雨]	시이우 さいう	细雨	시위 【xìyǔ】
○ 가렵다	[痒い]	가유이 かゆい	痒	양 【yǎng】
○ 가로	[横]	요꼬 よこ	横	헝 【héng】
○ 가로등	[街灯]	가이또- がいとう	路灯	루덩 【lùdēng】
○ 가로수	[並木]	나미끼 なみき	街道儿树	지에따올수 【jiēdàorshù】
○ 가로지르다	[横切る]	요꼬기루 よこぎる	横穿	헝추안 【héngchuān】
○ 가로채다	[横取り]	요꼬도리 よこどり	抢	치앙 【qiǎng】
○ 가루	[粉]	고나 こな	粉	펀 【fěn】
○ 가르치다	[教える]	오시에루 おしえる	教	지아오 【jiāo】
○ 가리다	[覆う]	오-우 おおう	遮	저 【zhē】
○ 가리비	[帆立貝]	호다떼가이 ほたてがい	扇贝	샨뻬이 【shànbèi】
○ 가리키다	[指す]	사스 さす	指	즈 【zhǐ】
○ 가마(머리)	[旋毛]	쓰무지 つむじ	旋儿	쉬얼 【xuánr】

○ **가만히**	[静かに]	시즈까니 しずかに	悄悄的	치아오치아오더 【qiāoqiāode】
○ **가망**	[見込み]	미꼬미 みこみ	指望	즈왕 【zhǐwàng】
○ **가맹(하다)**	[加盟]	가메- かめい	加盟	지아멍 【jiāméng】
○ **가면**	[仮面]	가멩 かめん	假面	지아미엔 【jiǎmiàn】
○ **가명**	[仮名]	가메- かめい	假名	지아밍 【jiǎmíng】
○ **가문**	[家門]	가몽 かもん	家门	지아먼 【jiāmén】
○ **가뭄**	[日照り]	히데리 ひでり	干旱	깐한 【gānhàn】
○ **가발**	[鬘]	가쓰라 かつら	假发	지아파 【jiǎfà】
○ **가방**	[鞄]	가방 かばん	包	빠오 【bāo】
○ **가볍다**	[軽い]	가루이 かるい	轻	칭 【qīng】
○ **가사(집안일)**	[家事]	가지 かじ	家务	지아우 【jiāwù】
○ **가설**	[架設]	가세쓰 かせつ	架	지아 【jià】
○ **가속**	[加速]	가소꾸 かそく	加速	지아쑤 【jiāsù】
○ **가솔린**	[gasoline]	가소링 ガソリン	汽油	치여우 【qìyóu】
○ **가수**	[歌手]	가슈 かしゅ	歌手	꺼셔우 【gēshǒu】
○ **가스**	[gas]	가스 ガス	气	치 【qì】

한국어	일본어		중국어	
○ 가슴	[胸]	무네 むね	胸	시옹 【xiōng】
○ 가시	[刺]	도게 とげ	刺	츠 【cì】
○ 가업	[家業]	가교- かぎょう	祖产	주찬 【zǔchǎn】
○ 가열(하다)	[加熱]	가네쓰 かねつ	加热	지아러 【jiārè】
○ 가옥	[家屋]	가오꾸 かおく	家屋	지아우 【jiāwū】
○ 가요	[歌謠]	가요- かよう	歌儿	껄 【gēr】
○ 가운	[gown]	가웅 ガウン	浴衣	위이 【yùyī】
○ 가위	[鋏]	하사마 はさみ	剪刀	지엔따오 【jiǎndāo】
○ 가을	[秋]	가끼 あき	秋天	치우티엔 【qiūtiān】
○ 가이드	[guide]	가이도 ガイド	向导	시앙다오 【xiàngdǎo】
○ 가입(하다)	[加入]	가뉴- かにゅう	加入	지아루 【jiārù】
○ 가장(어른)	[家長]	가쬬- かちょう	家长	지아장 【jiāzhǎng】
○ 가장(최고,최상)	[最も]	못또모 もっとも	最	쮀이 【zuì】
○ 가장자리	[緣]	후찌 ふち	边	비엔 【biān】
○ 가정(집)	[家庭]	가떼- かてい	家庭	지아팅 【jiātíng】
○ 가족	[家族]	가조꾸 かぞく	家族	지아주 【jiāzú】

한국어	일본어		중국어	
○ 가죽	[革·皮]	가와 かわ	皮	피 【pí】
○ 가지(나무)	[枝]	에다 えだ	枝	즈 【zhī】
○ 가지(채소)	[茄子]	나스 なす	茄子	치에즈 【qiézi】
○ 가지다	[持つ]	모쓰 もつ	取	취 【qǔ】
○ 가짜	[偽物]	니세모노 にせもの	假	지아 【jiǎ】
○ 가축	[家畜]	가치꾸 かちく	家畜	지아추 【jiāchù】
○ 가출(하다)	[家出]	이에데 いえで	离家出走	리지아추저우 【líjiāzhūzǒu】
○ 가치	[価値]	가치 かち	价值	지아즈 【jiàzhí】
○ 가톨릭	[네katholiek]	가토락꾸 カトリック	天主教	티엔주지아오 【tiāmzhǔjiào】
○ 가해자	[加害者]	가가이샤 かがいしゃ	加害者	지아하이저 【jiāhàizhě】
○ 각	[角]	가꾸 かく	角	지아오 【jiǎo】
○ 각각	[各々]	오노오노 おのおの	各	꺼 【gè】
○ 각광(받다)	[脚光]	갹꼬- きゃっこう	脚光	지아오꽝 【jiǎoguāng】
○ 각도	[角度]	가꾸도 かくど	角度	지아오뚜 【jiǎodù】
○ 각본	[脚本]	갸꾸홍 きゃくほん	脚本	지아오번 【jiǎoběn】
○ 각자	[各自]	가꾸지 かくじ	各自	꺼쯔 【gèzì】

○ 각자부담	[割り勘]	와리깡 わりかん	다빙후얼 打并伙儿【dǎbìnghuǒr】
○ 각지	[各地]	가꾸찌 かくち	꺼띠 各地【gèdì】
○ 간	[肝]	기모 きも	간 肝【gān】
○ 간격	[間隔]	강까꾸 かんかく	지엔거 间隔【jiàngé】
○ 간결한	[簡潔だ]	강께쓰다 かんけつだ	지엔두안 简短【jiǎnduǎn】
○ 간과하다	[見逃す]	미노가스 みのがす	칸러우 看漏【kànlòu】
○ 간단한	[簡単]	간땅 かんたん	위에 约【yuē】
○ 간략함	[簡略だ]	간랴꾸다 かんりゃくだ	지엔뤼에 简略【jiǎnlüè】
○ 간병(하다)	[看病]	감뵤- かんびょう	칸후 看护【kānhù】
○ 간부	[幹部]	감부 かんぶ	깐뿌 干部【gànbù】
○ 간섭	[干渉]	간쇼- かんしょう	깐서 干涉【gānshè】
○ 간소한	[簡素だ]	간소다 かんそだ	지엔화 简化【jiǎnhuà】
○ 간식	[御八つ]	오야쓰 おやつ	디엔신 点心【diǎnxin】
○ 간장	[醬油]	쇼-우 しょうゆ	찌양여우 酱油【jiàngyóu】
○ 간접	[間接]	간세쓰 かんせつ	찌엔지에 间接【jiànjiē】
○ 간지럽다	[擽ったい]	구스굿따이 くすぐったい	츠양 刺痒【cìyáng】

한국어	일본어	발음	중국어	발음
○ 간질이다	[擽る]	구스구루 くすぐる	胳肢	꺼즈 【gézhi】
○ 간판	[看板]	간방 かんばん	牌	파이 【pái】
○ 간행(하다)	[刊行]	강꼬- かんこう	刊行	칸싱 【kānxíng】
○ 간호(하다)	[看護]	강고 かんご	护理	허위르 【hùlǐ】
○ 갈등	[葛藤]	갓또- かっとう	纠葛	지우거 【jiūgé】
○ 갈라지다	[割れる]	와레루 われる	裂	리에 【liè】
○ 갈매기	[鴎]	가모메 かもめ	海鸥	하이어우 【hǎi'ōu】
○ 갈색	[褐色]	갓쇼꾸 かっしょく	褐色	허써 【hèsè】
○ 갈채	[喝采]	갓사이 かっさい	喝彩	허차이 【hècǎi】
○ 갈치	[太刀魚]	다찌우오 たちうお	刀鱼	따오위 【dāoyú】
○ 감각	[感覚]	강까꾸 かんかく	感觉	간쥐에 【gǎnjué】
○ 감금(하다)	[監禁]	강낑 かんきん	监禁	지엔진 【jiānjìn】
○ 감기	[風邪]	가제 かぜ	感冒	간마오 【gǎnmào】
○ 감다	[巻く]	마꾸 まく	卷绕	쥐엔라오 【juǎnrào】
○ 감독	[監督]	간또꾸 かんとく	监督	지엔두 【jiāndū】
○ 감사(하다)	[感謝]	간샤 かんしゃ	感谢	간시에 【gǎnxiè】

○ 감사기관	[監査]	간사 かんさ	선지지관 审计机关【shěnjìjīguān】
○ 감상(느낌)	[感想]	간소- かんそい	간시앙 感想【gǎnxiǎng】
○ 감상(작품)	[鑑賞]	간쇼- かんしょう	신샹 欣赏【xīnshǎng】
○ 감세(하다)	[減税]	겐제- げんぜい	지엔쉐이 减税【jiǎnshuì】
○ 감소(하다)	[減少]	겐쇼- げんしょう	지엔샤오 减少【jiǎnshǎo】
○ 감시(하다)	[監視]	간시 かんし	지엔스 监视【jiānshì】
○ 감싸다	[庇う]	가바우 かばう	후 护【hù】
○ 감염	[感染]	간셍 かんせん	간란 感染【gǎnrǎn】
○ 감옥	[監獄]	강고꾸 かんごく	지엔위 监狱【jiānyù】
○ 감자	[芋]	우이모 いも	마링수 马铃薯【mǎlíngshǔ】
○ 감점(하다)	[減点]	겐뗑 げんてん	지엔펀 减分【jiǎnfēn】
○ 감정(마음)	[感情]	간죠- かんじょう	간칭 感情【gǎnqíng】
○ 감정(평가)	[鑑定]	간떼- かんてい	지엔띵 鉴定【jiàndìng】
○ 감촉	[感触]	간쇼꾸 かんしょく	간추 感触【gǎnchù】
○ 감탄(하다)	[感嘆]	간땅 かんたん	탄 叹【tàn】
○ 갑갑한	[窮屈だ]	규-꾸쓰다 きゅうくつだ	파진 发紧【fājǐn】

한국어	일본어 한자	일본어	중국어 한자	중국어 발음
○ 갑옷	[鎧]	요로이 よろい	铠甲	카이지아 【kǎijiǎ】
○ 갑자기	[急に]	규-니 きゅうに	忽然	후란 【hūrán】
○ 갑판	[甲板]	간빵 かんぱん	甲板	지아반 【jiǎbǎn】
○ 값	[値段]	네당 ねだん	价	지아 【jià】
○ 값어치	[高価だ]	고-까다 こうかだ	值	즈 【zhí】
○ 강	[河·川]	가와 かわ	江	지앙 【jiāng】
○ 강간(하다)	[強姦]	고-깡 ごうかん	强奸	치앙지엔 【qiángjiān】
○ 강당	[講堂]	고-도- こうどう	讲堂	지앙탕 【jiǎngtáng】
○ 강도	[強盗]	고-또- ごうとう	强盗	치앙따오 【qiángdào】
○ 강매(하다)	[押売り]	오시우리 おしうり	派销	파이시아오 【pàixiāo】
○ 강사	[講師]	고-시 こうし	讲师	지앙스 【jiǎngshī】
○ 강습	[講習]	고-슈 こうしゅう	讲习	지앙시 【jiǎngxí】
○ 강아지	[子犬]	고이누 こいぬ	狗崽子	고우자이즈 【gǒuzǎizi】
○ 강연(하다)	[講演]	고-엥 こうえん	讲演	지앙이엔 【jiǎngyǎn】
○ 강요(하다)	[強いる]	시이루 しいる	讹	어 【é】
○ 강조(하다)	[強調]	교-쬬- きょうちょう	强调	치앙띠아오 【qiángdiào】

강좌	[講座]	고-자 こうざ	讲座	지앙쭈어 【jiǎngzuò】
강철	[鋼鉄]	고-떼쓰 こうてつ	钢	깡 【gāng】
강하다	[強い]	쓰요이 つよい	强	치앙 【qiáng】
강화	[強化]	교-까 きょうか	强化	치앙화 【qiánghuà】
갖추다	[揃える]	소로에루 そろえる	装备	주앙뻬이 【zhuāngbèi】
갖춰지다	[揃う]	소로우 そろう	具备	쮜뻬이 【jùbèi】
같다	[同じだ]	오나지다 おなじだ	同	퉁 【tóng】
갚다	[返す]	가에스 かえす	还	환 【huán】
개	[犬]	이누 いぬ	狗	거우 【gǒu】
개구리	[蛙]	가에루 かえる	蛙	와 【wā】
개구쟁이	[腕白]	왐빠꾸 わんぱく	顽童	완퉁 【wántóng】
개그	[gag]	갸그 ギャグ	笑话	시아오화 【xiàohua】
개나리	[連翹]	렝교- れんぎょう	連翹	리엔치아오 【liánqiáo】
개념	[概念]	가이넹 がいねん	概念	까이니엔 【gàiniàn】
개다(날씨)	[晴れる]	하레루 はれる	新晴	신칭 【xīnqíng】
개다(접다)	[畳む]	다따무 たたむ	折叠	저디에 【zhédié】

한국어	한자	일본어	중국어 한자	중국어 발음
○ 개량(하다)	[改良]	가이료- かいりょう	改良	가이리앙 【gǎiliáng】
○ 개런티	[guarantee]	갸란띠 ギャランティー	报酬	빠오처우 【bàochou】
○ 개막(하다)	[開幕]	가이마꾸 かいまく	开幕	카이무 【kāimù】
○ 개미	[蟻]	아리 あり	蚂蚁	마이 【mǎyǐ】
○ 개발(하다)	[開発]	가이하쓰 かいはつ	开发	카이파 【kāifā】
○ 개방	[開放]	가이호오 かいほう	开放	카이팡 【kāifàng】
○ 개봉(하다)	[封切り]	후-끼리 ふうきり	开封	카이펑 【kāifēng】
○ 개선(하다)	[改善]	가이젱 かいぜん	改善	가이샨 【gǎishàn】
○ 개설(하다)	[開設]	가이세쓰 かいせつ	开设	카이셔 【kāishè】
○ 개성	[個性]	고세- こせい	个性	꺼씽 【gèxìng】
○ 개시(하다)	[開始]	가이시 かいし	开始	카이스 【kāishǐ】
○ 개업(하다)	[開業]	가이교- かいぎょう	开业	카이예 【kāiyè】
○ 개인	[個人]	고징 こじん	个人	꺼런 【gèrén】
○ 개입(하다)	[介入]	가이뉴- かいにゅう	介入	지에루 【jièrù】
○ 개점	[開店]	가이뗑 かいてん	开张	카이장 【kāizhāng】
○ 개정(하다)	[改正]	가이세- かいせい	改正	가이정 【gǎizhèng】

○ 개조(하다)	[改造]	가이조- かいぞう	改造	가이짜오 【gǎizào】
○ 개찰	[改札]	가이사쓰 かいさつ	铰票	지아오퍄오 【jiǎopiào】
○ 개척(하다)	[開拓]	가이따구 かいたく	开拓	카이투어 【kāituò】
○ 개최(하다)	[開催]	가이사이 かいさい	举办	쥐빤 【jǔbàn】
○ 개축(하다)	[改築]	가이치꾸 かいちく	改建	가이지엔 【gǎijiàn】
○ 개통(하다)	[開通]	가이쓰- かいつう	开通	카이통 【kāitōng】
○ 객관적(인)	[客觀的]	걍깐떼끼 きゃっかんてき	客观	커꽌 【kèguān】
○ 객석	[客席]	갸꾸세끼 きゃくせき	客座	커쭈어 【kèzuò】
○ 객실	[客室]	갸꾸시쓰 きゃくしつ	客厅	커팅 【kètīng】
○ 객차	[客車]	갸꾸샤 きゃくしゃ	客车	커처 【kèchē】
○ 갱	[gang]	걍구 ギャング	歹徒	다이투 【dǎitú】
○ 거대(한)	[巨大]	교다이 きょだい	巨大	쥐따 【jùdà】
○ 거래(하다)	[取り引き]	도리히끼 とりひき	交易	지아오이 【jiāoyì】
○ 거르다	[欠かす]	가까스 かかす	滤过	뤼꾸어 【lùguò】
○ 거름	[肥し]	고야시 こやし	肥料	페이리아오 【féiliào】
○ 거리(간격)	[距離]	교리 きょり	距离	쥐리 【jùlí】

ㄱ·거

한국어	일본어	읽기	중국어	읽기
○ 거리끼다	[憚る]	하바까루 はばかる	歉然	치엔란 【qiànrán】
○ 거만(한)	[高慢]	고-망 こうまん	傲慢	아오만 【àomàn】
○ 거머리	[蛭]	히루 ひる	蛭	즈 【zhì】
○ 거무스름하다	[薄黒い]	우스구로이 うすぐろい	微黑	웨이헤이 【wēihēi】
○ 거미	[蜘蛛]	구모 くも	蜘蛛	즈주 【zhīzhū】
○ 거부(하다)	[拒否]	쿄히 きょひ	拒绝	쮜쮀에 【jùjué】
○ 거부하다	[拒む]	고바무 こばむ	拒绝	쮜쮀에 【jùjué】
○ 거스름돈	[お釣り]	오쓰리 おつり	找钱	자오치엔 【zhǎoqián】
○ 거슬러 올라가다	[遡る]	사까노보루 さかのぼる	溯	쑤 【sù】
○ 거울	[鏡]	가가미 かがみ	镜子	징즈 【jìngzi】
○ 거의	[殆ど]	호똔도 ほとんど	几乎	지후 【jīhū】
○ 거장	[巨匠]	쿄쇼- きょしょう	巨匠	쮜지앙 【jùjiàng】
○ 거절(하다)	[断る]	고또와루 ことわる	拒绝	쮜쮀에 【jùjué】
○ 거주(하다)	[居住]	쿄쥬- きょじゅう	居住	쮜주 【jūzhù】
○ 거지	[乞食]	고지끼 こじき	乞丐	치까이 【qǐgài】
○ 거짓말쟁이	[嘘吐き]	우소쓰끼 うそつき	谣谎山	야오황샨 【yáhuǎngshān】

○ 거칠다	[荒い]	아라이 あらい	粗鲁	추루 【cūlǔ】
○ 거품	[泡]	아와 あわ	泡	파오 【pào】
○ 걱정	[心配]	심빠이 しんぱい	烦恼	판나오 【fánnǎo】
○ 건강	[健康]	겡꼬- けんこう	健康	지엔캉 【jiànkāng】
○ 건강한	[丈夫だ]	죠-부다 じょうぶだ	健壮	지엔주앙 【jiànzhuàng】
○ 건국(하다)	[建国]	겡꼬꾸 けんこく	立国	리구어 【lìguó】
○ 건너다	[渡る]	와따루 わたる	渡	뚜 【dù】
○ 건널목	[踏切り]	후미끼리 ふみきり	路口	루커우 【lùkǒu】
○ 건물	[建物]	다떼모노 たてもの	房屋	팡우 【fángwū】
○ 건반	[鍵盤]	겜방 けんばん	键盘	지엔판 【jiànpán】
○ 건배(하다)	[乾杯]	감빠이 かんぱい	干杯	간뻬이 【gānbēi】
○ 건설	[建設]	겐세쓰 けんせつ	建设	지엔셔 【jiànshè】
○ 건전(한)	[健全]	겐젱 けんぜん	健全	지엔취엔 【jiànquán】
○ 건조(하다)/세우다	[建造]	겐조- けんぞう	建造	지엔자오 【jiànzào】
○ 건조(하다)/말리다	[乾燥]	간소- かんそう	干燥	간자오 【gānzào】
○ 건축(하다)	[建築]	겐찌꾸 けんちく	建筑	지엔주 【jiànzhù】

한국어	일본어	일본어 발음	중국어	중국어 발음
○ 건포도	[干葡萄]	호시부도- ほしぶどう	葡萄干儿	푸타오까알 【pútáogār】
○ 걷다	[歩く]	아루꾸 あるく	走	저우 【zǒu】
○ 걸다	[掛ける]	가께루 かける	挂	꽈 【guà】
○ 걸레	[雑巾]	조-낑 ぞうきん	抹布	모뿌 【móbù】
○ 걸리다	[掛かる]	가까루 かかる	挂着	꽈져 【guàzhe】
○ 걸음	[歩み]	아유미 あゆみ	步	뿌 【bù】
○ 걸작	[傑作]	겟사꾸 けっさく	杰作	지에쭈어 【jiézuò】
○ 걸터앉다	[腰掛ける]	고시가께루 こしかける	坐	쭈어 【zuò】
○ 검다	[黒い]	구로이 くろい	黑	헤이 【hēi】
○ 검도	[剣道]	겐도- けんどう	剑术	찌엔수 【jiànshù】
○ 검문(하다)	[検問]	겜몽 けんもん	讯问	쉰원 【xùnwèn】
○ 검사(검찰관)	[検事]	겐지 けんじ	检查	지엔차 【jiǎnchá】
○ 검사(하다)	[検査]	겐사 けんさ	检查	지엔차 【jiǎnchá】
○ 검소(한)	[質素な]	싯소나 しっそな	朴实	푸스 【pǔshí】
○ 검열(하다)	[検閲]	겡에쓰 けんえつ	查阅	차위에 【cháyuè】
○ 검정(색)	[黒]	구로 くろ	黑色	헤이써 【hēisè】

○ 검진(하다)	[檢診]	겐싱 けんしん	诊查	전차 【zhěnchá】
○ 검찰	[檢察]	겐사쓰 けんさつ	检查	지엔차 【jiǎnchá】
○ 검토(하다)	[檢討]	겐또- けんとう	检讨	지엔타오 【jiǎntǎo】
○ 겁쟁이	[臆病者]	오꾸뵤-모노 おくびょうもの	胆小鬼	단시아오꿰이 【dǎnxiǎoguǐ】
○ 겉	[表]	오모떼 おもて	面子	미엔즈 【miànzi】
○ 겉치레	[見せ掛け]	미세까께 みせかけ	场面	창미엔 【chǎngmiàn】
○ 게	[蟹]	가니 かに	蟹	시에 【xiè】
○ 게다가		소레니 それに	况且	쾅치에 【kuàngqiě】
○ 게릴라	[guerilla]	게리라- ゲリラー	游击队	여우지뚜에이 【yóujīduì】
○ 게시판	[揭示板]	게- 지방 けいじばん	布告牌	부까오파이 【bùgàopái】
○ 게으름뱅이	[怠け者]	나마께모노 なまけもの	懒人	란런 【lǎnrén】
○ 게으름피우다	[怠ける]	나마께루 なまける	懒惰	란두어 【lǎnduò】
○ 게재(하다)	[揭載]	게-사이 けいさい	刊登	칸덩 【kāndēng】
○ 겨	[糠]	누까 ぬか	糠	캉 【kāng】
○ 겨냥	[狙い]	네라이 ねらい	针对	전뚜에이 【zhēnduì】
○ 겨드랑이	[脇]	와끼 わき	胳	가 【gā】

○ 겨루다	[競う]	기소우 きそう	较量	지아오리앙 【jiàoliàng】
○ 겨우	[辛うじて]	가로-지떼 かろうじて	算是	쑤안스 【suànshì】
○ 겨울	[冬]	후유 ふゆ	冬天	똥티엔 【dōngtiān】
○ 겨자	[芥子]	가라시 からし	芥	가이 【gài】
○ 격려(하다)	[激励]	게끼레- げきれい	激励	지리 【jīlì】
○ 격일(로)	[隔日]	가꾸시끼 かくじつ	隔日	거르 【gérì】
○ 격투(하다)	[格闘]	가꾸또- かくとう	格斗	거떠우 【gédòu】
○ 견본	[sample]	삼뿌루 サンプル	样品	양핀 【yàngpǐn】
○ 견습	[見習い]	미나라이 みならい	徒弟	투띠 【túdi】
○ 견적	[見積り]	미쓰모리 みつもり	推算	뛰이쑤안 【tuīsuàn】
○ 견학(하다)	[見学]	겡가꾸 けんがく	参观	찬꽌 【cānguān】
○ 견해	[見解]	겡까이 けんかい	见解	지엔지에 【jiànjiě】
○ 결과	[結果]	겍까 けっか	结果	지에구어 【jiéguǒ】
○ 결국	[結局]	겍꾜꾸 けっきょく	结局	지에쥐 【jiéjú】
○ 결근	[欠勤]	겍낑 けっきく	缺勤	취에친 【quēqín】
○ 결단	[決断]	게쓰당 けつだん	决断	쥐에뚜안 【juéduàn】

○ 결렬(되다)	[決裂]	게쓰레쓰 けつれつ	決裂	쥐에리에 【juéliè】
○ 결론	[結論]	게쓰롱 けつろん	结论	지에룬 【jiélùn】
○ 결말	[結末]	게쓰마쓰 けつまつ	结末	지에모 【jiémò】
○ 결백	[潔白]	겝빠구 けっぱく	洁白	지에바이 【jiébái】
○ 결산	[決算]	겟상 けっさん	决算	쥐에수안 【juésuàn】
○ 결석	[欠席]	겟세끼 けっせき	缺席	취에시 【quēxí】
○ 결심(하다)	[決心]	겟싱 けっしん	决心	쥐에씬 【juéxīn】
○ 결의	[決意]	게쓰이 けつい	决议	쥐에이 【juéyì】
○ 결정	[決定]	겟떼- けってい	决定	쥐에띵 【juédìng】
○ 결코	[決して]	겟시떼 けっして	决	쥐에 【jué】
○ 결핍(되다)	[欠乏]	게쓰보- けっぼう	缺乏	취에파 【quēfá】
○ 결함	[欠陷]	겍깡 けっかん	缺陷	취에시엔 【quēxiàn】
○ 결합	[結合]	게쓰고- けつごう	结合	쥐에허 【jiéhé】
○ 결핵	[結核]	겍까구 けっかく	结核	지에허 【jiéhé】
○ 결혼	[結婚]	겍꽁 けっこん	结婚	지에훈 【jiéhūn】
○ 겸손	[謙遜]	겐송 けんそん	谦逊	치엔쉰 【qiānxùn】

한국어	일본어 한자	일본어	중국어	중국어 발음
○ 겹치다	[重ねる]	카사네루 かさねる	重叠	총디에 【chóngdié】
○ 경계(구분)	[境界]	교-까이 きょうかい	境界	징지에 【jìngjiè】
○ 경계(하다)	[警戒]	게-까이 けいかい	警戒	징지에 【jǐngjiè】
○ 경고(하다)	[警告]	게-꼬꾸 けいこく	警告	징까오 【jǐnggào】
○ 경과(하다)	[経過]	게-까 けいか	经过	징꾸어 【jīngguò】
○ 경기(시합)	[競技]	교-기 きょうぎ	竞赛	징싸이 【jìngsài】
○ 경력	[経歴]	게-레끼 けいれき	经历	징리 【jīnglì】
○ 경련	[痙攣]	게-렝 けいれん	痉挛	징루안 【jìngluán】
○ 경로	[経路]	게-로 けいろ	渠道	취따오 【qúdào】
○ 경리	[経理]	게-리 けいり	会计	콰이지 【kuàijì】
○ 경마	[競馬]	게-바 けいば	赛马	싸이마 【sàimǎ】
○ 경매(하다)	[競売]	교-바이 きょうばい	竞买	징마이 【jìngmǎi】
○ 경멸(하다)	[軽蔑]	게-베쓰 けいべつ	看不起	칸부치 【kànbuqǐ】
○ 경박한	[軽薄だ]	게-하꾸다 けいはくだ	轻浮	칭푸 【qīngfú】
○ 경범죄	[軽犯罪]	게-한자이 けいはんざい	轻罪	칭쮀이 【qīngzuì】
○ 경보	[警報]	게-호- けいほう	警报	징바오 【jǐngbào】

○ 경비(비용)	[経費]	게-히 けいひ	经费	징페이 【jīngfèi】
○ 경비(하다)	[警備]	게-비 けいび	警卫	징웨이 【jǐngwèi】
○ 경사스럽다	[目出度い]	메데따이 めでたい	喜事	시스 【xǐshì】
○ 경솔(하다)	[軽率]	게-소쓰 けいそつ	疏忽	수후 【shūhu】
○ 경어	[敬語]	게-고 けいご	敬语	찡위 【jìngyǔ】
○ 경영	[経営]	게-에- けいえい	经营	징잉 【jīngyíng】
○ 경우	[場合]	바아이 ばあい	场合	창허 【chǎnghé】
○ 경의	[敬意]	게-이 けいい	敬意	찡이 【jìngyì】
○ 경이	[驚異]	교-이 きょうい	惊异	찡이 【jīngyì】
○ 경쟁	[競争]	교-소- きょうそう	竞争	징쩡 【jìngzhēng】
○ 경제	[経済]	게-자이 けいざい	经济	징지 【jīngjì】
○ 경종	[警鐘]	게-쇼- けいしょう	警钟	징쫑 【jǐngzhōng】
○ 경주(하다)	[競走]	교-소- きょうそう	赛跑	싸이파오 【sàipǎo】
○ 경찰	[警察]	게-사쓰 けいさつ	警察	징차 【jǐngchá】
○ 경향	[傾向]	게-꼬 けいこう	倾向	칭시앙 【qīngxiàng】
○ 경험자	[経験者]	케-켄샤 けいけんしゃ	经验	징이엔 【jīngyàn】

○ 경호원	[警護員]	케-고잉 けいごいん	护卫	후웨이 【hùwèi】
○ 곁	[側]	소바 そば	侧	처 【cè】
○ 계급	[階級]	가이뀨- かいきゅう	阶级	지에지 【jiējí】
○ 계기	[契機]	게-끼 けいき	契机	치지 【qìjī】
○ 계단	[階段]	가이당 かいだん	楼梯	러우티 【lóutī】
○ 계란	[卵]	다마고 たまご	鸡蛋	지딴 【jīdàn】
○ 계략(전략)	[計略]	게-랴꾸 けいりゃく	计谋	지머우 【jìmóu】
○ 계몽	[啓蒙]	게-모 けいもう	启蒙	치멍 【qǐméng】
○ 계산(하다)	[計算]	게-상 けいさん	算	쑤안 【suàn】
○ 계속	[継続]	게-조꾸 けいぞく	继续	지쉬 【jìxù】
○ 계속되다	[続く]	쓰즈꾸 つづく	继续	찌쉬 【jìxù】
○ 계속해서	[続ける]	쓰즈께루 つづける	继续	찌쉬 【jìxù】
○ 계승(하다)	[継承]	게-쇼- けいしょう	继承	지청 【jìchéng】
○ 계약(하다)	[契約]	게-야꾸 けいやく	约定	위에띵 【yuēdìng】
○ 계엄령	[戒厳令]	가이겐레- かいげんれい	戒严令	찌에엔링 【jièyánlìng】
○ 계열	[系列]	게-레쓰 けいれつ	系列	시리에 【xìliè】

○ 계장	[係長]	가까리쪼- かかりちょう	股长	구장 【gǔzhǎng】
○ 계절	[季節]	기세쓰 きせつ	季节	지지에 【jìjié】
○ 계통	[系統]	게-또 けいとう	系统	시통 【xìtǒng】
○ 계획(하다)	[計画]	게-까꾸 けいかく	计划	지화 【jìhuà】
○ 고개	[峠]	도-게 とうげ	高坡	까오포어 【gāopō】
○ 고객	[顧客]	고까꾸 こかく	顾客	꾸커 【gùkè】
○ 고고학	[考古学]	고-꼬가꾸 こうこがく	考古学	카오구쉬에 【kǎogǔxué】
○ 고구마	[薩摩芋]	우사쓰마이모 さつまいも	甘薯	간수 【gānshǔ】
○ 고금	[古今]	고꽁 ここん	古今	구진 【gǔjīn】
○ 고급	[高級]	니꾸 こうきゅう	高级	까오지 【gāojí】
○ 고기	[肉]	니꾸 にく	肉	러우 【ròu】
○ 고기압	[高気圧]	고-끼아쓰 こうきあつ	高气压	까오치야 【gāoqìyā】
○ 고뇌(하다)	[苦悩]	구노- くのう	苦恼	쿠나오 【kǔnǎo】
○ 고대	[古代]	고다이 こだい	古代	구따이 【gǔdài】
○ 고독(한)	[孤独]	고도꾸 こどく	孤独	꾸두 【gūdú】
○ 고드름		쓰라라 つらら	冰柱	빙주 【bīngzhù】

ㄱ・고

한국어	일본어	발음(일)	중국어	발음(중)
○ 고등어	[鯖]	사바 さば	鯖鱼	칭위 【qīngyú】
○ 고딕(체)	[Gothic]	고싯꾸 ゴシック	黑体	헤이티 【hēitǐ】
○ 고래	[鯨]	구지라 くじら	鲸鱼	징위 【jīngyú】
○ 고리	[輪]	와 わ	环	후안 【huán】
○ 고립(되다)	[孤立]	고리쓰 こりつ	孤立	꾸리 【gūlì】
○ 고막	[鼓膜]	고마꾸 こまく	鼓膜	구모 【gǔmó】
○ 고맙다	[有難い]	아리가따이 ありがたい	谢谢	씨에씨에 【xièxie】
○ 고무	[네gom]	고무 ゴム	橡胶	시앙지아오 【xiàngjiāo】
○ 고문(자문)	[顧問]	고몽 こもん	顾问	꾸원 【gùwèn】
○ 고문(하다)	[拷問]	고-몽 ごうもん	动刑	똥씽 【dòngxíng】
○ 고민하다	[悩み]	나야미 なやみ	苦闷	쿠먼 【kǔmèn】
○ 고발(하다)	[告発]	고꾸하쓰 こくはつ	告发	까오파 【gàofā】
○ 고백	[告白]	고꾸하꾸 こくはく	告白	까오바이 【gàobái】
○ 고삐	[手綱]	다즈나 たづな	缰绳	지앙성 【jiānsheng】
○ 고상하다	[気高い]	게다까이 けだかい	高尚	까오샹 【gāoshàng】
○ 고생(하다)	[苦労]	구로- くろう	辛苦	씬쿠 【xīnkǔ】

○ 고소하다(맛)	[小気味良い]	고끼미요이 こきみよい	告状	까오쭈앙 【gàozhuàng】
○ 고속도로	[高速道路]	고-소꾸도-로 こうそくどうろ	高速公路	까오쑤꽁루 【gāosùgōnglù】
○ 고슴도치	[針鼠]	하리네즈미 はりねずみ	刺猬	츠웨이 【cìwei】
○ 고시(하다)	[告示]	고꾸지 こくじ	启事	치스 【qǐshì】
○ 고아	[孤児]	고지 こじ	孤孩子	꾸하이즈 【gūháizi】
○ 고안(하다)	[考案]	고-앙 こうあん	考案	카오안 【kǎo'àn】
○ 고양이	[猫]	네꼬 ねこ	猫	마오 【māo】
○ 고자질(하다)	[告げ口]	쓰게쿠찌 つげくち	传舌	추안셔 【chuánshé】
○ 고장	[故障]	고쇼- こしょう	故障	꾸장 【gùzhàng】
○ 고전	[古典]	고뗑 こてん	古典	구디엔 【gǔdiǎn】
○ 고정(시키다)	[固定]	고떼- こてい	固定	꾸띵 【gùdìng】
○ 고지(하다)	[告知]	고꾸찌 こくち	通告	통까오 【tōnggào】
○ 고찰(하다)	[考察]	고-사쓰 こうさつ	考察	카오차 【kǎochá】
○ 고체	[個体]	고따이 こたい	固体	꾸티 【gùtǐ】
○ 고추	[唐芥子]	도-가라시 とうがらし	辣椒	라지아오 【làjiāo】
○ 고치다	[直す]	나오스 なおす	改	가이 【gǎi】

ㄱ · 고 곡 골

○ 고통	[苦痛]	구쓰- くつう	痛苦	통쿠 【tòngkǔ】
○ 고하다	[告げる]	쓰게루 つげる	告诉	까오쑤 【gàosu】
○ 고향	[故郷]	고꾜- こきょう	故乡	꾸시앙 【gùxiāng】
○ 고혈압	[高血圧]	고-게쓰아쓰 こうけつあつ	高血压	까오쉬에야 【gāoxuèyā】
○ 곡	[曲]	교꾸 きょく	曲子	취즈 【qǔzi】
○ 곡괭이	[鶴嘴]	쓰루하시 つるはし	十字镐	스쯔가오 【shízìgǎo】
○ 곡물	[穀物]	고꾸모쓰 こくもつ	谷物	구우 【gǔwù】
○ 곡선	[曲線]	교꾸셍 きょくせん	曲线	취시엔 【qūxiàn】
○ 곡예	[曲芸]	교꾸게- きょくげい	杂技	자지 【zájì】
○ 곤충	[昆虫]	곤쮸- こんちゅう	昆虫	쿤총 【kūnchóng】
○ 곤혹	[困惑]	공와꾸 こんわく	困惑	쿤후어 【kùnhuò】
○ 곧	[直ぐ]	스구 すぐ	马上	마샹 【mǎshàng】
○ 곧바로	[真っ直ぐ]	맛스구 まっすぐ	直	즈 【zhí】
○ 골격	[骨格]	곡가꾸 こっかく	骨骼	구거 【gǔgé】
○ 골동품	[骨董品]	곳또-힝 こっとうひん	古董儿	구똥 【gǔdǒngr】
○ 골목(길)	[路地]	로지 ろじ	胡同	후통 【hútòng】

한국어	한자/영어	일본어	중국어	병음
○ 골수	[骨髓]	고쓰즈이 こつずい	骨髓	구쒜이 【gǔduǐ】
○ 골키퍼	[goal keeper]	고-루키-빠- ゴールキーパー	门将	먼지양 【ménjiàng】
○ 골프	[golf]	고루후 ゴルフ	高尔夫球	까오얼푸치우 【gāo'ěrfūqiú】
○ 곰	[熊]	구마 くま	熊	시옹 【xióng】
○ 곰곰이		직꾸리 じっくり	仔细的	즈씨더 【zǐxìde】
○ 곰팡이	[黴]	가비 かび	霉	메이 【méi】
○ 곱셈하기	[掛け算]	가께장 かけざん	乘	청 【chéng】
○ 곱슬머리	[縮れ毛]	지지레게 ちぢれげ	绒发	롱파 【róngfà】
○ 곳	[所]	도꼬로 ところ	所	쑤어 【suǒ】
○ 공	[毬]	마리 まり	球	치우 【qiú】
○ 공간	[空間]	구-깡 くうかん	空间	콩지엔 【kōngjiān】
○ 공갈	[恐喝]	교-까쓰 きょうかつ	恐喝	콩허 【kǒnghè】
○ 공감(하다)	[共感]	교-깡 きょうかん	共鸣	꽁밍 【gòngmíng】
○ 공개(하다)	[公開]	고-까이 こうかい	公开	꽁카이 【gōngkāi】
○ 공격(하다)	[攻擊]	고-게끼 こうげき	攻击	꽁지 【gōngjī】
○ 공고(하다)	[公告]	고-꼬꾸 こうこく	公告	꽁까오 【gōnggào】

ㄱ · 공

○ 공공연히	[大っぴらに]	오옴뻐라니 おおっぴらに	公然	꽁란 【gōngrán】
○ 공교롭게(도)	[生憎]	아이니꾸 あいにく	可巧	커치아오 【kěqiǎo】
○ 공군	[空軍]	구-궁 くうぐん	空军	콩쥔 【kōngjūn】
○ 공급(하다)	[供給]	교-뀨- きょうきゅう	供应	꽁잉 【gōngyìng】
○ 공기	[空気]	구-끼 くうき	空气	콩치 【kōngqì】
○ 공동	[共同]	교-도- きょうどう	共同	꽁퉁 【gòngtóng】
○ 공략(하다)	[攻略]	고-랴꾸 こうりゃく	攻掠	꽁뤼에 【gōnglüè】
○ 공로	[手柄]	데가라 てがら	功劳	꽁라오 【gōngláo】
○ 공룡	[恐竜]	교-류- きょうりゅう	恐龙	콩룽 【kǒnglóng】
○ 공립	[公立]	고-리쓰 こうりつ	公立	꽁리 【gōnglì】
○ 공무원	[役人]	야꾸닝 やくにん	公务员	꽁우위엔 【gōngwùyuán】
○ 공백	[空白]	구-하꾸 くうはく	空白	콩바이 【kòngbái】
○ 공범	[共犯]	교-항 きょうはん	共犯	꽁판 【gòngfàn】
○ 공부(하다)	[勉強]	벵꾜- べんきょう	念书	니엔수 【niànshū】
○ 공사	[工事]	고-지 こうじ	公社	꽁서 【gōngshè】
○ 공상(하다)	[空想]	구-소- くうそう	空想	콩시앙 【kōngxiǎng】

○ 공수(하다)	[空輸]	구-유 くうゆ	空运	콩윈 【kōngyùn】
○ 공습(하다)	[空襲]	구-슈- くうしゅう	空袭	콩시 【kōngxí】
○ 공식	[公式]	고-시끼 こうしき	公式	꽁스 【gōngshì】
○ 공업	[工業]	고-꾜- こうぎょう	工业	꽁예 【gōngyè】
○ 공예	[工芸]	고-게- こうげい	工艺品	꽁이핀 【gōngyìpǐn】
○ 공원	[公園]	고-엥 こうえん	公园	꽁위엔 【gōngyuán】
○ 공인(하다)	[公認]	고-닝 こうにん	公认	꽁런 【gōngrèn】
○ 공작(하다)	[孔雀]	구쟈꾸 くじゃく	机床	지추앙 【jīchuáng】
○ 공장	[工場]	고-죠-고-바 こうじょう·こうば	工厂	꽁창 【gōngchǎng】
○ 공증(인)	[公証人]	고-쇼-닝 こうしょうにん	公证	꽁정 【gōngzhèng】
○ 공평(한)	[公平]	고-헤- こうへい	公平	꽁핑 【gōngpíng】
○ 공포	[恐怖]	쿄-후 きょうふ	恐怖	콩뿌 【kǒngbù】
○ 공포심	[怖気]	오지께 おじけ	恐怖心	콩뿌신 【kǒngbùxīn】
○ 공항	[空港]	구-꼬- くうこう	机场	지창 【jīchǎng】
○ 공해	[公害]	고-가이 こうがい	公害	꽁하어 【gōnghài】
○ 공황	[恐慌]	쿄-꼬- きょうこう	恐慌	콩후앙 【kǒnghuāng】

한국어	한자	일본어	중국어	
○ 곶	[岬]	미사끼 みさき	岬角	지아지아오 【jiǎjiǎo】
○ 과거	[過去]	카도 かこ	过去	꾸어취 【guòqù】
○ 과도(한)	[過度]	가또끼 かど	过度	꾸어뚜 【guòdù】
○ 과로	[過勞]	가로- かろう	过劳	꾸어라오 【guòláo】
○ 과목	[科目]	가모꾸 かもく	科目	커무 【kēmù】
○ 과묵(한)	[寡黙]	가모꾸 かもく	寡默	과모 【guǎmò】
○ 과부	[寡婦]	야모메 やもめ	寡妇	과푸 【guǎfù】
○ 과세(하다)	[課税]	가제- かぜい	课税	커쉐이 【kèshuì】
○ 과수원	[果樹園]	가쥬엥 かじゅえん	果圃	구어푸 【guǒpǔ】
○ 과시(하다)	[誇示]	고지 こじ	示威	스웨이 【shìwēi】
○ 과실	[過失]	가시쓰 かしつ	过失	꾸어스 【guòshī】
○ 과연	[成程]	나루호도 なるほど	果然	구어란 【guǒrán】
○ 과일	[果物]	구다모노 くだもの	水果	쉐이구어 【shuǐguǒ】
○ 과잉	[過剰]	가죠- かじょう	过剩	꾸어셩 【guòshèng】
○ 과자	[菓子]	가시 かし	点心	디엔신 【diǎnxīn】
○ 과장(직책)	[課長]	가쬬- かちょう	科长	커장 【kēzhǎng】

한국어	한자	일본어	중국어	병음
○ 과장(하다)	[誇張]	고쬬- こちょう	夸	콰 【kuā】
○ 과정	[過程]	가떼- かてい	过程	꾸어청 【guòchéng】
○ 과제	[課題]	가다이 かだい	课题	커티 【kètí】
○ 과즙	[果汁]	가쥬- かじゅう	果汁儿	구어즈얼 【guǒzhīr】
○ 과학	[科学]	가가꾸 かがく	科学	커쉬에 【kēxué】
○ 관객	[観客]	강꺄꾸 かんきゃく	看客	칸커 【kànkè】
○ 관계	[関係]	강꼐- かんけい	关系	관시 【guānxi】
○ 관광	[観光]	강꼬- かんこう	观光	관꽝 【guānguāng】
○ 관념	[観念]	간넹 かんねん	观念	관니엔 【guānniàn】
○ 관대(한)	[寛大]	간다이 かんだい	宽大	콴따 【kuāndà】
○ 관람석	[観覧席]	칸란세기 かんらんせき	参观席	찬관시 【cānguānxí】
○ 관련(되다)	[関連]	간렝 かんれん	相关	시앙꽌 【xiāngguān】
○ 관례	[慣例]	간레- かんれい	惯例	관리 【guànlì】
○ 관록	[貫禄]	간로꾸 かんろく	威严	웨이옌 【wēiyán】
○ 관료	[官僚]	깐료- かんりょう	官僚	관리아오 【guānliáo】
○ 관리(운영)	[管理]	깐리 かんり	官	꽌 【guān】

한국어	한자	일본어	중국어	병음
○ 관리(공무원)	[役人]	야꾸닝 やくにん	管理	관리 【guǎnlǐ】
○ 관상	[観相]	간소- かんそう	观赏	관샹 【guānshǎng】
○ 관세	[関税]	간제- かんぜい	关税	관쉐이 【guānshuì】
○ 관심	[関心]	간싱 かんしん	关心	관신 【guānxīn】
○ 관자놀이	[蜂谷]	고메까미 こめかみ	太阴穴	타이인쉬에 【tàiyīnxué】
○ 관절	[関節]	간세쓰 かんせつ	关节	관지에 【guānjié】
○ 관찰(하다)	[観察]	간사쓰 かんさつ	观察	관차 【guānchá】
○ 관측소	[観測所]	칸소꾸죠 かんそくじょ	观测	관처 【guāncè】
○ 관통(하다)	[貫通]	간쓰- かんつう	贯通	관통 【guàntōng】
○ 관행	[慣行]	강꼬- かんこう	惯行	관싱 【guànxíng】
○ 관현악	[管弦楽]	강겡가꾸 かんげんがく	管弦乐	관시엔위에 【guǎnxiányuè】
○ 괄호	[括弧]	각꼬 かっこ	括号	쿠어하오 【kuòhào】
○ 광경	[光景]	고-께- こうけい	景象	징시앙 【jǐngxiàng】
○ 광고	[広告]	고-꼬꾸 こうこく	广告	광까오 【guǎnggào】
○ 광명	[光明]	고-묘- こうみょう	光明	꽝밍 【guangmíng】
○ 광물	[鉱物]	고-부쓰 こうぶつ	矿物	쾅우 【kuàngwù】

한국어	한자	일본어	중국어	병음
○ 광산	[鉱山]	고-장 こうざん	矿山	쾅샨 【kuàngshān】
○ 광선	[光線]	고-셍 こうせん	光线	꽝시엔 【guāngxiàn】
○ 광장	[広場]	히로바 ひろば	广场	광창 【guǎngchǎng】
○ 광택	[光沢]	고-따꾸 こうたく	光	꽝 【guāng】
○ 괜찮은	[宜しい]	요로시- よろしい	不错	부추어 【búcuò】
○ 괴기	[怪奇]	가이끼 かいき	传奇	추안치 【chuánqí】
○ 괴로움	[苦しみ]	구루시미 くるしみ	痛苦	퉁쿠 【tòngkǔ】
○ 괴롭다	[苦しい]	구루시- くるしい	难过	난꾸어 【nánguò】
○ 괴롭히다	[苦しめる]	구루시메루 くるしめる	欺负	치푸 【qīfu】
○ 괴짜	[変り者]	가와리모노 かわりもの	奇人	치런 【qírén】
○ 교과서	[教科書]	교-꾜 きょうかしょ	课本	커번 【kèběn】
○ 교단	[教壇]	교-당 きょうだん	讲台	지앙타이 【jiǎngtái】
○ 교대(하다)	[交替]	고-따이 こうたい	交代	지아오따이 【jiāodài】
○ 교류(하다)	[交流]	고-류- こうりゅう	交流	지아오리우 【jiāoliú】
○ 교묘한	[巧妙]	고-묘 こうみょう	巧妙	치아오미아오 【qiǎomiào】
○ 교문	[校門]	고-몽 こうもん	校门	시아오먼 【xiàomén】

ㄱ · 교

교미(하다)	[交尾]	고-비 こうび	交尾	지아오웨이 【jiāowěi】
교사	[教師]	교-시 きょうし	教师	지아오스 【jiàoshī】
교섭(하다)	[交涉]	고-쇼- こうしょう	交涉	지아오셔 【jiāoshè】
교수	[教授]	교-쥬 きょうじゅ	教授	지아오셔우 【jiàoshòu】
교습소	[教習所]	교우슈우죠 きょうしゅうじょ	教习	지아오시 【jiàoxí】
교실	[教室]	교-시쓰 きょうしつ	教室	지아오스 【jiàoshì】
교양	[教養]	교-요- きょうよう	教养	지아오양 【jiàoyǎng】
교외	[郊外]	고-가이 こうがい	郊区	지아오취 【jiāoqū】
교육(하다)	[教育]	교-이꾸 きょういく	教育	지아오위 【jiàoyù】
교장	[校長]	고-쬬- こうちょう	校长	시아오장 【xiàozhǎng】
교재	[教材]	교-자이 きょうざい	教材	지아오차이 【jiàocái】
교제	[付合]	쓰끼아이 つきあい	交际	지아오지 【jiāojì】
교통	[交通]	고-쓰- こうつう	交通	지아오통 【jiāotōng】
교향곡	[交響楽]	고-꾜-가꾸 こうきょうがく	交响曲	지아오시앙취 【jiāoxiǎngqǔ】
교환(하다)	[交換]	고-깡 こうかん	交换	지아오환 【jiāohuàn】
교활하다	[狡い]	즈루이 ずるい	狡猾	지아오화 【jiāohuá】

한국어	일본어	일본어 발음	중국어	중국어 발음
○ 교황	[教皇]	교-꼬- きょうこう	教皇	찌아오황 【jiàohuáng】
○ 교회	[教会]	교-까이 きょうかい	教会	지아오훼이 【jiàohuì】
○ 교훈	[教訓]	교-궁 きょうくん	教训	지아오쉰 【jiàoxùn】
○ 구간	[区間]	구깡 くかん	区间	취지엔 【qūjiān】
○ 구걸	[物乞い]	모노고이 ものごい	乞求	치치우 【qǐqiú】
○ 구경(하다)	[見物]	껨부쓰 けんぶつ	看	칸 【kàn】
○ 구경거리	[見せ物]	미세모노 みせもの	可看的	커칸더 【kěkànde】
○ 구급차	[救急車]	규-뀨-샤 きゅうきゅうしゃ	救伤车	찌우샹처 【jiùshāngchē】
○ 구내	[構内]	고-나이 こうない	区域	취위 【qūyù】
○ 구더기	[蛆]	우지 うじ	粪蛆	펀취 【fènqū】
○ 구도	[構図]	고-즈 こうず	构图	꺼우투 【gòutú】
○ 구두	[靴]	구쓰 くつ	皮鞋	퍼스이 【píxié】
○ 구르다	[転ぶ]	고로부 ころぶ	滚动	군똥 【gǔndòng】
○ 구름	[雲]	구모 くも	云	윈 【yún】
○ 구매(하다)	[購買]	고-바이 こうばい	购买	꺼우마이 【gòumǎi】
○ 구멍	[穴]	아나 あな	穴	쉬에 【xué】

ㄱ · 구

○ 구명	[救命]	규-메- きゅうめい	救命	찌우밍 【jiùmìng】
○ 구별	[区別]	구베쓰 くべつ	区别	취비에 【qūbié】
○ 구부러지다	[曲がる]	마가루 まがる	弯曲	완취 【wānqū】
○ 구부리다	[曲げる]	마게루 まげる	弯	완 【wān】
○ 구분(區分)	[区分]	구붕 くぶん	区分	취펀 【qūfēn】
○ 구상(하다)	[構想]	고-소- こうそう	构想	꺼우시앙 【gòuxiǎng】
○ 구석	[隅]	스미 すみ	角落	지아오루어 【jiǎoluò】
○ 구석지다	[奥まる]	오꾸마루 おくまる	偏	피엔 【piān】
○ 구성(하다)	[構成]	고-세- こうせい	构成	꺼우청 【gòuchéng】
○ 구실	[口実]	고오지쓰 こうじつ	借口	지에커우 【jièkǒu】
○ 구역	[区域]	구이끼 くいき	区域	취위 【qūyù】
○ 구역질	[反吐]	헤도 へど	呕气	어우치 【ǒuqì】
○ 구원(하다)	[救い]	스꾸이 すくい	救援	지우위엔 【jiùyuán】
○ 구입(하다)	[購入]	고-뉴- こうにゅう	收购	서우꺼우 【shōugòu】
○ 구조	[構造]	고-조- こうぞう	构造	꺼우짜오 【gòuzào】
○ 구조(하다)	[救助]	규-죠- きゅうじょ	救	찌우 【jiù】

ㄱ · 구 국

구체적(인)	[具体的]	구따이떼끼 ぐたいてき	具体	쮜티 【jùtǐ】
구충제	[駆虫剤]	구쮸-자이 くちゅうざい	杀虫剂	샤총지 【shāchóngjì】
구토(하다)	[嘔吐]	오-또 おうと	呕吐	어우투 【ǒutù】
구하다	[救う]	스꾸- すくう	求	치우 【qiú】
구혼(하다)	[求婚]	규-꽁 きゅうこん	求婚	치우훈 【qiúhūn】
국가	[国家]	곡까 こっか	国家	구어지아 【guójiā】
국경	[国境]	곡꾜- こっきょう	国境	구어찡 【guójìng】
국고	[国庫]	곡꼬 こっこ	国库	구어쿠 【guókù】
국교	[国交]	곡꼬- こっこう	国交	구어지아오 【guójiāo】
국기	[国旗]	곡끼 こっき	国旗	구어치 【guóqí】
국력	[国力]	고꾸료꾸 こくりょく	国力	구어리 【guólì】
국립	[国立]	구꾸리쓰 こくりつ	国立	구어리 【guólì】
국민	[国民]	고꾸밍 こくみん	国民	구어민 【guómín】
국방	[国防]	고꾸보- こくぼう	国防	구어팡 【guófáng】
국보	[国宝]	고꾸호- こくほう	国宝	구어바오 【guóbǎo】
국비	[国費]	고꾸히 こくひ	公费	꽁페이 【gōngfèi】

ㄱ · 국 · 군

○ 국산	[国産]	고꾸상 こくさん	国产	구어찬 【guóchǎn】
○ 국어	[国語]	고꾸고 こくご	国文	구어원 【guówén】
○ 국왕	[国王]	고꾸오- こくおう	国王	구어왕 【guówáng】
○ 국자	[柄杓]	히샤꾸 ひしゃく	勺子	샤오즈 【sháozi】
○ 국적	[国籍]	고꾸세끼 こくせき	国籍	구어지 【guójí】
○ 국제	[国際]	고꾸사이 こくさい	国际	구어지 【guójì】
○ 국토	[国土]	고꾸도 こくど	国土	구어투 【guótǔ】
○ 국화	[菊]	기꾸 きく	菊花	쥐화 【júhuā】
○ 국회	[国会]	곡까이 こっかい	国会	구어훼이 【guóhuì】
○ 군대	[軍隊]	군따이 ぐんたい	军队	쥔뚜에이 【jūnduì】
○ 군도(무리이룬섬)	[群島]	군또- ぐんとう	群岛	췬다오 【qúndǎo】
○ 군비	[軍法]	굼뽀- ぐんぼう	军备	쥔뻬이 【jūnbèi】
○ 군사	[軍事]	군지 ぐんじ	军事	쥔스 【jūnshì】
○ 군인	[軍人]	군징 ぐんじん	军人	쥔런 【jūnrén】
○ 군주	[群衆]	군슈- ぐんしゅう	君主	쥔주 【jūnzhǔ】
○ 군중	[軍縮]	군슈꾸 ぐんしゅく	群众	췬종 【qúnzhòng】

한국어	일본어		중국어	
○ 군축	[生唾]	나마쓰바 なまつば	裁军	차이쥔 【cáijūn】
○ 굳다	[固める]	가따메루 かためる	硬	잉 【yìng】
○ 굴	[牡]	가끼 かき	窟	쿠 【kū】
○ 굴뚝	[煙突]	엔또스 えんとつ	烟囱	이엔총 【yāncōng】
○ 굴레	[絆]	기즈나 きずな	笼头	롱터우 【lóngtou】
○ 굴절(되다)	[屈折]	굿세쓰 くっせく	屈折	취저 【qūzhé】
○ 굵다	[太い]	후또이 ふとい	粗	추 【cū】
○ 굶주리다	[飢える]	우에루 うえる	饥饿	지어 【jī'è】
○ 굽다	[曲がる]	마가루 まがる	烤	카오 【kǎo】
○ 굽히다	[屈める]	가가메루 かがめる	俯	푸 【fǔ】
○ 궁리(하다)	[工夫]	구후- くふう	心经	씬징 【xīnjing】
○ 궁전	[宮殿]	규-뎅 きゅうでん	宫殿	꽁띠엔 【gōngdiàn】
○ 궁지	[窮地]	규-찌 きゅうち	困境	쿤찡 【kùnjìng】
○ 권력	[権力]	껜료꾸 けんりょく	权力	취엔리 【quánlì】
○ 권리	[権利]	껜리 けんり	权利	취엔리 【quánlì】
○ 권위	[権威]	껭이 けんい	权威	취엔웨이 【quánwēi】

한국어	한자	일본어	중국어
○ 권총	[拳銃]	겐쥬- けんじゅう	手枪 서우치앙 【shǒuqiāng】
○ 권태	[倦怠]	겐따이 けんたい	厌倦 옌쥐엔 【yànjuàn】
○ 권하다	[勧める]	스스메루 すすめる	劝 취엔 【quàn】
○ 궤도	[軌道]	기도- きどう	轨道 궤이따오 【guǐdào】
○ 귀	[耳]	미미 みみ	耳朵 얼두어 【ěrduō】
○ 귀가(하다)	[帰家]	기까 きか	回家 훼이지아 【huíjiā】
○ 귀걸이	[耳飾り]	미미카자리 みみかざり	耳坠子 얼줴이즈 【ěrzhuìzi】
○ 귀금속	[貴金属]	기낀조꾸 ききんぞく	贵金属 궤이진수 【guìjīnshǔ】
○ 귀뚜라미	[蟋蟀]	고-로기 こおろぎ	蟋蟀 시수아이 【xīshuài】
○ 귀신	[鬼]	오니 おに	鬼 궤이 【guǐ】
○ 귀여워하다	[可愛がる]	가와이가루 かわいがる	疼爱 텅아이 【téng'ài】
○ 귀엽다	[可愛い]	가와이- かわいい	可爱 커아이 【kě'ài】
○ 귀족	[貴族]	기조꾸 きぞく	贵族 궤이주 【guìzú】
○ 귀중품	[貴重品]	기쪼-힝 きちょうひん	贵重品 궤이종핀 【guìzhòngpǐn】
○ 귀찮은	[面倒だ]	멘도-다 めんどうだ	讨厌 타오이엔 【tǎoyàn】
○ 귀향	[帰郷]	기꾜- ききょう	归乡 궤이시앙 【guīxiāng】

○ 규모	[規模]	기보 きぼ	規模	꿰이모 【guīmó】
○ 규율	[規律]	기리쓰 きりつ	法規	파꿰이 【fǎguī】
○ 규정(하다)	[規定]	기떼- きてい	規定	꿰이딩 【guīdìng】
○ 균형	[釣合い]	쓰리아이 つりあい	平衡	핑헝 【pínghéng】
○ 귤	[蜜柑]	미깡 みかん	橘子	쥐즈 【júzi】
○ 그	[彼]	가레 かれ	他	타 【tā】
○ 그것	[其れ]	소레 それ	那个	나거 【nàge】
○ 그네	[포balanco]	부랑꼬 ブランコ	秋千	치우치엔 【qiūqiān】
○ 그녀	[彼女]	가노죠 かのじょ	她	타 【tā】
○ 그늘	[陰]	가게 かげ	阴影儿	인이얼 【yīnyǐngr】
○ 그래서		소레데 それで	乃	나이 【nǎi】
○ 그래픽	[graphic]	구라휘꾸 グラフィック	图板	투반 【túbǎn】
○ 그램	[프gramme]	구라무 グラム	公分	꿍펀 【gōngfēn】
○ 그러나		시까시 しかし	可是	커스 【kěshì】
○ 그러면		소레데와 それでは	那么	나머 【nàme】
○ 그러므로		다까라 だから	因而	인얼 【yīn'ér】

○ 그럭저럭		도-야라 どうやら	欠不	치엔뿌 【qiànbu】
○ 그런		손나 そんな	那样的	나양더 【nàyàngde】
○ 그런데	[所が]	도꼬로가 ところが	不过	부꾸어 【búguò】
○ 그런데도		소레데모 それでも	不过	부꾸어 【búguò】
○ 그룹	[group]	구루-뿌 グループ	组	주 【zǔ】
○ 그릇	[入れ物]	이레모노 いれもの	器	치 【qì】
○ 그리고		소시떼 そして	和	허 【hé】
○ 그리다	[描く]	가꾸 かく	会	훼이 【huì】
○ 그리스		기리시아 ラ ギリシア	希腊	시라 【Xīlà】
○ 그리스도		기리스도 포 キリスト	基督	지두 【jīdū】
○ 그리워하다	[憧れる]	야꼬가레루 あこがれる	怀念	화이니엔 【huáiniàn】
○ 그린	[green]	구리-인 グリーン	绿色	뤼써 【lûsè】
○ 그릴	[grill]	구리루 グリル	烤架儿	카오지알 【kǎojiàr】
○ 그림	[絵]	에 え	画儿	활 【huàr】
○ 그림자	[影]	가게 かげ	影子	잉즈 【yǐngzi】
○ 그립다	[恋しい]	고이시- こいしい	怀念	화이니엔 【huáiniàn】

한국어	일본어		중국어	
○ 그만두다	[止める]	야메루 やめる	罢	빠 【bà】
○ 그물	[網]	아미 あみ	网	왕 【wǎng】
○ 그밖에	[その外]	소노호까 そのほか	另外	링와이 【lìngwài】
○ 그을리다		구스부루 くすぶる	熏	쉰 【xūn】
○ 그저께	[一昨日]	오도또이 おととい	前天	치엔티엔 【qiántiān】
○ 그쪽		소찌라 そちら	那边	나비엔 【nàbiān】
○ 극단	[劇団]	게끼당 げきだん	剧团	쥐투안 【jùtuán】
○ 극단적(인)	[極端的]	교꾸딴떼끼 きょくたんてき	极端	지두안 【jíduān】
○ 극락	[極楽]	고꾸라꾸 ごくらく	极乐	지러 【jílè】
○ 극복(하다)	[克服]	고꾸후꾸 こくふく	克服	커푸 【kèfú】
○ 극작가	[劇作家]	게끼삭까 げきさっか	剧作家	쥐쭈어지아 【jùzuòjiā】
○ 극장(연극)	[劇場]	게끼죠- げきじょう	剧场	쥐창 【jùchǎng】
○ 극한	[極限]	교꾸겡 きょくげん	极限	지시엔 【jíxiàn】
○ 근거	[根拠]	공꾜 こんきょ	依据	이쥐 【yījù】
○ 근래	[近頃]	지까고로 ちかごろ	近来	찐라이 【jìnlái】
○ 근로(하다)	[勤労]	긴로- きんろう	勤劳	친라오 【qínláo】

ㄱ · 근 · 글 · 금

한국어		일본어	중국어	
○ 근면(한)	[勤勉]	긴벵 きんべん	勤	친 【qín】
○ 근무처	[勤め先]	쓰또메사끼 つとめさき	办公室	빤꽁스 【bàngōngshì】
○ 근무하다	[勤める]	쓰또메루 つとめる	执勤	즈친 【zhíqín】
○ 근본	[根本]	곰뽕 こんぽん	根本	껀번 【gēnběn】
○ 근성	[根性]	곤죠- こんじょう	根性	껀씽 【gēnxìng】
○ 근시	[近視]	긴시 きんし	近视	찐스 【jìnshì】
○ 근육	[筋肉]	긴니꾸 きんにく	筋	찐 【jīn】
○ 근처	[近所]	긴죠 きんじょ	附近	푸진 【fùjìn】
○ 글	[文]	후미 ふみ	文章	원짱 【wénzhāng】
○ 글라스	[glass]	구라스 グラス	玻璃杯	뽀리뻬이 【bōlibēi】
○ 글자	[文字]	모지 もじ	文字	원쯔 【wénzì】
○ 글피	[明明後日]	시아삿떼 しあさって	大后天	따허우티엔 【dàhòutiān】
○ 긁다	[掻く]	가꾸 かく	搔爬	싸오파 【sāopá】
○ 긁어 부스럼	[薮蛇]	야부헤비 やぶへび	惹祸	러후어 【rěhuò】
○ 금	[金]	깅 きん	金	찐 【jīn】
○ 금고	[金庫]	깅꼬 きんこ	金库	찐쿠 【jīnkù】

한국어	한자	일본어	중국어	병음
○ 금리	[金利]	긴리 きんり	利息	리시 【lìxī】
○ 금발	[金髪]	김빠쓰 きんぱつ	金发	찐파 【jīnfà】
○ 금붕어	[金魚]	깅꾜 きんぎょ	金鱼	찐위 【jīnyú】
○ 금속	[金属]	긴조꾸 きんぞく	金属	찐수 【jīnshǔ】
○ 금액	[金額]	깅가꾸 きんがく	金额	찐어 【jīn'é】
○ 금연(하다)	[禁煙]	깅엥 きんえん	禁烟	찐이옌 【jìnyān】
○ 금요일	[金曜日]	깅요-비 きんようび	星期五	씽치우 【xīngqīwǔ】
○ 금융	[金融]	깅유- きんゆう	金融	찐룽 【jīnróng】
○ 금주(하다)	[禁酒]	긴슈 きんしゅ	禁酒	찐지우 【jjìnjiǔ】
○ 금지	[禁止]	긴시 きんし	禁止	찐즈 【jìnzhǐ】
○ 급료	[給料]	규-료- きゅうりょう	工资	꽁즈 【gōngzī】
○ 급성	[急性]	규-세- きゅうせい	急性	지씽 【jíxìng】
○ 급소(를 누르다)	[急所]	규-쇼 きゅうしょ	要害	야오하이 【yàohài】
○ 급수(하다)	[給水]	규-스이 きゅうすい	给水	지쉐이 【jǐshuǐ】
○ 급식	[給食]	규-쇼꾸 きゅうしょく	供饭	꽁판 【gōngfàn】
○ 급여	[給与]	규-요 きゅうよ	薪水	신쉐이 【xīnshuǐ】

○ 급진적	[急ぐ]	이소구 いそぐ	激进	지찐 【jījìn】
○ 급한 용무	[急用]	규-요- きゅうよう	急事	지스 【jíshì】
○ 급행	[急行]	규-꼬- きゅうこう	快车	콰이처 【kuàichē】
○ 긍정(하다)	[肯定]	고-떼- こうてい	肯定	컨띵 【kěndìng】
○ 기	[旗]	하따 はた	旗	치 【qí】
○ 기간	[期間]	기깡 きかん	其间	치지엔 【qījiān】
○ 기계	[機械]	기까이 きかい	机械	지시에 【jīxiè】
○ 기교	[技巧]	기꼬- ぎこう	技巧	찌치아오 【jìqiǎo】
○ 기구(풍선)	[気球]	기뀨- ききゅう	气球	치치우 【qìqiú】
○ 기구	[器具]	기구 きぐ	器具	치쮜 【qìjù】
○ 기근	[飢饉]	기낑 ききん	饥荒	지황 【jīhuāng】
○ 기금	[基金]	기낑 ききん	基金	찌진 【jījīn】
○ 기념	[記念]	기넹 きねん	纪念	찌니엔 【jìniàn】
○ 기능	[技能]	기노- ぎのう	技能	찌넝 【jìnéng】
○ 기다	[這う]	하우 はう	爬	파 【pá】
○ 기다리다	[待つ]	마쯔 まつ	等	덩 【děng】

○ 기대	[期待]	기따이 きたい	指望	즈왕 【zhǐwàng】
○ 기대다	[凭れる]	모따레루 もたれる	倚	이 【yǐ】
○ 기도	[祈祷]	기또- きとう	祈祷	치다오 【qídǎo】
○ 기둥	[柱]	하시라 はしら	柱子	주즈 【zhùzi】
○ 기록(하다)	[記録]	기로꾸 きろく	记录	찌루 【jìlù】
○ 기르다	[育てる]	소다떼루 そだてる	饲养	쓰양 【sìyǎng】
○ 기름	[油]	아부라 あぶら	油	여우 【yóu】
○ 기린	[麒麟]	기링 きりん	长经鹿	창징루 【chángjīnglù】
○ 기립(하다)	[起立]	기리쓰 きりつ	起立	치리 【qǐlì】
○ 기묘(하다)	[奇妙]	기묘- きみょう	奇妙	치미아오 【qímiào】
○ 기밀	[機密]	기미쓰 きみつ	机密	찌미 【jīmì】
○ 기반	[基盤]	기방 きばん	基础	지추 【jīchǔ】
○ 기발함	[奇抜だ]	기바쓰다 きばつだ	新奇	신치 【xīnqí】
○ 기법	[技法]	기호- ぎほう	技法	찌파 【jìfǎ】
○ 기본	[基本]	기홍 きほん	基本	찌번 【jīběn】
○ 기부(하다)	[寄付]	기후 きふ	捐献	쮜엔시엔 【juānxiàn】

ㄱ · 기

○ 기분	[機嫌]	기겡 きげん	气氛	치펀 【qìfēn】
○ 기분 전환	[気晴らし]	기바라시 きばらし	散心	싼신 【sànxīn】
○ 기뻐하다	[喜ぶ]	요로꼬부 よろこぶ	高兴	까오씽 【gāoxìng】
○ 기쁘다	[嬉しい]	우레시- うれしい	高兴	까오씽 【gāoxìng】
○ 기쁨	[喜び]	요로꼬비 よろこび	高兴	까오씽 【gāoxìng】
○ 기사(글)	[記事]	기지 きじ	记事	찌스 【jìshì】
○ 기사(기술)	[技師]	기시 ぎし	司机	쓰지 【sījī】
○ 기색	[気配]	게하이 けはい	神色	션써 【shénsè】
○ 기생충	[寄生虫]	기세-쮸- きせいちゅう	寄生虫	찌셩충 【jìshēngchóng】
○ 기선	[汽船]	기셍 きせん	汽船	치추안 【qìchuán】
○ 기소(하다)	[起訴]	기소 きそ	起诉	치쑤 【qǐsù】
○ 기수(깃발)	[旗手]	기슈 きしゅ	棋手	치셔우 【qíshǒu】
○ 기숙사	[寄宿舎]	기슈꾸샤 きしゅくしゃ	宿舍	쑤셔 【sùshè】
○ 기술(솜씨)	[技術]	기쥬쓰 ぎじゅつ	技术	찌수 【jìshù】
○ 기술(하다)	[記述]	기쥬쓰 きじゅつ	记述	찌수 【jìshù】
○ 기아	[飢餓]	기가 きが	饥饿	지어 【jī'è】

한국어	한자	일본어	중국어 간체	병음
○ 기압	[気圧]	기아쓰 きあつ	气压	치야 【qìyā】
○ 기억(하다)	[記憶]	기오꾸 きおく	记忆	찌이 【jìyì】
○ 기억력	[記憶力]	기오꾸료꾸 きおくりょく	记忆力	찌이리 【jìyìlì】
○ 기업	[企業]	기교- きぎょう	企业	치예 【qǐyè】
○ 기온	[気温]	기옹 きおん	气温	치원 【qìwēn】
○ 기와	[瓦]	가와라 かわら	瓦	와 【wǎ】
○ 기울다	[傾く]	가따무꾸 かたむく	倾	칭 【qīng】
○ 기원(발생)	[起源]	기겡 きげん	起源	치위엔 【qǐyuán】
○ 기입(하다)	[記入]	기뉴- きにゅう	填写	티엔시에 【tiánxiě】
○ 기자	[記者]	기샤 きしゃ	记者	찌저 【jìzhě】
○ 기장(비행기)	[機長]	기쪼 きちょう	机长	지장 【jīzhǎng】
○ 기저귀	[御襁褓]	오무쓰 おむつ	衬尿布	천니아오뿌 【chèngniàobù】
○ 기적	[奇跡]	기세끼 きせき	奇迹	치지 【qíjì】
○ 기절(하다)	[気絶]	기제쓰 きぜつ	昏	훈 【hūn】
○ 기준	[基準]	기쥼 きじゅん	基准	찌준 【jīzhǔn】
○ 기지	[基地]	기찌 きち	基地	지띠 【jīdì】

ㄱ
·
기
긴

한국어	일본어		중국어	
○ 기질	[気質]	가따기 かたぎ	气质	치즈 【qìzhì】
○ 기차	[汽車]	기샤 きしゃ	火车	후어처 【huǒchē】
○ 기체	[気体]	기따이 きたい	气体	치티 【qìtǐ】
○ 기초	[基礎]	기소 きそ	基础	지추 【jīchǔ】
○ 기침	[咳]	세끼 せき	咳嗽	커써우 【késou】
○ 기타(악기)	[guitar]	기따- ギター	吉他	지타 【jítā】
○ 기특한	[感心だ]	간신다 かんしんだ	可嘉	커지아 【kějiā】
○ 기품	[気品]	기힝 きひん	标格	비아오거 【biāogé】
○ 기한	[期限]	기겡 きげん	期限	치시엔 【qīxiàn】
○ 기호(좋아함)	[嗜好]	시꼬- しこう	嗜好	스하오 【shìhào】
○ 기호(표시)	[記号]	기고- きごう	记号	찌하오 【jìhào】
○ 기혼	[既婚]	키꽁 きこん	已婚	이훈 【yǐhūn】
○ 기회	[機会]	기까이 きかい	机会	찌훼이 【jīhuì】
○ 기획(하다)	[企画]	기까꾸 きかく	规划	꿰이화 【guīhuà】
○ 기후	[気候]	기꼬- きこう	气候	치허우 【qìhòu】
○ 긴급	[緊急]	깅뀨- きんきゅう	紧急	진지 【jǐnjí】

한국어	한자	일본어	중국어 한자	병음
○ 긴장	[緊張]	긴쬬- きんちょう	緊张	진장 【jǐnzhāng】
○ 긴축	[緊縮]	긴슈꾸 きんしゅく	緊缩	진쑤어 【jǐnsuō】
○ 길	[道]	미찌 みち	路	루 【lù】
○ 길다	[長い]	나가이 ながい	长	창 【cháng】
○ 길이	[長さ]	나가사 ながさ	长度	창뚜 【chángdù】
○ 김(수증기)	[湯気]	유게 ゆげ	汽	치 【qì】
○ 김(해초)	[海苔]	노리 のり	紫菜	쯔차이 【zǐcài】
○ 깊다	[深い]	후까이 ふかい	深	선 【shēn】
○ 깊어지다	[深まる]	후까마루 ふかまる	加深	지아선 【jiāshēn】
○ 깊이	[深さ]	후까사 ふかさ	深度	선뚜 【shēndù】
○ 까다롭다		야야꼬시- ややこしい	难弄	난농 【nánnòng】
○ 까마귀	[烏]	가라스 からす	乌鸦	우야 【wūyā】
○ 까칠까칠(하다)		자라자라 ざらざら	粗糙	추차오 【cūcāo】
○ 깎(아주)다	[削る]	게즈루 けずる	杀价	샤지아 【shājià】
○ 깔끔히		고집빠리 こざっぱり	精炼	찡리엔 【jīngliàn】
○ 깔다	[敷く]	시꾸 しく	铺	푸 【pū】

		아나도루		치아오빈
○ 깔보다	[侮る]	あなどる	瞧扁	【qiáobiǎn】
○ 깜빡 잊다		욱까리 うっかり	暂时忘	짠스왕 【zànshíwàng】
○ 깜빡하여	[瞬く]	마따다꾸 またたく	暂时忘	짠스왕 【zànshíwàng】
○ 깡통따개	[缶切り]	강끼리 かんきり	罐起子	꽌치즈 【guànqǐzi】
○ 깨	[胡麻]	고마 ごま	芝麻	즈마 【zhīmá】
○ 깨끗한		기레-니 きれいに	干净	깐징 【gānjìng】
○ 깨다	[破る]	야부루 やぶる	破	포 【pò】
○ 깨닫다	[悟る]	사또루 さとる	觉悟	쥐에우 【juéwù】
○ 깨지기 쉬운	[割れる]	와레루 われる	容易碰坏	룽이펑화이 【róngyipènghuài】
○ 꺼내다	[取り出す]	도리다스 とりだす	掏	타오 【táo】
○ 꺼림칙하다	[後ろめたい]	우시로메따이 うしろめたい	悔不该	훼이부까이 【huǐbùgāi】
○ 꺾다	[折る]	오루 おる	折	저 【zhé】
○ 껍질	[皮]	가와 かわ	表皮	비아오피 【biǎopí】
○ 껴안다	[抱く]	다꾸 だく	拥抱	용빠오 【yōngbào】
○ 꼬리	[尻尾]	십뽀 しっぽ	尾巴	웨이바 【wěiba】
○ 꼬리표	[荷札]	니후다 にふだ	标签	비아오치엔 【biāoqiān】

		쓰네루 つねる	拧	닝 【nǐng】
○ 꼬집다	[抓る]	쓰네루 つねる	拧	닝 【nǐng】
○ 꼬챙이	[串]	구시 くし	签子	치엔즈 【qiānzi】
○ 꼭		제히 ぜひ	一定	이딩 【yídìng】
○ 꼭두각시	[操り人形]	아야쓰리닝교- あやつりにんぎょう	木偶	무어우 【mì'ǒu】
○ 꼴사납다	[不格好]	부각꼬- ぶかっこう	洋相	양시앙 【yángxiàng】
○ 꼴찌		비리 びり	末尾	모웨이 【mòwěi】
○ 꼼꼼한	[几帳面だ]	기쬬-멘다 きちょうめんだ	精细	찡씨 【jīngxì】
○ 꽁치	[秋刀魚]	삼마 さんま	秋刀鱼	치우따오위 【qiūdāoyú】
○ 꽃	[花]	하나 はな	花	화 【huā】
○ 꽃꽂이	[生け花]	이께바나 いけばな	插花	차화 【chāhuā】
○ 꽃다발	[花束]	하나따바 はなたば	花束	화수 【huāshù】
○ 꽃병	[花瓶]	가빙 かびん	花瓶	화핑 【huāpíng】
○ 꽃봉오리	[蕾]	쓰보미 つぼみ	花朵	화두어 【huāduǒ】
○ 꽃잎	[花びら]	하나비라 はなびら	花瓣	화빤 【huābàn】
○ 꽤	[大分]	다이부 だいぶ	相当	시앙땅 【xiāngdāng】
○ 꾀다	[誘う]	사소- さそう	诱	여우 【yòu】

○ 꾀병	[仮病]	게뵤- けびょう	诈病	자삥 【zhàbìng】
○ 꾸다	[借りる]	가리루 かりる	借	찌에 【jiè】
○ 꾸미다	[企む]	다꾸라무 たくらむ	装饰	주앙스 【zhuāngshì】
○ 꾸짖다	[叱る]	시까루 しかる	责备	저뻬이 【zébèi】
○ 꿀	[蜜]	미쓰 みつ	蜜	미 【mì】
○ 꿀벌	[蜜蜂]	미쓰바찌 みつばち	蜜蜂	미펑 【mìfēng】
○ 꿈	[夢]	유메 ゆめ	梦	멍 【mèng】
○ 꿩	[雉]	기지 きじ	雉	즈 【zhì】
○ 꿰매다	[縫う]	누우 ぬう	缝	펑 【féng】
○ 끄다	[消す]	게스 けす	熄	시 【xī】
○ 끈	[紐]	히모 ひも	绳子	성즈 【shéngzi】
○ 끈기	[根気]	공끼 こんき	坚忍性	지엔런싱 【jiānrěnxìng】
○ 끈덕지다		식꼬이 しっこい	死钉钉	쓰띵딩 【sǐdīngdīng】
○ 끈적끈적한		베따쓰꾸 べたつく	粘	니엔 【nián】
○ 끊다	[切る]	기루 きる	断	뚜안 【duàn】
○ 끊어지다	[切れる]	기레루 きれる	被断	뻬이뚜안 【bèiduàn】

ㄱ·꾀꾸끈

끊임없이	[絶えず]	다에즈 たえず	接二連三	지에얼리엔싼 【jiēèrliánsān】
○ 끌어당기다	[引き寄せる]	히끼요세루 ひきよせる	牽引	치엔인 【qiānyǐn】
○ 끌어올리다	[引き上げる]	히끼아게루 ひきあげる	提升	티셩 【tíshēng】
○ 끓다	[沸く]	와꾸 わく	煮开	주카이 【zhǔkāi】
○ 끔찍하다	[物凄い]	모노스고이 ものすごい	可怕	커파 【kěpà】
○ 끝	[端]	하시 はし	终	종 【zhōng】
○ 끝나다	[終わる]	오와루 おわる	完成	완청 【wánchéng】
○ 끝내다	[終える]	오에루 おえる	终于	종위 【zhōngyú】
○ 끼얹다	[振り巻く]	후리마꾸 ふりまく	泼	포 【pō】
○ 끼워 넣다	[嵌める]	하메루 はめる	插进	차진 【chājìn】
○ 끼이다	[挟まる]	하사마루 はさまる	夹住	지아주 【jiāzhù】

自分(じぶん)の夢(ゆめ)は自分(じぶん)で作(つく)るさ.

내 꿈은 내가 만드는 거야.

- ジョン レノン(존 레논)

나	[私]	와따시 わたし	我	워 【wǒ】
나가다	[出る]	데루 でる	出去	추취 【chūqù】
나그네	[旅人]	다비비또 たびびと	旅客	뤼커 【lǚkè】
나누다	[分ける]	와께루 わける	分	펀 【fēn】
나눗셈	[割り算]	와리장 わりざん	除法	추파 【chúfǎ】
나돌다	[出歩く]	데아루꾸 であるく	出去转	추취쭈안 【chūqùzhuàn】
나라	[国]	구니 くに	国	구어 【guó】
나른하다		다루이 だるい	懒	란 【lǎn】
나머지	[残り]	노꼬리 のこり	其余	치위 【qíyú】
나무	[木]	기 き	树	수 【shù】
나뭇잎	[木の葉]	고노하 このは	树叶儿	수옐 【shùyèr】
나방	[蛾]	가 が	蛾虫	어총 【échóng】
나비	[蝶]	쵸- ちょう	蝴蝶	후디에 【húdié】

○ 나쁘다	[悪い]	와루이 わるい	不好	뿌하오 【bùhǎo】
○ 나사		네지 ねじ	螺丝钉	루어쓰딩 【luósīdīng】
○ 나아가다	[進む]	스스무 すすむ	上进	샹찐 【shàngjìn】
○ 나오다	[出る]	데루 でる	出来	추라이 【chūlái】
○ 나이	[年]	도시 とし	岁数	쉐이수 【suìshu】
○ 나이트클럽	[nightclub]	나이또쿠라부 ナイトクラブ	夜总会	예종훼이 【yèzǒnghuì】
○ 나일론	[nylon]	나이롱 ナイロン	尼龙	니룽 【nílong】
○ 나체	[裸体]	라따이 らたい	裸体	루어티 【luǒtǐ】
○ 나침반	[羅針盤]	라심방 らしんばん	指南针	즈난쩐 【zhǐnánzhēn】
○ 나타나다	[現れる]	아라와레루 あらわれる	出现	추시엔 【chūxiàn】
○ 나팔	[喇叭]	랍빠 らっぱ	喇叭	라바 【lǎba】
○ 나팔꽃	[朝顔]	아사가오 あさがお	喇叭花儿	라바후알 【lǎbahuār】
○ 낙관(하다)	[楽観]	락깡 らっかん	乐观	러꽌 【lèguān】
○ 낙농	[酪農]	라꾸노- らくのう	酪农	라오농 【làonóng】
○ 낙담(하다)	[落胆]	라꾸땅 らくたん	失望	스왕 【shīwàng】
○ 낙도	[離れ島]	하나레지마 はなれじま	孤岛	꾸다오 【gūdǎo】

○ 낙서(하다)	[落書き]	라꾸가끼 らくがき	乱写	루안시에 【luànxiě】
○ 낙엽	[落葉]	오찌바 おちば	落叶	루어예 【luòyè】
○ 낙원	[楽園]	라꾸엥 らくえん	乐园	러위엔 【lèyuán】
○ 낙오(하다)	[落伍]	라꾸고 らくご	落后	루어허우 【luòhòu】
○ 낙제(하다)	[落第]	라꾸다이 らくだい	降级	지앙지 【jiàngjí】
○ 낙착(되다)	[落着]	라꾸짜꾸 らくちゃく	落着	루어주어 【luòzhuó】
○ 낙천주의	[楽天主義]	라꾸뗀슈기 らくてんしゅぎ	乐天主义	러티엔주이 【lètiānzhǔyì】
○ 낙타	[駱駝]	라꾸다 らくだ	骆驼	루어투어 【luòtuo】
○ 낙태(하다)	[堕胎]	다따이 だたい	下胎	시아타이 【xiàtái】
○ 낙하(하다)	[落下]	락까 らっか	降落	지앙루어 【jiàngluò】
○ 낚다	[釣る]	쓰루 つる	钓	띠아오 【diào】
○ 낚시	[釣]	쓰리 つり	钓钩儿	띠아오꺼울 【diàogōur】
○ 난간	[手摺]	데스리 てすり	栏杆	란깐 【lángān】
○ 난국	[難局]	낭꼬꾸 なんきょく	难局	난쥐 【nánjú】
○ 난류	[暖流]	단류- だんりゅう	暖流	누안리우 【nuǎnliú】
○ 난방	[暖房]	담보- だんぼう	暖房	누안팡 【nuǎnfáng】

한국어	한자	일본어	중국어	병음
○ 난색	[難色]	난쇼꾸 なんしょく	难色	난써 【nánsè】
○ 난소	[卵巣]	란소- らんそう	卵巢	루안차오 【luǎncháo】
○ 난시	[乱視]	란시 らんし	乱视	루안스 【luànshì】
○ 난자	[卵子]	란시 らんし	卵细胞	루안씨빠오 【luǎnxìbāo】
○ 난잡한	[乱雑だ]	란자쓰다 らんざつだ	乱杂	루안자 【luànzá】
○ 난처하다	[困る]	고마루 こまる	难堪	난칸 【nánkān】
○ 난청	[難聴]	난쬬- なんちょう	耳背	얼뻬이 【ěrbèi】
○ 난초	[蘭]	랑 らん	兰	란 【lán】
○ 난치병	[難治病]	난지뵤- なんじびょう	顽症	완쩡 【wánzhèng】
○ 난폭	[乱暴]	람보- らんぼう	粗暴	추빠오 【cūbào】
○ 난항	[難航]	낭꼬- なんこう	蛋黄	딴황 【dànhuáng】
○ 날(칼)	[刃]	하 は	刃儿	럴 【rènr】
○ 날개	[羽]	하네 はね	翼	이 【yì】
○ 날것	[生物]	나마모노 なまもの	生的	성더 【shēngde】
○ 날다	[飛ぶ]	도부 とぶ	飞	페이 【fēi】
○ 날씨	[天気]	뎅끼 てんき	天气	티엔치 【tiānqì】

ㄴ · 난 날

한국어	일본어 한자	일본어	중국어 한자	중국어
○ 날씬한 몸매		스라리또시따 すらりとした	苗条	미아오티아오 【miáotiao】
○ 날아가다	[飛び上がる]	도비아가루 とびあがる	飞	페이 【fēi】
○ 날인(하다)	[捺印]	나쓰잉 なついん	打印	다인 【dǎyìn】
○ 날짜	[日付]	히즈께 ひづけ	日子	르즈 【rìzi】
○ 날카롭다	[鋭い]	스루도이 するどい	尖	지엔 【jiān】
○ 날품팔이	[日稼ぎ]	히까세기 ひかせぎ	临时工	린스꽁 【línshígōng】
○ 남	[他人]	다닝 たにん	人家	런지아 【rénjiā】
○ 남극		낭꾜꾸 なんきょく	南极	난지 【nánjí】
○ 남기다	[残す]	노꼬스 のこす	余	위 【yú】
○ 남녀	[男女]	단죠 だんじょ	男女	난뉘 【nánnǚ】
○ 남다	[残る]	노꼬루 のこる	剩	성 【shèng】
○ 남동생	[弟]	오또-또 おとうと	弟弟	띠디 【dìdi】
○ 남성적	[男性]	단세이 だんせい	男性的	난씽더 【nánxingde】
○ 남용(하다)	[濫用]	랑요- らんよう	乱用	루안용 【luànyòng】
○ 남자	[男]	오또꼬 おとこ	男子	난즈 【nánzǐ】
○ 남편	[夫]	옷또 おっと	丈夫	장푸 【zhàngfu】

한국어	한자	일본어	중국어
○ 납	[鉛]	나마리 なまり	铅 치엔 【qiān】
○ 납기	[納期]	노-끼 のうき	缴纳期限 지아오나치시엔 【jiǎonàqīxiàn】
○ 납득(하다)	[納得]	낫또꾸 なっとく	心解 신지에 【xīnjiě】
○ 납세	[納税]	노-제- のうぜい	纳税 나쉐이 【nàshuì】
○ 납입(하다)	[納入]	노-뉴- のうにゅう	交付 지아오푸 【jiāofù】
○ 납치(하다)	[拉致]	라찌 らち	绑架 방지아 【bǎngjià】
○ 납품	[納品]	노-힝 のうひん	交货 지아오후어 【jiāohuò】
○ 낫다(좋아지다)	[治る]	나오루 なおる	痊愈 취엔위 【quányù】
○ 낫다(우월하다)	[勝る]	마사루 まさる	好些 하오시에 【hǎoxiē】
○ 낭독(하다)	[朗読]	로-도꾸 ろうどく	朗读 랑두 【lǎngdú】
○ 낭떠러지	[崖]	가께 がけ	悬崖 쉬엔야 【xuányá】
○ 낭만	[浪漫]	로-망 ろうまん	浪漫 랑만 【làngmàn】
○ 낭비(하다)	[浪費]	로-히 ろうひ	浪费 랑페이 【làngfèi】
○ 낮	[昼]	히루 ひる	白天 바이티엔 【báitiān】
○ 낮다	[低い]	히꾸이 ひくい	低 디 【dī】
○ 낮잠	[昼寝]	히루네 ひるね	睡午觉 쉐이우지아오 【shuìwǔjiào】

ㄴ · 납 · 낭 · 낮

한국어	일본어		중국어	
○ 낮추다	[低める]	히꾸메루 ひくめる	降低	지앙띠 【jiàngdī】
○ 낯가림(하다)	[人見知り]	히또미시리 ひとみしり	认生	런셩 【rènshēng】
○ 낯선	[不慣れ]	후나레 ふなれ	陌生	모셩 【mòshēng】
○ 낯익다	[顔馴染みだ]	가오나지미다 かおなじみだ	面熟	미엔수 【miànshū】
○ 낳다	[産む]	우무 うむ	生	셩 【shēng】
○ 내각	[内閣]	나이까꾸 ないかく	内阁	네이거 【nèigé】
○ 내기	[賭]	가께 かけ	打赌	다두 【dǎdǔ】
○ 내년	[来年]	라이넹 らいねん	来年	라이니엔 【láinián】
○ 내놓다	[取り出す]	도리다스 とりだす	投放	티우팡 【tóufàng】
○ 내던지다	[ほうり出す]	호-리다스 ほうりだす	扔	렁 【rēng】
○ 내려가다	[下る]	구다루 くだる	下去	시아취 【xiàqù】
○ 내려다보다	[見下ろす]	미오로스 みおろす	向下看	시앙시아칸 【xiàngxiàkàn】
○ 내리다	[降りる]	오리루 おりる	降	지앙 【jiàng】
○ 내면	[内面]	나이멩 ないめん	里面	리미엔 【lǐmian】
○ 내밀다	[差し出す]	사시다스 さしだす	伸出	션추 【shēnchū】
○ 내복약	[内服薬]	나이후꾸야꾸 ないふくやく	内服药	네이푸야오 【nèifúyào】

○ 내부	[内部]	나이부 ないぶ	内部	네이뿌 【nèibù】
○ 내빈		라이힝 らいひん	来客	라이커 【láikè】
○ 내성적(인)	[内気]	우찌끼 うちき	内向的	네이시앙더 【nèixiàngde】
○ 내세	[来世]	라이세 らいせ	来世	라이스 【láishì】
○ 내셔널리즘	[national]	나쇼나루 ナショナル	民族主義	민주주이 【mínzúzhǔyì】
○ 내수	[内需]	나이쥬 ないじゅ	内需	네이쉬 【nèixū】
○ 내심	[内心]	나이싱 ないしん	内心	네이씬 【nèixīn】
○ 내열	[耐熱]	다이네쓰 たいねつ	耐热	나이러 【nàirè】
○ 내용	[内容]	나이요- ないよう	内容	네이롱 【nèiróng】
○ 내의	[肌着]	하다기 はだぎ	衬衣	천이 【chènyī】
○ 내일	[明日]	아스 あす	明天	밍티엔 【míngtiān】
○ 내장	[内臓]	나이조- ないぞう	内脏	네이장 【nèizàng】
○ 내정(되다)	[内定]	나이떼- ないてい	内政	네이정 【nèizhèng】
○ 내조	[内助]	나이죠 ないじょ	内助	네이주 【nèizhù】
○ 내후년	[再来年]	사라이넹 さらいねん	后年	허우니엔 【hòunián】
○ 냄비	[鍋]	나베 なべ	锅	꾸어 【guō】

○ 냄새	[匂い]	니오이 におい	气	치 【qì】
○ 냄새 맡다	[嗅ぐ]	가구 かぐ	闻味儿	원월 【wénwèr】
○ 냄새나다	[匂う]	니오- におう	有味儿	여우월 【yǒuwèir】
○ 냇가	[川端]	가와바따 かわばた	川边	추안비엔 【chuānbiān】
○ 냉각(하다)	[冷却]	레-까꾸 れいきゃく	冷却	렁취에 【lěngquè】
○ 냉난방	[冷暖房]	레-담보- れいだんぼう	冷暖气	렁누안치 【lěngnuǎnqì】
○ 냉동(하다)	[冷凍]	레-또- れいとう	冷冻	렁똥 【lěngdòng】
○ 냉방	[冷房]	레-보- れいぼう	冷炕	렁캉ˊ 【lěngkàng】
○ 냉장고	[冷蔵庫]	레-조-꼬 れいぞうこ	冰箱	삥시앙 【bīngxiāng】
○ 냉혹한	[冷酷だ]	레-꼬꾸다 れいこくだ	冷酷	렁쿠 【lěngkù】
○ 너	[お前]	오마에 おまえ	你	니 【nǐ】
○ 너구리	[狸]	다누끼 たぬき	狸	리 【lí】
○ 너덜너덜(한)		보로보로 ぼろぼろ	飘晃	피아오황 【piāohuàng】
○ 넌지시 (비치다)		소레또나꾸 それとなく	悄悄的	치아오치아오더 【qiāoqiāode】
○ 널리 (알려지다)	[普く]	아마네꾸 あまねく	弥漫	미만 【mímàn】
○ 넓다	[広い]	히로이 ひろい	宽阔	쿠안쿠어 【kuānkuò】

한국어	일본어		중국어	
○ 넓이	[広さ]	히로사 ひろさ	幅	푸 【fú】
○ 넓히다	[広げる]	히로게루 ひろげる	伸展	선잔 【shēnzhǎn】
○ 넘겨줌	[渡す]	와따스 わたす	递	띠 【dì】
○ 넘다	[越える]	고에루 こえる	越	위에 【yuè】
○ 넘어뜨리다	[倒す]	다오스 たおす	推倒	퇴이다오 【tuīdǎo】
○ 넘어지다	[倒れる]	다오레루 たおれる	摔倒	수아이다오 【shuāidǎo】
○ 넘치는	[漲る]	미나기루 みなぎる	充沛	총페이 【chōngpèi】
○ 넘치다	[零れる]	고보레루 こぼれる	溢	이 【yì】
○ 넙치	[平目]	히라메 ひらめ	牙鲆	야핑 【yápíng】
○ 넝마		보로 ぼろ	烂衣	란이 【lànyī】
○ 넣다	[入れる]	이레루 いれる	投入	터우루 【tóurù】
○ 네덜란드	[포Olanda]	오란다 オランダ	荷兰	허란 【Hélán】
○ 네온	[neon]	네옹 ネオン	氖	나이 【nǎi】
○ 넥타이	[necktie]	네꾸따이 ネクタイ	领带	링따이 【lǐngdài】
○ 노골적	[露骨的]	로꼬쓰떼끼 ろこつてき	露骨的	루구더 【lùgǔde】
○ 노동(하다)	[労働]	로-도- ろうどう	劳动	라오똥 【láodòng】

○ 노랑	[黄色]	기-로 きいろ	黄色	황써 【huángsè】
○ 노래	[歌]	우따 うた	歌子	꺼즈 【gēzi】
○ 노래방	[カラオケ屋]	가라오께야 カラオケや	歌厅	껴팅 【gētīng】
○ 노려보다	[睨む]	니라무 にらむ	瞪	떵 【dèng】
○ 노력(하다)	[努力]	도료꾸 どりょく	努力	누리 【nǔlì】
○ 노리다	[狙い]	네라우 ねらう	注视	주스 【zhùshì】
○ 노선	[路線]	로셍 ろせん	路线	루시엔 【lùxiàn】
○ 노쇠	[老衰]	로-스이 ろうすい	衰老	수아이라오 【shuāilǎo】
○ 노예	[奴隷]	도레- どれい	奴隶	누리 【núlì】
○ 노이로제	[독Neurose]	노이로-제 ノイローゼ	神经病	션징뼝 【shénjīngbìng】
○ 노인	[老人]	로-징 ろうじん	老人	라오런 【lǎorén】
○ 노점	[屋台]	야따이 やたい	地摊儿	띠탈 【dìtānr】
○ 노출(하다)	[露出]	로슈쓰 ろしゅつ	露出	루추 【lùchū】
○ 노크(하다)	[knock]	녹꾸 ノック	敲门	치아오먼 【qiāomén】
○ 노트	[note]	노-또 ノート	笔记本	비찌번 【bǐjìběn】
○ 노파	[老婆]	로-바 ろうば	老婆	라오포 【lǎopo】

ㄴ · 노

○ 노하우	[knowhow]	노-하우 ノーハウ	专有技术	주안여우지수 【zhuānyǒujìshù】
○ 노화(하다)	[老化]	로-까 ろうか	老化	라오화 【lǎohuà】
○ 노후	[老後]	로-고 ろうご	老来	라오라이 【lǎolái】
○ 녹	[錆]	사비 さび	锈	시우 【xiù】
○ 녹다	[溶ける]	도께루 とける	溶	룽 【róng】
○ 녹색	[緑色]	미도리이로 みどりいろ	绿色	뤼써 【lǜsè】
○ 녹슬다	[錆びる]	사비루 さびる	生锈	성시우 【shēngxiù】
○ 녹음(하다)	[録音]	로꾸옹 ろくおん	录音	루인 【lùyīn】
○ 녹초가 되다		헤꼬따레루 へこたれる	瘫软	탄루안 【tānruǎn】
○ 녹화	[録画]	로꾸가 ろくが	录像	루시앙 【lùxiàng】
○ 논	[田圃]	담보 たんぼ	水田	쉐이티엔 【shuǐtián】
○ 논리	[論理]	론리 ろんり	逻辑	루어지 【luójí】
○ 논문	[論文]	롬붕 ろんぶん	论文	룬원 【lùnwén】
○ 논스톱	[non stop]	논스똡뿌 ノンストップ	中途不停	종투뿌팅 【zhōngtúbùtíng】
○ 논쟁(하다)	[論争]	론소- ろんそう	争议	정이 【zhēngyì】
○ 논픽션	[non fiction]	논휘꾸숑 ノンフィクション	非虚构	페이쉬꺼우 【fēixūgòu】

ㄴ
·
노
녹
논

○ 놀라게 하다	[驚かす]	오도로까스 おどろかす	惊动	찡똥 【jīngdòng】
○ 놀라다	[驚く]	오도로꾸 おどろく	惊	찡 【jīng】
○ 놀리다		가라까우 からから	捉弄	주어농 【zhuōnòng】
○ 놋쇠	[真鍮]	신쮸- しんちゅう	黄铜	황퉁 【huángtóng】
○ 농가	[農家]	노-까 のうか	农家	농지아 【nóngjiā】
○ 농구	[basket ball]	바스껫또보-루 バスケットボール	篮球	란치우 【lánqiú】
○ 농담	[冗談]	죠-당 じょうだん	玩笑	완시아오 【wánxiào】
○ 농도	[濃度]	노-도 のうど	浓度	농뚜 【nóngdù】
○ 농민	[農民]	노-밍 のうみん	农民	농민 【nóngmín】
○ 농약	[農薬]	노-야꾸 のうやく	农药	농야오 【nóngyào】
○ 농업	[農業]	노-교- のうぎょう	农业	농예 【nóngyè】
○ 농장	[農場]	노-쪼- のうじょう	农场	농창 【nóngchǎng】
○ 농촌	[農村]	노-송 のうそん	农村	농춘 【nóngcūn】
○ 농축(하다)	[濃縮]	노-슈꾸 のうしゅく	浓缩	농쑤어 【nóngsuō】
○ 높다	[高い]	다까이 たかい	高	까오 【gāo】
○ 높아지다	[高まる]	다까마루 たかまる	增高	쩡까오 【zénggāo】

한국어	일본어 뜻	일본어	중국어	중국어 병음
○ 높이	[高さ]	다까사 たかさ	高度	까오뚜 【gāodù】
○ 놓다	[置く]	오꾸 おく	放	팡 【fàng】
○ 놓치다	[逃す]	노가스 のがす	失掉	스띠아오 【shīdiào】
○ 뇌	[脳]	노- のう	脑子	나오즈 【nǎozi】
○ 뇌리	[脳裡]	노-리 のうり	脑海里	나오하이리 【nǎohǎilǐ】
○ 뇌물	[賄賂]	와이로 わいろ	贿赂	훼이루 【huìlù】
○ 뇌염	[脳炎]	노-엥 のうえん	脑炎	나오이엔 【nǎoyán】
○ 뇌출혈	[脳出血]	노-슉께쓰 のうしゅっけつ	脑溢血	나오이쉐 【nǎoyixuè】
○ 누구	[誰]	다레 だれ	谁	쉐이 【shuí】
○ 누군가	[誰か]	다레까 だれか	谁	쉐이 【shuí】
○ 누나	[姉]	아네 あね	姐姐	지에지에 【jiějie】
○ 누르다	[押す]	오스 おす	压	야 【yā】
○ 누설(하다)	[漏洩]	로-세쓰 ろうせつ	泄漏	시에러우 【xièlòu】
○ 누에	[蚕]	가이꼬 かいこ	蚕	찬 【cán】
○ 누적(되다)	[累積]	루이세끼 るいせき	累积	레이지 【lěijī】
○ 눈(보다)	[目]	메 め	眼	이엔 【yǎn】

○ 눈(내리다)	[雪]	유끼 ゆき	雪	쉬에 【xuě】
○ 눈금	[目盛り]	메모리 めもり	分度	펀두 【fēndù】
○ 눈꺼풀	[瞼]	마부따 まぶた	眼瞼	이엔지엔 【yǎnjiǎn】
○ 눈곱	[目糞]	메꾸소 めくそ	眼眵	이엔츠 【yǎnchī】
○ 눈동자	[瞳]	히또미 ひとみ	眸子	머우즈 【móuzǐ】
○ 눈매	[目付き]	메쓰끼 めつき	眼神	이엔선 【yǎnshén】
○ 눈물	[涙]	나미다 なみだ	眼泪	이엔레이 【yǎnlèi】
○ 눈보라	[吹雪]	후부끼 ふぶき	雪暴	쉬에빠오 【xuěbào】
○ 눈부시다	[目映い]	마바유이 まばゆい	耀眼	야오이엔 【yàoyǎn】
○ 눈사태	[雪崩]	나다레 なだれ	雪崩	쉬에뻥 【xuěbēng】
○ 눈썹	[眉毛]	마유게 まゆげ	眉毛	메이마오 【méimáo】
○ 눈알	[目玉]	메다마 めだま	眼球	이엔치우 【yǎnqiú】
○ 눈에 거슬리는	[目障り]	메자와리 めざわり	眼中钉	이엔종띵 【yǎnzhōngdīng】
○ 눈에 띄게	[目立つ]	메다쓰 めだつ	明显	밍시엔 【míngxiǎn】
○ 눈치 채다	[目端]	메하시 めはし	觉察	쥐에차 【juéchá】
○ 눕다	[横たわる]	요꼬다와루 よこたわる	卧	워 【wò】

○ 뉘앙스	[ㅍnuance]	뉴안스 ニュアンス	语感	위간 【yǔgǎn】
○ 뉘우침	[悔む]	구야무 くやむ	悔悟	훼이우 【huǐwù】
○ 뉴스	[news]	뉴-스 ニュース	新闻	신원 【xīnwén】
○ 느끼다	[感じる]	간지루 かんじる	感觉	간줴에 【gǎnjué】
○ 느낌	[感じ]	간지 かんじ	感觉	간줴에 【gǎnjué】
○ 느릅나무	[楡]	니레 にれ	榆树	위수 【yúshù】
○ 느리다	[鈍い]	노로이 のろい	慢	만 【màn】
○ 느슨한	[緩む]	유루무 ゆるむ	松	쏭 【sōng】
○ 느슨하게 하다	[緩い]	유루이 ゆるい	松弛	쏭츠 【sōngchí】
○ 느티나무	[欅]	게야끼 けやき	榉树	쥐수 【jǔshù】
○ 늑골	[肋骨]	록꼬쓰 ろっこつ	肋骨	레이구 【lèigǔ】
○ 늑막	[肋膜]	로꾸마꾸 ろくまく	胸膜	시옹모 【xiōngmó】
○ 늘다	[増える]	후에루 ふえる	增加	쩡지아 【zēngjiā】
○ 늘어놓다	[並べる]	나라베루 ならべる	列	리에 【liè】
○ 늘어뜨리다	[ぶら下げる]	부라사게루 ぶらさげる	垂下	췌이시아 【chuíxià】
○ 늘어서다	[並ぶ]	나라부 ならぶ	排列	파이리에 【páiliè】

○ 늙다	[老いる]	오이루 おいる	老	라오 【lǎo】
○ 능가(하다)	[凌ぐ]	시노구 しのぐ	凌驾	링지아 【língjià】
○ 능력	[能力]	노-료꾸 のうりょく	能力	넝리 【nénglì】
○ 능률	[能率]	노-리쓰 のうりつ	效率	시아오뤼 【xiàolǜ】
○ 능숙한	[上手だ]	죠-즈다 じょうずだ	精通	찡통 【jīngtōng】
○ 늦다	[遅い]	오소이 おそい	迟	츠 【chí】
○ 늦잠자다	[朝寝]	아사네 あさね	睡懒觉	쉐이란지아오 【shuìlǎnjiào】
○ 늦추다	[緩める]	유루메루 ゆるめる	松	쏭 【sōng】
○ 늪	[沼]	누마 ぬま	池沼	츠자오 【chízhǎo】
○ 니코틴	[nicotine]	니꼬찡 ニコチン	尼古丁	니구띵 【nígǔdīng】

心(こころ)の眼(め)を磨(みが)け心(こころ)の筆(ふで)で描(か)け.

마음의 눈을 연마하고 마음의 붓으로 묘사하라.

- きくちかん(기구치 칸)

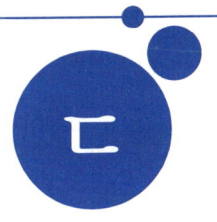

ㄷ · 다

○ 다가가다	[近寄る]	지까요루 ちかよる	走近	저우찐 【zǒujìn】
○ 다니다	[通う]	가요우 かよう	来来往往	라이라이왕왕 【láiláiwǎngwǎng】
○ 다락(방)	[屋根裏部屋]	야네우라베야 やねうらべや	阁楼	거로우 【gélóu】
○ 다람쥐	[栗鼠]	리스 りす	花鼠	화수 【huāshǔ】
○ 다루다	[扱う]	아쓰까우 あつかう	操纵	차오쫑 【cāozòng】
○ 다르다	[違う]	지가우 ちがう	差	차 【chà】
○ 다리(사람)	[足]	아시 あし	足	주 【zú】
○ 다리(건물)	[橋]	하시 はし	桥	치아오 【qiáo】
○ 다리미	[iron]	아이롱 アイロン	烙铁	라오티에 【làotie】
○ 다만	[只]	다다 ただ	只	즈 【zhǐ】
○ 다발	[束]	다바 たば	束	수 【shù】
○ 다소	[多少]	다쇼- たしょう	多少	뚜어샤오 【duōshǎo】
○ 다수	[多数]	다스- たすう	多数	뚜어수 【duōshù】

ㄷ · 다 닦 단

○ 다시	[又]	마따 また	复新	푸~시 【fù xīn】
○ 다시마	[昆布]	곰부 こんぶ	昆布	쿤뿌 【kūnbù】
○ 다시 하다	[やり直す]	야리나오스 やりなおす	重新做	총신쭈어 【chóngxīnzuò】
○ 다음	[次]	쓰기 つぎ	下面	시아미엔 【xiàmian】
○ 다음날	[翌日]	요꾸지쓰 とくじつ	翌日	이르 【yìrì】
○ 다이빙	[diving]	다이빙구 ダイビング	跳水	티아오쉐이 【tiànshuǐ】
○ 다이아몬드	[diamond]	다이아몬도 ダイヤモンド	钻石	쭈안스 【zuànshí】
○ 다큐멘터리	[documentary]	도뀨멘따리- ドキュメンタリー	纪录片儿	지루피알 【jìlùpiànr】
○ 다투다	[争う]	아라소우 あらそう	斗争	떠우쩡 【dòuzhēng】
○ 다툼	[争い]	아라소이 あらそい	纠纷	찌우펀 【jiūfēn】
○ 다하다	[果す]	하따스 はたす	竭尽	지에찐 【jiéjìn】
○ 다행	[幸い]	사이와이 さいわい	幸好	씽하오 【xìnghǎo】
○ 닦다	[拭う]	누구우 ぬぐう	擦	차 【cā】
○ 단결(하다)	[団結]	당께쓰 だんけつ	团结	투안지에 【tuánjié】
○ 단계	[段階]	당까이 だんかい	阶段	지에뚜안 【jiēduàn】
○ 단골	[得意]	도꾸이 とくい	常客	창커 【chángkè】

○ 단념하다	[思い切る]	오모이끼루 おもいきる	劝阻	취엔주 【quànzǔ】
○ 단단하다	[固·堅い]	가따이 かたい	硬	잉 【yìng】
○ 단독	[単独]	단도꾸 たんどく	单独	딴두 【dāndú】
○ 단련	[鍛える]	기따에루 きたえる	锻炼	뚜안리엔 【duànliàn】
○ 단면	[断面]	담멩 だんめん	断面	뚜안미엔 【duànmiàn】
○ 단명	[短命]	담메— たんめい	短命	두안밍 【duǎnmìng】
○ 단백질	[蛋白質]	담빠꾸시쓰 たんぱくしつ	蛋白质	딴바이즈 【dànbáizhì】
○ 단속하다	[取り締まる]	도리시마루 とりしまる	管制	관즈 【guǎnzhì】
○ 단순한	[単なる]	단나루 たんなる	单纯	딴춘 【dānchún】
○ 단식(하다)	[断食]	단지끼 だんじき	绝食	쥐에스 【juéshí】
○ 단어	[単語]	당고 たんご	单词	딴츠 【dāncí】
○ 단언(하다)	[断言]	당겡 だんげん	断言	뚜안이엔 【duànyán】
○ 단위	[単位]	당이 たんい	单位	딴웨이 【dānwèi】
○ 단절	[断絶]	단제쓰 だんぜつ	断绝	뚜안쥐에 【duànjué】
○ 단점	[短所]	단쇼 たんしょ	短处	두안추 【duǎnchù】
○ 단체	[団体]	단따이 だんたい	团体	투안티 【tuántǐ】

ㄷ
·
단

○ 단추	[botao]	보땅 ボタン	纽扣儿 니우커울 【niǔkòu】
○ 단축(하다)	[短縮]	단슈꾸 たんしゅく	缩短 쑤어두안 【suōduǎn】
○ 단층	[斷層]	단소- だんそう	平房 핑팡 【píngfáng】
○ 단편	[斷片]	담뼁 だんぺん	短篇 두안피엔 【duǎnpiān】
○ 단편소설	[短篇]	담뼁 たんぺん	短篇小说 두안피엔시아오슈어 【duǎnpiānxiǎoshuō】
○ 단풍	[紅葉]	모미지고-요- もみじ·こうよう	丹枫 딴펑 【dānfēng】
○ 단호히	[斷乎と]	당꼬또 だんこと	断然 뚜안란 【duànrán】
○ 닫다	[閉じる]	도지루 とじる	关 꽌 【guān】
○ 달	[月]	쓰끼 つき	月亮 위에리앙 【yuèliang】
○ 달걀	[卵]	다마고 たかご	鸡子儿 지즈얼 【jīzǐer】
○ 달다	[甘い]	아마이 あまい	甜 티엔 【tián】
○ 달라붙다		굿쓰꾸 くっつく	黏结 니엔지에 【niánjié】
○ 달래다	[宥める]	나다메루 なだめる	哄 훙 【hǒng】
○ 달러	[dollar]	도루 ドル	美元 메이위엔 【měiyuán】
○ 달려들다	[飛び掛かる]	도비카까루 とびかかる	扑 푸 【pū】
○ 달력	[曆]	고요미 こよみ	月历 위에리 【yuèlì】

ㄷ · 단 닫 달

		하시루 はしる	跑步	파오뿌 【pǎobù】
○ 달리다	[走る]			
○ 달밤	[月夜]	쓰끼요 つきよ	月夜	위에예 【yuèyè】
○ 달성하다	[達成する]	닷세-스루 たっせいする	达成	다청 【dáchéng】
○ 닭	[鶏]	니와또리 にわとり	鸡	지 【jī】
○ 닭고기	[鶏肉]	도리니꾸 とりにく	鸡肉	지러우 【jīròu】
○ 닮다	[似る]	니루 にる	似	쓰 【sì】
○ 닳아 떨어지다	[擦り減る]	스리헤루 すりへる	磨破	모어포어 【mópò】
○ 담	[塀]	헤- へい	墙	치앙 【qiáng】
○ 담그다	[漬ける]	쓰께루 つける	浸	찐 【jìn】
○ 담다	[盛る]	모루 もる	装	주앙 【zhuāng】
○ 담당(하다)	[受持ち]	우께모찌 うけもち	担当	딴땅 【dāndāng】
○ 담배	[煙草]	다바꼬 たばこ	烟	이엔 【yān】
○ 담배꽁초	[吸い殻]	스이가라 すいがら	烟头	이엔터우 【yāntou】
○ 담백한	[淡白だ]	담빠구다 たんぱくだ	清单	칭딴 【qīngdàn】
○ 담보	[担保]	담뽀 たんぽ	担保	딴바오 【dānbǎo】
○ 답답하다	[歯痒い]	하가유이 はがゆい	纳闷儿	나멀 【nàmènr】

○ 당구	[玉突き]	다마쓰끼 たまつき	台球	타이치우 【táiqiú】
○ 당국	[当局]	도-꼬구 とうきょく	当局	땅쥐 【dāngjú】
○ 당근	[人参]	닌징 にんじん	红萝卜	홍루어보 【hóngluóbo】
○ 당기다	[引き寄せる]	히끼요세루 ひきよせる	拉	라 【lā】
○ 당나귀	[驢馬]	로바 ろば	驴	뤼 【lú】
○ 당뇨병	[糖尿病]	도-뇨-뵤 とうにょうびょう	糖尿病	탕니아오삥 【tángniàobìng】
○ 당당한 (태도)	[堂堂と]	도-도-또 どうどうと	堂堂的态度	탕탕더타이뚜 【tángtángdetàidù】
○ 당면	[当面]	도-멩 とうめん	当面	땅미엔 【dāngmiàn】
○ 당번	[当番]	도-방 とうばん	当番	땅판 【dāngfān】
○ 당분간	[当分]	도-붕 とうぶん	临时	린스 【línshí】
○ 당시	[当時]	도-지 とうじ	当时	땅스 【dāngshí】
○ 당신	[貴方]	아나따 あなた	您	닌 【nín】
○ 당연히	[当然]	도-젱 とうぜん	当然	땅란 【dānrán】
○ 당일	[当日]	도-지쓰 とうじつ	当天	땅티엔 【dāngtiān】
○ 당혹	[当惑]	도-와꾸 とうわく	慌张	황장 【huāngzhāng】
○ 닿다	[触れる]	후레루 ふれる	接触	지에추 【jiēchù】

ㄷ · 당 닿

한국어	일본어		중국어	
○ 대가	[代価]	다이까 だいか	代价	따이지아 【dàijià】
○ 대강	[大体]	다이따이 だいたい	大略	따뤼에 【dàlüè】
○ 대개	[大概]	다이가이 たいがい	大都	따떠우 【dàdōu】
○ 대결(하다)	[対決]	다이께쓰 たいけつ	打对当	다뚜에이당 【dǎduìdang】
○ 대구	[鱈]	다라 たら	大头鱼	따터우위 【dàtóuyú】
○ 대규모	[大仕掛け]	오-지까께 おおじかけ	大规模	따꿰이모 【dàguīmo】
○ 대금	[代金]	다이낑 だいきん	价款	지아쿠안 【jiàkuǎn】
○ 대기	[待期]	다이끼 たいき	大气	따치 【dàqì】
○ 대나무	[竹]	다께 たけ	竹子	주즈 【zhúzi】
○ 대뇌	[大脳]	다이노- だいのう	大脑	따나오 【dànǎo】
○ 대다수	[大多数]	다이따스- だいたすう	大多数	따뚜어수 【dàduōshù】
○ 대단하다	[凄い]	스고이 すごい	了不起	리아오부치 【liǎobuqǐ】
○ 대답	[返事]	헨지 へんじ	回答	훼이다 【huídá】
○ 대등(한)	[対等]	다이또- たいとう	平行	핑싱 【píngxíng】
○ 대략	[大体]	다이따이 だいたい	大略	따뤼에 【dàlüè】
○ 대량	[大量]	다이료- たいりょう	大量	따리앙 【dàliàng】

ㄷ · 대

ㄷ・대

대륙	[大陸]	다이리꾸 たいりく	大陆	따루 【dàlù】
대리석	[大理石]	다이리세끼 だいりせき	大理石	따리스 【dàlǐshí】
대립(하다)	[対立]	다이리쓰 たいりつ	对立	뚜에이리 【duìlì】
대망(의)	[待望]	다이보- たいぼう	大志	따즈 【dàzhì】
대머리	[禿頭]	하게아따마 はげあたま	秃头	투터우 【tūtóu】
대면(하다)	[対面]	다이멩 たいめん	面对	미엔뚜에이 【miànduì】
대명사	[代名詞]	다이메-시 だいめいし	代词	따이츠 【dàicí】
대범한	[大様だ]	오-요-다 おおようだ	大度	따뚜 【dàdù】
대법원	[大法院]	다이호-잉 だいほういん	最高法院	쮀이까오파위엔 【zuìgāofǎyuàn】
대변	[大便]	다이벵 だいべん	大便	따비엔 【dàbiàn】
대변인	[代弁]	다이벵 だいべん	代言人	따이옌런 【dàiyánrén】
대본	[台本]	다이홍 だいほん	剧本	쮜번 【jùběn】
대부	[貸付け]	가시쓰께 かしつけ	贷款	따이콴 【dàikuǎn】
대부분	[大部分]	다이부붕 だいぶぶん	大多	따뚜어 【dàduō】
대비하다	[備える]	소나에루 そなえる	防备	팡뻬이 【fángbèi】
대사(독백)	[台詞]	세리후 せりふ	大使	따스 【dàshǐ】

○ 대사관	[大使館]	다이시깡 たいしかん	大使馆	따스관 【dàshǐguǎn】
○ 대상	[対象]	다이쇼- たいしょう	对象	뚜에이시앙 【duìxiàng】
○ 대서양	[大西洋]	다이세-요- たいせいよう	大西洋	따시양 【dàxīyáng】
○ 대세	[大勢]	다이세- たいせい	大局	따쥐 【dàjú】
○ 대신하다	[代わる]	가와루 かわる	代替	따이티 【dàitì】
○ 대안	[代案]	다이앙 だいあん	对岸	뚜에이안 【duì'àn】
○ 대야	[盥]	다라이 たらい	水盆	쉐이펀 【shuǐpén】
○ 대용(품)	[代用]	다이요- だいよう	代用	따이용 【dàiyòng】
○ 대우(하다)	[待遇]	다이구- たいぐう	待遇	따이위 【dàiyù】
○ 대응(하다)	[対応]	다이오- たいおう	对应	뚜에이잉 【duìying】
○ 대장	[大将]	다이쇼- たいしょう	队长	뚜에이장 【duìzhǎng】
○ 대전(하다)	[大戦]	다이셍 たいせん	对战	뚜에이짠 【duìzhàn】
○ 대접하다	[持て成す]	모떼나스 もてなす	对待	뚜에이따이 【duìdài】
○ 대조(하다)	[照らし合わせる]	데라시아와세루 てらしあわせる	对照	뚜에이자오 【duìzhào】
○ 대중(사람)	[大衆]	다이슈- たいしゅう	大众	따종 【dàzhòng】
○ 대지	[大地]	다이찌 だいち	大地	따띠 【dàdì】

ㄷ·대

ㄷ·대·댄

한국어	일본어 한자	일본어	중국어 한자	중국어
○ 대책	[対策]	다이사꾸 たいさく	对策	뚜에이처 【duìcè】
○ 대추(나무)	[棗]	나쓰메 なつめ	大枣	따자오 【dàzǎo】
○ 대출	[貸出し]	가시다시 かしだし	借出	지에추 【jièchū】
○ 대통령	[大統領]	다이또-료 だいとうりょう	总统	종퉁 【zǒngtǒng】
○ 대패	[鉋]	간나 かんな	刨子	빠오즈 【bàozi】
○ 대포	[大砲]	다이호- たいほう	大炮	따파오 【dàpào】
○ 대표	[代表]	다이효- だいひょう	代表	따이비아오 【dàibiǎo】
○ 대피(하다)	[待避]	다이히 たいひ	待避	따이삐 【dàibì】
○ 대하	[大河]	다이가 たいが	大河	따허 【dà hé】
○ 대학	[大学]	다이가꾸 だいがく	大学	따쉬에 【dàxué】
○ 대합	[蛤]	하마구리 はまぐり	文蛤	원거 【wéngé】
○ 대합실	[待合室]	마찌아이시쓰 まちあいしつ	候客室	허우커스 【hòukèshi】
○ 대항	[対抗]	다이꼬- たいこう	对抗	뚜에이캉 【duìkàng】
○ 대화(하다)	[対話]	다이와 たいわ	对话	뚜에이화 【duìhuà】
○ 대회	[大会]	다이까이 たいかい	大会	따훼이 【dàhuì】
○ 댄서	[dancer]	단사- ダンサー	舞女	우뉘 【wǔnǚ】

한국어	일본어		중국어	
○ 댐	[dam]	다무 ダム	水坝	쉐이빠 【shuǐbà】
○ 더듬다	[吃る]	도모루 どもる	摸	모 【mō】
○ 더러워지다	[汚れる]	요고레루 よごれる	脏	짱 【zāng】
○ 더럽다	[汚い]	기따나이 きたない	脏	짱 【zāng】
○ 더블	[double]	다부루 ダブル	两倍	리앙뻬이 【liǎngbèi】
○ 더욱더		못또못또 もっともっと	日益	르이 【rìyì】
○ 덕	[徳]	도꾸 とく	托福	투어푸 【tuōfú】
○ 덕분(에)	[お陰]	오까게 おかげ	多亏	뚜어퀘이 【duōkuī】
○ 던지다	[投げる]	나게루 なげる	投掷	터우즈 【tóuzhì】
○ 덤		오마께 おまけ	饶头	라오터우 【ráotou】
○ 덤불	[薮]	야부 やぶ	丛莽	총망 【cóngmǎng】
○ 덤핑(하다)	[dumping]	담삥구 ダンピング	倾销	칭시아오 【qīngxiāo】
○ 덥다	[暑い]	아쓰이 あつい	热	러 【rè】
○ 덧붙이다	[付け加える]	쓰께구와에루 つけくわえる	附加	푸지아 【fùjiā】
○ 덧셈	[足し算]	다시장 たしざん	加法	지아파 【jiāfǎ】
○ 덧없는	[儚ない]	하까나이 はかない	空虚	콩쉬 【kōngxū】

ㄷ·댐
더
덧

한국어		일본어		중국어	
○ 덩굴	[蔦]	쓰따 つた	藤	텅 【téng】	
○ 덩어리	[塊]	가따마리 かたまり	块	콰이 【kuài】	
○ 덫	[罠]	와나 わな	套子	타오즈 【tàozi】	
○ 덮다	[覆う]	오-우 おおう	掩	이엔 【yǎn】	
○ 덮치다	[伸しかかる]	노시카까루 のしかかる	突襲	투시 【tūxí】	
○ 데모	[demonstration]	데모 デモ	游行	여우싱 【yóuxíng】	
○ 데뷔(하다)	[debut]	데뷔- デビュー	初次登台	추츠떵타이 【chūcìdēngtái】	
○ 데생	[dessin]	뎃상 デッサン	素描	쑤미아오 【sùmiáo】	
○ 데이터	[data]	데-따 データ	数据	수쥐 【shùjù】	
○ 데이트(하다)	[date]	데-또 デート	约会	위에훼이 【yuēhuì】	
○ 도감	[図鑑]	즈깡 ずかん	图鉴	투지엔 【tújiàn】	
○ 도구	[道具]	도-구 どうぐ	用具	용쥐 【yòngjù】	
○ 도깨비	[化物]	바께모노 ばけもの	鬼怪	궤이꽈이 【guǐguài】	
○ 도끼	[斧]	오노 おの	斧子	푸즈 【fǔzi】	
○ 도난	[盗難]	도-낭 とうなん	偷盗	터우따오 【tōudào】	
○ 도넛	[doughnut]	도-나쓰 ドーナツ	炸面圈	자미엔취엔 【zhámiànquān】	

한국어	한자	일본어	중국어	
○ 도달(하다)	[到達]	도-따쓰 とうたつ	到达	따오다 【dàodá】
○ 도대체	[一体]	잇따이 いったい	到底	따오디 【dàodǐ】
○ 도덕	[道德]	도-또꾸 どうとく	道德	따오더 【dàodé】
○ 도둑	[泥棒]	도로보- どろぼう	贼	제이 【zéi】
○ 도둑질	[盗み]	누스미 ぬすみ	偷	터우 【tōu】
○ 도락	[道楽]	도-라꾸 どうらく	爱好	아이하오 【àihào】
○ 도랑	[溝]	도부 どぶ	水沟	쉐이꺼우 【shuǐgōu】
○ 도로	[道路]	도-로 どうろ	公路	꽁루 【gōnglù】
○ 도르래	[滑車]	갓샤 かっしゃ	滑车	화처 【huáchē】
○ 도리	[道理]	도-리 どうり	道理	따오리 【dàoli】
○ 도마	[俎]	마나이따 まないた	菜板	차이반 【càibǎn】
○ 도마뱀	[蜥蜴]	도까게 とかげ	四脚蛇	쓰지아오셔 【sìjiǎoshé】
○ 도망	[逃亡]	도-보- とうぼう	逃跑	타오파오 【táopǎo】
○ 도망가다	[逃げる]	니게루 にげる	逃走	타오저우 【táozǒu】
○ 도매	[卸屋]	오로시야 おろしや	批发	피파 【pīfā】
○ 도면	[図面]	즈멩 ずめん	图纸	투즈 【túzhǐ】

ㄷ·ㄷ

○ 도미	[鯛]	다이 たい	鲷鱼	띠아오위 【diāoyú】
○ 도박	[博打]	바꾸찌 ばくち	赌	두 【dǔ】
○ 도보	[徒步]	도호 とほ	徒步	투뿌 【túbù】
○ 도산	[倒産]	도-상 とうさん	倒闭	다오삐 【dǎobì】
○ 도서	[図書]	도쇼 としょ	岛屿	다오위 【dǎoyǔ】
○ 도시	[都会]	도까이 とかい	都市	뚜스 【dūshì】
○ 도시락	[弁当]	벤또- べんとう	饭盒儿	판헐 【fànhér】
○ 도안	[図案]	즈앙 ずあん	图案	투안 【tú'àn】
○ 도약(하다)	[跳躍]	쵸-야꾸 ちょうやく	跳跃	티아오위에 【tiàoyuè】
○ 도움	[救い]	스꾸이 すくい	协助	시에주 【xiézhù】
○ 도와주다	[役立つ]	야꾸다쓰 やくだつ	帮助	빵주 【bāngzhù】
○ 도입(하다)	[導入]	도-뉴- どうにゅう	引进	인찐 【yǐnjìn】
○ 도자기	[陶器]	도-끼 とうき	陶瓷	타오츠 【táocí】
○ 도장	[判子]	항꼬 はんこ	印章	인장 【yìnzhāng】
○ 도장(하다)	[塗装]	도소우 とそう	漆	치 【qī】
○ 도저히	[到底]	도-떼- とうてい	根本	껀번 【gēnběn】

ㄷ · 도

한국어	한자	일본어	중국어	
○ 도전(하다)	[挑戦]	쵸-셍 ちょうせん	挑战	티아오잔 【tiǎozhàn】
○ 도전자	[挑戦者]	쵸-센샤 ちょうせんしゃ	挑战者	티아오잔저 【tiáozhànzhě】
○ 도중	[途中]	도쮸- とちゅう	半路	빤루 【bànlù】
○ 도착하다	[着く]	쓰꾸 つく	到达	따오다 【dàodá】
○ 도청(하다)	[盗聴]	도-쬬- とうちょう	窃听	치에팅 【qiètīng】
○ 도취(되다)	[陶酔]	도-스이 とうすい	陶醉	타오웨이 【táozuì】
○ 도토리	[団栗]	동구리 どんぐり	橡实	시앙스 【xiàngshí】
○ 독	[毒]	도꾸 どく	毒	두 【dú】
○ 독립	[独立]	도꾸리쯔 どくりつ	独立	두리 【dúlì】
○ 독방	[独房]	도꾸보- どくぼう	单间	딴지엔 【dānjiān】
○ 독사	[毒蛇]	도꾸쟈 どくじゃ	毒蛇	두서 【dúshé】
○ 독서(하다)	[読書]	도꾸쇼 どくしょ	读书	두수 【dúshū】
○ 독선	[独り善がり]	히또리요가리 ひとりよがり	自以为是	쯔이웨이스 【zìyǐwéishì】
○ 독설	[毒舌]	도꾸제쓰 どくぜつ	恶语	어위 【èyǔ】
○ 독수리	[鷲]	와시 わし	雄鹰	시옹잉 【xióngyīng】
○ 독신	[独身]	도꾸싱 どくしん	单身	딴선 【dānshēn】

ㄷ・도
독

한국어	일본어	발음	중국어	발음
○ 독자(책)	[読者]	도꾸샤 どくしゃ	读者	두저 【dúzhě】
○ 독자(외아들)	[一人息子]	히또리무스꼬 ひとりむすこ	独生子	두셩즈 【dúshēngzǐ】
○ 독재	[独裁]	도꾸사이 どくさい	独裁	두차이 【dúcái】
○ 독점(하다)	[独占]	도꾸셍 どくせん	垄断	롱뚜안 【lǒngduàn】
○ 독창	[独唱]	도꾸쇼- どくしょう	独唱	두창 【dúchàng】
○ 독창적	[独創的]	도꾸소-떼끼 どくそうてき	独到	두따오 【dúdào】
○ 독촉(하다)	[催促]	사이소꾸 さいそく	督促	두추 【dūcù】
○ 독특(한)	[独特]	도꾸또꾸 どくとく	独特	두터 【dútè】
○ 독학(하다)	[独学]	도꾸가꾸 どくがく	自学	쯔쉬에 【zìxué】
○ 돈	[金]	가네 かね	钱	치엔 【qián】
○ 돈가스	[豚カツ]	동까쓰 とんカツ	炸猪排	자주파이 【zházhūpái】
○ 돈을 모으다	[儲ける]	모-께루 もうける	攒钱	잔치엔 【zǎnqián】
○ 돋보기	[老眼鏡]	로-강꾜- ろうがんきょう	虫眼镜	총이엔징 【chóngyǎnjìng】
○ 돌	[石]	이시 いし	石头	스터우 【shítou】
○ 돌고래	[海豚]	이루까 いるか	海豚	하이툰 【hǎitún】
○ 돌다	[回る]	마와루 まわる	转动	주안똥 【zhuàndòng】

ㄷ · 독
돈
돌

		마와스 まわす	转	주안 【zhuǎn】
○ 돌리다	[回す]			
○ 돌발	[突発]	돕빠쓰 とっぱつ	突发	투파 【tūfā】
○ 돌보다	[世話をする]	세와오스루 せわをする	照顾	자오꾸 【zhàogù】
○ 돌아가다	[帰る]	가에루 かえる	返归	판꿰이 【fǎnguī】
○ 돌연	[突然]	도쓰젱 とつぜん	突然	투란 【tūrán】
○ 돌입(하다)	[突入]	도쓰뉴- とつにゅう	突入	투루 【tūrù】
○ 돌출(하다)	[突出]	돗슈쓰 とっしゅつ	突出	투추 【tūchū】
○ 돌파(하다)	[突破]	돕빠 とっぱ	突破	투포 【tūpò】
○ 돔	[石鯛]	이시다이 いしだい	圆顶	위엔딩 【yuándǐng】
○ 돕다	[助ける]	다스께루 たすける	帮助	빵주 【bāngzhù】
○ 동거(하다)	[同居]	도-꾜 どうきょ	同居	퉁쥐 【tóngjū】
○ 동경	[憧れ]	아꼬가레 あこがれ	向往	시앙왕 【xiàngwǎng】
○ 동경하다	[憧れる]	아꼬가레루 あこがれる	向往	시앙왕 【xiàngwǎng】
○ 동굴	[洞窟]	도-꾸쓰 どうくつ	洞	뚱 【dòng】
○ 동그라미	[丸]	마루 まる	圆	위엔 【yuán】
○ 동급생	[同級生]	도-뀨-세- どうきゅうせい	同学	퉁쉬에 【tóngxué】

ㄷ · 돌 돕 동

○ 동기(뜻)	[動機]	도-끼 どうき	动机	똥지 【dòngjī】
○ 동력	[動力]	도-료꾸 どうりょく	动力	똥리 【dònglì】
○ 동료	[同僚]	도-료- どうりょう	同伴	통빤 【tóngbàn】
○ 동맥	[動脈]	도-먀꾸 どうみゃく	动脉	똥마이 【dòngmài】
○ 동맹(하다)	[同盟]	도-메- どうめい	同盟	통멍 【tóngméng】
○ 동면(하다)	[冬籠り]	후유고모리 ふゆごもり	冬眠	똥미엔 【dōngmián】
○ 동물	[動物]	도-부쓰 どうぶつ	动物	똥우 【dòngwù】
○ 동반(하다)	[同伴]	도-항 どうはん	伴随	빤쒜이 【bànsuí】
○ 동사	[動詞]	도-시 どうし	动词	똥츠 【dòngcí】
○ 동산(재산)	[動産]	도-상 どうさん	动产	똥찬 【dòngchǎn】
○ 동상	[銅像]	도-조- どうぞう	铜像	통시앙 【tóngxiàng】
○ 동서	[東西]	도-자이 とうざい	东西	똥시 【dōngxī】
○ 동양	[東洋]	도-요- とうよう	东洋	똥양 【dōngyáng】
○ 동요(하다)	[動搖]	도-요- どうよう	动摇	똥야오 【dòngyáo】
○ 동원(하다)	[動員]	도-잉 どういん	动员	똥위엔 【dòngyuán】
○ 동의(하다)	[同意]	도-이 どうい	同意	통이 【tóngyì】

ㄷ · 동

○ 동일	[同一]	도-이쓰 どういつ	同一	통이 【tóngyī】
○ 동작	[動作]	도-사 どうさ	动作	똥쭈어 【dòngzuò】
○ 동정(하다)	[童貞]	도-떼- どうてい	动静	똥징 【dòngjìng】
○ 동정심	[同情心]	도-죠-싱 どうじょうしん	同情心	통칭신 【tóngqíngxīn】
○ 동조(하다)	[同調]	도-쬬- どうちょう	赞同	짠통 【zàntóng】
○ 동지	[同志]	도-시 どうし	同志	통즈 【tóngzhì】
○ 동포	[同胞]	도-호- どうほう	同胞	통빠오 【tóngbāo】
○ 동행	[同行]	도-꼬- どうこう	同行	통항 【tóngháng】
○ 동향	[動向]	도-꼬- どうこう	老乡	라오시앙 【lǎoxiāng】
○ 동화	[童話]	도-와 どうわ	童话	통후아 【tónghuà】
○ 돛	[帆]	호 ほ	帆	판 【fān】
○ 되다	[成る]	나루 なる	成	청 【chéng】
○ 되돌아가다	[引き返す]	히끼카에쓰 ひきかえす	回去	훼이취 【huíqù】
○ 되찾다	[取り戻す]	도리모도스 とりもどす	收复	셔우푸 【shōufù】
○ 두개골	[頭蓋骨]	즈가이꼬쓰 ずがいこつ	头盖骨	터우까이구 【tóugàigǔ】
○ 두건	[頭巾]	즈낑 ずきん	头巾	터우진 【tóujīn】

한국어	한자	일본어	중국어
○ 두견새	[不如帰]	호토토기스 ほととぎす	杜鵑 뚜쥐엔 【dùjuān】
○ 두근거리다		도끼도끼스루 どきどきする	跳动 티아오똥 【tiàodòng】
○ 두꺼비	[ひき蛙]	히끼가에루 ひきがえる	蟾蜍 찬추 【chánchú】
○ 두께	[厚さ]	아쓰사 あつさ	厚度 허우뚜 【hòudù】
○ 두뇌	[頭脳]	즈노- ずのう	头脑 터우나오 【tóunǎo】
○ 두다	[置く]	오꾸 おく	放 팡 【fàng】
○ 두더지	[土竜]	모구라 もぐら	田鼠 티엔수 【tiánshǔ】
○ 두드러기	[蕁麻疹]	즈진마싱 じんましん	寻麻疹 쉰마전 【xúnmǎzhěn】
○ 두드리다	[叩く]	다다꾸 たたく	敲 치아오 【qiāo】
○ 두레박	[釣瓶]	쓰루베 つるべ	吊桶 띠아오통 【diàotǒng】
○ 두목	[親分]	오야붕 おやぶん	头子 터우즈 【tóuzi】
○ 두부	[豆腐]	도-후 とうふ	豆腐 떠우푸 【dòufu】
○ 두절(되다)	[杜絶]	도제쓰 とぜつ	杜绝 뚜쥐에 【dùjué】
○ 두통	[頭痛]	즈쓰- ずつう	头痛 터우통 【tóutòng】
○ 둑	[土手]	도떼 どて	堤坝 디바 【dībà】
○ 둔하다	[鈍い]	니부이 にぶい	迟钝 츠뚠 【chídùn】

한국어	일본어		중국어	
○ 둘러보다	[見渡す]	미와따스 みわたす	环视	환스 【huánshì】
○ 둘러싸다	[取り巻く]	도리마꾸 とりまく	围	웨이 【wéi】
○ 둥글다	[丸い]	마루이 まるい	圆	위엔 【yuán】
○ 둥지	[塒]	네구라 ねぐら	窝	워 【wō】
○ 뒤	[後]	아또 あと	后	허우 【hòu】
○ 뒤돌아보다	[振り向く]	후리무꾸 ふりむく	回头看	훼이터우칸 【huítóukàn】
○ 뒤떨어지다	[劣る]	오또루 おとる	落后	루어허우 【luòhòu】
○ 뒤바뀜		고짜고짜 ごちゃごちゃ	颠倒	띠엔다오 【diāndǎo】
○ 뒤섞다	[掻き交ぜる]	가끼마제루 かきまぜる	混	훈 【hùn】
○ 뒤지다	[探る]	사구루 さぐる	翻找	판자오 【fānzhǎo】
○ 뒤집다	[引っくり返る]	힉꾸리까에루 ひっくりかえる	翻	판 【fān】
○ 뒤쪽	[裏側]	우라가와 うらがわ	后面	허우미엔 【hòumiàn】
○ 뒤흔들다	[揺すぶる]	유스부루 ゆすぶる	摇动	야오똥 【yáodòng】
○ 뒷골목	[裏通り]	우라도-리 うらどおり	小街儿	시아오지얼 【xiǎojiēr】
○ 듀엣		듀엣또 デュエット	对唱	뚜에이창 【duìchàng】
○ 드디어		도-또- とうとう	终于	종위 【zhōngyú】

○ 드라마	[drama]	도라마 ドラマ	剧	쮜 【jù】
○ 드라이브(하다)	[drive]	도라이부 ドライブ	兜风	떠우펑 【dōufēng】
○ 드러냄	[さらけ出す]	사라께나스 さらけだす	袒露	탄루 【tǎnlù】
○ 드럼	[drum]	도라무 ドラム	鼓	구 【gǔ】
○ 드레스	[dress]	도레스 ドレス	衣裙	이췬 【yīqún】
○ 드리다	[差し上げる]	사시아게루 さしあげる	赠	쩡 【zèng】
○ 드문		뽀쓰리뽀쓰리 ぽつりぽつり	罕见	한지엔 【hǎnjiàn】
○ 드물게	[稀れだ]	마레다 まれだ	稀	시 【xī】
○ 득점(하다)	[得点]	도꾸땡 とくてん	比分	비펀 【bǐfēn】
○ 듣다	[聞く]	기꾸 きく	听	팅 【tīng】
○ 들것	[担架]	당까 たんか	担架	딴지아 【dānjià】
○ 들국화	[野菊]	노기꾸 のぎく	野菊花	예쮜화 【yějúhuā】
○ 들다	[持つ]	모쓰 もつ	抬	타이 【tái】
○ 들르다	[立ち寄る]	다찌요루 たちよる	顺便走访	스어삐엔쯔우팡 【shùnbiànzǒufǎng】
○ 들어가다	[入る]	하이루 はいる	进去	찐취 【jìnqù】
○ 들여다보다	[覗く]	노조꾸 のぞく	张望	장왕 【zhāngwàng】

ㄷ·ㄷ
들

		이꼬무 すいこむ		멍허 【měnghē】
○ 들이마시다	[吸い込む]	すいこむ	猛喝	【měnghē】
○ 들판	[野辺]	노베 のべ	田野	티엔예 【tiányě】
○ 듬뿍		답뿌리 たっぷり	满满的	만만더 【mǎnmǎnde】
○ 등	[背中]	세나까 せなか	背	뻬이 【bèi】
○ 등급	[等級]	도-뀨- とうきゅう	等级	덩지 【děngjí】
○ 등기	[登記]	도-끼 とうき	登记	떵지 【dēngji】
○ 등대	[灯台]	도-다이 とうだい	灯塔	떵타 【dēngtǎ】
○ 등록(하다)	[登録]	도-로꾸 とうとく	注册	주처 【zhùcè】
○ 등불	[灯火]	도모시비 ともしび	灯火	떵후어 【dēnghuǒ】
○ 등산(하다)	[登山]	도장 とざん	登山	떵샨 【dēngshān】
○ 등장(하다)	[登場]	도-죠- とうじょう	登场	떵창 【dēngchǎng】
○ 디자이너	[designer]	데자이나- デザイナー	设计师	셔지스 【shèjishī】
○ 디지털	[digital]	데지따루 デジタル	数码	수마 【shùmǎ】
○ 딜레마	[dilemma]	지렘마 ジレンマ	进退两难	찐뛔이량난 【jìntuìliǎngnán】
○ 따다	[摘む]	쓰무 つむ	摘	자이 【zhāi】
○ 따뜻하다	[暖かい]	아따타까이 あたたかい	温暖	원누안 【wēnnuǎn】

○ 따라붙다	[追い付く]	오이쓰구 おいつく	伴随	빤쒜이 【bànsuí】
○ 따라서	[従って]	시따갓떼 したがって	从而	총얼 【cóng'ér】
○ 따로	[別に]	베쓰니 べつに	各自	꺼쯔 【gèzi】
○ 따르다	[従う]	시따가우 したがう	跟随	건쒜이 【gēnsuí】
○ 따분하다	[味気ない]	오지께나이 あじけない	气索	치쑤어 【qìsuǒ】
○ 따지다	[問いつめる]	도이쓰메루 といつめる	较	찌지아오 【jìjiào】
○ 딱따구리		기쓰쓰끼 きつつき	啄木鸟	주어무니아오 【zhuómùniǎo】
○ 딱딱하고 어색하다	[固い·堅い]	가따이 かたい	坚硬	찌엔잉 【jiānyìng】
○ 딸	[娘]	무스메 むすめ	女儿	뉘얼 【nǚ'er】
○ 딸기	[苺]	이찌고 いちご	草莓	차오메이 【cǎoméi】
○ 딸꾹질		샥꾸리 しゃっくり	打嗝儿	다걸 【dǎgér】
○ 땀	[汗]	아세 あせ	汗	한 【hàn】
○ 땀띠	[汗疹]	아세모 あせも	痱子	페이즈 【fèizi】
○ 땅거미	[夕闇]	유-야미 ゆうやみ	夜幕	예무 【yèmù】
○ 땅콩	[落花生]	락까세- らっかせい	花生	화셩 【huāshēng】
○ 때(더러운)	[垢]	아까 あか	污垢	우꺼우 【wūgòu】

한국어	한자	일본어	중국어	병음
○ 때	[時]	도끼 とき	时候	스허우 【shíhou】
○ 때리다	[殴る]	나구루 なぐる	打	다 【dǎ】
○ 땔감	[燃料]	넨료- ねんりょう	柴火	차이후어 【cháihuo】
○ 떠나다	[発つ]	다쓰 たつ	离	리 【lí】
○ 떠돌다	[さ迷う]	사마요우 さまよう	流浪	리우랑 【liúlàng】
○ 떠오르다	[浮かび上がる]	우까비아가루 うかびあがる	浮現	푸시엔 【fúxiàn】
○ 떡	[餅]	모찌 もち	饼	빙 【bǐng】
○ 떨다	[震える]	후루에루 ふるえる	抖	더우 【dǒu】
○ 떨어뜨리다	[落す]	오또스 おとす	滴	띠 【dī】
○ 떨어지다	[落ちる]	오찌루 おちる	落	루어 【luò】
○ 떫다	[渋い]	시부이 しぶい	涩	써 【sè】
○ 떼	[群れ]	무레 むれ	群	췬 【qún】
○ 떼다	[離す]	하나스 はなす	摘下	자이시아 【zhāixià】
○ 또	[又]	마따 また	又	여우 【yòu】
○ 똑똑히		학끼리 はっきり	聪明	총밍 【cōngming】
○ 똥	[糞]	구소 くそ	粪	펀 【fèn】

ㄷ · 때 떠 똥

ㄷ · 뚜 뛰 띠

○ 뚜껑	[蓋]	후따 ふた	盖儿	갈 【gàir】
○ 뚜렷이	[明らか]	아끼라까 あきらか	分明	펀밍 【fēnmíng】
○ 뛰다	[駆ける]	가께루 かける	跑	파오 【pǎo】
○ 뛰어나다	[優れる]	스구레루 すぐれる	优秀	여우시우 【yōuxiù】
○ 뛰어들다	[飛び込む]	도비꼬무 とびこむ	跳进	티아오진 【tiàojìn】
○ 뛰어오르다	[飛び上がる]	도비아가루 とびあがる	跳上	티아오샹 【tiàoshang】
○ 뜨거운	[熱い]	아쓰이 あつい	热	러 【rè】
○ 뜨다	[浮く]	우꾸 うく	漂浮	피아오푸 【piāofú】
○ 뜰	[庭]	니와 にわ	院子	위엔즈 【yuànzi】
○ 뜻	[志]	고꼬로자시 こころざし	意思	이쓰 【yìsi】
○ 뜻밖(의)	[意外]	이가이 いがい	不料	뿌리아오 【búliào】
○ 뜻하다	[志す]	고꼬로자스 こころざす	意味着	이웨이저 【yìwèizhe】
○ 띠	[帯]	오비 おひ	帯	따이 【dài】

石橋(いしばし)も たたいて 渡(わた)れ.

돌다리도 두두려 보고 건너라.

- 속담

○ 라디오	[radio]	라지오 ラジオ	收音机 셔우인지 【shōuyīnjī】
○ 라면	[중老麵]	라-멩 ラーメン	干吃面 간츠미엔 【gānchīmiàn】
○ 라벨	[label]	라베루 ラベル	瓶签 핑치엔 【píngqiān】
○ 라이벌	[rival]	라이바루 ライベル	竞争者 찡정저 【jìngzhèngzhě】
○ 라일락	[lilac]	라이락꾸 ライラック	紫丁香 즈띵시앙 【zǐdīngxiāng】
○ 라켓	[racket]	라껫또 ラケット	球拍子 치우파이즈 【qiúpāizi】
○ 램프	[lamp]	람뿌 ランプ	洋灯 양덩 【yángdēng】
○ 러시아워	[rush hour]	랏슈이와- ラッシュアワー	拥挤时间 용지스지엔 【yōngjǐshíjiān】
○ 럭비	[rugby]	라구비- ラグビー	橄榄球 간란치우 【gǎnlǎnqiú】
○ 런던	[London]	론동 ロンドン	伦敦 룬뚠 【Lúndūn】
○ 레몬	[lemon]	레몽 レモン	柠檬 닝멍 【níngméng】
○ 레벨	[level]	레베루 レベル	水准 쉐이준 【shuǐzhǔn】
○ 레스토랑	[프restaurant]	레스또랑 レストラン	餐馆 찬관 【cānguǎn】

ㄹ · 레 · 렌 · 로

○ 레슨	[lesson]	렛승 レッスン	辅导 푸다오 【fǔdǎo】
○ 레슬링	[wrestling]	레스링구 レスリング	摔跤 수아이지아오 【shuāijiāo】
○ 레이더	[radar]	레-다- レーダー	雷达 레이다 【léidǎ】
○ 레이스(경주)	[race]	레-스 レース	比赛 비싸이 【bǐsài】
○ 레이아웃	[layout]	레이아우또 レイアウト	版面 반미엔 【bǎnmiàn】
○ 레이저	[laser]	레-자- レーザー	激光 지꽝 【jīguāng】
○ 레일	[rail]	레-루 レール	轨 꿰이 【guǐ】
○ 레저	[leisure]	레자- レジャー	休闲 시우시엔 【xiūxián】
○ 레코드	[record]	레꼬-도 レコード	唱片 창피엔 【chàngpiàn】
○ 레크리에이션	[recreation]	레꾸리에-숑 レクリエーション	游戏 여우시 【yóuxì】
○ 레퍼토리	[repertory]	레-빠또리- レパートリー	节目 지에무 【jiémù】
○ 렌즈	[lens]	렌즈 レンズ	镜头 찡터우 【jìngtóu】
○ 렌터카	[rent-a-car]	렌따까- レンタカー	租汽车 쭈치처 【zūqìchē】
○ 로맨스	[romance]	로만스 ロマンス	浪漫 랑만 【làngmàn】
○ 로봇	[robot]	로봇또 ロボット	机器人 지치런 【jīqìrén】
○ 로비	[lobby]	로비- ロビー	楼道 러우따오 【lóudào】

한국어	영어	일본어	중국어	
○ 로션	[lotion]	로-숑 ローション	洗剤	시지 【xǐjì】
○ 로열티	[royalty]	로이야루띠- ロイヤルティー	开采权	카이차이취엔 【kāicǎiquán】
○ 로케이션	[location]	로께-숑 ロケーション	选定位置	쉬엔띵웨이즈 【xuǎndìngwèizhì】
○ 로켓	[locket]	로껫또 ロケット	火箭	후어지엔 【huǒjiàn】
○ 로터리	[rotary]	로-따리- ロータリー	圆环路	위엔후안루 【yuánhuánlù】
○ 로테이션	[rotation]	로-떼-숑 ローテーション	轮转	룬주안 【lúnzhuàn】
○ 로프	[rope]	로-뿌 ロープ	缆绳	란셩 【lǎnshéng】
○ 루비	[ruby]	루비- ルビー	红宝石	홍바오스 【hóngbǎoshí】
○ 루즈	[rouge]	루-쥬 ルージュ	口红	커우훙 【kǒuhóng】
○ 루트	[route]	루-또 ルート	渠道	취따오 【qúdào】
○ 룰	[rule]	루-루 ルール	规则	꾀이저 【guīzé】
○ 르네상스	[renaissance]	루네산스 ルネサンス	文艺复兴	원이푸씽 【wényìfùxīng】
○ 리더	[leader]	리-다- リーダー	领导人	링다오런 【lǐngdǎorén】
○ 리더십	[leader ship]	리-다-십뿌 リーダーシップ	统率力	통수아이리 【tǒngshuàilì】
○ 리드(하다)	[lead]	리-도 リード	领先	링시엔 【lǐngxiān】
○ 리듬	[rhythm]	리즈무 リズム	节奏	지에쩌우 【jiézòu】

ㄹ · 로 루 리

		리모꼰	遥控	야오콩
○ 리모컨	[remote control]	リモコン	遥控	【yáokòng】
○ 리본	[ribbon]	리봉 リボン	带子	따이즈 【dàizi】
○ 리사이틀	[recital]	리사이따루 リサイタル	独奏	두저우 【dúzòu】
○ 리셉션	[reception]	리세뿌숑 リセプション	招待会	자오따이훼이 【zhāodàihuì】
○ 리스크	[risk]	리스꾸 リスク	危险	웨이시엔 【wēixiǎn】
○ 리스트	[list]	리스또 リスト	名单	밍딴 【míngdān】
○ 리어카	[rear car]	리야까- リヤカー	手推车	셔우퉤이처 【shǒutuīchē】
○ 리퀘스트	[request]	리쿠에스또 リクエスト	请求	칭치우 【qǐngqiú】
○ 리터	[liter]	릿또루 リットル	升	셩 【shēng】
○ 리포트	[report]	레뽀-또 レポート	报告	빠오까오 【bàogào】
○ 리프트	[lift]	리후또 リフト	升降机	셩지앙지 【shēngjiàngjī】
○ 리허설	[rehearsal]	리하-사루 リハーサル	彩排	차이파이 【cǎipái】
○ 린스(하다)	[rinse]	린스 リンス	护发素	후파쑤 【hùfàsù】
○ 릴레이	[relay]	리레- リレー	接力	지에리 【jiēlì】
○ 릴렉스	[relax]	리락꾸스 リラックス	放松	팡쏭 【fàngsōng】
○ 링	[ring]	링구 リング	环	환 【huán】

ㄹ
·
리
릴
링

한국어	일본어		중국어	
○ 마감	[締切り]	시메끼리 しめきり	截止	지에즈 【jiézhǐ】
○ 마개	[栓]	셍 せん	塞子	싸이즈 【sāizi】
○ 마네킹	[mannequin]	마네킹 マネキン	人体模型	런티모싱 【réntǐmóxíng】
○ 마녀	[魔女]	마죠 まじょ	魔女	모뉘 【mónǚ】
○ 마늘	[大蒜]	닌니꾸 にんにく	蒜	쑤안 【suàn】
○ 마디	[節]	후시 ふし	节	지에 【jié】
○ 마라톤	[marathon]	마라송 マラソン	马拉松	마라쏭 【mǎlāsōng】
○ 마루	[床]	유까 ゆか	地板	띠반 【dìbǎn】
○ 마르다	[乾く]	가와꾸 かわく	干	깐 【gān】
○ 마무리	[仕上げ]	시아게 しあげ	收尾	셔우웨이 【shōuwěi】
○ 마법	[魔法]	마호- まほう	魔法	모파 【mófǎ】
○ 마비(되다)	[麻痺]	마히 まひ	麻木	마무 【mámù】
○ 마사지(하다)	[massage]	맛사-지 マッサージ	按摩	안모 【ànmó】

○ 마술사	[手品師]	데지나시 てじなし	魔术师	모수스 【móshùshī】
○ 마스코트	[mascot]	마스꽂또 マスコット	福神	푸션 【fúshén】
○ 마스크	[mask]	마스꾸 マスク	口罩儿	커우자올 【kǒuzhàor】
○ 마시다	[飲む]	노무 のむ	喝	허 【hē】
○ 마요네즈	[mayonnaise]	마요네-즈 マヨネーズ	蛋黄酱	딴후앙지앙 【dànhuángjiàng】
○ 마을	[村]	무라 むら	村子	춘즈 【cūnzi】
○ 마음	[心]	고꼬로 こころ	心	신 【xīn】
○ 마음 편한	[心強い]	고꼬로즈요이 こころづよい	放心	팡신 【fàngxīn】
○ 마음씨	[気立て]	기다떼 きだて	心眼儿	신이엘 【xīnyǎnr】
○ 마음에 들다	[気に入る]	기니이루 きにいる	称心如意	천신루이 【chènxīnrúyì】
○ 마이너스	[minus]	마이나스 マイナス	减	지엔 【jiǎn】
○ 마이크	[mike]	마이꾸 マイク	麦克风	마이커펑 【màikèfēng】
○ 마지못해	[渋々]	시부시부 しぶしぶ	不得不	뿌더뿌 【bùdébù】
○ 마진	[margin]	마-징 マージン	利润	리룬 【lìrùn】
○ 마찰(하다)	[摩擦]	마사쓰 まさつ	摩擦	모차 【mócā】
○ 마취	[麻酔]	마스이 ますい	麻醉	마쭤이 【mázuì】

ㅁ·마

한국어	일본어	일본어 발음	중국어	중국어 발음
○ 마치다	[終える]	오에루 おえる	结束	지에수 【jiéshù】
○ 마침내	[遂に]	쓰이니 ついに	总算	중쑤안 【zǒngsuàn】
○ 마케팅	[marketing]	마-껫띵구 マーケッティング	营销	잉시아오 【yíngxiāo】
○ 막	[幕]	마꾸 まく	膜	모 【mó】
○ 막내	[末っ子]	스엑꼬 すえっこ	第老的	띠라오더 【dìlǎode】
○ 막다(방어)	[防ぐ]	후세구 ふせぐ	挡	당 【dǎng】
○ 막다(경계)	[仕切る]	시끼루 しきる	挡	당 【dǎng】
○ 막다른 곳	[突当り]	쓰끼아따리 つきあたり	不同	뿌퉁 【bùtóng】
○ 막연히	[漠然と]	바꾸젠또 ばくぜんと	茫然	망란 【mángrán】
○ 막히다	[詰まる]	쓰마루 つまる	闭塞	삐써 【bìsè】
○ 만개(하는)	[満開]	망까이 まんかい	盛开	성카이 【shèngkāi】
○ 만기	[満期]	망끼 まんき	满期	만치 【mǎnqī】
○ 만끽(하다)	[満喫]	망끼쯔 まんきつ	享受	시앙셔우 【xiǎngshòu】
○ 만나다	[会う]	아우 あう	会	훼이 【huì】
○ 만년필	[万年筆]	만넹히쯔 まんねんひつ	钢笔	깡비 【gāngbǐ】
○ 만능	[万能]	반노- ばんのう	万能	완넝 【wànnéng】

ㅁ·마
막
만

한국어	일본어		중국어	
○ 만두	[饅頭]	만쥬- まんじゅう	饺子	지아오즈 【jiǎozi】
○ 만들다	[作る]	쓰꾸루 つくる	作	쭈어 【zuò】
○ 만들어내다	[作り上げる]	쓰꾸리아게루 つくりあげる	造成	짜오청 【zàochéng】
○ 만만치 않다	[手強い]	데고와이 てごわい	厉害	리하이 【lìhai】
○ 만성	[慢性]	만세- まんせい	慢性	만씽 【mànxìng】
○ 만세	[万才]	반자이 ばんざい	万岁	완쒜이 【wànsuì】
○ 만약		모시모 もしも	如果	루구어 【rúguǒ】
○ 만연하다	[蔓延る]	하비꼬루 はびこる	蔓延	만이엔 【mànyán】
○ 만점	[満点]	만뗑 まんてん	满分儿	만펄 【mǎnfēnr】
○ 만조	[満潮]	만쬬- まんちょう	高潮	까오차오 【gāocháo】
○ 만족(하다)	[満足]	만조꾸 まんぞく	满足	만주 【mǎnzú】
○ 만지다	[触る]	사와루 さわる	摸	모 【mō】
○ 만찬	[晩餐]	반상 ばんさん	晚餐	완찬 【wǎncān】
○ 만화	[漫画]	망가 まんが	漫画	만화 【mànhuà】
○ 많다	[多い]	오-이 おおい	好多	하오뚜어 【hǎoduō】
○ 말(언어)	[言葉]	고또바 ことば	话	화 【huà】

ㅁ · 만 많 말

○ 말(동물)	[馬]	우마 うま	马	마 【mǎ】
○ 말괄량이	[お転婆]	오뗌바 おてんば	假小子	지아시아오즈 【jiǎxiǎozi】
○ 말기	[末期]	막끼 まっき	末期	모치 【mòqī】
○ 말다툼	[言い争い]	이-아라소이 いいあらそい	争吵	정차오 【zhēngchǎo】
○ 말대꾸(하다)	[口答え]	구찌고따에 くちごたえ	反驳	판보 【fǎnbó】
○ 말뚝	[杭]	구이 くい	桩子	주앙즈 【zhuāngzi】
○ 말라리아	[malaria]	마라리아 マラリア	虐疾	뉘에지 【nüèjí】
○ 말려들다	[巻き込まれる]	마끼꼬마레루 まきこまれる	被卷入	뻬이쥐엔루 【bèijuǎnrù】
○ 말리다	[乾かす]	가와까스 かわかす	干	깐 【gān】
○ 말하다	[語る]	가따루 かたる	说	슈어 【shuō】
○ 말하자면	[言わば]	이와바 いわば	就是说	찌우스슈어 【jiùshìshuō】
○ 맑다	[清い]	기요이 きよい	清	칭 【qīng】
○ 맑아지다	[済む]	스무 すむ	明亮起来	밍량치라이 【míngliàngqǐlái】
○ 맑음(날씨)	[晴れる]	하레루 はれる	晴	칭 【qíng】
○ 맛	[味]	아지 あじ	味道	웨이따오 【wèidao】
○ 맛보다	[味わう]	아지와우 あじわう	品尝	핀창 【pǐncháng】

○ 맛있다	[美味しい]	오이시- おいしい	好吃	하오츠 【hǎochī】
○ 망년회	[忘年会]	보-넹까이 ぼうねんかい	送年会	쑹니엔훼이 【sòngniánhuì】
○ 망령	[耄碌]	모-로꾸 もうろく	亡灵	왕링 【wánglíng】
○ 망막	[網膜]	모-마꾸 もうまく	网膜	왕모 【wǎngmó】
○ 망명(하다)	[亡命]	보-메이 ぼうめい	亡命	왕밍 【wángmìng】
○ 망보다	[見張る]	미하루 みはる	守望	셔우왕 【shǒuwàng】
○ 망상	[妄想]	모-소- もうそう	妄想	왕시앙 【wàngxiǎng】
○ 망설이다	[躊躇う]	다메라우 ためらう	犹豫	여우위 【yóuyù】
○ 망설임	[躊躇い]	다메라이 ためらい	犹豫	여우위 【yóuyù】
○ 망연히	[茫然と]	보-젠또 ぼうぜんと	茫然	망란 【mángrán】
○ 망원경	[望遠鏡]	보-엥꾜- ぼうえんきょう	望远镜	왕위엔징 【wàngyuǎnjìng】
○ 망토	[프manteau]	만또 マント	斗篷	더우펑 【dǒupeng】
○ 망하다	[滅びる]	호로비루 ほろびる	亡	왕 【wáng】
○ 맞벌이	[共稼ぎ]	도모가세기 ともかせぎ	双职工	수앙즈꿍 【shuāngzhígōng】
○ 맞붙다	[取り組む]	도리꾸무 とりくむ	较量	지아오리앙 【jiàoliàng】
○ 맞서다	[歯向かう]	하무까우 はむかう	面临	미엔린 【miànlín】

한국어	일본어		중국어	
○ 맞이하다	[迎える]	무까에루 むかえる	接应	지에잉 【jiēyìng】
○ 맞장구(치다)	[相槌]	아이즈찌 あいづち	帮腔	빵치앙 【bāngqiāng】
○ 맞춰보다	[合わせる]	아와세루 あわせる	对	뚜에이 【duì】
○ 맞히다	[当てる]	아떼루 あてる	中	종 【zhòng】
○ 맡기다	[預ける]	아즈께루 あずける	寄	지 【jì】
○ 맡다	[預かる]	아즈까루 あずかる	承担	청딴 【chéngdān】
○ 매	[鷹]	다까 たか	鹰	잉 【yīng】
○ 매끈매끈(한)		스베스베 すべすべ	光滑	꽝화 【guānghuá】
○ 매너	[manner]	마나- マナー	礼貌	리마오 【lǐmào】
○ 매너리즘	[mannerism]	만네리즈무 マンネリズム	匠气	지앙치 【jiàngqì】
○ 매년	[毎年]	마이넹 まいねん	每年	메이니엔 【měinián】
○ 매니저	[manager]	미네-쟈- マネージャー	经理	찡리 【jīnglǐ】
○ 매니큐어	[manicure]	마니뀨아 マニキュア	指甲油	즈지아여우 【zhǐjiayóu】
○ 매다	[結ぶ]	무스부 むすぶ	结	지에 【jié】
○ 매달	[毎月]	마이게쓰 まいげつ	每月	메이위에 【měiyuè】
○ 매달다	[吊す]	쓰루스 つるす	吊	띠아오 【diào】

ㅁ · 맞 맡 매

ㅁ·매

한국어	일본어(한자)	일본어(발음)	중국어	중국어(병음)
○ 매도하다	[罵る]	노노시루 ののしる	谩骂	만마 【mànmà】
○ 매듭	[結び目]	무스비메 むすびめ	结	지에 【jié】
○ 매력	[魅力]	미료꾸 みりょく	魅力	메이리 【mèilì】
○ 매매(하다)	[売買]	바이바이 ばいばい	买卖	마이마이 【mǎimài】
○ 매미	[蝉]	세미 せみ	蝉	찬 【chán】
○ 매번	[毎度]	마이도 まいど	每次	메이츠 【měicì】
○ 매상	[売上]	우리아게 うりあげ	销卖	시아오마이 【xiāomài】
○ 매수(하다)	[買収]	바이슈- ばいしゅう	收买	셔우마이 【shōumǎi】
○ 매스컴	[masscom]	마스꼬미 マスコミ	媒体	메이티 【méitǐ】
○ 매우	[大変]	다이헹 たいへん	十分	스펀 【shífēn】
○ 매일	[毎日]	마이니찌 まいにち	每天	메이티엔 【měitiān】
○ 매장	[売り場]	우리바 うりば	卖场	마이짱 【mái chàng】
○ 매장하다	[埋蔵]	마이조- まいぞう	蕴藏	윈창 【yùncáng】
○ 매점	[売店]	바이뗑 ばいてん	小卖部	시아오마이뿌 【xiǎomàibù】
○ 매정한		스게나이 すげない	放刺儿	팡츨 【fàngcìr】
○ 매진	[売切れ]	우리끼레 うりきれ	卖光	마이꽝 【màiguāng】

○ 매춘	[売春]	바이슌 ばいしゅん	卖淫	마이인 【màiyín】
○ 매출	[売出し]	우리다시 うりだし	卖出	마이추 【màichū】
○ 맥주	[네bier]	비-루 ビール	啤酒	피지우 【píjiǔ】
○ 맨발	[素足]	스아시 すあし	赤脚	츠지아오 【chìjiǎo】
○ 맨살	[素肌]	스하다 すはだ	赤裸	츠루어 【chìluǒ】
○ 맹렬	[猛烈]	모-레쓰 もうれつ	猛烈	멍리에 【měngliè】
○ 맹목적	[盲目的]	모-모꾸떼끼 もうもくてき	盲目	망무 【mángmù】
○ 맹세하다	[誓う]	치까우 ちかう	发誓	파스 【fāshì】
○ 맹수	[猛獣]	모-쥬- もうじゅう	猛兽	멍셔우 【měngshòu】
○ 머리	[頭]	아따마 あたま	头	터우 【tóu】
○ 머리말	[前書き]	마에가끼 まえがき	序言	쉬이엔 【xùyán】
○ 머리카락	[髪の毛]	가미노께 かみのけ	头发	터우파 【tóufa】
○ 머물다	[止まる]	도도마루 とどまる	停留	팅리우 【tíngliú】
○ 머플러	[muffler]	마후라- マフラー	围巾	웨이진 【wéijīn】
○ 먹	[墨]	스미 すみ	墨	모 【mò】
○ 먹다	[食べる]	다베루 たべる	吃	츠 【chī】

ㅁ · 매 맨 먹

○ 먹어치우다	[平らげる]	다이라게루 たいらげる	吃光	츠꽝 【chīguāng】
○ 먹이	[餌]	에사 えさ	饲料	쓰리아오 【sìliào】
○ 먼지	[埃]	호꼬리 ほこり	灰	훼이 【huī】
○ 멀다	[遠い]	도-이 とおい	远	위엔 【yuǎn】
○ 멀리하다	[遠ざかる]	도-자까루 とおざかる	疏远	수위엔 【shūyuǎn】
○ 멈추다	[止まる]	도도마루 とどまる	停	팅 【tíng】
○ 멋있다	[素晴らしい]	스바라시이 すばらしい	带劲	따이찐 【dàijìn】
○ 멍	[痣]	아자 あざ	青伤	칭샹 【qīngshāng】
○ 메기	[鯰]	나마즈 なまず	鲇鱼	니엔위 【niányú】
○ 메뉴	[ㅍmenu]	메뉴- メニュー	菜单	차이딴 【càidān】
○ 메달	[medal]	메다루 メダル	奖牌	지앙파이 【jiǎngpái】
○ 메뚜기	[蝗]	이나고 いなご	蝗虫	후앙총 【huángchóng】
○ 메모	[memo]	메모 メモ	字条儿	쯔티아올 【zìtiáor】
○ 메시지	[message]	멧세-지 メッセージ	通讯	통쉰 【tōngxùn】
○ 메아리	[木霊]	고다마 こだま	回音	훼이인 【huíyīn】
○ 메우다	[埋める]	우메루 うめる	填	티엔 【tián】

○ 메카	[Mecca]	멕까 メッカ	厂商	창상 【chǎngshāng】
○ 메커니즘	[mechanism]	메까니즈무 メカニズム	机械	지시에 【jīxiè】
○ 멜로디	[melody]	메로디- メロディー	旋律	쉬엔뤼 【xuánlù】
○ 멜론	[melon]	메롱 メロン	瓜	꽈 【guā】
○ 멤버	[member]	멤바- メンバー	成员	청위엔 【chéngyuán】
○ 멧돼지	[猪]	이노시- いのしし	山猪	샨주 【shānzhū】
○ 며느리	[嫁]	요메 よめ	媳妇	시푸 【xífu】
○ 면담(하다)	[面談]	멘당 めんだん	面谈	미엔탄 【miàntán】
○ 면도칼	[剃刀]	가미소리 かみそり	剃刀	티따오 【tìdāo】
○ 면목	[面目]	멤보꾸 めんぼく	面目	미엔무 【miànmù】
○ 면밀(한)	[綿密]	멤미스 めんみつ	绵密	미엔미 【miánmì】
○ 면세점	[免税店]	멘제-뗑 めんぜいてん	免税店	미엔쉐이띠엔 【miǎnshuìdiàn】
○ 면역	[免疫]	멩에끼 めんえき	免疫	미엔이 【miǎnyì】
○ 면적	[面積]	멘세끼 めんせき	面积	미엔지 【miànjī】
○ 면접	[面接]	멘세쓰 めんせつ	会面	훼이미엔 【huìmiàn】
○ 면제(하다)	[免除]	멘죠 めんじょ	免	미엔 【miǎn】

ㅁ
·
메
멜
면

○ 면하다	[免れる]	마누까레루 まぬかれる	免除	미엔추 【miǎnchú】
○ 면회(하다)	[面会]	멩까이 めんかい	会面	훼이미엔 【huìmiàn】
○ 멸망(하다)	[滅亡]	메쓰보ー めつぼう	灭亡	미에왕 【mièwáng】
○ 명곡	[名曲]	메ー꾜꾸 めいきょく	名曲	밍취 【míngqǔ】
○ 명랑한	[陽気]	요ー끼 ようき	明朗	밍랑 【mínglǎng】
○ 명령	[命令]	메ー레ー めいれい	命令	밍링 【mìnglìng】
○ 명물	[名物]	메ー부쓰 めいぶつ	名物	밍우 【míngwù】
○ 명백하게	[明らか]	아끼라까 あきらか	明白	밍바이 【míngbai】
○ 명사(유명)	[名士]	메ー시 めいし	名士	밍스 【míngshì】
○ 명상(하다)	[瞑想]	메ー소ー めいそう	冥想	밍시앙 【míngxiǎng】
○ 명성	[名声]	메ー세ー めいせい	名声	밍성 【míngshēng】
○ 명세서	[明細書]	메ー사이쇼 めいさいしょ	清单	칭딴 【qīngdān】
○ 명소	[名所]	메ー쇼 めいしょ	名胜	밍성 【míngshèng】
○ 명예	[名誉]	메ー요 めいよ	名誉	밍위 【míngyù】
○ 명인	[名人]	메ー징 めいじん	名人	밍런 【míngrén】
○ 명작	[名作]	메ー사꾸 めいさく	名作	밍쭈어 【míngzuò】

ㅁ · 면 · 명

한국어	한자	일본어	중국어	중국어발음
○ 명중(하다)	[命中]	메-쮸- めいちゅう	射中	셔쭝 【shèzhòng】
○ 명찰	[名札]	나후다 なふだ	名签	밍치엔 【míngqiān】
○ 명치	[鳩尾]	미조오찌 みぞおち	心口	신커우 【xīnkǒu】
○ 명함	[名刺]	메-시 めいし	名片	밍피엔 【míngpiàn】
○ 몇 개	[幾つ]	이꾸쓰 いくつ	几	지 【jǐ】
○ 모교	[母校]	보꼬- ぼこう	母校	무시아오 【mǔxiào】
○ 모국	[母国]	보꼬꾸 ぼこく	母国	무구어 【mǔguó】
○ 모기	[蚊]	가 か	蚊子	원즈 【wénzi】
○ 모니터	[monitor]	모니따 モニター	监听	지엔팅 【jiāntīng】
○ 모닥불	[焚き火]	다끼비 たきび	篝火	꺼우후어 【gōuhuǒ】
○ 모던	[modern]	모당 モダン	现代的	시엔따이더 【xiàndàide】
○ 모델	[model]	모데루 モデル	模特儿	모털 【mótèr】
○ 모두	[皆]	미나민나 みな・みんな	都	떠우 【dōu】
○ 모래	[砂]	스나 すな	沙子	샤즈 【shāzi】
○ 모레	[明後日]	아삿떼 あさって	后天	허우티엔 【hòutiān】
○ 모반	[謀反]	무홍 むほん	造反	짜오판 【zàofǎn】

□·명·몇·모

○ 모발	[毛髮]	모-하쓰 もうはつ	毛发	마오파 【máofà】
○ 모방(하다)	[模倣]	모호- もほう	模仿	모팡 【mófǎng】
○ 모범	[模範]	모항 もはん	模范	모판 【mófàn】
○ 모서리	[角]	가도 かど	棱	렁 【léng】
○ 모성	[母性]	보세- ぼせい	母性	무씽 【mǔxìng】
○ 모순	[矛盾]	무즁 むじゅん	矛盾	마오뚠 【máodùn】
○ 모습	[面影]	오모카게 おもかげ	象	시앙 【xiàng】
○ 모심기	[田植え]	다우에 たうえ	插秧	차양 【chāyāng】
○ 모양	[樣子]	요-스 ようす	模样	무양 【múyàng】
○ 모욕	[侮辱]	부죠꾸 ぶじょく	侮辱	우루 【wūrǔ】
○ 모유	[母乳]	보뉴- ぼにゅう	母乳	무루 【mǔrǔ】
○ 모으다	[集める]	아쓰메루 あつめる	聚集	쮜지 【jùjí】
○ 모자	[帽子]	보-시 ぼうし	帽子	마오즈 【màozi】
○ 모자라다	[足りない]	다리나이 たりない	缺	취에 【quē】
○ 모집(하다)	[募集]	보슈- ぼしゅう	征集	정지 【zhēngjí】
○ 모친	[母親]	하하오야 ははおや	母亲	무친 【mǔqīn】

ㅁ·모

○ **모터**	[motor]	모-따- モーター	马达	마다 【mǎdá】
○ **모피**	[毛皮]	게가와 けがわ	毛皮	마오피 【máopí】
○ **모험(하다)**	[冒險]	보-껭 ぼうけん	冒险	마오시안 【màoxiǎn】
○ **모형**	[模型]	모께- もけい	模型	모씽 【móxíng】
○ **목**	[首]	구비 くび	颈	징 【jǐng】
○ **목격자**	[目擊者]	모꾸게끼샤 もくげきしゃ	目睹	무두 【mùdǔ】
○ **목록**	[目録]	모꾸로꾸 もくろく	目录	무루 【mùlù】
○ **목사**	[牧師]	보꾸시 ぼくし	牧师	무스 【mùshī】
○ **목수**	[大工]	다이꾸 だいく	木工	무꽁 【mùgōng】
○ **목숨**	[命]	이노찌 いのち	生命	셩밍 【shēngmìng】
○ **목요일**	[木曜日]	모꾸요-비 もくようび	星期四	싱치쓰 【xīngqīsì】
○ **목욕탕**	[風呂場]	후로바 ふろば	浴室	위스 【yùshì】
○ **목장**	[牧場]	보꾸죠- ぼくじょう	牧场	무창 【mùchǎng】
○ **목재**	[木材]	모꾸자이 もくざい	木材	무차이 【mùcái】
○ **목적**	[目的]	모꾸떼끼 もくてき	目的	무띠 【mùdì】
○ **목적지**	[目的地]	모꾸떼끼찌 もくてきち	目的地	무띠디 【mùdìdì】

ㅁ · 모

목

○ 목차	[目次]	모꾸지 もくじ	目录	무루 【mùlù】
○ 목탄(숯)	[木炭]	모꾸땅 もくたん	木炭	무탄 【mùtàn】
○ 목표	[目標]	모꾸효- もくひょう	目标	무비아오 【mùbiāo】
○ 몰두	[没頭]	봇또- ぼっとう	埋头	마이터우 【máitóu】
○ 몰락(하다)	[没落]	보쓰라꾸 ぼつらく	没落	모루어 【mòluò】
○ 몰수	[没収]	봇슈- ぼっしゅう	没收	모셔우 【mòshōu】
○ 몰아넣다	[追い込む]	오이꼬무 おいこむ	赶进	간찐 【gǎnjìn】
○ 몸	[体]	가라다 からだ	身体	션티 【shēntǐ】
○ 몸소	[自ら]	미즈까라 みずから	亲自	친쯔 【qīnzì】
○ 몹시	[大変]	다이헹 たいへん	非常	페이창 【fēicháng】
○ 못	[釘]	구기 くぎ	钉子	띵즈 【dīngzi】
○ 몽타주	[프montage]	몬따-쥬 モンタージュ	剪辑	지엔지 【jiǎnjí】
○ 묘	[墓]	하까 はか	墓	무 【mù】
○ 묘기	[妙技]	묘-기 みょうぎ	妙计	미아오지 【miàojì】
○ 묘미	[妙味]	묘-미 みょうみ	妙趣	미아오취 【miàoqù】
○ 묘사(하다)	[描写]	뵤-샤 びょうしゃ	描写	미아오시에 【miáoxiě】

ㅁ · 목 몰 묘

한국어	일본어 한자	일본어	중국어 한자	중국어
○ 묘안	[妙案]	묘-앙 みょうあん	妙案	미아오안 【miào'àn】
○ 묘지	[墓地]	보찌 ぼち	墓地	무디 【mùdì】
○ 무	[大根]	다이꽁 だいこん	萝卜	루어보 【luóbo】
○ 무겁다	[重い]	오모이 おもい	重	죵 【zhòng】
○ 무게	[重さ]	오모사 おもさ	重量	죵리앙 【zhòngliàng】
○ 무관심(한)	[無関心]	무깐싱 むかんしん	无关心	우꽌신 【wúguānxīn】
○ 무기	[武器]	부끼 ぶき	武器	우치 【wǔqì】
○ 무난한	[無難]	부낭 ぶなん	过得去	꾸어더취 【guòdequ】
○ 무너지다	[崩れる]	구즈레루 くずれる	倒	다오 【dǎo】
○ 무늬	[模様]	모요- もよう	花纹	화원 【huāyuán】
○ 무대	[舞台]	부따이 ぶたい	舞台	우타이 【wǔtái】
○ 무덥다	[蒸し暑い]	무시아쓰이 むしあつい	炎热	이엔러 【yánrè】
○ 무드	[mood]	무-도 ムード	情调	칭띠아오 【qíngdiào】
○ 무뚝뚝한	[無愛想だ]	부아이소-다 ぶあいそうだ	干巴巴	깐빠바 【gānbābā】
○ 무력	[武力]	부료꾸 ぶりょく	武力	우리 【wǔlì】
○ 무례	[無礼]	부레- ぶれい	无礼	우리 【wúlǐ】

한국어	일본어 한자	일본어	중국어	중국어 발음
○ 무료	[無料]	무료- むりょう	无聊	우리아오 【wúliáo】
○ 무릎	[膝]	히자 ひざ	膝盖	시까이 【xīgài】
○ 무릎 꿇다	[跪く]	히자마즈꾸 ひざまずく	跪	꿰이 【guì】
○ 무모한	[無鉄砲]	모뎁뽀- むてっぽう	盲目	망무 【mángmù】
○ 무사	[武士]	부시 ぶし	无事	우스 【wúshì】
○ 무상	[無償]	무쇼- むしょう	无偿	우창 【wúcháng】
○ 무서워하다	[恐れる]	오소레루 おそれる	怕	파 【pà】
○ 무선	[無線]	무셍 むせん	无线	우시엔 【wúxiàn】
○ 무섭다	[恐ろしい]	오소로시- おそろしい	可怕	커파 【kěpà】
○ 무성하다	[生い茂る]	오이시게루 おいしげる	茂盛	마오셩 【màoshèng】
○ 무언	[無言]	무공 むごん	沉默	천모 【chénmò】
○ 무엇	[何]	나니 なに	什么	션머 【shénme】
○ 무역(하다)	[貿易]	보-에끼 ぼうえき	贸易	마오이 【màoyì】
○ 무용	[舞踊]	부요- ぶよう	舞踊	우용 【wǔyǒng】
○ 무의미	[無意味]	무이미 むいみ	没意思	메이이쓰 【méiyìsi】
○ 무의식	[無意識]	무이시끼 むいしき	无意	우이 【wúyì】

ㅁ · 무

○ 무의식적	[思わず]	오모와즈 おもわず	우이스더 无意识的【wúyìshíde】
○ 무인도	[無人島]	무진또ー むじんとう	후앙다오 荒岛【huāngdǎo】
○ 무일푼	[無一文]	무이찌몽 むいちもん	이원뿌밍 一文不名【yīwénbùmíng】
○ 무임승차	[只乗り]	다다노리 ただのり	미엔피아오청커 免票乘客【miǎnpiàochéngkè】
○ 무자비	[無慈悲]	무지히 むじひ	우칭 无情【wúqíng】
○ 무장(하다)	[武装]	부소ー ぶそう	우주앙 武装【wǔzhuāng】
○ 무정한		쓰레나이 つれない	우칭 无情【wúqíng】
○ 무제한	[無際限]	무사이겡 むさいげん	우시엔즈 无限制【wúxiànzhì】
○ 무조건	[無条件]	죠ー껭 むじょうけん	우티아오지엔 无条件【wútiáojiàn】
○ 무좀	[水虫]	미즈무시 みずむし	지아오쉬엔 脚癣【jiǎoxuǎn】
○ 무죄	[無罪]	무자이 むざい	우쮀이 无罪【wúzuì】
○ 무지	[無知]	무찌 むち	우즈 无知【wúzhī】
○ 무지개	[虹]	니지 にじ	차이홍 彩虹【cǎihóng】
○ 무참한	[無惨]	무장 むざん	찬쿠 残酷【cánkù】
○ 무책임	[無責任]	무세끼닝 むせきにん	부푸저런 不负责任【búfùzérèn】
○ 무한	[無限]	무겡 むげん	우시엔 无限【wúxiàn】

ㅁ
·
무

○ 무해	[無害]	무가이 むがい	无害	우하이 【wúhài】
○ 묵다	[泊る]	도마루 とまる	停留	팅리우 【tíngliú】
○ 묵묵히	[黙々]	모꾸모꾸 もくもく	默默	모모 【mòmò】
○ 묵인(하다)	[黙認]	모꾸닝 もくにん	默认	모런 【mòrèn】
○ 묶다	[縛る]	시바루 しばる	缚	푸 【fù】
○ 문	[門口]	가도구찌 かどぐち	门	먼 【mén】
○ 문고	[文庫]	붕꼬 ぶんこ	书库	수쿠 【shūkù】
○ 문맹	[文盲]	몬모- もんもう	文盲	원망 【wénmáng】
○ 문명	[文明]	붐메- ぶんめい	文明	원밍 【wénmíng】
○ 문방구	[文房具屋]	붐보-구야 ぶんぼうぐや	文具	원쥐 【wénjù】
○ 문법	[文法]	분뽀- ぶんぽう	语法	위파 【yǔfǎ】
○ 문병	[病気見舞い]	뵤-끼미마이 びょうきみまい	探病	탄삥 【tànbìng】
○ 문서	[文書]	분쇼 ぶんしょ	文件	원지엔 【wénjiàn】
○ 문신	[入れ墨]	이레즈미 いれずみ	文身	원션 【wénshēn】
○ 문어	[蛸]	다꼬 たこ	章鱼	장위 【zhāngyú】
○ 문예	[文芸]	붕게- ぶんげい	文艺	원이 【wényì】

ㅁ · 무 묵 문

○ 문자	[文字]	모지·몬지 もじ·もんじ	文字	원쯔 【wénzì】
○ 문장	[文章]	분쇼- ぶんしょう	文章	원장 【wénzhāng】
○ 문제	[問題]	몬다이 もんだい	问题	원티 【wèntí】
○ 문지르다	[擦る]	고스루 こする	擦	차 【cā】
○ 문패	[門札]	몬사쓰 もんさつ	门牌	먼파이 【ménpái】
○ 문호	[文豪]	붕고- ぶんごう	文豪	원하오 【wénháo】
○ 문화	[文化]	붕까 ぶんか	文化	원화 【wénhuà】
○ 묻다(질문)	[問う]	도우 とう	问	원 【wèn】
○ 물	[水]	미즈 みず	水	쉐이 【shuǐ】
○ 물가(물건값)	[物価]	북까 ぶっか	物价	우지아 【wùjià】
○ 물가	[水際]	미즈기와 みずぎわ	河边	허비엔 【hébiān】
○ 물개		온또세- おっとせい	海狗	하이거우 【hǎigǒu】
○ 물건	[品物]	시나모노 しなもの	东西	똥시 【dōngxi】
○ 물고기	[魚]	사까나 さかな	鱼	위 【yú】
○ 물구나무서기	[逆立ち]	사까다찌 さかだち	倒立	따오리 【dàolì】
○ 물다	[噛む]	가무 かむ	缴	지아오 【jiāo】

ㅁ · 문 · 물

○ 물들이다	[染める]	소메루 そめる	染	란 【rǎn】
○ 물러나다	[退く]	시리조꾸 しりぞく	退	퉤이 【tuì】
○ 물레방아	[水車]	미즈구루마 みずぐるま	水碓	쉐이뚜에이 【shuǐduì】
○ 물론	[勿論]	모찌롱 もちろん	当然	땅란 【dāngrán】
○ 물리	[物理]	부쓰리 ぶつり	物理	우리 【wùlǐ】
○ 물리치다	[退ける]	시리조께루 しりぞける	打退	다퉤이 【dǎtuì】
○ 물방울	[水玉]	미즈따마 みずたま	水点	쉐이디엔 【shuǐdiǎn】
○ 물보라	[飛沫]	시부끼 しぶき	浪花儿	랑후알 【lànghuār】
○ 물자	[物資]	붓시 ぶっし	物资	우즈 【wùzī】
○ 물질	[物質]	붓시쓰 ぶっしつ	物质	우즈 【wùzhì】
○ 물체	[物体]	붓따이 ぶったい	物体	우티 【wùtǐ】
○ 물품	[物品]	붐삥 ぶっぴん	物品	우핀 【wùpǐn】
○ 뭍	[陸]	리꾸 りく	陆地	루띠 【lùdì】
○ 미각	[味覚]	미까꾸 みかく	味觉	웨이쥐에 【wèijué】
○ 미개(지)	[未開]	미까이 みかい	未开花	웨이카이화 【wèikāihuā】
○ 미국	[米国]	베-꼬꾸 べいこく	美国	메이구어 【měiguó】

○ 미궁	[迷宮]	메-뀨- めいきゅう	迷宮	미꽁 【mígōng】
○ 미꾸라지	[泥鰌]	도죠- どじょう	鰍	치우 【qiū】
○ 미끄러지다	[滑る]	스베루 すべる	溜	리우 【liū】
○ 미나리	[芹]	세리 せり	芹菜	친차이 【qíncài】
○ 미니스커트	[miniskirt]	미니스까-또 ミニスカート	超短裙	차오두안췬 【chāoduǎnqún】
○ 미덕	[美德]	비또꾸 びとく	美德	메이더 【měidé】
○ 미디어	[media]	메디아 メディア	媒体	메이티 【méitǐ】
○ 미라	[포mirra]	미-라 ミーラ	木乃伊	무나이이 【mùnǎiyī】
○ 미래	[未来]	미라이 みらい	未来	웨이라이 【wèilái】
○ 미련	[未練]	미렝 みれん	留恋	리우리엔 【liúliàn】
○ 미로	[迷路]	메-로 めいろ	迷路	미루 【mílù】
○ 미리	[予め]	아라까지메 あらかじめ	预先	위시엔 【yùxiān】
○ 미만	[未満]	미망 みまん	未满	웨이만 【wèimǎn】
○ 미망인	[未亡人]	미보-징 みぼうじん	寡妇	과푸 【guǎfù】
○ 미명	[未明]	미메- みめい	黎明	리밍 【límíng】
○ 미모	[美貌]	비보- びぼう	美貌	메이마오 【měimào】

ㅁ
·
미

한국어	발음	일본어	중국어	병음
○ 미묘한	[微妙]	비묘- びみょう	美妙	메이미아오 【měimiào】
○ 미사일	[missile]	미사이루 ミサイル	导弹	다오딴 【dǎodàn】
○ 미생물	[微生物]	비세-부쓰 びせいぶつ	微生物	웨이성우 【wēishēngwù】
○ 미성년	[未成年]	미세-넹 みせいねん	未成年	웨이청니엔 【wèichéngnián】
○ 미소	[微笑]	비쇼- びしょう	微笑	웨이시아오 【wēixiào】
○ 미소 짓다	[微笑む]	호호에무 ほほえむ	微笑	웨이시아오 【wēixiào】
○ 미수(실패)	[未遂]	미스이 みすい	未遂	웨이쒜이 【wèisuì】
○ 미숙(한)	[未熟]	미쥬꾸 みじゅく	不熟练	부수리엔 【bùshúliàn】
○ 미술	[美術]	비쥬쓰 びじゅつ	美术	메이수 【měishù】
○ 미스	[miss]	미스 ミス	小姐	시아오지에 【xiǎojiě】
○ 미스터리	[mystery]	미스떼리- ミステリー	神秘	션미 【shénmì】
○ 미신	[迷信]	메-싱 めいしん	迷信	미신 【míxìn】
○ 미아	[迷子]	마이고 まいご	迷童	미통 【mítóng】
○ 미역	[若布]	와까메 わかめ	裙带菜	췬따이차이 【qúndàicài】
○ 미완성	[未完成]	미깐세- みかんせい	未完成	웨이완청 【wèiwánchéng】
○ 미용	[美容]	비요- びよう	美容	메이룽 【měiróng】

ㅁ
·
미

○ 미인	[美人]	비징 びじん	美人	메이런 【měirén】
○ 미장원	[美容院]	비요-잉 びよういん	美容院	메이롱위엔 【měiróngyuàn】
○ 미정	[未定]	미떼- みてい	未定	웨이띵 【wèidìng】
○ 미지근하다	[生温い]	나마누루이 なまぬるい	不冷不热	뿌렁부러 【bùlěngbúrè】
○ 미치다	[狂う]	구루우 くるう	疯	펑 【fēng】
○ 미터	[프metre]	메-또루 メートル	米	미 【mǐ】
○ 미행(하다)	[尾行]	비꼬- びこう	跟踪	건종 【gēnzōng】
○ 미혼	[未婚]	미꽁 みこん	未婚	웨이훈 【wèihūn】
○ 미화	[美化]	비까 びか	美化	메이화 【měihuà】
○ 믹서	[mix]	믹꾸스 ミックス	搅拌器	지아오빤치 【jiǎobànqì】
○ 민간	[民間]	밍깡 みんかん	民间	민지엔 【mínjiān】
○ 민들레	[蒲公英]	담뽀뽀 たんぽぽ	蒲公英	푸꽁잉 【púgōngyīng】
○ 민박	[民泊]	밈빠꾸 みんぱく	民宿	민쑤 【mínsù】
○ 민법	[民法]	밈뽀- みんぽう	民法	민파 【mínfǎ】
○ 민속	[民俗]	민조꾸 みんぞく	民俗	민쑤 【mínsú】
○ 민요	[民謠]	밍요- みんよう	民谣	민야오 【mínyáo】

ㅁ
·
미
믹
민

○ 민족	[民族]	민조꾸 みんぞく	民族	민주 【mínzú】
○ 민주주의	[民主主義]	민슈슈가 みんしゅしゅぎ	民主主义	민주주이 【mínzhǔzhǔyì】
○ 믿다	[信じる]	신지루 しんじる	信	신 【xìn】
○ 믿음직스럽다	[頼もしい]	다노모시이 たのもしい	稳妥	원투어 【wěntuǒ】
○ 밀가루	[メリケン粉]	메리껭꼬 メリケン	面粉	미엔펀 【miànfěn】
○ 밀고(하다)	[密告]	미꼬꾸 みっこく	密告	미까오 【mìgào】
○ 밀림	[密林]	미쓰링 みつりん	密林	미린 【mìlín】
○ 밀매	[密売]	미쓰바이 みつばい	走私	져우쓰 【zǒusī】
○ 밀수(하다)	[密輸]	미쓰유 みつゆ	走私	져우쓰 【zǒusī】
○ 밀실	[密室]	밋시쓰 みっしつ	密室	미스 【mìshì】
○ 밀크	[milk]	미루꾸 ミルク	牛奶	니우나이 【niúnǎi】
○ 밀폐(하다)	[密閉]	밉뻬- みっぺい	密闭	미삐 【mìbì】
○ 밀회	[密会]	믹까이 みっかい	密会	미훼이 【mìhuì】
○ 밉다	[憎い]	니꾸이 にくい	讨厌	타오이엔 【tǎoyàn】
○ 밍크	[mink]	밍꾸 ミンク	水貂	쉐이띠아오 【shuǐdiāo】
○ 및	[及び]	오요비 および	以及	이지 【yǐjí】

ㅁ
·
민
밀
밎

○ 밑바탕	[下地]	시다지 したじ	素质	쑤즈 【sùzhì】
○ 밑천	[元手]	모또데 もとで	本	번 【běn】

ㅁ
·
밑

成功(せいこう)した人間(にんげん)になろうとするな.

むしろ, 價値(かち)のある人間(にんげん)になろうとせよ.

성공한 인간이 되려고 하지 말라.

오히려, 가치 있는 인간이 되고자 하라.

– アルバ.ト アインシュタイン(알버트 아인슈타인)

力(ちから)なき正義(せいぎ)は無.(むこう)なり,

正義(せいぎ)なき力(ちから)は暴力(ぼうりょく)なり.

힘이 없는 정의는 무효하고, 정의 없는 힘은 폭력이 된다.

– パスカル(파스칼)

売(う)り 言葉(ことば)に 買(か)い 言葉(ことば).

오는 말이 고와야 가는 말도 고맙다.

– 속담

ㅂ·바

○ 바겐세일	[bargain sale]	바-겐세-루 バーゲンセール	大减价	따지엔지아 【dàjiǎnjià】
○ 바구니	[籠]	가고 かご	篮子	란즈 【lánzi】
○ 바깥쪽	[外]	소또 そと	外头	와이터우 【wàitóu】
○ 바꾸다	[変える]	가에루 かえる	改	가이 【gǎi】
○ 바나나	[banana]	바나나가에루 バナナ	香蕉	시앙지아오 【xiāngjiāo】
○ 바늘	[針]	하리가에루 はり	针	전 【zhēn】
○ 바다	[海]	우미가에루 うみ	海	하이 【hǎi】
○ 바닷가	[海辺]	우미베가에루 うみべ	海边儿	하이비알 【hǎibiānr】
○ 바둑	[碁]	고가에루 ご	围棋	웨이치 【wéiqí】
○ 바라다(희망)	[望む]	노조부가에루 のぞむ	希望	시왕 【xīwàng】
○ 바람	[風]	가제 かぜ	风	펑 【fēng】
○ 바람둥이	[浮気者]	우와끼모노 うわきもの	乌秃氓	우투망 【wūtumáng】
○ 바람직하다	[望ましい]	노조마시- のぞましい	可望	커왕 【kěwàng】

○ 바로	[直ぐ]	스구 すぐ	正	정 【zhèng】
○ 바르게 하다	[正す]	다다스 ただす	纠正	찌우정 【jiūzhèng】
○ 바르다	[正しい]	다다시- ただしい	正直	정즈 【zhèngzhí】
○ 바보	[馬鹿]	바까 ばか	苯蛋	뻔딴 【bèndàn】
○ 바쁘다	[忙しい]	이소가시- いそがしい	忙	망 【máng】
○ 바위	[岩]	이와 いわ	岩	이엔 【yán】
○ 바이러스	[라virus]	우이루스 ウイルス	病毒	삥두 【bìngdú】
○ 바이어	[buyer]	바이야- バイヤー	买主	마이주 【mǎizhǔ】
○ 바이올린	[violin]	바이오링 バイオリン	小提琴	시아오티친 【xiǎotíqín】
○ 바지	[jupon]	즈봉 ズボン	裤子	쿠즈 【kùzi】
○ 바치다	[捧げる]	사사게루 ささげる	献	시엔 【xiàn】
○ 바캉스	[프vacances]	바깡스 バカンス	休假	시우지아 【xiūjià】
○ 바퀴벌레		고끼부리 ごきぶり	蜚蠊	페이리엔 【fěilián】
○ 박람회	[博覧会]	하꾸랑까이 はくらんかい	博览会	보란훼이 【bólǎnhuì】
○ 박멸(하다)	[撲滅]	보꾸메쓰 ぼくめつ	扑灭	푸미에 【pūmiè】
○ 박물관	[博物館]	하꾸부쓰깡 はくぶつかん	博物馆	보우관 【bówùguǎn】

ㅂ
·
바
박

○ 박사	[博士]	하까세·하꾸시 はかせ·はくし	博士	보스 【bóshì】
○ 박수	[拍手]	하꾸슈 はくしゅ	鼓掌	구장 【gǔzhǎng】
○ 박쥐	[蝙蝠]	고-모리 こうもり	蝙蝠	삐엔푸 【biānfú】
○ 박해(하다)	[迫害]	하꾸가이 はくがい	迫害	포하이 【pòhài】
○ 반감	[反感]	항깡 はんかん	反感	판간 【fǎngǎn】
○ 반격(하다)	[反擊]	항게끼 はんげき	反击	판지 【fǎnjī】
○ 반경	[半径]	항께- はんけい	半径	빤찡 【bànjìng】
○ 반달	[半月]	항게쓰 はんげつ	弦月	시엔위에 【xiányuè】
○ 반대	[反対]	한따이 はんたい	反対	판뚜에이 【fǎnduì】
○ 반도	[半島]	한또- はんとう	半岛	빤다오 【bàndǎo】
○ 반도체	[半導体]	한도-따이 はんどうたい	半导体	빤다오티 【bàndǎitǐ】
○ 반드시	[必ず]	가나라즈 かならず	一定	이띵 【yídìng】
○ 반들반들(한)	[艶々]	쓰야쓰야 つやつや	光滑	꽝화 【guānghuá】
○ 반란	[反乱]	한랑 はんらん	叛乱	판루안 【pànluàn】
○ 반복	[反復]	한뿌꾸 はんぷく	反复	판푸 【fǎnfù】
○ 반복하다	[繰り返す]	구리까에스 くりかえす	反复	판푸 【fǎnfù】

○ 반사(하다)	[反射]	한샤 はんしゃ	反射	판셔 【fǎnshè】
○ 반성	[反省]	한세- はんせい	反省	판싱 【fǎnxǐng】
○ 반소매	[半袖]	한소데 はんそで	短袖	두안시우 【duǎnxiù】
○ 반액	[半額]	항가꾸 はんがく	扣	우커우 【wǔkòu】
○ 반역(하다)	[反逆]	항갸꾸 はんぎゃく	叛逆	판니 【pànnì】
○ 반응(하다)	[反応]	한노- はんのう	反应	판잉 【fǎnyìng】
○ 반주(하다)	[伴奏]	반소- ばんそう	伴奏	빤쩌우 【bànzòu】
○ 반지	[指輪]	유비와 ゆびわ	班指儿	빤즈얼 【bànzhǐr】
○ 반짝거리다	[光る]	히까루 ひかる	闪烁	샨슈어 【shǎnshuò】
○ 반짝반짝	[輝く]	가가야꾸 かがやく	闪烁	샨슈어 【shǎnshuò】
○ 반찬		오까즈 おかず	菜	차이 【cài】
○ 반창고	[絆創膏]	빈소-꼬- ばんそうこう	绊创膏	빤추앙까오 【bànchuānggāo】
○ 반칙	[反則]	한소꾸 はんそく	犯规	판꿰이 【fànguī】
○ 반품	[返品]	헴삥 へんぴん	回货	훼이후어 【huíhuò】
○ 반하다	[惚れる]	호레루 ほれる	看上	칸샹 【kànshang】
○ 반항	[反抗]	항꼬- はんこう	反抗	판캉 【fǎnkàng】

ㅂ · 반

○ 받다	[受ける]	우께루 うける	收	셔우 【shōu】
○ 받아들이다	[受け入れる]	우께이레루 うけいれる	接受	지에셔우 【jiēshòu】
○ 받침대	[下敷]	시따지끼 したじき	台	타이 【tái】
○ 발(다리)	[足·脚]	아시 あし	脚	지아오 【jiǎo】
○ 발가락	[足指]	아시유비 あしゆび	脚趾	지아오즈 【jiǎozhǐ】
○ 발각(되다)	[発覚]	학까꾸 はっかく	发觉	파쮀에 【fājué】
○ 발견(하다)	[発見]	학껭 はっけん	发现	파시엔 【fāxiàn】
○ 발굴(하다)	[発掘]	학구쓰 はっくつ	挖掘	와쮀에 【wājué】
○ 발굽	[蹄]	히즈메 ひづめ	蹄	티 【tí】
○ 발기(하다)	[発起]	혹끼 ほっき	发起	파치 【fāqǐ】
○ 발돋움(하다)	[背伸び]	세노비 せのび	踮	디엔 【diǎn】
○ 발뒤꿈치	[踵]	가까또 かかと	脚后跟	지아오허우껀 【jiǎohòugēn】
○ 발랄	[溌剌]	하쓰라쓰 はつらつ	勃勃	보보 【bóbó】
○ 발레리나	[ballerina]	바레리-나 バレリーナ	芭蕾舞女演员	빠레이우뉘어옌위엔 【bālěiwǔnǚyǎnyuán】
○ 발매(하다)	[発売]	하쓰바이 はつばい	发卖	파마이 【fāmài】
○ 발명(하다)	[発明]	하쓰메- はつめい	发明	파밍 【fāmíng】

ㅂ
·
받
발

○ 발버둥치다		바따쓰꾸 ばたつく	挣扎	정자 【zhēngzhá】
○ 발사(하다)	[発射]	핫샤 はっしゃ	发射	파셔 【fāshè】
○ 발산(하다)	[発散]	핫상 はっさん	散发	싼파 【sànfā】
○ 발생(하다)	[発生]	핫세- はっせい	发生	파셩 【fāshēng】
○ 발송하다	[発送]	핫소- はっそう	发送	파쏭 【fāsòng】
○ 발신인	[発信人]	핫신닝 はっしんにん	发信人	파신런 【fāxìnrén】
○ 발언(하다)	[発言]	하쓰겡 はつげん	发言	파이엔 【fāyán】
○ 발육(하다)	[発育]	하쓰이꾸 はついく	发育	파위 【fāyù】
○ 발음(하다)	[発音]	하쓰옹 はつおん	发音	파인 【fāyīn】
○ 발자국	[足跡]	아시아또 あしあと	脚印儿	지아오일 【jiǎoyìnr】
○ 발작	[発作]	홋사 ほっさ	发作	파쭈어 【fāzuò】
○ 발전(진전)하다	[発展]	핫뗑 はってん	发展	파잔 【fāzhǎn】
○ 발전(전기)하다	[発電]	하쓰뎅 はつでん	发电	파띠엔 【fādiàn】
○ 발족	[発足]	홋소꾸 ほっそく	成立	청리 【chénglì】
○ 발진	[発疹]	핫싱 はっしん	出疹子	추전즈 【chūzhěnzi】
○ 발췌(하다)	[拔萃]	밧스이 ばっすい	拔萃	바췌이 【bácuì】

ㅂ · 발

한국어	한자	일본어	중국어	
○ 발코니	[balcony]	바루꼬니 バルコニー	阳台	양타이 【yángtái】
○ 발판	[足場]	아시바 あしば	登板儿	떵발 【dēngbǎnr】
○ 발표(하다)	[発表]	합뾰- はっぴょう	发表	파비아오 【fābiǎo】
○ 발행(하다)	[発行]	학꼬- はっこう	发行	파싱 【fāxíng】
○ 발휘(하다)	[発揮]	학끼 はっき	发挥	파훼이 【fāhuī】
○ 밝다	[明るい]	아까루이 あかるい	亮	리앙 【liàng】
○ 밝히다	[明す]	아까스 あかす	表明	비아오밍 【biǎomíng】
○ 밟다	[踏む]	후무 ふむ	踏	타 【tà】
○ 밤	[夜]	요루 よる	夜	예 【yè】
○ 밤새도록	[終夜]	요모스가라 よもすがら	连夜	리옌예 【liányè】
○ 밤중	[夜中]	요나까 よなか	深夜	션예 【shēnyè】
○ 밥	[飯]	메시 めし	饭	판 【fàn】
○ 밥공기	[茶碗]	챠왕 ちゃわん	饭碗	판완 【fànwǎn】
○ 방	[部屋]	헤야 へや	屋子	우즈 【wūzi】
○ 방갈로	[bungalow]	방가로- バンガロー	平方	핑팡 【píngfáng】
○ 방관자	[傍観]	보-깡 ぼうかん	旁观者	팡관저 【pángguānzhě】

○ **방귀**	[屁]	오나라 おなら	屁	피 【pì】
○ **방대한**	[膨大]	보-다이 ぼうだい	庞大	팡따 【pángdà】
○ **방랑(하다)**	[放浪]	호-로- ほうろう	流浪	리우랑 【liúlàng】
○ **방목(하다)**	[放し飼い]	하나시가이 はなしがい	放牧	팡무 【fàngmù】
○ **방문객**	[訪問客]	호-몽꺄꾸 ほうもんきゃく	客人	커런 【kèrén】
○ **방문하다**	[訪れる]	오또즈레루 おとずれる	访问	팡원 【fǎngwèn】
○ **방법**	[方法]	호-호- ほうほう	方法	팡파 【fāngfǎ】
○ **방부제**	[防腐剤]	보-후자이 ぼうふざい	防腐济	팡푸지 【fángfǔjì】
○ **방사선**	[放射線]	호-샤셍 ほうしゃせん	放射线	팡셔시엔 【fàngshèxiàn】
○ **방석**	[座布団]	자부똥 ざぶとん	垫子	띠엔즈 【diànzi】
○ **방송(하다)**	[放送]	호-소- ほうそう	广播	광뽀 【guǎngbō】
○ **방심(하다)**	[油断]	유당 ゆだん	放心	팡신 【fàngxīn】
○ **방아쇠**	[引き金]	히끼가네 ひきがね	扳机	빤지 【bānjī】
○ **방어(하다)**	[防禦]	보-교 ほうぎょ	防御	팡위 【fǎngyù】
○ **방언**	[方言]	호-겡 ほうげん	方言	팡이엔 【fāngyán】
○ **방영(하다)**	[放映]	호-에- ほうえい	播映	뽀잉 【bōyìng】

ㅂ · 방

○ 방울	[鈴]	스즈 すず	铃	링 【líng】
○ 방음(하다)	[防音]	보-옹 ぼうおん	隔音	거인 【géyīn】
○ 방지(하다)	[防止]	보-시 ぼうし	防止	팡즈 【fángzhǐ】
○ 방치(하다)	[放置]	호-찌 ほうち	放	팡 【fàng】
○ 방침	[方針]	호-싱 ほうしん	方针	팡전 【fāngzhēn】
○ 방해(하다)	[邪魔]	쟈마 じゃま	阻碍	주아이 【zǔ'ài】
○ 방향	[方向]	호-꼬- ほうこう	方向	팡시앙 【fāngxiàng】
○ 밭	[畠·畑]	하따께 はたけ	田	티엔 【tián】
○ 배	[梨]	나시 なし	梨	리 【lí】
○ 배(신체)	[腹]	하라 はら	腹	푸 【fù】
○ 배(선박)	[船]	후네 ふね	船	추안 【chuán】
○ 배경	[背景]	하이께- はいけい	背景	뻬이징 【bèijīng】
○ 배구	[volleyball]	바레-보-루 バレーボール	排球	파이치우 【páiqiú】
○ 배급(하다)	[配給]	하이뀨- はいきゅう	配给	뻬이지 【pèijǐ】
○ 배꼽	[臍]	헤소 へそ	脐眼儿	치이옐 【qíyǎnr】
○ 배달(하다)	[配達]	하이따쓰 はいたつ	送	쏭 【sòng】

ㅂ · 방 밭 배

한국어	일본어		중국어	
○ 배당	[配当]	하이또- はいとう	分配	펀페이 【fēnpèi】
○ 배드민턴	[badminton]	바도민동 バドミントン	羽毛球	위마오치우 【yǔmáoiú】
○ 배려(하다)	[配慮]	하이료 はいりょ	关怀	판화이 【guānhuái】
○ 배반하다	[裏切る]	우라기루 うらぎる	背叛	뻬이판 【bèipàn】
○ 배상(하다)	[賠償]	바이쇼- ばいしょう	赔偿	페이창 【péicháng】
○ 배설(하다)	[排泄]	하이세쯔 はいせつ	排泄	파이시에 【páixiè】
○ 배수(하다)	[排水]	하이스이 はいすい	排水	페이수이 【pái shuǐ】
○ 배양(하다)	[培養]	바이요- ばいよう	培养	페이양 【péiyáng】
○ 배역	[配役]	하이야꾸 はいやく	角色	쥐에써 【juésè】
○ 배우	[俳優]	하이유- はいゆう	演员	이엔위엔 【yǎnyuán】
○ 배우다	[習う]	나라우 ならう	学	쉬에 【xué】
○ 배우자	[配偶者]	하이구-샤 はいぐうしゃ	配偶	페이어우 【pèi'ǒu】
○ 배제(하다)	[排除]	하이죠 はいじょ	排除	파이추 【páichú】
○ 배짱	[度胸]	도꾜- どきょう	胆量儿	단리알 【dǎnliàngr】
○ 배척(하다)	[排斥]	하이세끼 はいせき	排斥	파이츠 【páichì】
○ 배추	[白菜]	하꾸사이 はくさい	白菜	바이차이 【báicài】

ㅂ・배

○ 배치(하다)	[配置]	하이찌 はいち	部署	뿌수 【bùshǔ】
○ 배타적	[排他的]	하이따떼끼 はいたてき	孕育	윈위 【yùnyù】
○ 배터리	[battery]	밧떼리- バッテリー	电池	띠엔츠 【diànchí】
○ 배포(하다)	[配布]	하이후 はいふ	传	추안 【chuán】
○ 배후	[背後]	하이고 はいご	背后	뻬이허우 【bèihòu】
○ 백	[百]	햐꾸 ひゃく	百	바이 【bǎi】
○ 백발	[白髪]	시라가 しらが	白发	바이파 【báifà】
○ 백조	[白鳥]	하꾸쪼- はくちょう	天鹅	티엔어 【tiān'é】
○ 백지	[白紙]	하꾸시 はくし	白纸	바이즈 【báizhǐ】
○ 백치	[白痴]	하꾸찌 はくち	白痴	바이츠 【báichī】
○ 백합	[百合]	유리 ゆり	百合	바이허 【bǎihé】
○ 백화점	[department store]	데빠-또 デパート	百货公司	바이후어꽁쓰 【bǎihuògōngsī】
○ 밴드	[band]	반도 バンド	带儿	딸 【dàir】
○ 밸런스	[balance]	바란스 バランス	平衡	핑헝 【pínghéng】
○ 뱀	[蛇]	헤비 へび	蛇	셔 【shé】
○ 뱀장어		우나기 うなぎ	鳗鱼	만위 【mányú】

○ 뱃사람	[船頭]	센도- せんどう	船夫	추안푸 【chuánfū】
○ 버드나무	[柳]	야나기 やなぎ	柳树	리우수 【liúshù】
○ 버릇	[癖]	구세 くせ	习惯	시꽌 【xíguàn】
○ 버리다	[捨てる]	스떼루 すてる	放弃	팡치 【fàngqì】
○ 버섯	[茸]	기노꼬 きのこ	蘑菇	모구 【mógu】
○ 버스	[bus]	바스 バス	公共汽车	꽁꽁치처 【gōnggòngqìchē】
○ 버터	[butter]	바따- バター	黄油	후앙여우 【huángyóu】
○ 버티다	[頑張る]	감바루 がんばる	支	즈 【zhī】
○ 번갈아	[代わる代わる]	가와루가와루 かわるがわる	轮流	룬리우 【lúnliú】
○ 번개	[稲妻]	이나즈마 いなずま	闪电	산띠엔 【shǎndiàn】
○ 번거롭다	[煩しい]	와즈라와시- わずらわしい	繁杂	판자 【fánzá】
○ 번데기	[蛹]	사나기 さなぎ	蛹	용 【yǒng】
○ 번식(하다)	[繁殖]	한쇼꾸 はんしょく	繁殖	판즈 【fánzhí】
○ 번역	[翻訳]	홍야꾸 ほんやく	翻译	판이 【fānyì】
○ 번역하다	[訳する]	야꾸스루 やくする	翻译	판이 【fānyì】
○ 번영하다	[栄える]	사까에루 さかえる	繁荣	판롱 【fánróng】

ㅂ · 뱃
버
번

○ 번지	[番地]	반찌 ばんち	门牌	먼파이 【ménpái】
○ 번지다	[滲む]	니지무 にじむ	浸	찐 【jìn】
○ 번화가	[繁華街]	항까가이 はんかがい	大街	따지에 【dàjiē】
○ 벌(죄)	[罰]	바쓰 ばつ	处罚	추파 【chǔfá】
○ 벌(곤충)	[蜂]	하찌 はち	蜂	펑 【fēng】
○ 벌다	[儲る]	모-께루 もうける	赚	주안 【zhuàn】
○ 벌레	[虫]	무시 むし	虫子	총즈 【chóngzi】
○ 벌써		모- もう	早已	자오이 【zǎoyǐ】
○ 벌집	[蜂の巣]	하찌노스 はちのす	蜂巢	펑차오 【fēngcháo】
○ 범람(하다)	[氾濫]	한랑 はんらん	泛滥	판란 【fànlàn】
○ 범위	[範囲]	항이 はんい	范围	판웨이 【fànwéi】
○ 범인(용의자)	[犯人]	한닝 はんにん	犯人	판런 【fànrén】
○ 범죄	[犯罪]	한자이 はんざい	罪犯	쮀이판 【zuìfàn】
○ 범하다	[犯す]	오까스 おかす	触犯	추판 【chùfàn】
○ 법	[法]	호- ほう	法	파 【fǎ】
○ 법관	[法官]	호-깡 ほうかん	法官	파관 【fǎguān】

한국어	일본어		중국어	
○ 법규	[法規]	호-끼 ほうき	法规	파꿰이 【fǎguī】
○ 법안	[法案]	호-앙 ほうあん	法案	파안 【fǎ'àn】
○ 법인	[法人]	호-징 ほうじん	法人	파런 【fǎrén】
○ 법정	[法則]	호-소꾸 ほうそく	法庭	파팅 【fǎtíng】
○ 벗기다	[剝く]	무꾸 むく	剥	빠오 【bāo】
○ 벗다	[脱ぐ]	누구 ぬぐ	脱	투어 【tuō】
○ 벗어나다	[外れる]	하즈레루 はずれる	摆脱	바이투어 【bǎituō】
○ 벚꽃	[桜]	사꾸라 さくら	樱花	잉화 【yīnghuā】
○ 베개	[枕]	마꾸라 まくら	枕头	전터우 【zhěntou】
○ 베끼다	[写す]	우쓰스 うつす	抄	차오 【chāo】
○ 베란다	[veranda]	베란다 ベランダ	阳台	양타이 【yángtái】
○ 베스트셀러	[best seller]	베스또세라- ベストセラー	畅销书	창시아오수 【chàngxiāoshū】
○ 베이컨	[bacon]	베-꽁 ベーコン	腊肉	라러우 【làròu】
○ 베테랑	[veteran]	베떼랑 ベテラン	老将	라오지앙 【lǎojiàng】
○ 베풀다	[施す]	호도꼬스 ほどこす	举行	쥐씽 【jǔxíng】
○ 벤치	[bench]	벤찌 ベンチ	长椅	창이 【chángyǐ】

ㅂ · 법 벗 벤

○ 벨트	[belt]	베루또 ベルト	帯儿	딸 【dàir】
○ 벼	[稲]	이네 いね	稲子	따오즈 【dàozi】
○ 벼락부자	[成金]	나리낑 なりきん	暴发户	빠오파후 【bàofāhù】
○ 벼룩	[蚤]	노미 のみ	蚤	자오 【zǎo】
○ 벽	[壁]	가베 かべ	壁	삐 【bì】
○ 벽돌	[煉瓦]	렝가 れんが	砖	주안 【zhuān】
○ 변경(하다)	[変更]	헹꼬- へんこう	变更	삐엔껑 【biàngēng】
○ 변덕	[気紛れ]	기마구레 きまぐれ	朝三暮四	자오싼무쓰 【zhāosānmùsì】
○ 변두리	[場末]	바스에 ばすえ	郊外	지아오와이 【jiāowài】
○ 변명	[弁解]	벵까이 べんかい	辩解	삐엔지에 【biànjiě】
○ 변변치 못한	[粗末]	소마쓰 そまつ	逐年	주니엔 【zhúnián】
○ 변비	[便秘]	벰삐 べんぴ	便秘	삐엔미 【biànmì】
○ 변상	[弁償]	벤쇼- べんしょう	赔偿	페이창 【péicháng】
○ 보답하다	[報いる]	무꾸이루 むくいる	报	빠오 【bào】
○ 보도	[報道]	호-도- ほうどう	走道	저우따오 【zǒudào】
○ 보라색	[紫色]	무라사끼이로 むらさきいろ	紫	즈 【zǐ】

ㅂ · 벨 변 보

○ 보류(하다)	[保留]	호류- ほりゅう	保留	바오리우 【bǎoliú】
○ 보름달	[満月]	망게쓰 ほんげつ	満月	만위에 【mǎnyuè】
○ 보리	[麦]	무기 むぎ	大麦	따마이 【dàmài】
○ 보물	[宝]	다까라 たから	宝物	바오우 【bǎowù】
○ 보복(하다)	[仕返し]	시까에시 しかえし	报复	바오푸 【bàofù】
○ 보살핌	[世話]	세와 せわ	侍候	스허우 【shìhòu】
○ 보상(하다)	[補償]	호쇼- ほしょう	补偿	부창 【bǔcháng】
○ 보석	[宝石]	호-세끼 ほうせき	宝石	바오스 【bǎoshí】
○ 보수(대가)	[報酬]	보-슈- ほうしゅう	报酬	빠오처우 【bàochou】
○ 보수(지킴)	[保守]	호슈 ほしゅ	保守	바오셔우 【bǎoshǒu】
○ 보스	[boss]	보스 ボス	领袖	링시우 【lǐngxiù】
○ 보이	[boy]	보-이 ボーイ	服务员	푸우위엔 【fúwùyuán】
○ 보이다	[見える]	미에루 みえる	显示	시엔스 【xiǎnshì】
○ 보일러	[boiler]	보이라- ボイラー	锅炉	꾸어루 【guōlú】
○ 보자기	[風呂敷]	후로시끼 ふろしき	包袱	빠오푸 【bāofu】
○ 보장(하다)	[保障]	호쇼- ほしょう	保障	바오장 【bǎozhàng】

ㅂ
·
보

○ 보조	[補助]	호죠 ほじょ	补助	부주 【bǔzhù】
○ 보조개		에꾸보 えくぼ	酒窝	지우워 【jiǔwō】
○ 보존(하다)	[保存]	호종 ほぞん	保存	바오춘 【bǎocún】
○ 보증(하다)	[保証]	호쇼- ほしょう	保证	바오정 【bǎozhèng】
○ 보태다	[加える]	구와에루 くわえる	加	지아 【jiā】
○ 보통	[普通]	후쓰- ふつう	普通	푸퉁 【pǔtōng】
○ 보트	[boat]	보-또 ボート	艇	팅 【tǐng】
○ 보행	[步行]	호꼬- ほこう	步行	뿌싱 【bùxíng】
○ 보험	[保険]	호껭 ほけん	保险	바오시엔 【bǎoxiǎn】
○ 보호(하다)	[保護]	호고 ほご	保护	바오후 【bǎohù】
○ 복도	[廊下]	로-까 ろうか	走廊	저우랑 【zǒuláng】
○ 복사(하다)	[複写]	후꾸샤 ふくしゃ	复印	푸인 【fùyìn】
○ 복수(하다)	[復讐]	후꾸슈- ふくしゅう	报仇	빠오처우 【bàochóu】
○ 복숭아	[桃]	모모 もも	桃	타오 【táo】
○ 복습(하다)	[復習]	후꾸슈- ふくしゅう	复习	푸시 【fùxí】
○ 복식	[服飾]	후꾸쇼꾸 ふくしょく	混合	훈허 【hùnhé】

○ 복싱	[boxing]	보꾸싱구 ボクシング	拳击	취엔지 【quánjī】
○ 복어	[河豚]	후구 ふぐ	河豚	허툰 【hétún】
○ 복잡(한)	[複雜]	후꾸자쓰 ふくざつ	复杂	푸자 【fùzá】
○ 복장	[服裝]	후꾸소- ふくそう	服装	푸주앙 【fúzhuāng】
○ 복제(하다)	[服裝]	후꾸세- ふくせい	复制	푸즈 【fùzhì】
○ 복종(하다)	[服從]	후꾸쥬- ふくじゅう	服从	푸총 【fúcóng】
○ 복지	[福祉]	후꾸시 ふくし	福地	푸띠 【fúdì】
○ 복통	[腹痛]	후구쓰- ふくつう	腹痛	푸퉁 【fùtòng】
○ 복합	[複合]	후꾸고- ふくごう	复合	푸허 【fùhé】
○ 볶다	[炒める]	이따메루 いためる	炒	차오 【chǎo】
○ 본능	[本能]	혼노- ほんのう	本能	번넝 【běnnéng】
○ 본래	[本来]	혼라이 ほんらい	原来	위엔라이 【yuánlái】
○ 본론	[本論]	혼롱 ほんろん	本论	번룬 【běnlùn】
○ 본문	[本文]	홈붕 ほんぶん	课文	커원 【kèwén】
○ 본부	[本部]	홈부 ほんぶ	本部	번뿌 【běnbù】
○ 본심	[本音]	혼네 ほんね	本心	번신 【běnxīn】

○ 본인	[本人]	혼닝 ほんにん	本人	번런 【běnrén】
○ 본질	[本質]	혼시쓰 ほんしつ	本质	번즈 【běnzhì】
○ 본토	[本土]	혼도 ほんど	本土	번투 【běntǔ】
○ 볼	[頬]	호- ほお	腮	싸이 【sāi】
○ 볼륨	[volume]	보류-무 ボリューム	音量	인리앙 【yīnliàng】
○ 볼링	[bowling]	보-링구 ボーリング	保龄球	바오링치우 【bǎolíngqiú】
○ 볼펜	[ball pen]	보-루뻰 ボールペン	圆珠笔	위엔주비 【yuánzhūbǐ】
○ 봄	[春]	하루 はる	春天	춘티엔 【chūntiān】
○ 봉건	[封建]	호-껭 ほうけん	封建	펑지엔 【fēngjiàn】
○ 봉사(하다)	[奉仕]	호-시 ほうし	服务	푸우 【fúwù】
○ 봉우리	[峯峰]	미네 みね	高峰	까오펑 【gāofēng】
○ 봉투	[封筒]	후-또- ふうとう	封套儿	펑타올 【fēngtàor】
○ 부과(하다)	[賦課]	후까 ふか	课	커 【kè】
○ 부근	[付近]	후낑 ふきん	附近	푸진 【fùjìn】
○ 부끄럽다	[恥ずかしい]	하즈까시- はずかしい	羞耻	시우츠 【xiūchǐ】
○ 부담(하다)	[負担]	후땅 ふたん	担负	단푸 【dānfù】

ㅂ · 본 볼 부

○ 부당(한)	[不当]	후또- ふとう	不当	부땅 【búdàng】
○ 부대	[部隊]	부따이 ぶたい	部队	뿌뚜에이 【bùduì】
○ 부도	[不渡り]	후와따리 ふわたり	不付	뿌푸 【bùfù】
○ 부동산	[不動産]	후도-상 ふどうさん	不动产	뿌뚱찬 【bùdòngchǎn】
○ 부두	[波止場]	하또바 はとば	埠头	뿌터우 【bùtóu】
○ 부드러운	[柔らかい]	야와라까이 やわらかい	柔软	러우루안 【róuruǎn】
○ 부딪치다		부쓰까루 ぶつかる	撞	주앙 【zhuàng】
○ 부러워하다	[羨む]	우라야무 うらやむ	羡慕	시엔무 【xiànmù】
○ 부럽다	[羨ましい]	우라야마시- うらやましい	可羡	커시엔 【kěxiàn】
○ 부르다	[呼ぶ]	요부 よぶ	叫	찌아오 【jiào】
○ 부리	[嘴]	구찌바시 くちばし	喙	훼이 【huì】
○ 부모	[父母]	후보 ふぼ	父母	푸무 【fùmǔ】
○ 부부	[夫婦]	후-후 ふうふ	夫妇	푸푸 【fūfù】
○ 부분	[部分]	부붕 ぶぶん	部分	뿌펀 【bùfen】
○ 부산물	[副産物]	후꾸삼부쓰 ふくさんぶつ	副产品	푸찬핀 【fùchǎnpǐn】
○ 부상(당하다)	[負傷]	후쇼- ふしょう	负伤	푸샹 【fùshāng】

ㅂ·부

ㅂ · ㅂ

○ 부서지다	[壊れる]	고와레루 こわれる	破碎	포어쒜이 【pòsuì】
○ 부수다	[壊す]	고와스 こわす	打碎	다쒜이 【dǎsuì】
○ 부스럼	[お出来]	오데끼 おでき	疮	추앙 【chuāng】
○ 부업	[内職]	나이쇼꾸 ないしょく	副业	푸예 【fùyè】
○ 부엌	[台所]	다이도꼬로 だいどころ	厨房	추팡 【chúfáng】
○ 부인(여사)	[夫人]	후징 ふじん	女士	뉘스 【nǚshì】
○ 부인(아내)	[婦人]	후징 ふじん	妇人	푸런 【fùrén】
○ 부인(하다)	[否認]	히닝 ひにん	否认	퍼우런 【fǒurèn】
○ 부자	[金持ち]	가네모찌 かねもち	富人	푸런 【fùrén】
○ 부자연(스러운)	[不自然]	후시젱 ふしぜん	不自然	부쯔란 【búzìrán】
○ 부장	[部長]	부쬬- ぶちょう	部长	뿌장 【bùzhǎng】
○ 부재	[留守]	루스 るす	不在	부짜이 【búzài】
○ 부정(否定)	[否定]	히떼이 ひてい	否定	퍼우띵 【fǒudìng】
○ 부정하다	[打ち消す]	우찌게스 うちけす	否定	포우띵 【fǒudìng】
○ 부족(하다)	[不足]	후소꾸 ふそく	不足	뿌주 【bùzú】
○ 부족하다	[足りない]	다리나이 たりない	不足	뿌주 【bùzú】

한국어	일본어		중국어	
○ 부주의	[不注意]	후쮸-이 ふちゅうい	粗心	추신 【cūxīn】
○ 부지런히		셋세또 せっせと	勤	친 【qín】
○ 부채(빚)	[負債]	후사이 ふさい	負債	푸자이 【fùzhài】
○ 부채(도구)	[扇]	오-기 おうぎ	扇子	샨즈 【shànzi】
○ 부처	[仏]	호또께 ほとけ	夫妻	푸치 【fūqī】
○ 부추	[韮]	니라 にら	韭菜	지우차이 【jiǔcài】
○ 부추기다	[唆す]	소소노까스 そそのかす	挑唆	티아오쑤어 【tiǎosuō】
○ 부탁	[お願い]	오네가이 おねがい	托	투어 【tuō】
○ 부패(하다)	[腐敗]	후하이 ふはい	腐敗	푸빠이 【fǔbài】
○ 부품	[部品]	부힝 ぶひん	部件	뿌지엔 【bùjiàn】
○ 부풀다	[膨らむ]	후꾸라무 ふくらむ	胀	장 【zhàng】
○ 부하	[部下]	부까 ぶか	部下	뿌시아 【bùxià】
○ 부호(기호)	[符号]	후고- ふごう	符号	푸하오 【fúhào】
○ 부호(부자)	[富豪]	후고- ふごう	符号	푸하오 【fúhào】
○ 부활(하다)	[復活]	훅까쓰 ふっかつ	复活	푸후어 【fùhuó】
○ 북	[太鼓]	다이꼬 たいこ	鼓	구 【gǔ】

ㅂ · 부
북

ㅂ
·
북
분

한국어	한자	일본어	중국어
○ 북극	[北極]	흑꾜꾸 ほっきょく	베이지 北极 【běijí】
○ 북두칠성	[北斗七星]	호꾸또시찌세- ほくとしちせい	베이더우씽 北斗星 【běidǒuxīng】
○ 북쪽	[北]	기따 きた	베이 北 【běi】
○ 분	[白粉]	오시로이 おしろい	편중 分钟 【fēnzhōng】
○ 분간(하다)	[見分け]	미와께 みわけ	삐엔비에 辨别 【biànbié】
○ 분개	[憤り]	이끼도-리 いきどおり	치펀 气愤 【qìfèn】
○ 분담(하다)	[分担]	분땅 ぶんたん	펀딴 分担 【fēndān】
○ 분류(하다)	[分類]	분루이 ぶんるい	펀레이 分类 【fēnlèi】
○ 분리(하다)	[分離]	분리 ぶんり	펀리 分离 【fēlí】
○ 분만	[分娩]	분벵 ぶんべん	펀미엔 分娩 【fēnmiǎn】
○ 분말	[粉末]	훔마쓰 ふんまつ	펀모 粉末 【fěnmò】
○ 분명(히) 하다	[明らかだ]	아끼라까다 あきらかだ	펀밍 分明 【fēnmíng】
○ 분배(하다)	[分配]	붐빠이 ぶんぱい	펀페이 分配 【fēnpèi】
○ 분별(하다)	[見分け]	미와께 みわけ	펀비에 分别 【fēnbié】
○ 분비(하다)	[分泌]	붐삐쓰 ぶんぴつ	펀미 分泌 【fēnmì】
○ 분산(하다)	[分散]	분상 ぶんさん	싼 散 【sàn】

○ 분석(하다)	[分析]	분세끼 ぶんせき	分析	펀시 【fēnxī】
○ 분수(물)	[噴水]	훈스이 ふんすい	噴水	펀쉐이 【pēnshuǐ】
○ 분수(신분)	[分際]	분자이 ぶんざい	分数	펀수 【fēnshù】
○ 분실(하다)	[紛失]	훈시쓰 ふんしつ	遗失	이스 【yíshī】
○ 분야	[分野]	붕야 ぶんや	分野	펀예 【fēnyě】
○ 분열(되다)	[分裂]	분레쓰 ぶんれつ	分裂	펀리에 【fēnliè】
○ 분위기	[雰囲気]	훙이끼 ふんいき	气氛	치펀 【qìfēn】
○ 분지	[盆地]	본찌 ぼんち	盆地	펀띠 【péndì】
○ 분포(하다)	[分布]	붐뿌 ぶんぷ	分布	펀뿌 【fēnbù】
○ 분하다	[悔しい]	구야시- くやしい	气愤	치펀 【qìfèn】
○ 분할(하다)	[分割]	붕까쓰 ぶんかつ	瓜分	꽈펀 【guāfēn】
○ 분해	[分解]	붕까이 ぶんかい	分解	펀지에 【fēnjiě】
○ 불	[火]	히 ひ	火	후어 【huǒ】
○ 불 켜다	[灯]	아까리 あかり	开灯	카이떵 【kāidēng】
○ 불가능	[不可能]	후까노- ふかのう	不可能	뿌커넝 【bùkěnéng】
○ 불결(한)	[不潔]	후께쓰 ふけつ	肮脏	앙짱 【āngzāng】

○ 불경기	[不景気]	후께-끼 ふけいき	不景气	뿌징치 【bùjǐngqì】
○ 불교	[仏教]	북꾜- ぶっきょう	佛教	퍼지아오 【fójiào】
○ 불구하고	[拘らず]	가까와라즈 かかわらず	不管	뿌관 【bùguǎn】
○ 불꽃	[花火]	하나비 はなび	火焰	후어이엔 【huǒyàn】
○ 불다	[吹く]	후꾸 ふく	吹	췌이 【chuī】
○ 불량배	[ならず者]	나라즈모노 ならずもの	流氓	리우망 【liúmáng】
○ 불륜	[不倫]	후링 ふりん	不论	부룬 【búlùn】
○ 불리	[不利]	후리 ふり	不利	부리 【búlì】
○ 불만(스러운)	[不満]	후망 ふまん	不满	뿌만 【bùmǎn】
○ 불면증	[不眠症]	후민쇼- ふみんしょう	矢眠症	스미엔정 【shīmiánzhèng】
○ 불명예	[名折れ]	나오레 なおれ	不名誉	뿌밍위 【bùmíngyù】
○ 불모	[不毛]	후모- ふもう	瞎地	시아띠 【xiādì】
○ 불법(적인)	[不法]	후호- ふほう	不法	뿌파 【bùfǎ】
○ 불변	[不変]	후헹 ふへん	不变	부비엔 【búbiàn】
○ 불사조	[不死鳥]	후시쪼- ふしちょう	不死鸟	뿌쓰니아오 【bùsǐniǎo】
○ 불상	[仏像]	부쓰조- ぶつぞう	佛像	포시앙 【fóxiàng】

ㅂ
·
불

		후싱 ふしん	부신 不信 【búxìn】
○ 불신	[不信]	ふしん	不信 【búxìn】
○ 불쌍한	[可哀想だ]	가와이소-다 かわいそうだ	커리엔 可怜 【kělián】
○ 불안	[不安]	후앙 ふあん	라오싸오 牢骚 【láosāo】
○ 불안정	[心細い]	고꼬로보소이 こころぼそい	뿌안 不安 【bù'ān】
○ 불운	[不運]	후웅 ふうん	뿌시우 不朽 【bùxiǔ】
○ 불충분(한)	[不充分]	후쥬-붕 ふじゅうぶん	뿌충편 不充分 【bùchōngfēn】
○ 불쾌(하다)	[不快]	후까이 ふかい	부위콰이 不愉快 【bùyúkuài】
○ 불편	[不便]	후벵 ふべん	난셔우 难受 【nánshòu】
○ 불평	[不平]	후헤- ふへい	라오싸오 牢骚 【láosāo】
○ 불평하다	[文句]	몽꾸 もんく	부씽 不幸 【búxìng】
○ 불행	[不幸]	후꼬- ふこう	부씽 不幸 【búxìng】
○ 불화	[不和]	후와 ふわ	뿌허 不和 【bùhé】
○ 불황	[不況]	후꾜- ふきょう	뿌징치 不景气 【bùjǐngqì】
○ 불효	[不孝]	후꼬- ふこう	부시아오 不孝 【búxiào】
○ 붐	[boom]	부-무 ブーム	셩씽 盛行 【shèngxíng】
○ 붐비다	[混む]	고무 こむ	용지 拥挤 【yōngjǐ】

ㅂ
·
불
붐

○ 붓	[筆]	후데 ふで	毛笔	마오비 【máobǐ】
○ 붓다(살갗)	[腫れる]	하레루 はれる	肿	중 【zhǒng】
○ 붓다(따르다)	[注ぐ]	소소구 そそぐ	涨	장 【zhǎng】
○ 붕괴(되다)	[崩壊]	호-까이 ほうかい	崩溃	뺑퀘이 【bēngkuì】
○ 붕대	[繃帯]	호-따이 ほうたい	绷带	뺑따이 【bēngdài】
○ 붕어	[鮒]	후나 ふな	鲫鱼	지위 【jìyú】
○ 붙다		굿쯔꾸 くっつく	着	주어 【zhuó】
○ 붙이다	[貼る]	하루 はる	糊	후 【hú】
○ 붙임성	[愛想]	아이소 あいそ	人缘儿	런위엘 【rényuánr】
○ 붙잡다	[捕らえる]	도라에루 とらえる	捕	부 【bǔ】
○ 붙잡히다	[捕まる]	쓰까마루 つかまる	被抓	뻬이주아 【bèizhuā】
○ 뷔페	[프buffet]	븃훼 ビュッフェ	冷餐	렁찬 【lěngcān】
○ 브래지어	[프brassiere]	부라쟈- ブラジャー	胸罩	시옹자오 【xiōngzhào】
○ 브랜디	[brandy]	부란데- ブランデー	白兰地	바이란띠 【báilándì】
○ 브레이크	[brake]	부레-끼- ブレーキ	制动器	즈똥치 【zhìdòngqì】
○ 브로커	[broker]	부로-까- ブローカー	经纪人	찡지런 【jīngjìrén】

한국어		일본어	중국어	
○ 블라우스	[blouse]	부라우스 ブラウス	女衬衣	뉘천이 【nǚchènyī】
○ 블라인드	[blind]	부라인도 ブラインド	百叶窗	바이예추앙 【bǎiyèchuāng】
○ 블록	[block]	부록꾸 ブロック	砌块	치콰이 【qìkuài】
○ 블루스	[blues]	부루ー스 ブルース	布鲁士	뿌루스 【bùlǔshì】
○ 비	[雨]	아메 あめ	雨	위 【yǔ】
○ 비겁(한)	[卑怯]	히꾜ー ひきょう	胆怯	단치에 【dǎnqiè】
○ 비공식	[非公式]	히꼬ー시끼 ひこうしき	非正式	페이정스 【fēizhèngshì】
○ 비관(적인)	[悲観]	히깡 ひかん	悲观	뻬이꽌 【bēiguān】
○ 비교하다	[比べる]	구라베루 くらべる	比较	비찌아오 【bǐjiào】
○ 비극	[悲劇]	히게끼 ひげき	悲剧	뻬이쥐 【bēijù】
○ 비김	[引分け]	히끼와께 ひきわけ	打平	다핑 【dǎpíng】
○ 비꼼(비꼬다)	[当て擦る]	아떼꼬스루 あてこする	讥诮	지치아오 【jīqiào】
○ 비난(하다)	[咎める]	도가메루 とがめる	非难	페이난 【fēinàn】
○ 비너스	[Venus]	비ー나스 ビーナス	维那斯	웨이나쓰 【Wéinàsī】
○ 비누	[石]	셋껭 せっけん	肥皂	페이짜오 【féizào】
○ 비늘	[鱗]	우로꼬 うろこ	鳞	린 【lín】

한국어	일본어		중국어	
○ 비닐	[vinyl]	비니-루 ビニール	塑料	쑤리아오 【sùliào】
○ 비다	[空く]	아꾸 あく	空	콩 【kōng】
○ 비단	[絹]	기누 きぬ	绸子	처우즈 【chóuzi】
○ 비둘기	[鳩]	하또 はと	鸽子	꺼즈 【gēzi】
○ 비디오	[video]	비데오 ビデオ	录像	루시앙 【lùxiàng】
○ 비뚤어지다	[歪む]	유가무 ゆがむ	歪	와이 【wāi】
○ 비례	[比例]	히레- ひれい	比例	비리 【bǐlì】
○ 비록	[例え]	다또에 たとえ	虽然	쒜이란 【suīrán】
○ 비료	[肥料]	히료- ひりょう	肥料	페이리아오 【féiliào】
○ 비만	[肥満]	히망 ひまん	肥胖	페이팡 【féipàng】
○ 비명(지르다)	[悲鳴]	히메- ひめい	惨叫	찬지아오 【cǎnjiào】
○ 비밀	[秘密]	히미스 ひみつ	秘密	미미 【mìmì】
○ 비방하다	[謗る]	소시루 そしる	诽谤	페이빵 【fěibàng】
○ 비범한	[非凡]	히봉 ひぼん	非凡	페이판 【fēifán】
○ 비비다	[揉む]	모무 もむ	揉	러우 【róu】
○ 비상구	[非常口]	히죠-구찌 ひじょうぐち	太平门	타이핑먼 【tàipíngmén】

ㅂ
·
비

○ 비스킷	[biscuit]	비스껫또 ビスケット	饼干	빙깐 【bǐnggān】
○ 비슷하다	[似通う]	니까요우 にかよう	相似	시앙쓰 【xiāngsi】
○ 비싼	[高い]	다까이 たかい	贵	꿰이 【guì】
○ 비약(하다)	[飛躍]	히야꾸 ひやく	飞跃	페이위에 【fēiyuè】
○ 비열(하다)	[卑劣]	히레쓰 ひれつ	卑鄙	뻬이비 【bēibǐ】
○ 비용	[費用]	히요- ひよう	费用	페이용 【fèiyòng】
○ 비우다	[空ける]	아께루 あける	空	콩 【kōng】
○ 비율	[比率]	히리쓰 ひりつ	率	뤼 【lǜ】
○ 비자	[visa]	비자 ビザ	签证	치엔정 【qiānzhèng】
○ 비전	[vision]	비죵 ビジョン	前途	치엔투 【qiántú】
○ 비좁다	[狭苦しい]	세마쿠루시- せまくるしい	拥挤	융지 【yōngjǐ】
○ 비즈니스	[business]	비지네스 ビジネス	事物	스우 【shìwù】
○ 비참한	[悲惨な]	히산나 ひさんな	悲惨	뻬이찬 【bēicǎn】
○ 비추다	[照らす]	데라스 てらす	照	자오 【zhào】
○ 비치다	[照る]	데루 てる	映	잉 【yìng】
○ 비타민	[vitamin]	비따밍 ビタミン	维生素	웨이셩쑤 【wéishēngsù】

ㅂ · 비

ㅂ · 비 빈 빌

한국어	일본어		중국어	
○ 비탈길	[坂道]	사까미찌 さかみち	山坡	샨포 【shānpō】
○ 비틀다	[捩る]	네지루 ねじる	捻	니엔 【niǎn】
○ 비판(하다)	[批判]	히항 ひはん	批判	피판 【pīpàn】
○ 비평(하다)	[批評]	히효- ひひょう	批评	피핑 【pīpíng】
○ 비행	[飛行]	히꼬- ひこう	飞行	페이씽 【fēixíng】
○ 비화	[悲話]	히와 ひわ	秘话	미화 【mìhuà】
○ 빈곤	[貧困]	힝꽁 ひんこん	贫困	핀쿤 【pínkùn】
○ 빈대	[南京虫]	낭낑무시 なんきんむし	臭虫	처우충 【chòuchóng】
○ 빈둥거리다		노라리꾸라리 のらりくらり	游手好闲	여우셔우하오시엔 【yóushǒuhàoxián】
○ 빈번한	[頻繁に]	힘빤니 ひんぱんに	频繁	핀판 【pínfán】
○ 빈손(의)	[手ぶら]	데부라 てぶら	白手	바이셔우 【báishǒu】
○ 빈약(한)	[貧弱]	힌쟈꾸 ひんじゃく	微弱	웨이루어 【wēiruò】
○ 빈틈(없다)	[抜け目]	누께메 ぬけめ	空隙	콩시 【kòngxì】
○ 빈혈	[貧血]	힝께쓰 ひんけつ	贫血	핀쉬에 【pínxuè】
○ 빌다	[祈る]	이노루 いのる	祝	주 【zhù】
○ 빌딩	[building]	비루딩구 ビルディング	大厦	따샤 【dàshà】

○ 빌려주다	[貸す]	가스 かす	借给	찌에게이 【jiègěi】
○ 빗	[櫛]	구시 くし	梳子	수즈 【shūzi】
○ 빙산	[氷山]	효-장 ひょうざん	冰山	삥산 【bīngshān】
○ 빙하	[氷河]	효-가 ひょうが	冰河	삥허 【bīnghé】
○ 빚(부채)	[借金]	샤낑 しゃっきん	债	자이 【zhài】
○ 빛	[光]	히까리 ひかり	光	꽝 【guāng】
○ 빛나다	[光る]	히까루 ひかる	放光	꽝꽝 【fàngguāng】
○ 빠뜨림	[陥れる]	오또시이레루 おとしいれる	落	라 【là】
○ 빠르다	[速い·早い]	하야이 はやい	快	콰이 【kuài】
○ 빠짐없이	[漏れ無く]	모레나꾸 もれなく	齐	치 【qí】
○ 빨강	[赤]	아까 あか	红色	홍써 【hóngsè】
○ 빨다	[吸う]	스- すう	吸	시 【xī】
○ 빨리	[무く]	하야꾸 はやく	及早	지자오 【jízǎo】
○ 빵집	[pan屋]	빵야 パンや	面包店	미엔빠오띠엔 【miànbāodiàn】
○ 빼다	[抜く]	누꾸 ぬく	拔	바 【bá】
○ 빼앗다	[奪う]	우바우 うばう	夺取	두어취 【duóqǔ】

ㅂ
·
빌
빙
빼

○ 빼어나다	[秀でる]	히아데루 ひいでる	高出	까오추 【gāochū】
○ 뺑소니	[轢き逃げ]	히끼니게 ひきにげ	逃跑	타오파오 【táopǎo】
○ 뺨	[頬]	호- ほお	面頬	미엔지아 【miànjiá】
○ 뻐근하다		게다루이 けだるい	酸痛	쑤안통 【suāntòng】
○ 뻐꾸기	[郭公]	각꼬- かっこう	布谷鸟	뿌구니아오 【bùgǔniǎo】
○ 뻔뻔하다	[図図しい]	즈-즈-시- ずうずうしい	赖皮	라이피 【làipí】
○ 뻗다	[伸ばす]	노바스 のばす	伸展	션잔 【shēnzhǎn】
○ 뼈	[骨]	호네 ほね	骨	구 【gǔ】
○ 뼈대	[骨組み]	호네구미 ほねぐみ	骨格	구거 【gǔgé】
○ 뽐내다	[威張る]	이바루 いばる	神气	션치 【shénqi】
○ 뽑다(발취)	[抜く]	누꾸 ぬく	拔	바 【bá】
○ 뿌리	[根]	네 ね	根	껀 【gēn】
○ 뿌리다	[蒔く]	마꾸 まく	喷	펀 【pēn】
○ 뿌리치다	[払いのける]	하라이노께루 はらいのける	甩开	수아이카이 【shuǎikāi】
○ 뿔	[角]	쓰노 つの	角	지아오 【jiǎo】
○ 삐걱거리다	[軋む]	기시무 きしむ	咯吱	꺼즈 【gēzhī】

| ○ **삐다** | [挫く] | 구지꾸
くじく | 扭伤 | 니우샹
【niǔshāng】 |

後(あと)で後悔(こうかい)したとき
誰(だれ)の責任(せきにん)にもしたくないから.
生(い)き方(かた)は 自分(じぶん)で 決(き)めたい.

나중에 후회할 때
누구에게도 책임을 묻고 싶지 않으므로
살아가는 방법은 스스로 결정하고 싶다.

− **あまみゆうき**(아마미 유키)

行動人(こうどうじん)として思索(しさく)し,
思索(しさく)じんとして行動(こうどう)せよ.

행동하는 사람으로서 사색하고,
사색하는 사람으로서 행동하라.

− **アンリ ベルグソン**(앙리 베르그송)

花(はな)より だんご.

금강산도 식후경

− **속담**

ㅅ · 사

한국어	한자	일본어	중국어
○ 사건	[事件]	지껭 じけん	스지엔 事件【shìjiàn】
○ 사격	[射擊]	샤게끼 しゃげき	셔지 射击【shèjī】
○ 사고(사건)	[事故]	지꼬 じこ	스꾸 事故【shìgù】
○ 사고(생각)	[思考]	시꼬- しこう	쓰카오 思考【sīkǎo】
○ 사과	[林檎]	링고 りんご	핑구어 苹果【píngguǒ】
○ 사과하다	[謝る]	아야마루 あやまる	따오치엔 道歉【dàoqiàn】
○ 사기	[詐欺]	사기 さぎ	스치 士气【shìqì】
○ 사기꾼	[山師]	야마시 やまし	라오치엔 老千【lǎoqiān】
○ 사냥	[狩り]	가리 かり	다리에 打猎【dǎliè】
○ 사냥꾼	[狩人]	가류-도 かりゅうど	리에런 猎人【lièrén】
○ 사다	[買う]	가우 かう	마이 买【mǎi】
○ 사다리	[梯子]	하시고 はしご	티 梯【tī】
○ 사라지다	[去る]	사루 さる	시아오스 消失【xiāoshī】

○ 사람	[人]	히또 ひと	人们	런먼 【rénmen】
○ 사랑하다	[愛する]	아이스루 あいする	爱	아이 【ài】
○ 사려(깊다)	[思慮]	시료 しりょ	多思多虑	뚜어쓰뚜어뤼 【duōsīduōlǜ】
○ 사례	[謝礼]	샤레- しゃれい	事例	스리 【shìlì】
○ 사립	[私立]	시리쓰 しりつ	私立	쓰리 【sīlì】
○ 사마귀(곤충)	[疣]	이보 いぼ	螳螂	탕랑 【tángláng】
○ 사막	[砂漠]	사바꾸 さばく	沙漠	샤모 【shāmò】
○ 사망(하다)	[死亡]	시보- しぼう	死亡	쓰왕 【sǐwáng】
○ 사명	[使命]	시메- しめい	使命	스밍 【shǐmìng】
○ 사무실	[事務所]	지무쇼 じむしょ	办公室	빤꽁스 【bàngōngshì】
○ 사상	[思想]	시소- しそう	思想	쓰시앙 【sīxiǎng】
○ 사색	[思索]	시사꾸 しさく	思索	쓰쑤어 【sīsuǒ】
○ 사설	[社説]	샤세쓰 しゃせつ	社论	셔룬 【shèlùn】
○ 사슴	[鹿]	시까 しか	鹿	루 【lù】
○ 사실	[事実]	지지쓰 じじつ	事实	스스 【shìshí】
○ 사업	[事業]	지교- じぎょう	事业	스예 【shìyè】

ㅅ
·
사

○ 사용(하다)	[使用]	시요- しよう	使用	스용 【shǐyòng】
○ 사용법	[使い方]	쓰까이까따 つかいかた	使用法	스용파 【shǐyòngfǎ】
○ 사우나	[sauna]	사우나 サウナ	芬兰浴	펀란위 【fēnlányù】
○ 사원	[寺院]	지잉 じいん	寺	쓰 【sì】
○ 사위	[婿]	무꼬 むこ	女婿	뉘쉬 【nǚxù】
○ 사육	[飼育]	시이꾸 しいく	饲养	쓰양 【sīyǎng】
○ 사이(공간)	[間柄]	아이다가라 あいだがら	间隔	지엔거 【jiàngē】
○ 사이다	[cider]	사이다- サイダー	汽水	치쉐이 【qìshuǐ】
○ 사이렌	[siren]	사이렝 サイレン	报警	빠오징 【bàojǐng】
○ 사이즈	[size]	사이즈 サイズ	尺寸	츠춘 【chǐcùn】
○ 사인(하다)	[sign]	사잉 サイン	暗号儿	안하올 【ànhàor】
○ 사장	[社長]	샤쬬- しゃちょう	师长	스장 【shīzhǎng】
○ 사적(인)	[私的]	시떼끼 してき	私	쓰 【sī】
○ 사전	[前以て]	마에못떼 まえもって	事前	스첸 【shì qián】
○ 사전준비	[下拵え]	시따고시라에 したごしらえ	事先准备	스시엔준뻬이 【shìxiānzhǔnbèi】
○ 사정	[事情]	지죠- じじょう	说情	슈어칭 【shuōqíng】

人
·
사

○ 사제	[司祭]	시사이 しさい	司祭	쓰지 【sījì】
○ 사족	[蛇足]	다소꾸 だそく	蛇足	셔주 【shézú】
○ 사증	[査証]	사쇼- さしょう	签证	치엔정 【qiānzhèng】
○ 사진	[写真]	샤싱 しゃしん	照片	자오피엔 【zhàopiàn】
○ 사촌형제	[従兄弟]	이또꼬 いとこ	堂兄弟	탕시용띠 【tángxiōngdì】
○ 사춘기	[思春期]	시슝끼 ししゅんき	青春期	칭춘치 【qīngchūnqī】
○ 사치	[贅沢]	제이따꾸 ぜいたく	奢侈	셔츠 【shēchǐ】
○ 사태	[事態]	지따이 じたい	事态	스타이 【shìtài】
○ 사퇴하다	[辞退]	지따이 じたい	辞事	츠스 【císhì】
○ 사투리	[方言]	호-겡 ほうげん	土语	투위 【tǔyǔ】
○ 사파이어	[sapphire]	사화이아 サファイア	青玉	칭위 【qīngyù】
○ 사형	[死刑]	시께- しけい	死刑	쓰싱 【sǐxíng】
○ 사회	[社会]	샤까이 しゃかい	社会	셔훼이 【shèhuì】
○ 사회자	[司会者]	시까이샤 しかいしゃ	主持人	주츠런 【zhǔchírén】
○ 삭제(하다)	[削除]	사꾸죠 さくじょ	删	샨 【shān】
○ 산(山)	[山]	야마 やま	山	샨 【shān】

ㅅ · 사 삭 산

○ 산골짜기	[谷間]	다니마 たにま	山沟	산꺼우 【shāngōu】
○ 산기슭	[山麓]	산로꾸 さんろく	山脚	산지아오 【shānjiǎo】
○ 산등성이	[尾根]	오네 おね	山脊	샨지 【shānjǐ】
○ 산맥	[山脈]	삼먀꾸 さんみゃく	山脉	샨마이 【shānmài】
○ 산물	[産物]	삼부쓰 さんぶつ	产物	찬우 【chǎnwù】
○ 산부인과	[産婦人科]	상후징까 さんふじんか	妇产科	푸찬커 【fúchǎnkè】
○ 산악(지대)	[山岳]	상가꾸 さんがく	山岳	샨위에 【shānyuè】
○ 산업	[産業]	상교- さんぎょう	产业	찬예 【chǎnyè】
○ 산출(하다)	[算出]	산슈쓰 さんしゅつ	出产	추찬 【chūchǎn】
○ 산타클로스	[Santa claus]	산따꾸로-스 サンタクロース	圣诞老人	셩딴라오런 【shèngdànlǎorén】
○ 살구	[杏]	안즈 あんず	杏	씽 【xìng】
○ 살그머니		콧소리 こっそり	悄悄的	치아오치아오더 【qiāoqiāode】
○ 살다	[生きる]	이끼루 いきる	活	후어 【huó】
○ 살아남다	[生き残る]	이끼노꼬루 いきのこる	活下来	후어시아라이 【huóxiàlái】
○ 살인	[殺人]	사쓰징 さつじん	杀人	샤런 【shārén】
○ 삶다	[茹でる]	유데루 ゆでる	煮	주 【zhǔ】

人
·
산
살
살
삶

한국어	일본어	발음	중국어	발음
○ 삼가다	[慎む]	쓰쓰시무 つつしむ	谨	진 【jǐn】
○ 삼각	[三角]	상까꾸 さんかく	三角	싼지아오 【sānjiǎo】
○ 삼키다	[飲み込む]	노미꼬무 のみこむ	吞	툰 【tún】
○ 삽	[shovel]	샤베루 シャベル	锹	치아오 【qiāo】
○ 상(대가)	[賞]	쇼- しょう	奖	지앙 【jiǎng】
○ 상가	[商店街]	쇼-뗑가이 しょうてんがい	商街	샹지에 【shāngjiē】
○ 상급생	[上級生]	죠-뀨-세- じょうきゅうせい	高年生	까오니엔셩 【gāoniánshēng】
○ 상담(거래)	[商談]	쇼-당 しょうだん	商谈	샹탄 【shāngtán】
○ 상당(하다)	[相当]	소-또- そうとう	折合	져허 【zhéhé】
○ 상대방	[相手]	아이떼 あいて	相对	시앙뚜에이 【xiāngduì】
○ 상류	[上流]	죠-류- じょうりゅう	上游	샹여우 【shàngyóu】
○ 상사	[上司]	죠-시 じょうし	上头	샹터우 【shàngtou】
○ 상상	[想像]	소-조- そうぞう	想象	시앙시앙 【xiǎngxiàng】
○ 상속	[相続]	소-조꾸 そうぞく	承继	청지 【chéngjì】
○ 상습(적)	[常習]	죠-슈- じょうしゅう-	惯常	관챵 【guàncháng】
○ 상승(하다)	[上昇]	죠-쇼- じょうしょう	上升	샹셩 【shàngshēng】

○ 상식	[常識]	죠-시끼 じょうしき	常识	창스 【chángshí】
○ 상실	[喪失]	소-시쓰 そうしつ	丧失	쌍스 【sàngshī】
○ 상어	[鮫]	사메 さめ	鲨鱼	샤위 【shāyú】
○ 상업	[商業]	쇼-교- しょうぎょう	商业	상예 【shāngyè】
○ 상인	[商人]	쇼-닝 しょうにん	商人	상런 【shāngrén】
○ 상자	[箱]	하꼬 はこ	箱子	시앙즈 【xiāngzi】
○ 상점	[商店]	쇼-땡 しょうてん	商店	상띠엔 【shāngdiàn】
○ 상징(하다)	[象徴]	쇼-쬬- しょうちょう	标志	삐아오즈 【biāozhì】
○ 상처	[傷]	기즈 きず	受伤	셔우상 【shòushāng】
○ 상쾌하다	[清々しい]	스가스가시- すがすがしい	爽快	수앙콰이 【shuǎngkuài】
○ 상태	[状態]	죠-따이 じょうたい	状态	주앙타이 【zhuàngtài】
○ 상표	[商標]	쇼-효- しょうひょう	商标	상비아오 【shāngbiāo】
○ 상품	[商品]	쇼-힝 しょうひん	商品	상핀 【shāngpǐn】
○ 상하	[上下]	죠-게 じょうげ	上下	상시아 【shàngxià】
○ 상호	[相互]	소-고 そうご	相互	시앙후 【xiānghù】
○ 새	[鳥]	도리 とり	鸟	니아오 【niǎo】

○ 새끼손가락	[小指]	고유비 こゆび	小指头	시아오즈터우 【xiǎozhǐtou】
○ 새다	[漏れる]	모레루 もれる	漏	러우 【lòu】
○ 새롭다	[新しい]	아따라시- あたらしい	新	신 【xīn】
○ 새벽녘	[明け方]	아께가따 あけがた	晓	시아오 【xiǎo】
○ 새우	[蝦]	에비 えび	虾	시아 【xiā】
○ 새치기(하다)	[横取り]	요꼬도리 よこどり	插队	차뚜에이 【chāduì】
○ 새하얀	[真っ白だ]	맛시로다 まっしろだ	洁白	지에바이 【jiébái】
○ 색	[色]	이로 いろ	色相	써시앙 【sèxiàng】
○ 색조	[色彩]	시끼사이 しきさい	色彩	써차이 【sècǎi】
○ 샌드위치	[sandwich]	산도잇찌 サンドイッチ	三明治	싼밍즈 【sānmíngzhì】
○ 샌들	[sandal]	산다루 サンダル	凉鞋	리앙시에 【liángxié】
○ 샐러드	[salad]	사라다 サラダ	沙拉子	샤라즈 【shālāzi】
○ 샐러리맨	[salaried man]	사라리-망 サラリーマン	上班族	샹빤주 【shàngbānzú】
○ 샘	[泉]	이즈미 いずみ	泉	취엔 【quán】
○ 샘플	[sample]	삼뿌루 サンプル	样品	양핀 【yàngpǐn】
○ 생각하다	[考える]	강가에루 かんがえる	想	시앙 【xiǎng】

ㅅ
·
새
샌
생

○ 생각해내다	[思い出す]	오모이다스 おもいだす	想出来	시앙추 【xiǎngchū】
○ 생기다	[起る]	아꼬루 おこる	滋长	즈장 【zīzhǎng】
○ 생략	[省略]	쇼-랴꾸 しょうりゃく	省略	성뤼에 【shěnglüè】
○ 생략하다	[省く]	하부꾸 はぶく	省略	성뤼에 【shěnglüè】
○ 생리	[生理]	세-리 せいり	生理	성리 【shēnglǐ】
○ 생명	[生命]	세-메- せいめい	生命	성밍 【shēngmìng】
○ 생물	[生物]	세-부쓰 せいぶつ	生物	성우 【shēngwù】
○ 생사	[生死]	세-시 せいし	生死	성쓰 【shēngsǐ】
○ 생산	[生産]	세-상 せいさん	生产	성찬 【shēngchǎn】
○ 생선	[魚]	사까나 さかな	鲜鱼	시엔위 【xiānyú】
○ 생애	[生涯]	쇼-가이 しょうがい	生涯	성야 【shēngyá】
○ 생존	[生存]	세-종 せいぞん	生存	성춘 【shēngcún】
○ 생활	[生活]	세-까쓰 せいかつ	生活	성후어 【shēnghuó】
○ 샴페인	[프champagne]	샴뻥 シャンペン	香宾酒	시앙빈지우 【xiāngbīnjiǔ】
○ 샹들리에	[프chandelier]	샹데리아 シャンデリア	装饰灯	주앙스떵 【zhuāngshìdēng】
○ 서기(연대)	[西紀]	세-끼 せいき	公元	꽁위엔 【gōngyuán】

○ 서기(기록)	[書記]	쇼끼 しょき	书记	수지 【shūjì】
○ 서두르다	[急ぐ]	이소구 いそぐ	赶忙	간망 【gǎnmáng】
○ 서랍	[引出し]	히까다시 ひきだし	抽屉	처우티 【chōuti】
○ 서로	[互いに]	다가이니 たがいに	互相	후시앙 【hùxiāng】
○ 서류	[書類]	쇼루이 しょるい	文件	원지엔 【wénjiàn】
○ 서리	[霜]	시모 しも	霜	수앙 【shuāng】
○ 서명(하다)	[署名]	쇼메- しょめい	签名	치엔밍 【qiānmíng】
○ 서문	[序文]	죠붕 じょぶん	前言	치엔이엔 【qiányán】
○ 서비스	[service]	사-비스 サービス	服务	푸우 【fúwù】
○ 서서히	[徐に]	오모무로니 おもむろに	慢慢	만만 【mànmàn】
○ 서양	[西洋]	세-요- せいよう	西洋	시양 【xīyáng】
○ 서재	[書斎]	쇼사이 しょさい	书斋	수자이 【shūzhāi】
○ 서적	[書籍]	쇼세끼 しょせき	书籍	수지 【shūjí】
○ 서점	[書店]	쇼뗑 しょてん	书店	수띠엔 【shūdiàn】
○ 서쪽	[西]	니시 にし	西面	시미엔 【xīmiàn】
○ 서커스	[circus]	사-까스 サーカス	马戏	마씨 【mǎxì】

ㅅ
·
서

○ 석류	[柘榴]	자꾸로 ざくろ	榴	리우 【liú】
○ 석탄	[石炭]	세끼땅 せきたん	煤	메이 【méi】
○ 섞다	[交ぜる]	마제루 まぜる	混合	훈허 【hùnhé】
○ 선거(하다)	[選挙]	셍꾜 せんきょ	选举	쉬엔쥐 【xuǎnjǔ】
○ 선고(하다)	[宣告]	셍꼬꾸 せんこく	宣告	쉬엔까오 【xuāngào】
○ 선구자	[先駆者]	셍꾸샤 せんくしゃ	先驱	시엔취 【xiānqū】
○ 선글라스	[sun glasses]	상구라스 サングラス	墨镜	모징 【mòjìng】
○ 선물	[present]	뿌레젠또 プレゼント	礼品	리핀 【lǐpǐn】
○ 선반	[棚]	다나 たな	架子	찌아즈 【jiàzi】
○ 선배	[先輩]	셈빠이 せんぱい	前辈	치엔뻬이 【qiánbèi】
○ 선불	[前払い]	마에바라이 まえばらい	先付	시엔푸 【xiānfù】
○ 선생	[先生]	센세- せんせい	先生	시엔셩 【xiānsheng】
○ 선수	[選手]	센슈 せんしゅ	选手	쉬엔셔우 【xuǎnshǒu】
○ 선악	[善悪]	젱아꾸 ぜんあく	善恶	샨어 【shàn'è】
○ 선언	[宣言]	셍겡 せんげん	宣言	쉬엔이엔 【xuānyán】
○ 선원	[船員]	셍잉 せんいん	水手	쉐이셔우 【shuǐshǒu】

○ 선장	[船長]	센쬬- せんちょう	船长	추안장 【chuánzhǎng】
○ 선전(하다)	[宣伝]	센뎅 せんでん	宣传	쉬엔추안 【xuānchuán】
○ 선진국	[先進国]	센싱꼬꾸 せんしんこく	发达国家	파다구어지아 【fādáguójiā】
○ 선창	[波止場]	하또바 はとば	舱	창 【cāng】
○ 선택	[選択]	센따꾸 せんたく	选择	쉬엔저 【xuǎnzé】
○ 선풍기	[扇風機]	셈뿌-끼 せんぷうき	电扇	띠엔샨 【diànshàn】
○ 설계(하다)	[設計]	섹께- せっけい	设计	셔지 【shèjì】
○ 설교(하다)	[説教]	섹꾜- せっきょう	说教	슈어지아오 【shuōjiào】
○ 설득하다	[口説く]	구도꾸 くどく	劝说	취엔슈어 【quànshuō】
○ 설립(하다)	[設立]	세쓰리쓰 せつりつ	设立	셔리 【shèlì】
○ 설명(하다)	[説明]	세쓰메- せつめい	说明	슈어밍 【shuōmíng】
○ 설사(하다)	[下痢]	게리 げり	泻	시에 【xiè】
○ 설치(하다)	[設置]	셋찌 せっち	设置	셔즈 【shèzhì】
○ 섬	[島]	시마 しま	岛	다오 【dǎo】
○ 섭취(하다)	[摂取]	셋슈 せっしゅ	摄取	셔취 【shèqǔ】
○ 성(성곽)	[城]	시로 しろ	城	청 【chéng】

人
・
선
설
성

○ 성격	[性格]	세-까꾸 せいかく	性情	씽칭 【xìngqíng】
○ 성공(하다)	[成功]	세-꼬- せいこう	成功	청꽁 【chénggōng】
○ 성과	[成果]	세-까 せいか	成效	청시아오 【chéngxiào】
○ 성급하다		섹까찌 せっかち	急于	지위 【jíyú】
○ 성냥	[match]	맛찌 マッチ	火柴	후어차이 【huǒchái】
○ 성년	[成年]	세-넹 せいねん	成年	청니엔 【chéngnián】
○ 성능	[性能]	세-노- せいのう	性能	씽넝 【xìngnéng】
○ 성대한	[盛大]	세-다이 せいだい	盛大	셩따 【shèngdà】
○ 성립(되다)	[成立]	세-리쓰 せいりつ	成立	청리 【chénglì】
○ 성명	[姓名]	세-메- せいめい	姓名	씽밍 【xìngmíng】
○ 성명서	[声明書]	세-메-쇼 せいめいしょ	声明	셩밍 【shēngmíng】
○ 성병	[性病]	세-뵤- せいびょう	性病	씽삥 【xìngbìng】
○ 성서	[聖書]	세-죠 せいしょ	圣经	셩징 【shèngjīng】
○ 성숙	[成熟]	세-쥬꾸 せいじゅく	成熟	청수 【chéngshú】
○ 성인	[成人]	세-징 せいじん	成人	청런 【chéngrén】
○ 성장(하다)	[成長]	세-쬬- せいちょう	滋长	즈장 【zīzhǎng】

○ **성적**	[成績]	세-세끼 せいせき	成绩	청지 【chéngjì】
○ **성질**	[性質]	세-시스 せいしつ	性质	씽즈 【xìngzhì】
○ **세계**	[世界]	세까이 せかい	世界	스지에 【shìjiè】
○ **세관**	[税関]	세-깡 ぜいかん	海关	하이꽌 【hǎiguān】
○ **세균**	[細菌]	사이낑 さいきん	细菌	씨쥔 【xìjūn】
○ **세금**	[税金]	세-낑 ぜいきん	税	쉐이 【shuì】
○ **세뇌**	[洗脳]	센노- せんのう	洗脑	시나오 【xǐnǎo】
○ **세다**	[強い]	쓰요이 つよい	强	치앙 【qiáng】
○ **세대**	[世代]	세다이 せだい	世代	스따이 【shìdài】
○ **세력**	[勢力]	세-료꾸 せいりょく	势力	스리 【shìlì】
○ **세련**	[洗練]	센렝 せんれん	洗练	시리엔 【xǐliàn】
○ **세례**	[洗礼]	센레- せんれい	洗礼	시리 【xǐlǐ】
○ **세로**	[縦]	다떼 たて	纵	쫑 【zòng】
○ **세무서**	[税務署]	제-무쇼 ぜいむしょ	税务局	쉐이우쥐 【shuìwùjú】
○ **세우다**	[立(建)てる]	다떼루 たてる	立	리 【lì】
○ **세월**	[歳月]	사이게쓰 さいげつ	岁月	쉐이위에 【suìyuè】

人
·
성
세

○ 세제	[洗劑]	센자이 せんざい	洗涤剂	시디지 【xǐdíji】
○ 세탁(하다)	[洗濯]	센따꾸 せんたく	洗濯	시주어 【xǐzhuó】
○ 세포	[細胞]	사이보- さいぼう	细胞	씨빠오 【xìbāo】
○ 섹시(한)	[sexy]	세꾸시- セクシー	性感的	씽간더 【xìnggǎnde】
○ 셀러리	[celery]	세로리- セロリー	洋芹菜	양친차이 【yángqíncài】
○ 셀프서비스	[self]	세루후 セルフ	自我服务	쯔워푸우 【zìwǒfúwù】
○ 셋집	[借家]	샤꾸야 しゃくや	租房	주팡 【zūfáng】
○ 셔츠	[shirt]	샤쓰 シャツ	衬衫	천샨 【chènshān】
○ 셔터	[shutter]	샷따- シャッター	快门	콰이먼 【kuàimén】
○ 소	[牛]	우시 うし	牛	니우 【niú】
○ 소개(하다)	[紹介]	쇼-까이 しょうかい	介绍	찌에샤오 【jièshào】
○ 소극적(인)	[消極的]	쇼-꾜꾸떼끼 しょうきょくてき	消极	시아오지 【xiāojí】
○ 소금	[塩]	시오 しお	盐	이엔 【yán】
○ 소나기	[夕立ち]	유-다찌 ゆうだち	雷雨	레이위 【léiyǔ】
○ 소나무	[松]	마쓰 まつ	松树	쏭수 【sōngshù】
○ 소나타	[이sonata]	소나따 ソナタ	奏鸣曲	쩌우밍취 【zòumíngqǔ】

한국어	한자	일본어	중국어 한자	중국어 발음
○ 소녀	[少女]	쇼-죠 しょうじょ	少女	샤오뉘 【shàonǔ】
○ 소년	[少年]	쇼-넹 しょうねん	少年	샤오니엔 【shàonián】
○ 소독	[消毒]	쇼-도꾸 しょうどく	消毒	시아오두 【xiāodú】
○ 소동	[騒動]	소-도- そうどう	骚动	싸오똥 【sāodòng】
○ 소득	[所得]	쇼또꾸 しょとく	所得	쑤어더 【suǒdé】
○ 소리	[音]	오또 おと	声音	셩인 【shēngyīn】
○ 소매	[袖]	소데 そで	袖子	시우즈 【xiùzi】
○ 소매치기		스리 すり	扒手	파셔우 【páshǒu】
○ 소문	[噂]	우와사 うわさ	传言	추안이엔 【chuányán】
○ 소박한	[素朴]	소보꾸 そぼく	朴素	푸쑤 【pǔsù】
○ 소변	[小便]	쇼-벵 しょうべん	小便	시아오비엔 【xiǎobiàn】
○ 소비하다	[費す]	이야스 ついやす	消费	시아오하오 【xiāohào】
○ 소생하다	[蘇る]	요미가에루 よみがえる	苏醒	쑤싱 【sūxǐng】
○ 소설	[小説]	쇼-세쓰 しょうせつ	小说	시아오슈어 【xiǎoshuō】
○ 소스	[sauce]	소-스 ソース	沙司	샤쓰 【shāsī】
○ 소시지	[sausage]	소-세-지 ソーセージ	香肠	시앙창 【xiāngcháng】

人
·
소

소식	[便り]	다요리 たより	信息	신시 【xìnxī】
소용돌이	[渦巻き]	우즈마끼 うずまき	水涡儿	쉐이월 【shuǐwōr】
소원	[願い]	네가이 ねがい	愿望	위엔왕 【yuànwàng】
소유(하다)	[所有]	쇼유- しょゆう	所有	쑤어여우 【suǒyóu】
소음	[騒音]	소-옹 そうおん	噪音	짜오인 【zàoyīn】
소재	[所在]	쇼자이 しょざい	所在	쑤어짜이 【suǒzài】
소중함	[大切]	다이세쓰 たいせつ	可贵	커꿰이 【kěguì】
소지품	[所持品]	쇼지힝 しょじひん	携带品	시에따이핀 【xiédàipǐn】
소질	[素質]	소시쓰 そしつ	素质	쑤즈 【sùzhì】
소집(하다)	[召集]	쇼-슈- しょうしゅう	召集	자오지 【zhàojí】
소총	[小銃]	쇼-쥬- しょうじゅう	步枪	뿌치앙 【bùqiāng】
소켓	[socket]	소껫또 ソケット	插口	차커우 【chākǒu】
소쿠리	[笊]	자루 ざる	笸箩	포루어 【pǒluo】
소파	[sofa]	소화- ソファー	沙发	샤파 【shāfā】
소포	[小包]	고즈쓰미 こづつみ	小包儿	시아오빠올 【xiǎobāor】
소풍	[遠足]	엔소꾸 えんそく	郊游	지아오여우 【jiāoyóu】

		소뿌라노 ソプラノ	女高音	뉘까오인 【nǚgāoyīn】
○ 소프라노	[이soprano]			
○ 소행	[所業]	쇼교- しょぎょう	所作所为	쑤어쭈어쑤어웨이 【suǒzuòsuǒwéi】
○ 소홀히 하다	[疎か]	오로소까 おろそか	忽略	후뤼에 【hūlüè】
○ 소화	[消化]	쇼-까 しょうか	消化	시아오화 【xiāohuà】
○ 속눈썹	[睫毛]	마쓰게 まつげ	眼睫毛	이엔지에마오 【yǎnjiémáo】
○ 속담	[諺]	고또와자 ことわざ	谜语	미위 【míyǔ】
○ 속도	[速度]	소꾸도 そくど	速度	쑤뚜 【sùdù】
○ 속물	[俗物]	조꾸부쓰 ぞくぶつ	俗骨	수구 【súgǔ】
○ 속박(하다)	[束縛]	소꾸바꾸 そくばく	束缚	수푸 【shùfù】
○ 속삭이다	[囁く]	사사야꾸 ささやく	喳喳	차차 【chācha】
○ 속어	[俗語]	조꾸고 ぞくご	俗话	수화 【súhuà】
○ 속이다	[騙す]	다마스 だます	伪诈	웨이자 【wěizhà】
○ 속하다	[属する]	조꾸스루 ぞくする	属于	수위 【shǔyú】
○ 손	[手]	데 て	手	서우 【shǒu】
○ 손가락	[指]	유비 ゆび	手指	셔우즈 【shǒuzhǐ】
○ 손님	[客]	갸꾸 きゃく	客人	커런 【kèrén】

人
·
소
속
손

○ 손등	[手の甲]	데노고- てのこう	手背	셔우뻬이 【shǒubèi】
○ 손목	[手首]	데구비 てくび	手腕子	셔우완즈 【shǒuwànzi】
○ 손바닥	[掌]	데노히라 てのひら	掌	장 【zhǎng】
○ 손수건	[handkerchief]	항까찌 ハンカチ	手绢	셔우쥐엔 【shǒujuàn】
○ 손쉬운		다야스이 たやすい	便当	삐엔당 【biàndang】
○ 손실	[損失]	손시쓰 そんしつ	损失	쑨스 【sǔnshī】
○ 손자	[孫]	마고 まご	孙子	쑨즈 【sūnzi】
○ 손잡이	[取り手]	도리떼 とりて	把柄	바빙 【bǎbǐng】
○ 손짓	[手招き]	데마네끼 てまねき	手势	셔우스 【shǒushì】
○ 손톱	[爪]	쓰메 つめ	指甲	즈지아 【zhǐjia】
○ 손톱깎이	[爪切り]	쓰메끼리 つめきり	指甲钳	즈지아치엔 【shǐjiaqián】
○ 솔	[刷毛]	하께 はけ	刷子	수아즈 【shuāzi】
○ 솔직하게	[率直]	솟쬬꾸 そっちょく	坦率	탄수아이 【tǎnshuài】
○ 솜	[綿]	와따 わた	棉花	미엔화 【miánhua】
○ 솜씨	[腕前]	우데마에 うでまえ	手艺	셔우이 【shǒuyì】
○ 솟다	[湧く]	와꾸 わく	冒出	마오추 【màochū】

○ 송곳	[錐]	기리 きり	钻子	쭈안즈 【zuànzi】
○ 송곳니	[糸切り歯]	이또끼리바 いときりば	犬牙	취엔야 【quǎnyá】
○ 송금	[送金]	소-낑 そうきん	汇款	훼이콴 【huìkuǎn】
○ 송별회	[送別会]	소-베쓰가이 そうべつかい	欢送会	환쏭훼이 【huānsònghuì】
○ 솥	[釜]	가마 かま	锅	꾸어 【guō】
○ 쇄도(하다)	[殺到]	삿또- さっとう	涌向	용시앙 【yǒngxiàng】
○ 쇠고기	[牛肉]	규-니꾸 ぎゅうにく	牛肉	니우러우 【niúròu】
○ 쇠사슬	[鎖]	구사리 くさり	链子	리엔즈 【liànzi】
○ 쇠약해지다	[衰える]	오또로에루 おとろえる	减弱	지엔루어 【jiǎnruò】
○ 쇼크	[shock]	쇽꾸 ショック	冲撞	총주앙 【chōngzhuàng】
○ 쇼핑	[shopping]	숍삥구 ショッピング	买东西	마이똥시 【mǎidōngxi】
○ 수(수학)	[数]	가즈 かず	数	수 【shù】
○ 수건	[手拭い]	데누구이 てぬぐい	手巾	셔우진 【shǒujīn】
○ 수고	[骨折り]	호네오 ほねおり	劳苦	라오쿠 【láokǔ】
○ 수긍하다	[肯く]	우나즈꾸 うなずく	首肯	셔우컨 【shǒukěn】
○ 수난	[受難]	쥬낭 じゅなん	受难	셔우난 【shòunàn】

○ 수녀	[修女]	슈-죠 しゅうじょ	修女	시우뉘 【xiūnǔ】
○ 수다 떨다	[お喋り]	오샤베리 おしゃべり	唠叨	라오다오 【láodao】
○ 수단	[手段]	슈당 しゅだん	手段	셔우뚜안 【shǒuduàn】
○ 수당	[手当て]	데아떼 てあて	津贴	찐티에 【jīntiē】
○ 수도	[首都]	슈또 しゅと	首都	셔우두 【shǒudū】
○ 수도	[水道]	스이도- すいどう	自来水	쯔라이쉐이 【zìláishuǐ】
○ 수도꼭지	[蛇口]	쟈구찌 じゃぐち	龙头	룽터우 【lóngtóu】
○ 수렵	[狩り]	가리 かり	狩猎	셔우리에 【shòuliè】
○ 수리(하다)	[修理]	슈-리 しゅうり	修理	시우리 【xiūlǐ】
○ 수면	[睡眠]	스이밍 すいみん	睡眠	쉐이미엔 【shuìmián】
○ 수면제	[眠り薬]	네무리구스리 ねむりぐすり	安眠药	안미엔야오 【ānmiányào】
○ 수박	[西瓜]	스이까 すいか	西瓜	시과 【xīguā】
○ 수비(하다)	[守備]	슈비 しゅび	防守	팡셔우 【fángshǒu】
○ 수사(하다)	[捜査]	소-사 そうさ	搜索	써우쑤어 【sōusuǒ】
○ 수산물	[水産物]	스이삼부쓰 すいさんぶつ	水产	쉐이찬 【shuǐchǎn】
○ 수상(총리)	[首相]	슈쇼- しゅしょう	首相	셔우시앙 【shǒuxiàng】

한국어	일본어		중국어	
○ 수상(하다)	[受賞]	쥬쇼- じゅしょう	得奖	더지앙 【déjiǎng】
○ 수상한	[怪しい]	아야시- あやしい	可疑	커이 【kěyí】
○ 수송(하다)	[輸送]	유소- ゆそう	输送	수쏭 【shūsòng】
○ 수수께끼	[謎]	나조 なぞ	谜语	미위 【míyǔ】
○ 수수료	[手数料]	데스-료- てすうりょう	费	페이 【fèi】
○ 수수한	[地味だ]	지미다 じみだ	无华	우화 【wúhuá】
○ 수술	[手術]	슈쥬쓰 しゅじゅつ	手术	셔우수 【shǒushù】
○ 수업	[授業]	쥬교- じゅぎょう	讲课	지앙커 【jiǎngkè】
○ 수염	[髭]	히게 ひげ	胡子	후즈 【húzi】
○ 수영(하다)	[水泳]	스이에- すいえい	游泳	여우용 【yóuyǒng】
○ 수영복	[水着]	미즈기 みずぎ	泳服	용푸 【yǒngfú】
○ 수요	[需要]	쥬요- じゅよう	需求	쉬치우 【xūqiú】
○ 수요일	[水曜日]	스이요-비 すいようび	星期三	싱치싼 【xīngqīsān】
○ 수위(지킴)	[守衛]	슈에- しゅえい	守卫	셔우웨이 【shǒuwèi】
○ 수입	[輸入]	유뉴- ゆにゅう	输入	수루 【shūrù】
○ 수준	[水準]	스이쥼 すいじゅん	水平	쉐이핑 【shuǐpíng】

人 · 수 · 숙

○ **수족관**	[水族館]	스이조꾸깡 すいぞくかん	水族馆	쉐이주관 【shuǐzúguǎn】
○ **수증기**	[水蒸気]	스이죠-끼 すいじょうき	水蒸气	쉐이정치 【shuǐzhēngqì】
○ **수출(하다)**	[輸出]	유슈쓰 ゆしゅつ	输出	수추 【shūchū】
○ **수취인**	[受取人]	우께또리닝 うけとりにん	收件人	셔우지엔런 【shōujiànrén】
○ **수치**	[恥]	하지 はじ	羞耻	시우츠 【xiūchǐ】
○ **수컷**	[雄]	오스 おす	雄	시옹 【xióng】
○ **수탉**	[雄鳥]	온도리 おんどり	公鸡	꽁지 【gōngjī】
○ **수평선**	[水平線]	스이헤-셍 すいへいせん	天际线	티엔지시엔 【tiānjìxiàn】
○ **수표**	[小切手]	고깃떼 こぎって	支票	즈피아오 【zhīpiào】
○ **수프**	[soup]	스-뿌 スープ	羹汤	껑탕 【gēngtāng】
○ **수필**	[随筆]	즈이히쓰 ずいひつ	随笔	쉐이비 【suíbǐ】
○ **수학**	[数学]	스-가꾸 すうがく	数学	수쉬에 【shùxué】
○ **수행(계획을)**	[修行]	슈교- しゅぎょう	修行	시우싱 【xiūxíng】
○ **수험**	[受験]	쥬껭 じゅけん	应考	잉카오 【yìngkǎo】
○ **수혈**	[輸血]	유께쓰 ゆけつ	输血	수쉬에 【shūxuè】
○ **숙모**	[叔母]	오바 おば	婶子	션즈 【shěnzi】

○ 숙박(하다)	[宿泊]	슈꾸하꾸 しゅくはく	住宿	주쑤 【zhùsù】
○ 숙어	[熟語]	쥬꾸고 じゅくご	熟语	수위 【shúyǔ】
○ 숙제	[宿題]	슈꾸다이 しゅくだい	作业	쭈어예 【zuòyè】
○ 순간	[瞬間]	슝깡 しゅんかん	刹那	차나 【chànà】
○ 순결	[純潔]	즁께쓰 じゅんけつ	纯洁	춘지에 【chúnjié】
○ 순경	[巡査]	즁사 じゅんさ	警察	징차 【jǐngchá】
○ 순교자	[殉教者]	즁꾜-샤 じゅんきょうしゃ	殉教者	쉰지아오저 【xùnjiàozhě】
○ 순서	[順序]	즁죠 じゅんじょ	次序	츠쉬 【cìxù】
○ 순수한	[生一本]	기잇뽕 きいっぽん	纯粹	춘췌이 【chúncuì】
○ 순진한	[無邪気]	무쟈끼 むじゃき	天真	티엔전 【tiānzhēn】
○ 순찰	[巡察]	즁사쓰 じゅんさつ	巡逻	쉰루어 【xúnluó】
○ 숟가락	[匙]	사지 さじ	勺子	샤오즈 【sháozi】
○ 술	[酒]	사께 さけ	酒	지우 【jiǔ】
○ 술집	[酒屋]	사까야 さかや	酒店	지우띠엔 【jiǔdiàn】
○ 숨기다	[隠す]	가꾸스 かくす	隐瞒	인만 【yǐnmán】
○ 숨바꼭질	[隠れん坊]	가꾸렌보- かくれんぼう	捉迷藏	주어미창 【zhuōmícáng】

ㅅ
·
숙
순
숨

한국어		일본어	중국어	
○ 숭고	[崇高]	스-꼬- すうこう	崇高	총까오 【chónggāo】
○ 숭배(하다)	[崇拜]	스-하이 すうはい	崇拜	총빠이 【chóngbài】
○ 숯	[炭]	스미 すみ	炭	탄 【tàn】
○ 숲	[林]	하야시 はやし	树丛	수총 【shùcóng】
○ 쉬다	[休む]	야스무 やすむ	休息	시우시 【xiūxi】
○ 쉽다	[易い]	야스이 やすい	容易	롱이 【róngyì】
○ 슈퍼마켓	[supermarket]	수-빠-마-껫또 スーパーマーケット	超市	차오스 【chāoshì】
○ 스릴	[thrill]	스리루 スリル	惊险	찡시엔 【jīngxiǎn】
○ 스며들다	[忍び寄る]	시노비요루 しのびよる	沁润	친룬 【qìnrùn】
○ 스웨터	[sweater]	세-따- セーター	毛衣	마오이 【máoyī】
○ 스위치	[switch]	스잇찌 スイッチ	开关	카이꽌 【kāiguān】
○ 스카우트(하다)	[scout]	스까우또 スカウト	拉角	라지아오 【lājiǎo】
○ 스카프	[scarf]	스까-후 スカーフ	围巾	웨이진 【wéijīn】
○ 스캔들	[scandal]	스깐다루 スキャンダル	丑闻	처우원 【chǒuwén】
○ 스커트	[skirt]	스까-또 スカート	裙子	췬즈 【qúnzi】
○ 스케이트	[skate]	스께-또 スケート	冰鞋	삥시에 【bīngxié】

ㅅ
·
숭
쉬
스

○ 스케줄	[schedule]	스케쥬-루 スケジュール	日程	르청 【rìchéng】
○ 스케치(하다)	[sketch]	스껫찌 スケッチ	草图	차오투 【cǎotú】
○ 스코어	[score]	스꼬아 スコア	比分	비펀 【bǐfēn】
○ 스키	[ski]	스끼- スキー	滑雪	화쉬에 【huáxuě】
○ 스타	[star]	스따- スター	星	씽 【xīng】
○ 스타일	[style]	스따이루 スタイル	样式	양스 【yàngshì】
○ 스타킹	[stocking]	스똑낑구 ストッキング	女袜	뉘와 【nǚwà】
○ 스타트	[start]	스따-또 スタート	出发	추파 【chūfā】
○ 스탠드	[stand]	스딴도 スタンド	看台	칸타이 【kàntái】
○ 스탬프	[stamp]	스땀뿌 スタンプ	戳儿	추얼 【chuōr】
○ 스테이크	[steak]	스떼-끼 ステーキ	牛排	니우파이 【niúpái】
○ 스텝	[step]	스뗍뿌 ステップ	脚步	지아오뿌 【jiǎobù】
○ 스토브	[stove]	스또-부 ストーブ	炉	루 【lú】
○ 스톱	[stop]	스똡뿌 ストップ	停止	팅즈 【tíngzhǐ】
○ 스튜디오	[studio]	스따지오 スタジオ	摄影棚	셔잉펑 【shèyǐngpéng】
○ 스튜어디스	[stewardess]	스쮸와-데스 スチュワーデス	空姐	콩지에 【kōngjiě】

ㅅ
·
ㅅ

한국어	영어	일본어	중국어	
○ 스팀	[steam]	스치-무 スチーム	蒸气	정치 【zhēngqì】
○ 스파게티	[이spaghetti]	스빠겟띠 スパゲッティ	意大利面	이따리미엔 【yìdàlìmiàn】
○ 스파이	[spy]	스빠이 スパイ	特务	티우 【tèwu】
○ 스포츠	[sports]	스뽀-쓰 スポーツ	体育	티위 【tǐyù】
○ 스폰서	[sponsor]	스뽄사- スポンサー	赞助者	짠주저 【zànzhùzhě】
○ 스프레이	[spray]	스뿌레- スプレー	喷雾器	펀우치 【pēnwùqì】
○ 스프링	[spring]	스뿌링구 スプリング	弹簧	탄후앙 【tánhuáng】
○ 스피드	[speed]	스삐-도 スピード	速度	쑤두 【sùdù】
○ 슬럼프	[slump]	스람뿌 スランプ	不顺调	부순띠아오 【búshùndiào】
○ 슬로건	[slogan]	우스로-강 スローガン	标语	비아오위 【biāoyǔ】
○ 슬리퍼	[slipper]	스립빠 スリッパ	拖鞋	투어시에 【tuōxié】
○ 슬프다	[悲しい]	가나시- かなしい	悲哀	뻬이아이 【bēi'āi】
○ 슬픔	[悲しみ]	가나시미 かなしみ	悲哀	뻬이아이 【bēiāi】
○ 습관	[習慣]	슈-깡 しゅうかん	习惯	시꽌 【xíguàn】
○ 승객	[乘客]	죠-꺄꾸 じょうきゃく	乘客	청커 【chéngkè】
○ 승낙(하다)	[承諾]	쇼-다꾸 しょうだく	许	쉬 【xǔ】

ㅅ · ㅅ · 슬 · 승

○ 승리	[勝利]	쇼-리 しょうり	胜利	셩리 【shènglì】
○ 승마	[乘馬]	죠-바 じょうば	骑马	치마 【qímǎ】
○ 승무원	[乘務員]	죠-무잉 じょうむいん	乘务员	청우위엔 【chéngwùyuán】
○ 승부	[勝負]	쇼-부 しょうぶ	高低	까오디 【gāodī】
○ 승용차	[乘用車]	죠-요-샤 じょうようしゃ	轿车	지아오처 【jiàochē】
○ 승인(하다)	[承認]	쇼-닝 しょうにん	承认	청런 【chéngrèn】
○ 승진	[昇進]	쇼-싱 しょうしん	晋升	진셩 【jìnshēng】
○ 승차(하다)	[乘車]	죠-샤 じょうしゃ	坐车	쭈어처 【zuòchē】
○ 시(낭송)	[詩]	시 し	诗	스 【shī】
○ 시각	[時刻]	지꼬꾸 じこく	时间	스지엔 【shíjiān】
○ 시계	[時計]	도께- とけい	钟表	중비아오 【zhōngbiǎo】
○ 시골	[田舍]	이나까 いなか	乡下	시앙시아 【xiāngxià】
○ 시금치	[ほうれん草]	호-렌소- ほうれんそう	菠菜	뽀차이 【bōcài】
○ 시기	[時期]	지끼 じき	时期	스치 【shíqī】
○ 시끄럽다		야까마시- やかましい	吵	차오 【chǎo】
○ 시나리오	[scenario]	시나리오 シナリオ	台本	타이번 【táiběn】

한국어		일본어		중국어	
○ 시내	[市内]	시나이 しない	市内	스네이 【shìnèi】
○ 시다	[酸っぱい]	습빠이 すっぱい	酸	쑤안 【suān】
○ 시대	[時代]	지다이 じだい	时代	스파이 【shídài】
○ 시도하다	[試みる]	고꼬로미루 こころみる	试图	스투 【shìtú】
○ 시들다	[枯れる]	가레루 かれる	枯	쿠 【kū】
○ 시럽		시롭뿌 シロップ	糖浆	탕지앙 【tángjiāng】
○ 시련	[試練]	시렝 しれん	试炼	스리엔 【shìliàn】
○ 시리즈	[series]	시리-즈 シリーズ	系列	시리에 【xìliè】
○ 시립	[市立]	시리쓰 しりつ	市立	스리 【shìlì】
○ 시멘트	[cement]	세멘또 セメント	水泥	쉐이니 【shuǐní】
○ 시민	[市民]	시밍 しみん	市民	스민 【shìmín】
○ 시선	[視線]	시셍 しせん	视线	스시엔 【shìxiàn】
○ 시설	[施設]	시세쓰 しせつ	设施	셔스 【shèshī】
○ 시소	[seesaw]	시-소- シーソー	跷跷板	치아오치아오반 【qiāoqiāobǎn】
○ 시속	[時速]	지소꾸 じそく	时速	스쑤 【shísù】
○ 시스템	[system]	시스떼무 システム	系统	시퉁 【xìtǒng】

ㅅ · 시

		쓰마라나이 つまらない	시에라이시아오취 些来小去【xiēláixiǎoqù】
○ 시시하다			
○ 시아버지	[舅]	슈-또 しゅうと	꽁공 公公【gōnggong】
○ 시어머니	[姑]	슈-또메 しゅうとめ	포포 婆婆【pópo】
○ 시원하다	[涼しい]	스즈시- すずしい	리앙콰이 涼快【liángkuài】
○ 시인	[詩人]	시징 しじん	스런 诗人【shīrén】
○ 시작	[始め]	하지메 はじめ	카이스 开始【kāishǐ】
○ 시작하다	[始める]	하지메루 はじめる	카이스 开始【kāishǐ】
○ 시장	[市長]	시쬬- しちょう	스장 市长【shìzhǎng】
○ 시장(마켓)	[市場]	이찌바시쬬- いちばしじょう	스장 市场【shìchǎng】
○ 시찰	[視察]	시사쓰 しさつ	스차 视察【shìchá】
○ 시청	[視聴]	시쬬- しちょう	스정푸 市政府【shìzhèngfǔ】
○ 시트	[seat]	시-또 シート	추앙딴 床单【chuángdān】
○ 시험	[試験]	시껭 しけん	스이옌 试验【shìyàn】
○ 식기	[食器]	속끼 しょっき	찬쮜 餐具【cānjù】
○ 식다	[冷める]	사메루 さめる	리앙 凉【liáng】
○ 식당	[食堂]	쇼꾸도- しょくどう	찬팅 餐厅【cāntīng】

ㅅ · 시
식

한국어	한자	일본어	중국어	
○ 식량	[食糧]	쇼꾸료- しょくりょう	粮食	리앙스 【liángshí】
○ 식물	[植物]	쇼꾸부쓰 しょくぶつ	植物	즈우 【zhíwù】
○ 식사	[食事]	쇼꾸지 しょくじ	就餐	지우찬 【jiùcān】
○ 식욕	[食欲]	쇼꾸요꾸 しょくよく	食欲	스위 【shíyù】
○ 식용	[食用]	쇼꾸요- しょくよう	食用	스용 【shíyòng】
○ 식칼	[庖丁]	호-쬬- ほうちょう	厨刀	추따오 【chúdāo】
○ 식히다	[冷やす]	히야스 ひやす	凉	리앙 【liáng】
○ 신(숭배)	[神]	가미 かみ	神	션 【shén】
○ 신경	[神経]	싱께- しんけい	神经	션징 【shénjīng】
○ 신다	[履く]	하꾸 はく	穿	추안 【chuān】
○ 신랄(한)	[辛辣]	신라쓰 しんらつ	辛辣	씬라 【xīnlà】
○ 신랑	[花婿]	하나무꼬 はなむこ	新郎	신랑 【xīnláng】
○ 신뢰(하다)	[信頼]	신라이 しんらい	信赖	씬라이 【xìnlài】
○ 신문	[新聞]	심붕 しんぶん	报	빠오 【bào】
○ 신발	[履物]	하끼모노 はきもの	鞋	시에 【xié】
○ 신분	[身分]	미붕 みぶん	身份	션펀 【shēnfen】

한국어	한자	일본어	중국어	
○ 신비	[神秘]	심삐 しんぴ	神秘	션미 【shénmì】
○ 신사	[紳士]	신시 しんし	绅士	션스 【shēnshì】
○ 신생아	[新生児]	신세-지 しんせいじ	赤子	츠즈 【chìzǐ】
○ 신선(하다)	[新鮮]	신셍 しんせん	新鲜	신시엔 【xīnxiān】
○ 신음(하다)	[呻き]	우메끼 うめき	呻吟	션인 【shēnyín】
○ 신인	[新人]	신징 しんじん	新人	신런 【xīnrén】
○ 신장	[身長]	신쬬- しんちょう	个子	꺼즈 【gèzi】
○ 신조	[信条]	신죠- しんじょう	信念	신니엔 【xìnniàn】
○ 신중	[慎重]	신쬬- しんちょう	慎重	션중 【shènzhòng】
○ 신청(하다)	[申込み]	모-시꼬미 もうしこみ	申请	션칭 【shēnqǐng】
○ 신체	[身体]	신따이 しんたい	身体	션티 【shēntǐ】
○ 신형	[新型]	싱가따 しんがた	新型	신씽 【xīnxíng】
○ 신호(하다)	[信号]	싱고- しんごう	信号	신하오 【xìnhào】
○ 신화	[神話]	싱와 しんわ	神话	션화 【shénhuà】
○ 싣다	[載せる]	노세루 のせる	载	자이 【zǎi】
○ 실	[糸]	이또 いと	线	시엔 【xiàn】

○ 실내	[室内]	시쓰나이 しつない	室内	스네이 【shìnèi】
○ 실력	[実力]	지쓰료꾸 じつりょく	实力	스리 【shílì】
○ 실례	[失礼]	시쓰레- しつれい	失礼	스리 【shīlǐ】
○ 실망(하다)	[失望]	시쓰보- しつぼう	失望	스왕 【shīwàng】
○ 실수(하다)	[手落ち]	데오찌 ておち	失误	스우 【shīwù】
○ 실습(하다)	[実習]	짓슈- じっしゅう	实习	스시 【shíxí】
○ 실시(하다)	[実施]	짓시 じっし	实施	스스 【shíshī】
○ 실언	[失言]	시쓰겡 しつげん	失言	스이엔 【shīyán】
○ 실업(실직)	[失業]	시쓰교- しつぎょう	失业	스예 【shīyè】
○ 실업	[実業]	지쓰교- じつぎょう	事业	스예 【shìyè】
○ 실용(적)	[実用]	지쓰요- じつよう	实用	스용 【shíyòng】
○ 실적	[実績]	짓세끼 じっせき	实绩	스지 【shíjì】
○ 실제	[実際]	짓사이 じっさい	实际	스지 【shíjì】
○ 실천(하다)	[実践]	짓셍 じっせん	实践	스지엔 【shíjiàn】
○ 실패(하다)	[失敗]	십빠이 しっぱい	失败	스빠이 【shībài】
○ 실행(하다)	[実行]	직꼬- じっこう	实行	스씽 【shíxíng】

人
·
실

○ 실현(하다)	[実現]	지쓰겡 じつげん	实现	스시엔 【shíxiàn】
○ 싫어하다	[嫌う]	기라우 きらう	嫌	시엔 【xián】
○ 싫증나다	[飽きる]	아끼루 あきる	生厌	성이엔 【shēngyàn】
○ 심각(하다)	[深刻]	싱꼬꾸 しんこく	深刻	선커 【shēnkè】
○ 심다	[植える]	우에루 うえる	种	중 【zhōng】
○ 심부름	[手伝い]	데쓰다이 てつだい	当差	땅차이 【dāngchāi】
○ 심사(하다)	[審査]	신사 しんさ	审查	선차 【shěnchá】
○ 심술궂은	[天の邪鬼]	아마노쟈꾸 あまのじゃく	泼辣	포라 【pōlà】
○ 심장	[心臓]	신조- しんぞう	心脏	씬짱 【xīnzàng】
○ 심하다		히도이 ひどい	沉重	천중 【chénzhòng】
○ 심호흡	[深呼吸]	싱꼬뀨- しんこきゅう	深呼吸	선후시 【shēnhūxī】
○ 십대	[十代]	쥬-다이 じゅうだい	青少年	칭샤오니엔 【qīngshàonián】
○ 십자가	[十字架]	쥬-지까 じゅうじか	十字架	스쯔지아 【shízìjià】
○ 싸다(값)	[安い]	야스이 やすい	便宜	피엔이 【piányi】
○ 싸우다	[争う]	아라소우 あらそう	战	잔 【zhàn】
○ 싸움	[喧嘩]	겡까 けんか	打架	다지아 【dǎjià】

○ 싹	[芽]	메 め	芽	야 【yá】
○ 쌀	[米]	고메 こめ	米	미 【mǐ】
○ 쌍꺼풀	[二重瞼]	후파에마부따 ふたえまぶた	双眼皮儿	수앙이엔필 【shuāngyǎnpír】
○ 쌍둥이	[双子]	후따고 ふたご	双胎儿	수앙탈 【shuāngtáir】
○ 쌓다	[積む]	쓰무 つむ	垒	레이 【lěi】
○ 쌓이다	[積もる]	쓰모루 つもる	积压	지야 【jīyā】
○ 썩다	[腐る]	구사루 くさる	腐烂	푸란 【fǔlàn】
○ 썰물	[引き潮]	히끼시오 ひきしお	退潮	뛔이차오 【tuìcháo】
○ 쏘다	[射る]	이루 いる	射	셔 【shè】
○ 쓰다(맛)	[苦い]	니가이 にがい	苦	쿠 【kǔ】
○ 쓰다(사용하다)	[使う]	쓰까우 つかう	用	용 【yòng】
○ 쓰다(글)	[書く]	가꾸 かく	写	시에 【xiě】
○ 쓰레기	[塵]	고미 ごみ	垃圾	라지 【lājī】
○ 쓸다	[掃く]	하꾸 はく	扫	싸오 【sǎo】
○ 쓸모(있다)	[取り柄]	도리에 とりえ	有用	여우용 【yǒuyòng】
○ 쓸쓸하다	[淋しい]	사비시- さびしい	冷淡	렁딴 【lěngdàn】

○ 씌우다	[被せる]	가부세루 かぶせる	罩	자오 【zhào】
○ 씹다	[噛む]	가무 かむ	嚼	지아오 【jiáo】
○ 씻다	[洗う]	아라우 あらう	洗	시 【xǐ】

人 ·
씌
씹
씻

家族(かぞく)の愛(あい)があれば世界(せかい)を
征服(せいふく)できると僕(ぼく)は 信(しん)じている.

'가족의 사랑이 있다면 세계를 정복할 수 있다'고 나는 믿고 있다.

– リバフェニックス(리버 피닉스)

20代(だい)には20 代(だい)にしか出來(でき)ない
將棋(しょうぎ)が ある.
その 年代(ねんだい)に出來(でき)ることをやっていく.

20대에는 20대에만 할 수 있는 장기가 있다.
그 나이에 할 수 있는 걸 해가는 거다.

– 羽生卯(はぶう) 善治(よしはる)(하부 요시하루)

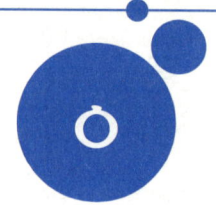

○ 아가미	[鰓]	에라 えら	鰓	싸이 【sāi】
○ 아가씨	[お嬢さん]	오죠-상 おじょうさん	小姐	시아오지에 【xiǎojiě】
○ 아기	[赤ちゃん]	아까짱 あかちゃん	娃娃	와와 【wáwa】
○ 아깝다	[惜しい]	오시- おしい	作惜	쭈어시 【zuòxī】
○ 아내	[妻]	쓰마 つま	妻子	치즈 【qīzi】
○ 아동	[児童]	지도- じどう	儿童	얼통 【értóng】
○ 아들	[息子]	무스꼬 むすこ	儿子	얼즈 【érzi】
○ 아래	[下]	시따 した	底	디 【dǐ】
○ 아르바이트	[독Arbeit]	아루바이또 アルバイト	小时工	시아오스꽁 【xiǎoshígōng】
○ 아름답다	[美しい]	우쓰꾸시- うつくしい	美丽	메이리 【měilì】
○ 아무리		이꾸라 いくら	无论如何	우룬루허 【wúlùnrúhé】
○ 아버지	[父]	지찌 ちち	父亲	푸친 【fùqīn】
○ 아부(하다)	[諂う]	헤쓰라우 へつらう	媚人	메이런 【mèirén】

ㅇ · 아

○ 아스팔트	[asphalt]	아스화루또 アスファルト	沥青	리칭 【lìqīng】
○ 아이돌	[子供]	고도모 こども	偶像	어우시앙 【ǒuxiàng】
○ 아이디어	[idea]	아이데아 アイデア	思路	쓰루 【sīlù】
○ 아직	[未だ]	마다 まだ	仍旧	렁찌우 【réngjiù】
○ 아침	[朝]	아사 あさ	早上	자오샹 【zǎoshang】
○ 아파트	[apart]	아빠-또 アパート	公寓	꽁위 【gōngyù】
○ 아픔	[痛い]	이따이 いたい	痛	통 【tòng】
○ 악기	[楽器]	각끼 がっき	乐器	위에치 【yuèqì】
○ 악마	[悪魔]	아꾸마 あくま	恶魔	어모 【èmó】
○ 악몽	[悪夢]	아꾸무 あくむ	恶梦	어멍 【èmèng】
○ 악센트	[accent]	아꾸센또 アクセント	语调	위띠아오 【yǔdiào】
○ 악수(하다)	[握手]	아꾸슈 あくしゅ	握手	워셔우 【wòshǒu】
○ 악어	[鰐]	와니 わに	鳄鱼	어위 【èyú】
○ 악질(적인)	[悪質]	아꾸시쓰 あくしつ	恶性	어씽 【èxing】
○ 악취	[悪臭]	아꾸슈- あくしゅう	恶臭	어처우 【èchòu】
○ 악화(되다)	[悪化]	악까 あっか	恶化	어화 【èhuà】

○ 안	[中]	나까 なか	里	리 【lǐ】
○ 안개	[霧]	기리 きり	雾	우 【wù】
○ 안경	[眼鏡]	메가네 めがね	眼镜	이엔징 【yǎnjìng】
○ 안내	[案内]	안나이 あんない	引导	인다오 【yǐndǎo】
○ 안다	[抱く]	다꾸 だく	抱	빠오 【bào】
○ 안심(하다)	[安心]	안싱 あんしん	安心	안신 【ānxīn】
○ 안전	[安全]	안젱 あんぜん	安全	안취엔 【ānquán】
○ 안정(되다)	[安定]	안떼- あんてい	安	안 【ān】
○ 앉다	[座る]	스와루 すわる	坐	쭈어 【zuò】
○ 알다	[知る]	시루 しる	懂	동 【dǒng】
○ 알레르기	[독Allergie]	아레루기- アレルギー	变应性	삐엔잉씽 【biànyìngxìng】
○ 알리다	[知らせる]	시라세루 しらせる	报	빠오 【bào】
○ 알리바이	[alibi]	아리바이 アリバイ	不在现场	부짜이시엔창 【búzàixiànchǎng】
○ 알몸	[真っ裸]	맙빠다까 まっぱだか	裸体	루어티 【luǒtǐ】
○ 알코올	[alcohol]	아루꼬-루 アルコール	酒精	지우징 【jiǔjīng】
○ 암기(하다)	[暗記]	앙끼 あんき	暗记	안지 【ànjì】

ㅇ
·
안
알
암

○ 암시(하다)	[暗示]	안지 あんじ	暗示	안스 【ànshì】
○ 암컷	[雌]	메스 めす	雌	츠 【cí】
○ 암탉	[雌鳥]	멘도리 めんどり	母鸡	무지 【mǔjī】
○ 암흑	[暗黒]	앙꼬꾸 あんこく	黑暗	헤이안 【hēiàn】
○ 압력	[圧力]	아쓰료꾸 あつりょく	压力	야리 【yālì】
○ 압류	[差押え]	사시오사에 さしおさえ	扣	커우 【kòu】
○ 앙케트	[프enquete]	앙께-또 アンケート	同卷	원쥐엔 【wènjuàn】
○ 앞	[前]	마에 まえ	前	치엔 【qián】
○ 앞니	[前歯]	마에바 まえば	门齿	먼츠 【ménchǐ】
○ 앞머리(선두)	[手先]	데사끼 てさき	额发	어파 【éfà】
○ 앞지르다	[追い越す]	오이꼬스 おいこす	追过	쮀이구어 【zhuīguò】
○ 애무(하다)	[愛撫]	아이부 あいぶ	爱抚	아이푸 【àifǔ】
○ 액세서리	[accessory]	아꾸세사리- アクセサリー	佩带儿	페이딸 【pèidàir】
○ 액자	[額縁]	가꾸부찌 がくぶち	额	어 【é】
○ 액체	[液体]	에끼따이 えきたい	液体	예티 【yètǐ】
○ 앨범	[album]	아루바무 アルバム	相册	시앙처 【xiàngcè】

○ 앵무새		오-무 おうむ	鸚鵡	잉우 【yīngwǔ】
○ 야간	[夜間]	야깡 やかん	夜間	예지엔 【yèjiān】
○ 야구	[野球]	야뀨- やきゅう	棒球	빵치우 【bàngqiú】
○ 야망	[野望]	야보- やぼう	野心	예신 【yěxīn】
○ 야생	[野生]	야세- やせい	野生	예성 【yěshēng】
○ 야수	[野獸]	야쥬- やじゅう	野兽	예셔우 【yěshòu】
○ 야심(적인)	[野心]	야싱 やしん	野心	예신 【yěxīn】
○ 야영	[野營]	야에- やえい	野营	예잉 【yěyíng】
○ 야외	[野外]	야가이 やがい	野外	예와이 【yěwài】
○ 야채	[野菜]	야사이 やさい	青菜	칭차이 【qīngcài】
○ 야채절임	[漬物]	쓰께모노 つけもの	腌菜	이엔차이 【yāncài】
○ 약	[藥]	구스리 くすり	药	야오 【yào】
○ 약국	[藥局]	약꾜꾸 やっきょく	药店	야오띠엔 【yàodiàn】
○ 약속(하다)	[約束]	야꾸소꾸 やくそく	约	위에 【yuē】
○ 약점	[弱点]	쟈꾸뗑 じゃくてん	弱点	루어디엔 【ruòdiǎn】
○ 약탈(하다)	[略奪]	랴꾸다쓰 りゃくだつ	掠夺	뤼에두어 【lüèduó】

한국어	일본어(한자)	일본어	중국어	중국어 발음
○ 약품	[薬品]	야꾸힝 やくひん	药品	야오핀 【yàopǐn】
○ 약하다	[弱い]	요와이 よわい	弱	루어 【ruò】
○ 약혼(하다)	[婚約]	공야꾸 こんやく	订婚	띵훈 【dìnghūn】
○ 약혼자	[婚約者]	공야꾸샤 こんやくしゃ	订婚者	띵훈저 【dìnghūnzhě】
○ 얄밉다	[心憎い]	고꼬로니꾸이 こころにくい	可恶	커우 【kěwù】
○ 얇다	[薄い]	우스이 うすい	薄	바오 【báo】
○ 양	[羊]	히쓰지 ひつじ	羊	양 【yáng】
○ 양념	[味付け]	아지쓰께 あじつけ	味料	웨이리아오 【wèiliào】
○ 양도(하다)	[譲渡]	죠-또 じょうと	转让	주안랑 【zhuǎnràng】
○ 양로원	[養老院]	요-로-잉 ようろういん	养老院	양라오위엔 【yǎnglǎoyuàn】
○ 양말	[靴下]	구쓰시따 くつした	袜子	와즈 【wàzi】
○ 양배추	[cabbage]	캬베쓰 キャベツ	圆白菜	위엔바이차이 【yuánbáicài】
○ 양보하다	[譲る]	유즈루 ゆずる	让步	랑뿌 【ràngbù】
○ 양산	[日傘]	히가사 ひがさ	洋伞	양싼 【yángsǎn】
○ 양식	[洋式]	요-시끼 ようしき	式样	스양 【shìyang】
○ 양식(하다)	[洋食]	요-쇼꾸 ようしょく	养殖	양즈 【yǎngzhí】

ㅇ · 약 · 얄 · 양

○ 양심	[良心]	료-싱 りょうしん	良心	리앙신 【liángxīn】
○ 양육(하다)	[養育]	요-이꾸 よういく	養育	양위 【yǎngyù】
○ 양자	[養子]	요-시 ようし	養子	양즈 【yǎngzǐ】
○ 양파	[玉葱]	다마네기 たまねぎ	洋葱	양총 【yángcōng】
○ 얕다	[浅い]	아사이 あさい	浅	치엔 【qiǎn】
○ 어기다	[破る]	야부루 やぶる	违背	웨이뻬이 【wéibèi】
○ 어깨	[肩]	가따 かた	肩	지엔 【jiān】
○ 어느		도노 どの	某	머우 【mǒu】
○ 어둠	[暗闇]	구라야미 くらやみ	黑	헤이 【hēi】
○ 어디		도꼬 どこ	哪里	나리 【nǎli】
○ 어렴풋이	[薄々]	우스우스 うすうす	约略	위에뤼에 【yuēlüè】
○ 어루만지다	[撫でる]	나데루 なでる	抚摸	푸모 【fǔmō】
○ 어른	[大人]	오또나 おとな	大人	따런 【dàren】
○ 어리다	[幼い]	오사나이 おさない	幼	여우 【yòu】
○ 어머니	[母]	하하 はは	母亲	무친 【mǔqīn】
○ 어부	[漁夫]	교후 ぎょふ	渔夫	위푸 【yúfū】

○ 어선	[漁船]	교셍 ぎょせん	漁船	위추안 【yúchuán】
○ 어슬렁거리다		부라쓰꾸 ぶらつく	荡	땅 【dàng】
○ 어업	[漁業]	교교- ぎょぎょう	渔业	위예 【yúyè】
○ 어울리다	[似合う]	니아우 にあう	称	청 【chēng】
○ 어제	[昨日]	기노- きのう	昨天	주어티엔 【zuótiān】
○ 어젯밤	[昨夜]	유-베 ゆうべ	昨夜	주어예 【zuóyè】
○ 어중간하다	[生半可]	나마항까 なまはんか	夹生	지아셩 【jiāshēng】
○ 어지럽다		메마이 めまい	晕	윈 【yūn】
○ 어쨌든		도니까꾸 とにかく	反正	판정 【fǎnzhèng】
○ 억	[億]	오꾸 おく	亿	이 【yì】
○ 언덕	[坂]	사까 さか	丘	치우 【qiū】
○ 언어	[言語]	겡꼬 げんご	言语	이엔위 【yányǔ】
○ 언쟁(하다)	[言い争い]	이-아라소이 いいあらそい	吵嘴	차오줴이 【chǎozuǐ】
○ 언제		이쓰 いつ	何时	허스 【héshí】
○ 언제나		이쓰모 いつも	总是	중스 【zǒngshì】
○ 언젠가		이쓰까 いつか	有时	여우스 【yǒushí】

ㅇ · 어 억 언

○ 얼굴	[顔]	가오 かお	脸	리엔 【liǎn】
○ 얼다	[凍る]	고-루 こおる	冻	똥 【dòng】
○ 얼룩	[斑]	마다라 まだら	斑	빤 【bān】
○ 얼음	[氷]	고-리 こおり	冰	삥 【bīng】
○ 엄격(한)	[厳格]	겡까꾸 げんかく	严格	이엔거 【yágé】
○ 엄숙(한)	[厳粛]	겐슈꾸 げんしゅく	严肃	이엔쑤 【yánsù】
○ 엄지손가락	[親指]	오야유비 おやゆび	大拇指	따무즈 【dàmǔzhǐ】
○ 업적	[業績]	교-세끼 ぎょうせき	成就	청지우 【chéngjiù】
○ 없다	[無い]	나이 ない	没有	메이여우 【méiyǒu】
○ 없애다	[無くす]	나꾸스 なくす	消灭	시아오미에 【xiāomiè】
○ 없어지다	[無くなる]	나꾸나루 なくなる	丢	띠우 【diū】
○ 엉덩이	[尻]	시리 しり	屁股	피구 【pìgu】
○ 엉망이 되다	[滅茶]	메쨔 めちゃ	乱七八糟	루안치빠자오 【luànqībāzāo】
○ 엉터리	[出鱈目]	데따라메 でたらめ	二把刀	얼바따오 【èrbǎdāo】
○ 엎드리다	[伏す]	후스 ふす	伏	푸 【fú】
○ 에너지	[독Energie]	에네루기- エネルギー	能量	넝리앙 【néngliàng】

○ · 얼 엄 에

○ 에누리	[値引き]	네비끼 ねびき	减价	지엔지아 【jiǎnjià】
○ 에스컬레이터	[escalator]	에스까레-따 エスカレーター	升降梯	셩지앙티 【shēngjiàngtī】
○ 에티켓	[etiquette]	에치껫또 エチケット	礼仪	리이 【lǐyí】
○ 에피소드	[episode]	에삐소-도 エピソード	插话	차화 【chāhuà】
○ 엔지니어	[engineer]	엔지니아 エンジニア	工程师	꽁청스 【gōngchéngshī】
○ 여가	[余暇]	요까 よか	余暇	위시아 【yúxiá】
○ 여객	[旅客]	료갸꾸 りょきゃく	旅客	뤼커 【lǚkè】
○ 여권	[旅券]	료껭 りょけん	护照	후자오 【hùzhào】
○ 여기		고꼬 ここ	这里	저리 【zhèli】
○ 여드름	[面皰]	니끼비 にきび	粉刺	펀츠 【fěncì】
○ 여러 가지	[色々]	이로이로 いろいろ	种种	중중 【zhǒngzhong】
○ 여름	[夏]	나쓰 なつ	夏天	시아티엔 【xiàtiān】
○ 여배우	[女優]	죠유- じょゆう	女角	뉘줴 【nǚjué】
○ 여신	[女神]	메가미 めがみ	女神	뉘션 【nǚxhén】
○ 여왕	[女王]	죠오- じょおう	女王	뉘왕 【nǚwáng】
○ 여우	[狐]	기쓰네 きつね	狐狸	후리 【húli】

여유	[余裕]	요유- よゆう	富余	푸위 【fùyu】
여자	[女]	온나 おんな	女子	뉘즈 【nǚzi】
여전히	[相変わらず]	아이가와라즈 あいかわらず	依然	이란 【yīrán】
여쭈다	[伺う]	우까가우 うかがう	禀告	빙까오 【bǐnggào】
여행	[旅行]	료꼬- りょこう	旅行	뤼씽 【lǚxíng】
역(기차)	[駅]	에끼 えき	站	잔 【zhàn】
역대(의)	[歴代]	레끼다이 れきだい	历代	리따이 【lìdài】
역량	[力量]	리끼료- りきりょう	力量	리리앙 【lìliang】
역사	[歴史]	레끼시 れきし	历史	리스 【lìshǐ】
역설(하다)	[力説]	리끼세쓰 りきせつ	强调	치앙띠아오 【qiángdiào】
역전	[逆転]	갸꾸뗑 ぎゃくてん	逆转	니 죠한 【nì zhuǎn】
연(띄우는)	[凧]	다꼬 たこ	风筝	펑정 【fēngzheng】
연감	[年鑑]	넹깡 ねんかん	年鉴	니엔찌엔 【niánjiàn】
연결(하다)	[連結]	렝께쓰 れんけつ	连结	리엔지에 【liánjié】
연고	[縁故]	엥꼬 えんこ	缘故	위엔꾸 【yuángù】
연고(약)	[軟膏]	낭꼬- なんこう	软膏	루안까오 【ruǎngāo】

○ 연구(하다)	[研究]	켕뀨- けんぎゅう	研究	이엔지우 【yánjiū】
○ 연극	[演劇]	엥게끼 えんげき	话剧	화쮜 【huàjù】
○ 연금	[年金]	넹낑 ねんきん	年金	니엔찐 【niánjīn】
○ 연기(연장)	[延期]	엥끼 えんき	延期	이엔치 【yánqī】
○ 연기(연극)	[演技]	엥기 えんぎ	演技	이엔지 【yǎnjì】
○ 연꽃	[蓮]	하스 はす	荷花	허화 【héhuā】
○ 연대	[年度]	넨도 ねんど	年代	니엔따이 【niándài】
○ 연락(하다)	[連絡]	렌라꾸 れんらく	联络	리엔루어 【liánluò】
○ 연료	[燃料]	넨료- ねんりょう	燃料	란리아오 【ránliào】
○ 연륜	[年輪]	넨링 ねんりん	工龄	꽁링 【gōnglíng】
○ 연말	[年末]	넴마쓰 ねんまつ	年末	니엔모 【niánmò】
○ 연못	[池]	이께 いけ	池	츠 【chí】
○ 연상	[年上]	도시우에 としうえ	居长	쥐장 【jū zhǎng】
○ 연설(하다)	[演説]	엔제쓰 えんぜつ	演说	이엔슈어 【yǎnshuō】
○ 연소(하다)	[燃焼]	넨쇼- ねんしょう	燃烧	란샤오 【ránshāo】
○ 연속(하다)	[連続]	렌조꾸 れんぞく	连续	리엔쉬 【liánxù】

한국어	한자	일본어	중국어	
○ 연습(하다)	[練習]	렌슈- れんしゅう	练习	리엔시 【liànxí】
○ 연애(하다)	[恋愛]	렝아이 れんあい	恋爱	리엔아이 【liànài】
○ 연어	[鮭]	사께 さけ	大麻哈鱼	따마하위 【dàmáhāyú】
○ 연장(하다)	[延長]	엔쬬- えんちょう	延长	이엔창 【yáncháng】
○ 연주하다	[奏でる]	가나데루 かなでる	演奏	이엔쩌우 【yǎnzòu】
○ 연출(하다)	[演出]	엔슈쓰 えんしゅつ	演出	이엔추 【yǎnchū】
○ 연필	[鉛筆]	엠삐쓰 えんぴつ	铅笔	치엔비 【qiānbǐ】
○ 연하장	[年賀状]	넹가죠- ねんがじょう	贺年片	허니엔피엔 【hèniánpiàn】
○ 열(가열)	[熱]	네쓰 ねつ	热	러 【rè】
○ 열광(하다)	[熱狂]	넥꾜- ねっきょう	热烈	러리에 【rèliè】
○ 열다	[開く]	히라꾸 ひらく	开办	카이빤 【kāibàn】
○ 열대	[熱帯]	넷따이 ねったい	热带	러따이 【rèdài】
○ 열도	[列島]	렛또- れっとう	列岛	리에다오 【lièdǎo】
○ 열등감	[劣等感]	렛또-깡 れっとうかん	自卑感	쯔뻬이깐 【zìbēigǎn】
○ 열리다	[開ける]	히라께루 ひらける	被开	뻬이카이 【bèikāi】
○ 열매	[実]	미 み	果	구어 【guǒ】

ㅇ · 연
열

한국어	일본어		중국어	
○ 열쇠	[鍵]	가기 かぎ	钥匙	야오스 【yàoshi】
○ 열심히	[熱心に]	넷신니 ねっしんに	热心	러신 【rèxīn】
○ 열차	[列車]	렛샤 れっしゃ	列车	리에처 【lièchē】
○ 염려	[心配]	심빠이 しんぱい	顾虑	꾸뤼 【gùlǜ】
○ 염색(하다)	[色染め]	이로조메 いろぞめ	染色	란써 【rǎnsè】
○ 염소	[山羊]	야기 やぎ	山羊	샨양 【shānyáng】
○ 엽서	[葉書]	하가끼 はがき	明信片	밍신피엔 【míngxìnpiàn】
○ 영감	[靈感]	레-깡 れいかん	灵感	링깐 【líng gǎn】
○ 영광	[栄光]	에-꼬- えいこう	光荣	꽝롱 【guānróng】
○ 영구(히)	[永久]	에-뀨 えいきゅう	永久	용지우 【yǒngjiǔ】
○ 영국	[포Inglez]	이기리스 イギリス	英国	잉구어 【yīngguó】
○ 영사관	[領事館]	료-지깡 りょうじかん	領事馆	링스꽌 【líng shì guǎn】
○ 영수증	[領収証]	료-슈-쇼- りょうしゅうしょう	发票	파피아오 【fāpiào】
○ 영양	[栄養]	에-요- えいよう	营养	잉양 【yíngyǎng】
○ 영어	[英語]	에-고 えいご	英语	잉위 【yīngyǔ】
○ 영업(하다)	[営業]	에-교- えいぎょう	营业	잉예 【yíngyè】

ㅇ · 열 염 영

한국어		일본어	한자	중국어
○ 영역	[領域]	료-이끼 りょういき	領域	링위 【lǐngyù】
○ 영웅	[英雄]	에-유- えいゆう	英雄	잉시옹 【yīngxióng】
○ 영원(한)	[永遠]	에-엥 えいえん	永远	용위엔 【yǒngyuǎn】
○ 영장	[令状]	레-죠- れいじょう	命令书	밍링수 【mìnglìngshū】
○ 영토	[領土]	료-도 りょうど	領土	링투 【lǐngtǔ】
○ 영하	[零下]	레-까 れいか	零下	링시아 【língxià】
○ 영혼	[霊魂]	레-꽁 れいこん	灵魂	링훈 【línghún】
○ 영화	[映画]	에-가 えいが	电影	띠엔잉 【diànyǐng】
○ 옆	[横]	요꼬 よこ	旁	팡 【páng】
○ 옆구리	[横腹]	요꼬바라 よこばら	胁下	시에시아 【xiéxià】
○ 옆얼굴	[横顔]	요꼬가오 よこがお	侧脸	처리엔 【cèliǎn】
○ 예고(하다)	[予告]	요꼬꾸 よこく	预告	위까오 【yùgào】
○ 예금(하다)	[預金]	요낑 よきん	存款	춘콴 【cúnkuǎn】
○ 예능	[芸能]	게-노- げいのう	艺能	이넝 【yìnéng】
○ 예매(하다)	[前売り]	마에우리 まえうり	预售	위셔우 【yùshǒu】
○ 예민한	[鋭敏]	에-빙 えいびん	锐敏	루이민 【ruì mǐn】

○ 예방(하다)	[予防]	요보- よぼう	预防	위팡 【yùfáng】
○ 예배(하다)	[礼拝]	레-하이 れいはい	礼拜	리빠이 【lǐbài】
○ 예보(하다)	[予報]	요호- よほう	预报	위빠오 【yùbào】
○ 예비	[予備]	요비 よび	预备	위뻬이 【yùbèi】
○ 예비조사	[下調べ]	시따시라베 したしらべ	预先调查	위시엔띠아오차 【yùxiāndiàochá】
○ 예산	[予算]	요상 よさん	预算	위쑤안 【yùsuàn】
○ 예상	[予想]	요소- よそう	预料	위리아오 【yùliào】
○ 예술	[芸術]	게-쥬쓰 げいじゅつ	艺术	이수 【yìshù】
○ 예외	[例外]	레-가이 れいがい	例外	리와이 【lìwài】
○ 예의	[礼儀]	레-기 れいぎ	礼貌	리마오 【lǐmào】
○ 예정(하다)	[予定]	요떼- よてい	预定	위띵 【yùdìng】
○ 예측(하다)	[予測]	요소꾸 よそく	预测	위처 【yùcè】
○ 옛날	[昔]	무까시 むかし	古	구 【gǔ】
○ 오늘	[今日]	교- きょう	今天	찐티엔 【jīntiān】
○ 오다	[来る]	구루 くる	来	라이 【lái】
○ 오두막집	[小屋]	고야 こや	窝棚	워펑 【wōpeng】

○ 오디션	[audition]	오-디숑 オーディション	试听	스팅 【shìtīng】
○ 오디오	[audio]	오-디오 オーディオ	听觉的	팅쥐에더 【tīngjuéde】
○ 오락	[娯楽]	고라꾸 ごらく	娱乐	위러 【yúlè】
○ 오렌지	[orange]	오렌지 オレンジ	橙子	청즈 【chéngzi】
○ 오로지	[專ら]	몹빠라 もっぱら	只	즈 【zhǐ】
○ 오르간	[organ]	오루강 オルガン	风琴	펑친 【fēngqín】
○ 오르다	[登る]	노보루 のぼる	涨	장 【zhǎng】
○ 오른쪽	[右側]	미기가와 みぎがわ	右边	여우비엔 【yòubiān】
○ 오리	[家鴨]	아히루 あひる	鸭子	야즈 【yāzi】
○ 오리엔테이션	[orientation]	오리엔떼-숑 オリエンテーション	定位	띵웨이 【dìngwèi】
○ 오리지널	[original]	오리지나루 オリジナル	原	위엔 【yuán】
○ 오버랩	[重ねる]	카사네루 かさねる	互搭	후다 【hùdā】
○ 오이	[胡瓜]	규-리 きゅうり	黄瓜	후앙과 【huángguā】
○ 오전	[午前]	고젱 ごぜん	上午	샹우 【shàngwǔ】
○ 오존	[ozone]	오종 オゾン	臭氧	처우양 【chòuyǎng】
○ 오징어	[烏賊]	이까 いか	鱿鱼	여우위 【yóuyú】

ㅇ
오

한국어	영어/한자	일본어	중국어
○ 오케스트라	[orchestra]	오-께스또라 オーケストラ	관시엔위에투안 管弦乐团【guǎnxiányuètuán】
○ 오토바이	[autobike]	오-또바이 オートバイ	모투어처 摩托车【mótuōchē】
○ 오페라	[opera]	오뻬라 オペラ	꺼쥐 歌剧【gējù】
○ 오피스	[office]	오휘스 オフィス	빤꽁스 办公室【bàngōngshì】
○ 오한	[悪寒]	오깡 おかん	어한 恶寒【èhán】
○ 오해(하다)	[誤解]	고까이 ごかい	우지에 误解【wùjiě】
○ 오후	[午後]	고고 ごご	시아우 下午【xiàwǔ】
○ 오히려	[却って]	가엣떼 かえって	따오스 倒是【dàoshi】
○ 옥	[玉]	다마 たま	위 玉【yù】
○ 옥내	[屋内]	오꾸나이 おくない	우네이 屋内【wūnèi】
○ 옥상	[屋上]	오꾸죠- おくじょう	우딩 屋顶【wūdǐng】
○ 옥수수		도-모로꼬시 とうもろこし	위미 玉米【yùmǐ】
○ 온갖		아라유루 あらゆる	꺼종 各种【gèzhǒng】
○ 온도	[温度]	온도 おんど	원두 温度【wēndù】
○ 온라인	[on line]	온라잉 オンライン	왕 网【wǎng】
○ 온실	[温室]	온시쓰 おんしつ	원스 温室【wēnshì】

ㅇ · 오
옥
온

○ 온천	[温泉]	온셍 おんせん	温泉	원취엔 【wēnquán】
○ 올라가다	[上がる]	아가루 あがる	上去	샹취 【shàngqù】
○ 올림픽	[Olympic]	오림삑꾸 オリンピック	奥运会	아오윈훼이 【Àoyùnhuì】
○ 올빼미		후꾸로 ふくろう	猫头鹰	마오터우잉 【māotóuyīng】
○ 올챙이	[お玉杓子]	오따마쟈꾸시 おたまじゃくし	蝌蚪	커더우 【kēdǒu】
○ 옮기다	[移す]	우쓰스 うつす	搬	빤 【bān】
○ 옮다	[移る]	우쓰루 うつる	对	뚜에이 【duì】
○ 옴니버스	[omnibus]	오무니바스 オムニバス	选集	쉬엔지 【xuǎnjí】
○ 옷	[服]	후꾸 ふく	衣服	이푸 【yīfu】
○ 옷차림	[身なり]	미나리 みなり	衣着	이주어 【yīzhuó】
○ 옻	[漆]	우루시 うるし	漆	치 【qī】
○ 와인	[wine]	와잉 ワイン	葡萄酒	푸타오지우 【pútáojiǔ】
○ 완구	[玩具]	강구 がんぐ	玩具	완쮜 【wánjù】
○ 완력	[腕力]	완료꾸 わんりょく	腕力	완리 【wànlì】
○ 완벽	[完璧]	감뻬끼 かんぺき	十全十美	스취엔스메이 【shíquánshíměi】
○ 완성(하다)	[完成]	간세- かんせい	完成	완청 【wánchéng】

ㅇ · 온 · 올 · 완

○ 완수하다	[果す]	하따스 はたす	遂行	쒜이씽 【suìxíng】
○ 완장	[腕章]	완쇼- わんしょう	臂章	삐장 【bìzhāng】
○ 왈츠	[waltz]	와루쓰 ワルツ	华尔兹	화얼즈 【huá'ěrzī】
○ 왕	[王]	오- おう	王	왕 【wáng】
○ 왕관	[王冠]	오-깡 おうかん	王冠	왕꽌 【wángguān】
○ 왕비	[王妃]	오-히 おうひ	王妃	왕페이 【wángfēi】
○ 왕성(한)	[旺盛]	오-세- おえせい	旺盛	왕셩 【wàngshèng】
○ 왕자	[王子]	오-지 おうじ	王子	왕즈 【wángzǐ】
○ 왜		나제 なぜ	为什么	웨이션머 【wèishénme】
○ 왜냐하면		나제나라바 なぜならば	因为	인웨이 【yīnwèi】
○ 외과	[外科]	게까 げか	外科	와이커 【wàikē】
○ 외교	[外交]	가이꼬- がいこう	外交	와이지아오 【wàijiāo】
○ 외국	[外国]	가이꼬꾸 がいこく	外国	와이구어 【wàiguó】
○ 외롭다	[侘しい]	와비시- わびしい	孤单	꾸단 【gūdān】
○ 외출하다	[出掛ける]	데까께루 でかける	出门	추먼 【chūmén】
○ 외치다	[叫ぶ]	사께부 さけぶ	喊叫	한지아오 【hǎnjiào】

○ 외톨이	[独りぼっち]	히또리봇찌 ひとりぼっち	꾸지아과런 孤家寡人【gūjiāguǎrén】
○ 외화(영화)	[外画]	가이가 がいが	와이피엔 外片【wài pian】
○ 외화(돈)	[外貨]	가이까 がいか	와이훼이 外汇【wàihuì】
○ 왼쪽	[左側]	히다리가와 ひだりがわ	주어비엔 左边【zuǒbian】
○ 요가	[범Yoga]	요가 ヨガ	위지아 瑜伽【yújiā】
○ 요구(하다)	[要求]	오-뀨- ようきゅう	야오치우 要求【yāoqiú】
○ 요구르트	[독Yoghurt]	요-구루또 ヨーグルト	쑤안나이 酸奶【suānnǎi】
○ 요금	[料金]	료-낑 りょうきん	페이 费【fèi】
○ 요령	[要領]	요-료- ようりょう	야오링 要领【yàolǐng】
○ 요리(하다)	[料理]	료-리 りょうり	차이 菜【cài】
○ 요소	[要素]	요-소 ようそ	야오쑤 要素【yàosù】
○ 요일	[曜日]	요-비 ようび	싱치 星期【xīngqī】
○ 요점	[要点]	요-뗑 ようてん	야오디엔 要点【yàodiǎn】
○ 요즈음	[この頃]	고노고로 このころ	찐라이 近来【jìnlái】
○ 요컨대	[要するに]	요-스루니 ようするに	쭝즈 总之【zǒngzhī】
○ 요트	[yacht]	욧또 ヨット	콰이팅 快艇【kuàitǐng】

○ · 외 왼 요

○ 욕망	[欲望]	요꾸보- よくぼう	欲望	위왕 【yùwàng】
○ 욕실	[浴室]	요꾸시쓰 よくしつ	浴室	위스 【yùshì】
○ 욕조	[浴槽]	요꾸소- よくそう	浴盆	위펀 【yùpén】
○ 용	[竜]	류- りゅう	龙	룽 【lóng】
○ 용감하다	[勇ましい]	이사마시 いさましい	勇敢	용간 【yǒnggǎn】
○ 용기	[勇気]	유-끼 ゆうき	勇气	용치 【yǒngqì】
○ 용도	[用途]	요-또 ようと	用途	용투 【yòngtú】
○ 용모	[容貌]	요-보- ようぼう	品貌	핀마오 【pǐnmào】
○ 용서하다	[許す]	유루스 ゆるす	饶	라오 【ráo】
○ 용수철	[発条]	바네 ばね	弹簧	탄후앙 【tánhuáng】
○ 용어	[用語]	요-고 ようご	用语	용위 【yòngyǔ】
○ 용의자	[容疑者]	요-기샤 ようぎしゃ	嫌疑犯	시엔이판 【xiányífàn】
○ 우두머리	[頭]	가시라 かしら	头子	터우즈 【tóuzi】
○ 우렁쉥이		호야 ホヤ	海鞘	하이치아오 【hǎiqiào】
○ 우물	[井戸]	이도 いど	井	징 【jǐng】
○ 우박	[霰]	아라레 あられ	雹子	바오즈 【báozi】

○ · 욕 용 우

○ 우산	[傘]	가사 かさ	雨傘	위싼 【yǔsǎn】
○ 우상	[偶像]	구-조- ぐうぞう	偶像	어우시앙 【ǒuxiàng】
○ 우선	[取り敢えず]	도리아에즈 とりあえず	优先	여우시엔 【yōuxiān】
○ 우수(한)	[優秀]	유-슈- ゆうしゅう	优秀	여우시우 【yōuxiù】
○ 우습다	[可笑しい]	아까시- おかしい	可笑	커시아오 【kěxiào】
○ 우승	[優勝]	유-쇼- ゆうしょう	优胜	여우성 【yōushèng】
○ 우아한	[優雅]	유-가 ゆうが	文雅	원야 【wényǎ】
○ 우연	[偶然]	구-젱 ぐうぜん	偶然	어우란 【ǒurán】
○ 우울	[憂鬱]	유-우쯔 ゆううつ	忧郁	여우위 【yōuyù】
○ 우유	[牛乳]	규-뉴- ぎゅうにゅう	牛奶	니우나이 【niúnǎi】
○ 우정	[友情]	유-죠- ゆうじょう	友情	여우칭 【yǒuqíng】
○ 우주	[宇宙]	우쮸- うちゅう	宇宙	위저우 【yǔzhòu】
○ 우체국	[郵便局]	유-빙교꾸 ゆうびんきょく	邮局	여우쮜 【yóujú】
○ 우표	[切手]	깃떼 きって	邮票	여우피아오 【yóupiào】
○ 운(운수)	[運]	웅 うん	运	윈 【yùn】
○ 운동	[運動]	운도- うんどう	运动	윈동 【yùndòng】

ㅇ · 우 · 운

○ 운명	[運命]	움메- うんめい	命运	밍윈 【mìngyùn】
○ 운반(하다)	[運搬]	움빵 うんぱん	搬运	빤윈 【bānyùn】
○ 운송	[運送]	운소- うんそう	运送	윈쏭 【yùnsòng】
○ 운임	[運賃]	운찡 うんちん	运费	윈페이 【yùnfèi】
○ 운전(하다)	[運転]	운뗑 うんてん	开	카이 【kāi】
○ 운전수	[運転手]	운뗀슈 うんてんしゅ	司机	쓰지 【sījī】
○ 운하	[運河]	웅가 うんが	运河	윈허 【yùnhé】
○ 울다	[泣く·鳴く]	나꾸 なく	哭	쿠 【kū】
○ 울리다	[鳴らす]	나라스 ならす	响	시앙 【xiǎng】
○ 울보	[泣き虫]	나끼무시 なきむし	哭鬼	쿠꿰이 【kūguǐ】
○ 울타리	[垣根]	가끼네 かきね	篱笆	리바 【líba】
○ 울퉁불퉁(한)		데꼬보꼬 でこぼこ	高低不平	까오디뿌핑 【gāodībùpíng】
○ 움직이다	[動く]	우고꾸 うごく	动	똥 【dòng】
○ 웃기다	[笑わす]	와라와스 わらわす	开玩笑	카이완시아오 【kāiwánxiào】
○ 웃다	[笑う]	와라우 わらう	笑	시아오 【xiào】
○ 웅덩이	[水溜り]	미즈따마리 みずたまり	洼子	와즈 【wāzi】

○ 웅변	[雄弁]	유-벵 ゆうべん	雄辯	시용비엔 【xióngbiàn】
○ 웅크리다		샤가무 しゃがむ	臥	워 【wò】
○ 원고(작품)	[原稿]	겡꼬- げんこう	稿	가오 【gǎo】
○ 원고(법정)	[原告]	겡꼬꾸 げんこく	原告	위엔까오 【yuángào】
○ 원래	[元来]	간라이 がんらい	原来	위엔라이 【yuánlái】
○ 원료	[原料]	겐료- げんりょう	原料	위엔리아오 【yuánliào】
○ 원리	[原理]	겐리 げんり	原理	위엔리 【yuánlǐ】
○ 원만(한)	[円満]	엠망 えんまん	圓滿	위엔만 【yuánmǎn】
○ 원색	[原色]	겐쇼꾸 げんしょく	原色	위엔써 【yuánsè】
○ 원서	[願書]	간쇼 がんしょ	愿书	위엔수 【yuànshū】
○ 원숭이	[猿]	사루 さる	猴子	허우즈 【hóuzi】
○ 원시(시력)	[原始]	겐시 げんし	远视眼	위엔스이엔 【yuǎnshìyǎn】
○ 원앙		오시도리 おしどり	鸳鸯	위엔양 【yuānyāng】
○ 원예	[園芸]	엥게- えんげい	园艺	위엔이 【yuányì】
○ 원유	[原油]	겡유 げんゆ	原油	위엔여우 【yuányóu】
○ 원인	[原因]	겡잉 げんいん	原因	위엔인 【yuányīn】

○ · 웅 · 원

○ 원자	[原子]	겐시 げんし	原子	위엔즈 【yuánzi】
○ 원작	[原作]	겐사꾸 げんさく	原作	위엔쭈어 【yuánzuò】
○ 원조(하다)	[元祖]	간소 がんそ	援助	위엔주 【yuánzhù】
○ 원칙	[原則]	겐소꾸 げんそく	原则	위엔저 【yuánzé】
○ 원피스	[one-piece]	왐삐-스 ワンピース	连衣裙	리엔이췬 【liányīqún】
○ 월경	[月経]	겍게- げっけい	月经	위에징 【yuèjīng】
○ 월급	[月給]	겍뀨- げっきゅう	月薪	위에신 【yuèxīn】
○ 월부	[月賦]	겝뿌 げっぷ	按月	안위에 【ànyuè】
○ 월요일	[月曜日]	게쓰요-비 げつようび	星期一	씽치이 【xīngqīyī】
○ 웨이터	[waiter]	웨-따- ウェーター	服务员	푸우위엔 【fúwùyuán】
○ 위	[胃]	이 い	胃	웨이 【wèi】
○ 위기	[危機]	기끼 きき	危机	웨이지 【wēijī】
○ 위대하다	[偉い]	에라이 えらい	伟大	웨이따 【wéidà】
○ 위독(한)	[危篤]	기또꾸 きとく	凶险	시옹시엔 【xiōxiǎn】
○ 위로	[慰労]	이로- いろう	告慰	까오웨이 【gàowèi】
○ 위반(하다)	[違反]	이항 いはん	犯法	판파 【fànfǎ】

○ 위생	[衛生]	에-세- えいせい	卫生	웨이셩 【wèishēng】
○ 위스키	[whisky]	우이스끼- ウイスキー	威士忌	웨스지 【wēishìjì】
○ 위자료	[手切れ金]	데기레낑 てぎれきん	慰抚金	웨이푸진 【wèifǔjīn】
○ 위장	[胃腸]	이쬬- いちょう	胃肠	웨이창 【wèicháng】
○ 위장(하다)	[偽裝]	기소- ぎそう	伪装	웨이주앙 【wěizhuāng】
○ 위조(하다)	[偽造]	기죠- ぎぞう	伪造	웨이짜오 【wěizào】
○ 위치	[位置]	이찌 いち	位置	웨이즈 【wèizhi】
○ 위탁(하다)	[委託]	이따꾸 いたく	委托	웨이투어 【wěituō】
○ 위험	[危險]	기껭 きけん	危险	웨이시엔 【wēixiǎn】
○ 위협하다	[脅かす]	오도까스 おどかす	威胁	웨이시에 【wēixié】
○ 윙크(하다)	[wink]	윙꾸 ウィンク	眼色	이엔써 【yǎnsè】
○ 유감	[遺憾]	이깡 いかん	遗憾	이한 【yíhàn】
○ 유괴	[誘拐]	유-까이 ゆうかい	拐	과이 【guǎi】
○ 유교	[儒教]	쥬꾜- じゅきょう	儒教	루지아오 【Rújiào】
○ 유능(한)	[有能]	유-노- ゆうのう	得力	더리 【déli】
○ 유니폼	[uniform]	유니호-무 ユニホーム	制服	즈푸 【shìfù】

한국어	일본어		중국어	
○ 유도	[柔道]	쥬-도- じゅうどう	柔道	러우따오 【róudào】
○ 유람선	[遊覧船]	유-란셍 ゆうらんせん	游船	여우추안 【yóuchuán】
○ 유래(하다)	[由来]	유라이 ゆらい	由来	여우라이 【yóulái】
○ 유럽	[Europe]	요-롭빠 ヨーロッパ	欧	어우 【ōu】
○ 유력(한)	[有力]	유-료꾸 ゆうりょく	有力	여우리 【yǒulì】
○ 유령	[幽霊]	유-레- ゆうれい	鬼	궤이 【guǐ】
○ 유료	[有料]	유-료- ゆうりょう	收费	셔우페이 【shōufèi】
○ 유리(재료)	[네glas]	가라스 ガラス	玻璃	뽀리 【bōlí】
○ 유망(한)	[有望]	유-보- ゆうぼう	有为	여우웨이 【yǒuwéi】
○ 유머	[humor]	유-모아 ユーモア	幽默	여우모 【yōumò】
○ 유명(한)	[有名]	유-메- ゆうめい	有名	여우밍 【yǒumíng】
○ 유모차	[乳母車]	우바구루마 うばぐるま	婴儿车	잉얼처 【yīng'érchē】
○ 유방	[乳房]	지부사 ちぶさ	乳房	루팡 【rǔfáng】
○ 유산	[遺産]	이상 いさん	遗产	이찬 【yíchǎn】
○ 유서	[遺書]	이쇼 いしょ	遗书	이수 【yíshù】
○ 유성(떠돌이별)	[流れ星]	나가레보시 ながれぼし	流星	리우씽 【liúxīng】

한국어	한자	일본어	중국어	
○ 유아	[幼児]	요-지 ようじ	幼儿	여우얼 【yòuér】
○ 유일(한)	[唯一]	유이-쓰 ゆいいつ	唯一	웨이이 【wéiyī】
○ 유적	[遺跡]	이세끼 いせき	遗址	이즈 【yízhǐ】
○ 유전	[油田]	유뎅 ゆでん	油田	여우티엔 【yóutián】
○ 유지하다	[保つ]	다모쓰 たもつ	维持	웨이츠 【wéichí】
○ 유창하게	[流暢]	류-쬬- りゅうちょう	流利	리우리 【liúlì】
○ 유치원	[幼稚園]	요-찌엥 ようちえん	幼儿园	여우얼위엔 【yòu'éryuán】
○ 유쾌한	[愉快]	유까이 ゆかい	愉快	위콰이 【yúkuài】
○ 유통(하다)	[流通]	류-쓰- りゅうつう	流通	리우퉁 【liútōng】
○ 유학(하다)	[留学]	류-가꾸 りゅうがく	留学	리우쉬에 【liúxué】
○ 유행	[流行]	류-꼬- りゅうこう	流行	리우씽 【liúxíng】
○ 유혹	[誘惑]	유-와꾸 ゆうわく	诱惑	여우후어 【yòuhuò】
○ 유화	[油絵]	아부라에 あぶらえ	油画	여우화 【yóuhuà】
○ 유효	[有効]	유-꼬- ゆうこう	有效	여우시아오 【yǒuxiào】
○ 육군	[陸軍]	리꾸궁 りくぐん	陆军	루쥔 【lùjūn】
○ 육아	[育児]	이꾸지 いくじ	育儿	위얼 【yù'ér】

ㅇ · 유 · 육

○ 육안	[肉眼]	니꾸강 にくがん	肉眼	러우이옌 【ròuyǎn】
○ 육지	[陸地]	리꾸찌 りくち	陆地	루띠 【lùdì】
○ 육체	[肉体]	니꾸따이 にくたい	肉体	러우티 【ròutǐ】
○ 육친	[肉親]	니꾸싱 にくしん	骨肉	구러우 【gǔròu】
○ 윤곽	[輪郭]	링까꾸 りんかく	轮廓	룬쿠어 【lúnkuò】
○ 윤년	[閏年]	우루우도시 うるうどし	润年	룬니엔 【rùnnián】
○ 윤리	[倫理]	린리 りんり	伦理	룬리 【lúnlǐ】
○ 윤회	[輪廻]	린네 じゅうたん	轮回	룬훼이 【lúnhuí】
○ 융단	[carpet]	카-뻿또 カーペット	绒毯	롱탄 【róngtǎn】
○ 융자(하다)	[融資]	유-시 ゆうし	融资	롱즈 【róngzī】
○ 융합(하다)	[融合]	유-고- ゆうごう	融合	롱허 【rónghé】
○ 은방울꽃	[鈴蘭]	스즈랑 すずらん	铃兰	링란 【línglán】
○ 은인	[恩人]	온징 おんじん	恩人	언런 【ēnrén】
○ 은총	[恵み]	메구미 めぐみ	宠爱	총아이 【chǒng'ài】
○ 은행	[銀行]	깅꼬- ぎんこう	银行	인항 【yínháng】
○ 은혜	[恩]	옹 おん	恩惠	언훼이 【ēnhuì】

○ 음모	[陰謀]	임보- いんぼう	阴谋	인머우 【yīnmóu】
○ 음미(하다)	[吟味]	김미 ぎんみ	吟味	인웨이 【yínwèi】
○ 음성	[陰性]	인세- いんせい	人生	런셩 【rénshēng】
○ 음식물	[食べ物]	즈다베모노 たべもの	食物	스우 【shíwù】
○ 음악	[音楽]	옹가꾸 おんがく	音乐	인위에 【yīnyuè】
○ 응답(하다)	[応答]	오-또- おうとう	应	잉 【yīng】
○ 응시하다	[見つめる]	미쓰메루 みつめる	凝视	닝스 【níngshì】
○ 응어리		시꼬리 しこり	疙瘩	꺼다 【gēdā】
○ 응용	[応用]	오-요- おうよう	应用	잉용 【yìngyòng】
○ 응원(하다)	[応援]	오-엥 おうえん	应援	잉위엔 【yìngyuán】
○ 응접실	[応接間]	오-세쓰마 おうせつま	客厅	커팅 【kètīng】
○ 응하다	[応じる]	오-지루 おうじる	应	잉 【yìng】
○ 의견	[意見]	이껭 いけん	意见	이지엔 【yìjiàn】
○ 의뢰(하다)	[依頼]	이라이 いらい	依赖	이라이 【yīlài】
○ 의료	[医療]	이료- いりょう	医疗	이리아오 【yīliào】
○ 의류	[衣類]	이루이 いるい	衣服	이푸 【yīfu】

ㅇ
·
음
응
의

○ 의무	[義務]	기무 ぎむ	义务	이우 【yìwù】
○ 의문	[疑問]	기몽 ぎもん	疑问	이원 【yíwèn】
○ 의미(하다)	[意味]	이미 いみ	意味着	이웨이저 【yìwèizhe】
○ 의사	[医者]	이샤 いしゃ	大夫	따이푸 【dàifu】
○ 의상	[衣裳]	이쇼- いしょう	衣裳	이샹 【yīshang】
○ 의심하다	[疑う]	우따가우 うたがう	怀疑	화이이 【huáiniàn】
○ 의욕	[意欲]	이요꾸 いよく	欲望	위왕 【yùwàng】
○ 의자	[椅子]	이스 いす	椅子	이즈 【yǐzi】
○ 의지	[意志]	이시 いし	意志	이즈 【yìzhì】
○ 의지하다	[頼る]	다요루 たよる	依靠	이카오 【yīkào】
○ 의회	[議会]	기까이 ぎかい	议会	이훼이 【yìhuì】
○ 이(곤충)	[虱]	시라미 しらみ	虱子	스즈 【shīzi】
○ 이(치아)	[歯]	하 は	牙齿	야츠 【yáchǐ】
○ 이것		고레 これ	这个	저거 【zhège】
○ 이기다	[勝つ]	가쓰 かつ	赢	잉 【yíng】
○ 이기주의	[利己主義]	리꼬슈기 りこしゅぎ	自私自利	쯔쓰쯔리 【zìsīzìlì】

한국어	일본어		중국어	
○ 이끌다	[導く]	미찌비꾸 みちびく	带领	따이링 【dàilǐng】
○ 이끼	[苔]	고께 こけ	苔	타이 【tái】
○ 이내	[以内]	이나이 いない	以内	이네이 【yǐnèi】
○ 이념	[理念]	리넹 りねん	理念	리니엔 【lǐniàn】
○ 이달(에)	[今月]	공게쓰 こんげつ	这个月	저거위에 【zhègeyuè】
○ 이동(하다)	[移動]	이도- いどう	移动	이똥 【yídòng】
○ 이력서	[履歴書]	리레끼쇼 りれきしょ	履历书	뤼리수 【lǚlìshū】
○ 이론	[理論]	리롱 りろん	理论	리룬 【lǐlùn】
○ 이루다	[遂げる]	도게루 とげる	做成	주어청 【zuòchéng】
○ 이륙(하다)	[離陸]	리리꾸 りりく	起飞	치페이 【qǐfēi】
○ 이름	[名前]	나마에 なまえ	名字	밍즈 【míngzi】
○ 이마	[額]	히따이 ひたい	额	어 【é】
○ 이미지	[image]	이메-지 イメージ	心像	씬시앙 【xīnxiàng】
○ 이민	[移民]	이밍 いみん	移民	이민 【yímín】
○ 이발소	[理髮所]	리하쓰탕 りはつてん	发廊	파랑 【fàláng】
○ 이별(하다)	[別れ]	와까레 わかれ	离别	리비에 【líbié】

○
·
이

한국어	일본어	일본어 발음	중국어	중국어 발음
○ 이불	[布団]	후똥 ふとん	被子	뻬이즈 【bèizi】
○ 이사(하다)	[引っ越し]	힉꼬시 ひっこし	搬家	빤지아 【bánjiā】
○ 이상(기준)	[以上]	이죠- いじょう	以上	이샹 【yǐshàng】
○ 이상(목표)	[理想]	리소- りそう	理想	리시앙 【lǐxiǎng】
○ 이성(행동)	[理性]	리세- りせい	理性	리씽 【lǐxìng】
○ 이성(다른 성)	[異性]	이세- いせい	异性	이씽 【yìxìng】
○ 이슬	[露]	쓰유 つゆ	露	루 【lù】
○ 이야기	[話]	하나시 はなし	故事	꾸스 【gùshi】
○ 이용(하다)	[利用]	리요- りよう	利用	리용 【lìyòng】
○ 이웃	[隣]	도나리 となり	邻居	린쥐 【línjū】
○ 이유	[理由]	리유- りゆう	理由	리여우 【lǐyóu】
○ 이익	[利益]	리에끼 りえき	利益	리이 【lìyì】
○ 이자	[利息]	리소꾸 りそく	利息	리시 【lìxī】
○ 이쪽		고찌라 こちら	这边	저비엔 【zhèbiān】
○ 이치		리꾸쓰 りくつ	道理	따오리 【dàolǐ】
○ 이해(양해)	[利害]	리가이 りがい	利害	리하이 【lìhài】

ㅇ
·
이

○ 이해(하다)	[理解]	리까이 りかい	理解	리지에 【lǐjiě】
○ 이혼(하다)	[離婚]	리꽁 りこん	离婚	리훈 【líhūn】
○ 익명	[匿名]	도꾸메- とくめい	暗名儿	안밀 【ànmíngr】
○ 익사하다	[溺死]	데끼시 できし	淹死	이엔쓰 【yānsǐ】
○ 익살	[滑稽]	곡께- こっけい	滑稽	화지 【huájī】
○ 익숙해지다	[馴れる]	나레루 なれる	熟悉	수시 【shúxī】
○ 익히다	[煮る]	니루 にる	熟	수 【shú】
○ 인간	[人間]	닝겡 にんげん	人间	런지엔 【rénjiān】
○ 인공	[人工]	징꼬- じんこう	人工	런꽁 【réngōng】
○ 인구	[人口]	징꼬- じんこう	人口	런커우 【rénkǒu】
○ 인기	[人気]	닝끼 にんき	吃香	츠시앙 【chīxiāng】
○ 인내(하다)	[忍耐]	닌따이 にんたい	忍耐	런나이 【rěnnài】
○ 인도(하다)	[導く]	미찌비꾸 みちびく	引导	인다오 【yǐndǎo】
○ 인류	[人類]	진루이 じんるい	人类	런레이 【rénlèi】
○ 인물	[人物]	짐부쓰 じんぶつ	人物	런우 【rénwù】
○ 인민	[人民]	짐밍 じんみん	人民	런민 【rénmín】

한국어		일본어	중국어	
○ 인사	[挨拶]	아이사쓰 あいさつ	人士	런스 【rénshì】
○ 인사(하다)	[人事]	진지 じんじ	打招呼	다자오후 【dǎzhāohu】
○ 인상	[印象]	인쇼- いんしょう	印象	인시앙 【yìnxiàng】
○ 인상(하다)	[引上げ]	히끼아게 ひきあげ	提高	티까오 【tígāo】
○ 인색한	[名]	게찌 けち	吝啬	린써 【lìnsè】
○ 인생	[人生]	진세- じんせい	人生	런셩 【rénshēng】
○ 인솔(하다)	[引率]	인소쓰 いんそつ	率领	수아이링 【shuàilǐng】
○ 인쇄	[印刷]	인사쓰 いんさつ	印刷	인수아 【yìnshuā】
○ 인스턴트	[instant]	인스딴또 インスタント	快餐食品	콰이찬스핀 【kuàicānshípǐn】
○ 인식(하다)	[認識]	닌시끼 にんしき	认识	런스 【rèshi】
○ 인용(하다)	[引用]	잉요- いんよう	引用	인용 【yǐnyòng】
○ 인정(하다)	[認定]	닌떼- にんてい	认定	런띵 【rèn dìng】
○ 인정하다(승인)	[認める]	미또메루 みとめる	认定	런띵 【rèndìng】
○ 인종	[人種]	진슈 じんしゅ	人种	런종 【rénzhǒng】
○ 인출	[引出し]	히끼다시 ひきだし	取款	취콴 【qǔkuǎn】
○ 인터넷	[internet]	인따-넷또 インターネット	网	왕 【wǎng】

○ 인터뷰	[interview]	인따뷰- インタビュー	会见	훼이지엔 【juìjiàn】
○ 인테리어	[interior]	인떼리아 インテリア	室内装饰	스네이주앙스 【shìnèizhuāngshì】
○ 인형	[人形]	닝교- にんぎょう	娃娃	와와 【wáwa】
○ 일(업무)	[仕事]	시고또 しごと	事	스 【shì】
○ 일곱	[七つ]	나나쓰 ななつ	七	치 【qī】
○ 일과	[日課]	닉까 にっか	日课	르커 【rìkè】
○ 일광	[日光]	닉꼬- にっこう	日光	르꽝 【rìguāng】
○ 일기	[日記]	닉끼 にっき	日记	르지 【rì jì】
○ 일당	[一味]	이찌미 いちみ	一党	이당 【yìdǎng】
○ 일등	[一等]	잇또- いっとう	一等	이덩 【yīděng】
○ 일몰	[日暮れ]	히구레 ひぐれ	日没	르모 【rìmò】
○ 일부	[一部]	이찌부 いちぶ	有些	여우시에 【yǒuxiē】
○ 일부러		와자와자 わざわざ	故意	꾸이 【gùyi】
○ 일상	[日常]	니찌죠- にちじょう	日常	르창 【rìcháng】
○ 일생	[一生]	잇쇼- いっしょう	一生	이셩 【yìshēng】
○ 일어나다	[起きる]	오끼루 おきる	起来	치라이 【qǐlái】

○ 일요일	[日曜日]	니찌요-비 にちようび	星期日	씽치르 【xīngqīrì】
○ 일으키다	[起こす]	오꼬스 おこす	掀起	시엔치 【xiānqǐ】
○ 일제히	[一斉に]	잇세-니 いっせいに	一齐	치 【yìqí】
○ 일찍이	[曾て]	가쓰떼 かつて	早先	자오시엔 【zǎoxiān】
○ 일치(하다)	[一致]	잇찌 いっち	一致	이즈 【yízhì】
○ 일하다	[働く]	하따라꾸 はたらく	做活	쭈어후어 【zuòhuó】
○ 읽다	[読む]	요무 よむ	读	두 【dú】
○ 잃다	[失う]	우시나우 うしなう	矢	스 【shī】
○ 임금	[賃金]	징깅 ちんぎん	工资	꽁즈 【gōngzī】
○ 임명(하다)	[任命]	님메- にんめい	任命	런밍 【rènmìng】
○ 임무	[任務]	님무 にんむ	任务	런우 【rènwù】
○ 임산부	[妊産婦]	닌삼뿌 にんさんぷ	孕妇	윈푸 【yùnfù】
○ 임시	[臨時]	린지 りんじ	临时	린스 【línshí】
○ 임신	[妊娠]	닌싱 にんしん	怀孕	화이윈 【huáiyùn】
○ 임종	[臨終]	린쥬- りんじゅう	临终	린종 【línzhōng】
○ 입	[口]	구찌 くち	嘴	줴이 【zuǐ】

ㅇ
·
일
임
입

		이리구찌	入口	루커우
○ 입구	[入口]	いりぐち	入口	【rùkǒu】
○ 입국(하다)	[入国]	뉴-꼬꾸 にゅうこく	入境	루징 【rùjìng】
○ 입금	[入金]	뉴-낑 にゅうきん	进钱	찐치엔 【jìnqián】
○ 입다	[着る]	기루 きる	穿	추안 【chuān】
○ 입덧	[悪阻]	쓰와리 つわり	孕吐	윈투 【yùntù】
○ 입력(하다)	[入力]	뉴-료꾸 にゅうりょく	输入	수루 【shūrù】
○ 입법	[立法]	립뽀- りっぽう	立法	리파 【lìfǎ】
○ 입사(하다)	[入社]	뉴-샤 にゅうしゃ	加入公司	지아루공스 【jiārùgōngsī】
○ 입시	[入試]	뉴-시 にゅうし	入学考试	루쉬에카오스 【rùxuékǎoshì】
○ 입원(하다)	[入院]	뉴-잉 にゅういん	住院	주위엔 【zhùyuàn】
○ 입장	[立場]	다찌바 たちば	立场	리창 【lìchǎng】
○ 입장(하다)	[入場]	뉴-죠- にゅうじょう	入场	루창 【rùchǎng】
○ 입체	[立体]	릿따이 りったい	立体	리티 【lìtǐ】
○ 입학(하다)	[入学]	뉴-가꾸 にゅうがく	入学	루쉬에 【rùxué】
○ 잇달아	[立て続け]	다떼스즈께 たてつづけ	接连	지에리엔 【jiēlián】
○ 잇몸	[歯茎]	하구끼 はぐき	牙龈	야인 【yáyín】

ㅇ · 입
잇

○ 있다	[居る]	이루 いる	有	여우 【yǒu】
○ 잉어	[鯉]	고이 こい	鯉	리 【lǐ】
○ 잉여	[剰余]	죠ー요 じょうよ	剩余	성위 【shèngyú】
○ 잉크	[ink]	잉끼 インキ	墨水	모쉐이 【mòshuǐ】
○ 잊다	[忘れる]	와스레루 わすれる	忘记	왕지 【wàngjì】
○ 잎	[葉]	하 は	叶子	예즈 【yèzi】

ㅇ · 있 잉 잎

日本(にほん)を もう一度(いちど) 「洗濯(せんたく)」 してやる.

일본을 다시 한번 세탁한다.

- 坂本(さかもと) 龍馬(りょうま)(시카모토 료마)

藝術(げいじゅつ)の修業(しゅぎょう)だけでなく.

あなたの精神(せいしん)を益(えき)する修業(しゅぎょう)を

つづけなさい.

예술의 수업만이 아니라,

당신의 정신에 보탬이 되는 수행을 계속하라.

- ベ―ト.ウェン(베토벤)

한국어	일본어 한자	일본어	중국어 한자	중국어
○ 자	[定規]	죠-기 じょうぎ	尺	츠 【chǐ】
○ 자각	[自覚]	지까꾸 じかく	自觉	쯔쥐에 【zìjué】
○ 자갈	[砂利]	쟈리 じゃり	碎石	쒜이스 【suìshí】
○ 자격	[資格]	시까꾸 しかく	资格	쯔거 【zīgé】
○ 자국	[跡]	아또 あと	印痕	인헌 【yìnhén】
○ 자궁	[子宮]	시뀨- しきゅう	子宫	쯔꽁 【zǐgōng】
○ 자극(하다)	[刺戟]	시게끼 しげき	刺激	츠지 【cìjī】
○ 자금	[資金]	시낑 しきん	资金	쯔진 【zījīn】
○ 자기(본인)	[自分]	지붕 じぶん	自己	쯔지 【zìjǐ】
○ 자다	[寝る]	네루 ねる	睡觉	쉐이지아오 【shuìjiào】
○ 자동	[自動]	지도- じどう	自动	쯔똥 【zìdòng】
○ 자동차	[自動車]	지도-샤 じどうしゃ	汽车	치처 【qìchē】
○ 자두	[李]	스모모 すもも	李子	리즈 【lǐzi】

ㅈ · 자

한국어	한자	일본어	한자	중국어
○ 자라		습뽕 すっぽん	鳖	삐에 【biē】
○ 자라다	[育つ]	소다쯔 そだつ	长	장 【zhǎng】
○ 자랑	[自慢]	지망 じまん	骄傲	지아오아오 【jiāo'ào】
○ 자랑하다	[自慢する]	지만스루 じまんする	炫耀	쉬엔야오 【xuányào】
○ 자료	[資料]	시료- しりょう	资料	쯔리아오 【zīliào】
○ 자르다	[切る]	기루 きる	切	치에 【qiē】
○ 자리	[席]	세끼 せき	座儿	쭈얼 【zuòr】
○ 자막	[字幕]	지마꾸 じまく	字幕	쯔무 【zìmù】
○ 자매	[姉妹]	시마이 しまい	姐妹	지에메이 【jiěmèi】
○ 자물쇠	[錠前]	죠-마에 じょうまえ	锁	쑤어 【suǒ】
○ 자백(하다)	[自白]	지하꾸 じはく	口供	커우꽁 【kǒugōng】
○ 자비	[慈悲]	지히 じひ	自费	쯔페이 【zìfèi】
○ 자살(하다)	[自殺]	지사쯔 じさつ	自杀	쯔샤 【zìshā】
○ 자서전	[自叙伝]	지죠뎅 じじょでん	自传	쯔주안 【zìzhuàn】
○ 자석	[磁石]	지샤꾸 じしゃく	磁铁	츠티에 【cítiě】
○ 자선	[慈善]	지젱 じぜん	慈善	츠샨 【císhàn】

ㅈ
·
자

○ 자세	[姿勢]	시세- しせい	姿势	즈스 【zīshi】
○ 자세히	[詳しく]	구와시꾸 くわしく	仔细	즈씨 【zǐxì】
○ 자손	[子孫]	시송 しそん	子孙	즈쑨 【zǐsūn】
○ 자수	[刺繡]	시슈- ししゅう	绣	시우 【xiù】
○ 자아	[自我]	지가 じが	自我	쯔워 【zìwǒ】
○ 자연	[自然]	시젱 しぜん	自然	쯔란 【zìrán】
○ 자원	[資源]	시겡 しげん	资源	즈위엔 【zīyuán】
○ 자유	[自由]	지유- じゆう	自由	쯔여우 【zìyóu】
○ 자주	[度々]	다비따비 たびたび	往往	왕왕 【wǎngwǎng】
○ 자취(하다)	[自炊]	지스이 じすい	自取	쯔취 【zì qǔ】
○ 자택	[自宅]	지따꾸 じたく	己的住宅	쯔지더주자이 【zìjǐdezhùzhái】
○ 자화상	[自画像]	지가조- じがぞう	自画像	쯔화시앙 【zìhuàxiàng】
○ 작가	[作家]	삭까 さっか	作家	쭈어지아 【zuòjiā】
○ 작곡(하다)	[作曲]	삭꼬꾸 さっきょく	谱曲	푸취 【pǔqǔ】
○ 작년	[去年]	교넹 きょねん	去年	취니엔 【qùnián】
○ 작다	[小さい]	치이사이 ちいさい	小	시아오 【xiǎo】

ㅈ
·
자
작

○ 작문(하다)	[作文]	사꾸붕 さくぶん	作文	쭈어원 【zuòwén】
○ 작사(하다)	[作詞]	사꾸시 さくし	作词	쭈어츠 【zuòcí】
○ 작성(하다)	[作成]	사꾸세- さくせい	开	카이 【kāi】
○ 작업(하다)	[作業]	사교- さぎょう	作业	쭈어예 【zuòyè】
○ 작용(하다)	[作用]	사요- さよう	作用	쭈어용 【zuòyòng】
○ 작전	[作戰]	사꾸셍 さくせん	作战	쭈어잔 【zuòzhàn】
○ 작품	[作品]	사꾸힝 さくひん	作品	쭈어핀 【zuòpǐn】
○ 잔고	[残高]	잔다까 ざんだか	库存	쿠춘 【kùcún】
○ 잔디밭	[芝生]	사바후 しばふ	草皮	차오피 【cǎopí】
○ 잔소리	[小言]	고고또 こごと	絮叨	쉬다오 【xùdao】
○ 잔혹(한)	[残酷]	장꼬꾸 ざんこく	残酷	찬쿠 【cánkù】
○ 잘라내다	[切り取る]	기리또루 きりとる	剪除	지엔추 【jiǎnchú】
○ 잘못	[間違い]	마찌가이 まちがい	误	우 【wù】
○ 잠	[眠り]	네무리 ねむり	觉	지아오 【jiào】
○ 잠깐		촛또 ちょっと	一会儿	이후얼 【yíhuìr】
○ 잠꼬대	[寝言]	네고또 ねごと	梦话	멍화 【mènghuà】

○ 잠꾸러기	[朝寝坊]	아사네보- あさねぼう	瞌睡虫	커쉐이총 【kēshuìchóng】
○ 잠옷	[寝間着]	네마끼 ねまき	睡衣	쉐이이 【shuìyī】
○ 잠자리		돔보 とんぼ	蜻蜓	칭팅 【qīngtíng】
○ 잡다	[捕らえる]	도라에루 とらえる	把握	바워 【bǎwò】
○ 잡담(하다)	[雑談]	자쓰당 ざつだん	闲聊	시엔리아오 【xiánliáo】
○ 잡동사니		가라꾸따 がらくた	杂物	자우 【záwù】
○ 잡아당기다	[引っ張る]	힙빠루 ひっぱる	拽	주아이 【zhuài】
○ 잡음	[雑音]	자쓰옹 ざつおん	噪音	짜오인 【zàoyīn】
○ 잡지	[雑誌]	잣시 ざっし	杂志	자즈 【zázhì】
○ 잡초	[雑草]	잣소- ざっそう	杂草	자차오 【zácǎo】
○ 장갑	[手袋]	데부꾸로 てぶくろ	手套	셔우타오 【shǒutào】
○ 장교	[将校]	쇼-꼬- しょうこう	军官	쮠관 【jūnguān】
○ 장군	[将軍]	쇼-궁 しょうぐん	将军	지앙쮠 【jiāngjūn】
○ 장난	[悪戯]	이따즈라 いたずら	捣乱	다오루안 【dǎoluàn】
○ 장난감	[玩具]	오모쨔 おもちゃ	玩具	완쮜 【wánjù】
○ 장남	[長男]	쵸-낭 ちょうなん	长子	장즈 【zhǎngzǐ】

ㅈ
·
잠
잡
장

○ 장대	[竿]	사오 さお	竿	간 【gān】
○ 장딴지	[脹ら脛]	후꾸라하기 ふくらはぎ	腿肚	퉤이뚜 【tuǐdù】
○ 장래	[将来]	쇼-라이 しょうらい	将来	지앙라이 【jiānglái】
○ 장려(하다)	[奨励]	쇼-레- しょうれい	奖励	지앙리 【jiǎnglì】
○ 장례식	[葬式]	소-시끼 そうしき	葬礼	짱리 【zànglǐ】
○ 장르	[genre]	쟝루 ジャンル	体裁	티차이 【tǐcái】
○ 장마	[長雨]	나가메 ながめ	淫雨	인위 【yínyǔ】
○ 장면	[場面]	바멩 ばめん	场面	창미엔 【chǎngmiàn】
○ 장미	[薔薇]	바라 ばら	玫瑰	메이꿰이 【méigui】
○ 장부	[帳簿]	쵸-보 ちょうぼ	账簿	쟝뿌 【zhàngbù】
○ 장사	[商売]	쇼-바이 しょうばい	生意	셩이 【shēngyì】
○ 장식하다	[飾る]	가자루 かざる	装饰	주앙스 【zhuāngshì】
○ 장애물	[障害物]	쇼-가이부쯔 しょうがいぶつ	障碍物	쟝아이우 【zhàng'àiwù】
○ 장인	[舅]	슈우또 しゅうと	岳父	위에푸 【yuèfù】
○ 장작	[薪]	다끼기 たきぎ	劈柴	피차이 【pīchai】
○ 장점	[長所]	쵸-쇼 ちょうしょ	长处	창추 【chángchù】

ㅈ · 장

○ 장치	[裝置]	소-찌 そうち	设备	셔뻬이 【shèbèi】
○ 장치하다	[取り付ける]	도리쓰께루 とりつける	裝置	주앙즈 【zhuāngzhì】
○ 장화	[長靴]	나가구쓰 ながぐつ	靴子	쉬에즈 【xuēzi】
○ 재	[灰]	하이 はい	灰	훼이 【huī】
○ 재고	[在庫]	자이꼬 ざいこ	库存	쿠춘 【kùcún】
○ 재난	[災難]	사이낭 さいなん	灾难	짜이난 【zāinàn】
○ 재능	[才能]	사이노- さいのう	才能	차이넝 【cáinéng】
○ 재단	[財団]	자이당 ざいだん	裁	차이 【cái】
○ 재떨이	[灰皿]	하이자라 はいざら	灰碟儿	훼이디얼 【huīdiér】
○ 재료	[材料]	자이료- ざいりょう	材料	차이리아오 【cáiliào】
○ 재배(하다)	[栽培]	사이바이 さいばい	栽培	짜이페이 【zāipéi】
○ 재빠르다		스바야이 すばやい	灵捷	링지에 【língjié】
○ 재산	[財産]	자이상 ざいさん	财产	차이찬 【cáichǎn】
○ 재우다	[寝かす]	네까스 ねかす	让…睡觉	랑…쉐이지아오 【ràng…shuìjiào】
○ 재작년	[一昨年]	오도또시 おととし	前年	치엔니엔 【qiánnián】
○ 재즈	[jazz]	쟈즈 ジャズ	爵士	쥐에스 【juéshì】

○ 재킷	[jacket]	쟈켓또 ジャケット	夹克	지아커 【jiākè】
○ 재혼	[再婚]	사이꽁 さいこん	再婚	짜이훈 【zàihūn】
○ 잼	[jam]	쟈무 ジャム	果子酱	구어즈지양 【guǒzijiàng】
○ 쟁반	[お盆]	오봉 おぼん	盘	판 【pán】
○ 저기		아소꼬 あそこ	那里	나리 【nàli】
○ 저리다	[痺れる]	시비레루 しびれる	酥麻	쑤마 【sūmá】
○ 저수지	[貯水池]	쵸스이찌 ちょすいち	水库	쉐이쿠 【shuǐkù】
○ 저술(하다)	[著述]	쵸쥬쓰 ちょじゅつ	著	주 【zhù】
○ 저울	[秤]	하까리 はかり	秤	청 【chèng】
○ 저주	[呪い]	노로이 のろい	诅咒	주저우 【zǔzhòu】
○ 저축(하다)	[貯蓄]	쵸찌꾸 ちょちく	储蓄	추쉬 【chǔxù】
○ 저택	[邸宅]	데-따꾸 ていたく	宅院	자이위엔 【zháiyuàn】
○ 저항(하다)	[抵抗]	데-꼬- ていこう	抵抗	디캉 【dǐkàng】
○ 적	[敵]	데끼 てき	敌	디 【dí】
○ 적극적(인)	[積極的]	섹꾜꾸떼끼 せっきょくてき	积极	지지 【jījí】
○ 적다	[少ない]	스꾸나이 すくない	少	샤오 【shǎo】

ㅈ
·
재
저
적

○ 적당(한)	[適当]	데끼또- てきとう	适宜	스이 【shìyí】
○ 적도	[赤道]	세끼도- せきどう	赤道	츠따오 【chìdào】
○ 적립(하다)	[積立て]	쓰미타떼 つみたて	积累	지레이 【jīlěi】
○ 적성	[適性]	데끼세- てきせい	性向	씽시앙 【xìngxiàng】
○ 적시다	[浸す]	히따스 ひたす	弄湿	농스 【nòngshī】
○ 적십자	[赤十字]	세끼쥬-지 せきじゅうじ	红十字	홍스쯔 【Hóngshízì】
○ 적어도	[少なくとも]	스꾸나꾸또모 すくなくとも	至少	즈샤오 【zhìshǎo】
○ 적외선	[赤外線]	세끼가이셍 せきがいせん	红外线	홍와이시엔 【hóngwàixiàn】
○ 적자	[赤字]	아까지 あかじ	赤字	츠쯔 【chìzì】
○ 전갈	[言伝て]	고또즈떼 ことづて	蝎	시에 【xiē】
○ 전개(하다)	[展開]	뎅까이 てんかい	展开	잔카이 【zhǎnkāi】
○ 전공(하다)	[専攻]	셍꼬- せんこう	攻读	꽁두 【gōngdú】
○ 전구	[電球]	뎅뀨- でんきゅう	灯泡	떵파오 【dēngpào】
○ 전국(적인)	[全国]	젱꼬꾸 ぜんこく	全国	취엔구어 【quánguó】
○ 전근(하다)	[転勤]	뎅낑 てんきん	调迁	띠아오치엔 【diàoqiān】
○ 전기	[電気]	뎅끼 でんき	電氣	띠엔치 【diàn qì】

ㅈ
·
적
전

○ 전념(하다)	[専念]	센넹 せんねん	专精	주안징 【zhuānjīng】
○ 전달(하다)	[伝達]	덴따쓰 でんたつ	传达	추안다 【chuándá】
○ 전당포	[質屋]	시찌야 しちや	当铺	땅푸 【dāngpū】
○ 전도(전달)	[伝導]	덴도- でんどう	颠倒	띠엔다오 【diāndǎo】
○ 전도(하다)	[前途]	젠또 ぜんと	前途	치엔투 【qiántú】
○ 전등	[電灯]	덴도- でんとう	电灯	띠엔떵 【diàndēng】
○ 전략(하다)	[戦略]	센랴꾸 せんりゃく	战略	잔뤼에 【zhànlüè】
○ 전망	[展望]	뎀보- てんぼう	展望	잔왕 【zhǎnwàng】
○ 전매(하다)	[専売]	셈바이 せんばい	专卖	주안마이 【zhuānmài】
○ 전멸(되다)	[全滅]	젬메쓰 ぜんめつ	全歼	취엔지엔 【quánjiān】
○ 전문	[専門]	셈몽 せんもん	专门	주안먼 【zhuānmén】
○ 전보	[電報]	뎀뽀- でんぽう	电报	띠엔빠오 【diànbào】
○ 전부	[全部]	젬부 ぜんぶ	全部	취엔뿌 【quánbù】
○ 전사	[戦死]	센시 せんし	战死	잔시 【zhànsì】
○ 전설	[伝説]	덴세쓰 でんせつ	传说	추안슈어 【chuánshuō】
○ 전성기	[全盛期]	젠세-끼 ぜんせいき	全盛期	취엔셩치 【quánshèngqī】

○ 전송(하다)	[見送り]	미오꾸리 みおくり	传送	추안쏭 【chuánsòng】
○ 전술	[戰術]	센쥬쓰 せんじゅつ	战术	잔수 【zhànshù】
○ 전시	[展示]	덴지 てんじ	展览	잔란 【zhǎnlǎn】
○ 전염(되다)	[伝染]	덴셍 でんせん	传染	추안란 【chuánrǎn】
○ 전자	[電子]	덴시 でんし	电子	띠엔즈 【diànzǐ】
○ 전쟁(하다)	[戰爭]	센소- せんそう	战争	잔정 【zhànzhēng】
○ 전직	[転職]	덴쇼꾸 てんしょく	调职	띠아오즈 【diàozhí】
○ 전진(하다)	[前進]	젠싱 ぜんしん	前进	치엔찐 【qiánjìn】
○ 전차	[電車]	덴샤 でんしゃ	电车	띠엔처 【diànchē】
○ 전체	[全体]	젠따이 ぜんたい	全体	취엔티 【quántǐ】
○ 전통	[伝統]	덴또- でんとう	传统	추안통 【chuántǒng】
○ 전투(하다)	[戰鬪]	센또- せんとう	战斗	잔떠우 【zhàndòu】
○ 전파	[電波]	뎀빠 でんぱ	传播	추안뽀 【chuánbō】
○ 전파(하다)	[伝播]	뎀빠 でんぱ	发票	파피아오 【fāpiào】
○ 전하다	[伝える]	쓰따에루 つたえる	传	추안 【chuán】
○ 전혀	[皆目]	가이모꾸 かいもく	全然	취엔란 【quánrán】

○ 전화	[電話]	뎅와 でんわ	电话	띠엔화 【diànhuà】
○ 절	[寺]	데라 てら	寺	쓰 【sì】
○ 절교(하다)	[絶交]	젝꼬- ぜっこう	绝交	쥐에지아오 【juéjiāo】
○ 절단(하다)	[切断]	세쓰당 せつだん	切断	치에뚜안 【qiēduàn】
○ 절대적	[絶対]	젯따이 ぜったい	绝对	쥐에뚜에이 【juéduì】
○ 절망(하다)	[絶望]	제쓰보- ぜつぼう	绝望	쥐에왕 【juéwàng】
○ 절반	[半ば]	나까바 なかば	半	빤 【bàn】
○ 절벽	[絶壁]	젭뻬끼 ぜっぺき	崖	야 【yá】
○ 절실(한)	[切実]	세쓰지쓰 せつじつ	切实	치에스 【qièshí】
○ 절약(하다)	[節約]	세쓰야꾸 せつやく	节省	지에셩 【jiéshěng】
○ 절정	[絶頂]	젯쬬- ぜっちょう	绝顶	쥐에딩 【juédǐng】
○ 젊다	[若い]	와까이 わかい	年轻	니엔칭 【niánqīng】
○ 젊은이	[若者]	와까모노 わかもの	年轻人	니엔칭런 【niánqīngrén】
○ 점령(하다)	[占領]	센료- せんりょう	占领	잔링 【zhànlǐng】
○ 점성술	[星占い]	호시우라나이 ほしうらない	星卜	씽부 【xīngbǔ】
○ 점심시간	[昼休み]	히루야스미 ひるやすみ	午饭时间	우판스지엔 【wǔfànshíjiān】

ㅈ · 전 절 점

○ 점원	[店員]	뎅잉 てんいん	店员	띠엔위엔 【diànyuán】
○ 점쟁이	[易者]	에끼샤 えきしゃ	算命的	쑤안밍더 【suànmìngde】
○ 점점	[益々]	마스마스 ますます	渐渐	지엔지엔 【jiànjiàn】
○ 점차	[段々]	단당 だんだん	逐渐	주지엔 【zhújiàn】
○ 점퍼	[jumper]	잠빠ー ジャンパー	工作服	꽁쭈어푸 【gōngzuòfú】
○ 점포	[店舗]	뎀뽀 てんぽ	铺子	푸즈 【pùzi】
○ 점프(하다)	[jump]	잠뿌 ジャンプ	跳	티아오 【tiào】
○ 접근하다	[近付く]	치까즈꾸 ちかづく	接近	지에진 【jiējìn】
○ 접는 부채	[扇子]	센스 せんす	扇子	샨즈 【shànzi】
○ 접다	[畳む]	다따무 たたむ	叠	디에 【dié】
○ 접대(하다)	[接待]	셋따이 せったい	接待	지에따이 【jiēdài】
○ 접시	[皿]	사라 さら	碟子	디에즈 【diézi】
○ 젓가락	[箸]	하시 はし	筷子	콰이즈 【kuàizi】
○ 정가	[定価]	데ー까 ていか	定价	띵지아 【dìngjià】
○ 정계	[政界]	세ー까이 せいかい	政坛	정탄 【zhèngtán】
○ 정권	[政権]	세ー껭 せいけん	政权	정취엔 【zhèngquán】

ㅈ
·
점
접
정

○ 정글	[jungle]	쟝구루 ジャングル	密林	미린 【mìlín】
○ 정기	[定期]	데-끼 ていき	定期	띵치 【dìngqī】
○ 정년	[停年]	데-넹 ていねん	退休年龄	퉤이시우니엔링 【tuìxiūniánlíng】
○ 정답	[正答]	세-또- せいとう	正答	정다 【zhèngdá】
○ 정당	[政党]	세-또- せいとう	政党	정당 【zhèngdǎng】
○ 정도	[程度]	데-도 ていど	程度	청뚜 【chéngdù】
○ 정돈(하다)	[整頓]	세-또- せいとん	整頓	정뜬 【zhěngdùn】
○ 정력	[精力]	세-료꾸 せいりょく	精力	징리 【jīnglì】
○ 정렬(하다)	[整列]	세-레쓰 せいれつ	精炼	징리엔 【jīngliàn】
○ 정리하다	[片付ける]	가따즈께루 かたづける	整理	정리 【zhěnglǐ】
○ 정말로	[本当]	혼또- ほんとう	真的	전더 【zhēnde】
○ 정면	[正面]	쇼-멩 しょうめん	正面	정미엔 【zhèngmiàn】
○ 정박(하다)	[停泊]	데-하꾸 ていはく	停泊	팅보 【tíngbó】
○ 정보	[情報]	죠-호- じょうほう	情报	칭빠오 【qíngbào】
○ 정복(하다)	[制服]	세-후꾸 せいふく	征服	정푸 【zhēngfú】
○ 정부	[政府]	세-후 せいふ	政府	정푸 【zhèngfǔ】

		세-죠-		찡차엉
○ 정상	[正常]	せいじょう	经常	【jīng cháng】
○ 정세	[情勢]	죠-세- じょうせい	局势	쥐스 【júshì】
○ 정식	[正式]	세-시끼 せいしき	正式	정스 【zhèngshì】
○ 정신	[精神]	세-싱 せいしん	精神	징션 【jīngshén】
○ 정열	[情熱]	죠-네쓰 じょうねつ	热情	러칭 【rèqíng】
○ 정오	[正午]	쇼-고 しょうご	中午	중우 【zhōngwǔ】
○ 정원	[庭]	니와 にわ	庭园	팅위엔 【tíngyuán】
○ 정의(올바른)	[正義]	세-기 せいぎ	正义	정이 【zhèngyì】
○ 정자	[精子]	세-시 せいし	精子	찡wm 【jīngzi】
○ 정적	[静寂]	세-쟈꾸 せいじゃく	寂静	찌징 【jìjìng】
○ 정전(되다)	[停電]	데-뎅 ていでん	停电	팅띠엔 【tíngdiàn】
○ 정지(하다)	[停止]	데-시 ていし	停止	팅즈 【tíngzhǐ】
○ 정직	[正直]	쇼-지끼 しょうじき	正直	정즈 【zhèngzhí】
○ 정착(하다)	[定着]	데-쨔꾸 ていちゃく	定居	띵쥐 【dìngjū】
○ 정체(되다)	[正体]	쇼-따이 しょうたい	整体	정티 【zhěngtǐ】
○ 정치	[政治]	세-지 せいじ	政治	정즈 【zhèngzhì】

○ 정하다	[決める]	기메루 きめる	定	띵 【dìng】
○ 정해진	[決まる]	기마루 きまる	被決定	뻬이쥐에띵 【bèijuédìng】
○ 정확(한)	[正確]	세-까꾸 せいかく	正确	쩡취에 【zhèngquè】
○ 젖	[乳]	치찌 ちち	乳	루 【rǔ】
○ 젖다	[濡れる]	누레루 ぬれる	湿	스 【shī】
○ 제거	[取り除き]	도리노조끼 とりのぞき	消除	시아오추 【xiāochú】
○ 제공(하다)	[提供]	데-꾜- ていきょう	提供	티꽁 【tígòng】
○ 제국	[帝国]	데-꼬꾸 ていこく	帝国	띠구어 【dìguó】
○ 제도	[制度]	세-도 せいど	制度	즈뚜 【zhìdù】
○ 제명	[除名]	죠메- じょめい	开除	카이추 【kāichú】
○ 제목	[題目]	다이모꾸 だいもく	题目	티무 【tímù】
○ 제발	[後生]	고쇼- ごしょう	千万	치엔완 【qiānwàn】
○ 제방	[土手]	도떼 どて	堤防	띠팡 【dīfáng】
○ 제법		가나리 かなり	够	꺼우 【gòu】
○ 제복	[制服]	세-후꾸 せいふく	制服	즈푸 【zhìfú】
○ 제비	[燕]	쓰바메 つばめ	燕子	이엔즈 【yànzi】

ㅈ
·
정
젖
제

한국어	일본어 한자	일본어	중국어 한자	중국어
○ 제비꽃		스미레 すみれ	菫菜	진차이 【jǐncài】
○ 제비뽑기	[くじ引き]	구지비끼 くじびき	抽签儿	처우치얼 【chōuqiānr】
○ 제시(하다)	[提示]	데-지 ていじ	提示	티스 【tíshì】
○ 제안	[提案]	데-앙 ていあん	提案	티안 【tí'àn】
○ 제약	[製薬]	세-야꾸 せいやく	制药	쯔야오 【zhì yào】
○ 제외	[除外]	죠가이 じょがい	除外	추와이 【chúwài】
○ 제일	[第一]	다이이찌 だいいち	第一	띠이 【dìyī】
○ 제자	[弟子]	데시 でし	徒弟	투띠 【túdì】
○ 제작	[製作]	세-사꾸 せいさく	制作	즈쭈어 【zhizuò】
○ 제지	[制止]	세-시 せいし	制止	즈즈 【zhizhǐ】
○ 제출(하다)	[提出]	데-슈쓰 ていしゅつ	提交	티지아오 【tíjiāo】
○ 제한(하다)	[制限]	세-겡 せいげん	限制	시엔즈 【xiànzhì】
○ 제휴(하다)	[提携]	데-께- ていけい	提携	티시에 【tíxié】
○ 조각(하다)	[彫刻]	쵸-꼬꾸 ちょうこく	雕刻	띠아오커 【diāokè】
○ 조간	[朝刊]	쵸-깡 ちょうかん	晨报	천빠오 【chénbào】
○ 조개	[貝]	가이 かい	蛤蚌	거빵 【gébàng】

ㅈ · 제
조

○ 조개껍질	[貝殻]	가이가라 かいがら	贝壳	뻬이커 【bèiké】
○ 조건	[条件]	죠-껭 じょうけん	条件	티아오지엔 【tiáojiàn】
○ 조국	[祖国]	소꼬꾸 そこく	祖国	주구어 【zǔguó】
○ 조금	[少し]	스꼬시 すこし	一点儿	이디알 【yìdiǎnr】
○ 조끼	[jack]	쵹끼 チョッキ	坎肩儿	칸지얼 【kǎnjiānr】
○ 조난(당하다)	[遭難]	소-낭 そうなん	遇险	위시엔 【yùxiǎn】
○ 조달(하다)	[調達]	쵸-따쓰 ちょうたつ	调拨	띠아오보 【diàobō】
○ 조류	[鳥類]	쵸-루이 ちょうるい	鸟类	니아오레이 【niǎolèi】
○ 조르다	[強請る]	네다루 ねだる	卡	치아 【qiǎ】
○ 조립	[組み立て]	구미타떼 くみたて	装配	주앙페이 【zhuāngpèi】
○ 조명	[照明]	쇼-메- しょうめい	照明	자오밍 【zhàomíng】
○ 조소(하다)	[嘲笑]	쵸-쇼- ちょうしょう	嘲笑	차오시아오 【cháoxiào】
○ 조수	[助手]	죠슈 じょしゅ	助手	주셔우 【zhùshǒu】
○ 조숙(한)	[早熟]	소-쥬꾸 そうじゅく	早熟	자오수 【zǎoshú】
○ 조약	[条約]	죠-야꾸 じょうやく	条约	티아오위에 【tiáoyuē】
○ 조언(하다)	[助言]	죠겡 じょげん	指教	즈지아오 【zhǐjiào】

한국어	일본어	요미가나	중국어	병음
○ 조제(하다)	[調剤]	쵸-자이 ちょうざい	调剂	티아오지 【tiáoji】
○ 조종하다	[操る]	아야쓰루 あやつる	操纵	차오종 【cāozòng】
○ 조직(하다)	[組織]	소시끼 そしき	组织	주즈 【zǔzhī】
○ 조짐	[兆し]	기자시 きざし	迹象	지시앙 【jìxiàng】
○ 조카	[甥]	오이 おい	侄子	즈즈 【zhízi】
○ 조퇴(하다)	[早引き]	하야비끼 はやびき	早退	자오퉤이 【zǎotuì】
○ 조화(되다)	[調和]	쵸-와 ちょうわ	协调	시에티아오 【xiétiáo】
○ 조회(하다)	[照會]	죠-우카이 しょうかい	照会	자오훼이 【zhàohuì】
○ 존경(하다)	[尊敬]	송께- そんけい	尊敬	쭌찡 【zūnjìng】
○ 존재(하다)	[存在]	손자이 そんざい	存在	춘짜이 【cúnzài】
○ 졸업	[卒業]	소쓰교- そつぎょう	毕业	삐예 【biyè】
○ 졸음	[眠気]	네무께 ねむけ	困劲儿	쿤지얼 【kùnjinr】
○ 좁다	[狭い]	세마이 せまい	窄	자이 【zhǎi】
○ 종	[鐘]	가네 かね	钟	종 【zhōng】
○ 종교	[宗教]	슈-교- しゅうきょう	宗教	종지아오 【zōngjiào】
○ 종기	[腫れ物]	하레모노 はれもの	疙瘩	꺼다 【gēda】

○ 종류	[種類]	슈루이 しゅるい	种类	중레이 【zhǒnglèi】
○ 종사(하다)	[從事]	쥬ー지 じゅうじ	从事	총스 【cóngshì】
○ 종이	[紙]	가미 かみ	纸	즈 【zhǐ】
○ 종자	[種]	다네 たね	种子	중즈 【zhǒngzi】
○ 좋다	[良い]	요이 よい	良	리앙 【liáng】
○ 좋아하다	[好む]	고노무 このむ	喜欢	시환 【xǐhuān】
○ 좌석	[座席]	자세끼 ざせき	坐位	쭈어웨이 【zuòwèi】
○ 죄	[罪]	쓰미 つみ	罪	줴이 【zuì】
○ 주간	[昼間]	히루마 ひるま	白天	바이티엔 【báitiān】
○ 주근깨	[雀斑]	서비까스 そばかす	雀斑	취에빤 【quèbān】
○ 주다	[与える]	아따에루 あたえる	给	게이 【gěi】
○ 주말	[週末]	슈ー마쓰 しゅうまつ	周末	저우모 【zhōumò】
○ 주먹	[拳]	고부시 こぶし	拳头	취엔터우 【quántou】
○ 주목(하다)	[注目]	츄ー모꾸 ちゅうもく	注目	주무 【zhùmù】
○ 주문	[注文]	츄ー몽 ちゅうもん	预订	위띵 【yùdìng】
○ 주방	[台所]	다이도꼬로 だいどころ	厨房	추팡 【chúfáng】

ㅈ · 종 좋 주

한국어	한자	일본어	중국어	병음
○ 주부	[主婦]	슈후 しゅふ	主妇	주푸 【zhǔfù】
○ 주사(하다)	[注射]	츄-샤 ちゅうしゃ	注射	주서 【zhùshè】
○ 주사위		사이꼬로 さいころ	色子	샤이즈 【shǎizi】
○ 주소	[住所]	쥬-쇼 じゅうしょ	住所	주쑤어 【zhùsuǒ】
○ 주식	[株]	가부 かぶ	股票	구피아오 【gǔpiào】
○ 주위	[周囲]	슈-이 しゅうい	周围	저우웨이 【zhōuwéi】
○ 주의(하다)	[注意]	츄-이 ちゅうい	注意	주이 【zhùyì】
○ 주인	[主人]	슈징 しゅじん	主人	주런 【zhǔrén】
○ 주장	[主張]	슈쬬- しゅちょう	主张	주장 【zhǔzhāng】
○ 주저하다	[躊躇う]	다메라우 ためらう	踌躇	처우추 【chóuchú】
○ 주전자	[薬缶]	야깡 やかん	壶	후 【hú】
○ 주제	[主題]	쥬우다이 しゅだい	主题	주티 【zhǔtí】
○ 주차장	[駐車場]	츄-샤쬬- ちゅうしゃじょう	停车场	팅처창 【tíngchēchǎng】
○ 주최(하다)	[主催]	슈사이 しゅさい	主办	주빤 【zhǔbàn】
○ 주택	[住宅]	쥬-따꾸 じゅうたく	住房	주팡 【zhùfáng】
○ 주판	[算盤]	소로방 そろばん	算盘	쑤안판 【suànpán】

○ 죽	[粥]	가유 かゆ	粥	저우 【zhōu】
○ 죽다	[死ぬ]	시누 しぬ	死	쓰 【sǐ】
○ 죽순	[筍]	다께노꼬 たけのこ	笋	쑨 【sǔn】
○ 죽음	[死]	시 し	死亡	쓰왕 【sǐwáng】
○ 죽이다	[殺す]	고로스 ころす	杀	샤 【shā】
○ 줄	[列]	레쓰 れつ	绳子	셩즈 【shéngzi】
○ 줄넘기	[なわ飛び]	나와또비 なわとび	跳绳	타아오셩 【tiàoshéng】
○ 줄다	[減る]	헤루 へる	减	지엔 【jiǎn】
○ 줄다리기	[綱引き]	쓰나히끼 つなひき	拔河	바허 【báhé】
○ 줄무늬	[縞]	시마 しま	线纹	시엔원 【xiànwén】
○ 줍다	[拾う]	히로- ひろう	拾	스 【shí】
○ 중	[坊主]	보-즈 ぼうず	和尚	허샹 【héshàng】
○ 중간	[中間]	쥬-깡 ちゅうかん	当中	땅쭝 【dāngzhōng】
○ 중계	[中継ぎ]	나까쓰기 なかつぎ	中继	쭝지 【zhōngjì】
○ 중고	[中古]	쥬-꼬 ちゅうこ	半旧	반지우 【bànjiù】
○ 중년	[中年]	쥬-넹 ちゅうねん	中年	쭝니엔 【zhōngnián】

ㅈ · 죽 줄 중

한국어	일본어 한자	일본어	중국어 한자	중국어
○ 중대(한)	[重大]	쥬-다이 じゅうだい	重大	중따 【zhòngdà】
○ 중독	[中毒]	츄-도꾸 ちゅうどく	中毒	중뚜 【zhòngdú】
○ 중량	[重量]	쥬-료- じゅうりょう	重量	중리앙 【zhòngliàng】
○ 중류	[中流]	츄-류- ちゅうりゅう	中游	종여우 【zhōngyóu】
○ 중립	[中立]	츄-리쓰 ちゅうりつ	中立	중리 【zhōnglì】
○ 중복(되다)	[重複]	쥬-후꾸 じゅうふく	重复	총푸 【chóngfù】
○ 중세	[中世]	츄-세- ちゅうせい	中世	중스 【zhōngshì】
○ 중심	[中心]	츄-싱 ちゅうしん	中心	중신 【zhōngxīn】
○ 중앙	[中央]	츄-오- ちゅうおう	中央	중양 【zhōngyāng】
○ 중요한	[大切]	다이세쓰 たいせつ	重要	중야오 【zhòngyào】
○ 중점	[重点]	쥬-뗑 じゅうてん	重点	중디엔 【zhòngdiǎn】
○ 중지	[中止]	츄-시 ちゅうし	停顿	팅뚠 【tíngdùn】
○ 중지하다	[打ち切る]	우찌끼루 うちきる	中止	종즈 【zhōngzhǐ】
○ 중학교	[中学校]	츄-각꼬- ちゅうがっこう	中学	중쉬에 【zhōngxué】
○ 쥐	[鼠]	네즈미 ねずみ	老鼠	라오수 【lǎoshǔ】
○ 쥐다	[握る]	니기루 にぎる	抓	주아 【zhuā】

○ 쥐어뜯다	[毟る]	무시루 むしる	扯	처 【chě】
○ 즉	[即ち]	스나와찌 すなわち	就是	찌우스 【jiùshì】
○ 즉흥(적)	[即興]	속꾜- そっきょう	即兴	지씽 【jíxing】
○ 즐거움	[楽しみ]	다노시미 たのしみ	乐趣	러취 【lèqù】
○ 즐겁다	[楽しい]	다노시- たのしい	快乐	콰이러 【kuàilè】
○ 즐기다	[楽しむ]	다노시무 たのしむ	喜爱	시아이 【xǐ'ài】
○ 증가(하다)	[増加]	조-까 ぞうか	增加	쩡지아 【zēngjiā】
○ 증거	[証拠]	쇼-꼬 しょうこ	证据	정쮜 【zhèngjù】
○ 증명(하다)	[証明]	쇼-메- しょうめい	证明	정밍 【zhèngmíng】
○ 증발(하다)	[蒸発]	죠-하쓰 じょうはつ	蒸发	정파 【zhēngfā】
○ 증상	[症状]	쇼-죠- しょうじょう	症状	정주앙 【zhèngzhuàng】
○ 증언(하다)	[証言]	쇼-겡 しょうげん	证言	정이엔 【zhèngyán】
○ 증오	[憎悪]	조-오 ぞうお	憎恶	쩡우 【zēngwù】
○ 증인	[証人]	쇼-닝 しょうにん	证人	정런 【zhèngrén】
○ 증정하다	[贈呈]	소-떼- ぞうてい	捐赠	쮜엔정 【juānzèng】
○ 지각(하다)	[遅刻]	치꼬꾸 ちこく	迟到	츠따오 【chídào】

○ 지갑	[財布]	사이후 さいふ	夾子	지아즈 【jiāzi】
○ 지구	[地球]	치큐- ちきゅう	地区	띠취 【dìqū】
○ 지그재그	[zigzag]	지구자구 ジグザグ	锯齿形	쥐츠씽 【jūchǐxíng】
○ 지금	[今]	이마 いま	现在	시엔짜이 【xiànzài】
○ 지급(하다)	[支給]	시큐- しきゅう	支付	즈푸 【zhīfù】
○ 지나가다	[通る]	도-루 とおる	过去	꾸어취 【guòqù】
○ 지느러미	[鰭]	히레 ひれ	鳍	치 【qí】
○ 지능	[知能]	치노- ちのう	智能	즈녕 【zhìnéng】
○ 지당한	[尤も]	못또모 もっとも	有理	여우리 【yǒulǐ】
○ 지도	[地図]	치즈 ちず	地图	띠투 【dìtú】
○ 지렁이		미미즈 みみず	蟮	샨 【shàn】
○ 지름길	[近道]	치까미찌 ちかみち	便道	삐엔따오 【biàndào】
○ 지명(하다)	[指名]	시메- しめい	提名	티밍 【tímíng】
○ 지문	[指紋]	시몽 しもん	指纹	즈원 【zhǐwén】
○ 지방(기름)	[脂肪]	시보- しぼう	脂肪	즈팡 【zhīfang】
○ 지방	[地方]	치호- ちほう	地方	띠팡 【difāng】

ㅈ
·
지

○ 지배(하다)	[支配]	시하이 しはい	支配	즈페이 【zhīpèi】
○ 지불	[支払い]	시하라이 しはらい	支付	즈푸 【zhīfù】
○ 지불하다	[払う]	하라우 はらう	支付	즈푸 【zhīfù】
○ 지붕	[屋根]	야네 やね	屋顶	우딩 【wūdǐng】
○ 지사	[支社]	시샤 ししゃ	分社	펀셔 【fēnshè】
○ 지상	[地上]	치죠- ちじょう	地上	띠샹 【dìshàng】
○ 지성	[知性]	치세- ちせい	知性	즈씽 【zhīxìng】
○ 지식	[知識]	치시끼 ちしき	知识	즈스 【zhīshi】
○ 지옥	[地獄]	지고꾸 じごく	地狱	띠위 【dìyù】
○ 지우개	[消ゴム]	게시고무 けしゴム	橡皮	시앙피 【xiàngpí】
○ 지위	[地位]	치이 ちい	地位	띠웨이 【dìwèi】
○ 지장	[差支え]	사시쓰까에 さしつかえ	障碍	장아이 【zhàng'ài】
○ 지저귀다	[囀る]	사에즈루 さえずる	鸣	밍 【míng】
○ 지적(하다)	[指摘]	시떼끼 してき	指点	즈디엔 【zhǐdiǎn】
○ 지점	[支店]	시뗑 してん	支店	즈디엔 【zhǐdiǎn】
○ 지정	[指定]	시떼- してい	指定	즈띵 【zhǐdìng】

ㅈ
·
ㅈ

○ 지지(하다)	[支持]	시지 しじ	支持	즈츠 【zhīchí】
○ 지진	[地震]	지싱 じしん	地震	띠전 【dìzhèn】
○ 지출	[支出]	시슈쓰 ししゅつ	支出	즈추 【zhīchū】
○ 지치다		헤따바루 へたばる	疲惫	피뻬이 【píbèi】
○ 지키다	[守る]	마모루 まもる	保护	바오후 【bǎohù】
○ 지팡이	[杖]	쓰에 つえ	杖	장 【zhàng】
○ 지퍼	[zipper]	집빠- ジッパー	拉链	라리엔 【lāliàn】
○ 지평선	[地平線]	치에-셍 ちへいせん	地平线	띠펑시엔 【dìpíngxiàn】
○ 지폐	[紙幣]	시헤- しへい	钞票	차오피아오 【chāopiào】
○ 지하도	[地下道]	치까도- ちかどう	地道	띠따오 【dìdào】
○ 지하철	[地下鉄]	치까떼쓰 ちかてつ	地铁	띠티에 【dìtiě】
○ 지혜	[知恵]	치에 ちえ	智慧	즈훼이 【zhìhuì】
○ 지휘(하다)	[指揮]	시끼 しき	指挥	즈훼이 【zhǐhuī】
○ 직경	[直径]	쵹께- ちょっけい	直径	즈징 【zhíjīng】
○ 직면(하다)	[直面]	쵸꾸멩 ちょくめん	面临	미엔린 【miànlín】
○ 직무	[職務]	쇼꾸무 しょくむ	职务	즈우 【zhíwù】

한국어	일본어 한자	일본어	중국어 한자	중국어
○ 직선	[直線]	쵸꾸셍 ちょくせん	直线	즈시엔 【zhíxiàn】
○ 직업	[職業]	쇼꾸교- しょくぎょう	职业	즈예 【zhíyè】
○ 직접	[直接]	쵸꾸세쓰 ちょくせつ	直接	즈지에 【zhíjiē】
○ 직함	[肩書き]	가따가끼 かたがき	职称	즈청 【zhíchēng】
○ 직행(하다)	[直行]	쵹꼬- ちょっこう	直到	즈다오 【zhídào】
○ 진급(하다)	[進級]	싱뀨- しんきゅう	升级	셩지 【shēngjí】
○ 진눈깨비	[霙]	미조레 みぞれ	雨雪	위쉬에 【yǔxuě】
○ 진단(하다)	[診斷]	신당 しんだん	诊断	전뚜안 【zhěnduàn】
○ 진드기		다니 だに	蜱	피 【pí】
○ 진로	[進路]	신로 しんろ	进路	찐루 【jìnlù】
○ 진리	[真理]	신리 しんり	真理	전리 【zhēnlǐ】
○ 진보(하다)	[進步]	심뽀 しんぽ	进步	찐뿌 【jìnbù】
○ 진부한	[月並み]	쓰끼나미 つきなみ	陈旧	천찌우 【chénjiù】
○ 진술(하다)	[陳述]	친쥬쓰 ちんじゅつ	陈述	천수 【chénshù】
○ 진실	[真実]	신지쓰 しんじつ	真实	전스 【zhēnshí】
○ 진열(하다)	[陳列]	친레쓰 ちんれつ	陈列	천리에 【chénliè】

한국어	한자	일본어	중국어 한자	중국어 병음
○ 진짜	[本物]	홈모노 ほんもの	地道	띠따오 【dìdào】
○ 진척되다	[捗る]	하까도루 はかどる	进展	찐잔 【jìnzhǎn】
○ 진출(하다)	[進出]	신슈쓰 しんしゅつ	进军	찐쮠 【jìnjūn】
○ 진하다	[濃い]	고이 こい	浓	눙 【nóng】
○ 진화(하다)	[進化]	싱까 しんか	进化	찐화 【jìnhuà】
○ 질문(하다)	[質問]	시쓰몽 しつもん	提问	티원 【tíwèn】
○ 질서	[秩序]	치쓰죠 ちつじょ	秩序	즈쉬 【zhìxù】
○ 질주(하다)	[疾走]	싯소- しっそう	疾走	지저우 【jízǒu】
○ 질투	[嫉妬]	싯또 しっと	嫉妒	지뚜 【jídù】
○ 질투하다	[妬む]	네따무 ねたむ	嫉妒	지뚜 【jídù】
○ 짊어지다	[担う]	니나우 になう	负肩	푸지엔 【fùjiān】
○ 짐	[荷物]	니모쓰 にもつ	行李	씽리 【xíngli】
○ 짐승	[獣]	게모노 けもの	牲口	성커우 【shēngkou】
○ 집	[家]	이에 いえ	房子	팡즈 【fángzi】
○ 집계	[集計]	슈-께- しゅうけい	总计	종지 【zǒngjì】
○ 집념	[執念]	슈-넹 しゅうねん	执拗	즈니우 【zhíniù】

○ 집단	[集団]	슈-당 しゅうだん	团	투안 【tuán】
○ 집세	[家賃]	야찡 やちん	房租	팡주 【fángzū】
○ 집시	[gypsy]	지뿌시- ジプシー	吉卜赛	지부싸이 【jíbŭsài】
○ 집중	[集中]	슈-쮸- しゅうちゅう	集中	지중 【jízhōng】
○ 집합(하다)	[集合]	슈-고- しゅうごう	集合	지허 【jíhé】
○ 징수(하다)	[徴収]	쵸-슈- ちょうしゅう	征收	정셔우 【zhēngshōu】
○ 징역	[懲役]	쵸-에기 ちょうえき	徒刑	투씽 【túxíng】
○ 짖다	[吠える]	호에루 ほえる	叫	찌아오 【jiào】
○ 짚	[藁]	와라 わら	稲草	따오차오 【dàocǎo】
○ 짜다(맛)	[塩辛い]	시오카라이 しおからい	咸	시엔 【xián】
○ 짜다(옷)	[編む]	아무 あむ	织	즈 【zhī】
○ 짝수	[偶数]	구-스- ぐうすう	偶数	어우수 【ŏushù】
○ 짧다	[短い]	미지까이 みじかい	短	두안 【duǎn】
○ 찌다(음식)	[煮る]	니루 にる	蒸	정 【zhēng】
○ 찌르다	[刺す]	사스 さす	刺	츠 【cì】
○ 찢다	[破る]	야부루 やぶる	捣	다오 【dǎo】

ㅈ
·
집
징
찢

○ 찢어지다	[破れる]	야부레루 やぶれる	베이쓰포어 被撕破 【bèisīpò】

人間(にんげん)は究極(きゅうきょく)のところ,

自己滿足(じこまんぞく)のために生(い)きているんだ.

사람은 결국 자기만족을 위해 살고 있는 거다.

― 孫正義(손정의)

アイデアって奴(やつ)は, 鉛筆(えんぴつ)

描(か)きのスケッチからだって生(う)みだせる.

아이디어라는 녀석은 연필로 그린 스케치에서 태어날 수도 있다.

― ウォルト ディズニ(월트 디즈니)

作(つく)るのではなく, 生(う)む.

만드는 것이 아니라 낳는 것.

― 古關(こせき)裕而(ゆうじ)(고세키 유우지)

ㅈ
·
찢

○ 차(음료)	[お茶]	오짜 おちゃ	茶	차 【chá】
○ 차고	[車庫]	샤꼬 しゃこ	车库	처쿠 【chēkù】
○ 차다	[蹴る]	게루 ける	踢	티 【tī】
○ 차단(하다)	[遮断]	샤당 しゃだん	抵	디 【dǐ】
○ 차도	[車道]	샤도- しゃどう	车道	처따오 【chēdào】
○ 차라리		잇소 いっそ	干脆	깐췌이 【gāncuì】
○ 차례	[順番]	쥼방 じゅんばん	次序	츠쉬 【cìxù】
○ 차별	[差別]	사베쓰 さべつ	差别	차비에 【chābié】
○ 차비	[車代]	구루마다이 くるまだい	车费	처페이 【chēfèi】
○ 차선	[車線]	샤셍 しゃせん	车道线	처따오시엔 【chēdàoxiàn】
○ 차용	[借用]	샤꾸요- しゃくよう	借用	지에융 【jièyòng】
○ 차이	[差異]	사이 さい	差异	차이 【chāyì】
○ 차장	[車掌]	샤쇼- しゃしょう	列车长	리에처장 【lièchēzhǎng】

ㅊ
・
차

한국어	일본어		중국어	
○ 차지하다	[占める]	시메루 しめる	占	잔 【zhàn】
○ 착각	[勘違い]	간찌가이 かんちがい	错觉	추어쥐에 【cuòjué】
○ 착륙(하다)	[着陸]	챠구리꾸 ちゃくりく	着陆	주어루 【zhuólù】
○ 착수(하다)	[着手]	챠꾸슈 ちゃくしゅ	入手	루셔우 【rùshǒu】
○ 착실(한)	[着実]	챠꾸지쓰 ちゃくじつ	扎实	자스 【zhāshi】
○ 찬성(하다)	[贊成]	산세- さんせい	赞成	짠청 【zànchéng】
○ 찬송가	[讚頌歌]	삼비까 さんびか	赞颂歌	짠쑹꺼 【zànsònggē】
○ 찬장	[戶棚]	도다나 とだな	碗柜	완꿰이 【wǎnguì】
○ 참가(하다)	[参加]	상까 さんか	参加	찬지아 【cānjiā】
○ 참고서	[参考書]	상꼬-쇼 さんこうしょ	参考书	찬카오수 【cānkǎoshū】
○ 참다	[忍ぶ]	시노부 しのぶ	憋	삐에 【biē】
○ 참새	[雀]	스즈메 すずめ	麻雀	마취에 【máquè】
○ 참회(하다)	[懺悔]	장게 ざんげ	忏悔	찬훼이 【zhànhuǐ】
○ 창	[槍]	야리 やり	戈	꺼 【gē】
○ 창고	[倉庫]	소-꼬 そうこ	仓库	창쿠 【chāngkù】
○ 창백하다	[蒼白]	소-하꾸 そうはく	苍白	창바이 【cāngbái】

ㅊ · 차 착 창

○ 찾다	[捜す]	사가스 さがす	找	자오 【zhǎo】
○ 찾아내다	[見つける]	미쓰께루 みつける	找到	자오따오 【zhǎodào】
○ 채권	[債券]	사이껭 さいけん	债券	자이취엔 【zhàiquàn】
○ 채널	[channel]	찬네루 チャンネル	频道	핀따오 【píndào】
○ 채비(하다)	[支度]	시따꾸 したく	准备	준뻬이 【zhǔnbèi】
○ 채용(하다)	[採用]	사이요- さいよう	采用	차이용 【cǎiyòng】
○ 채우다	[満たす]	미따스 みたす	填	티엔 【tián】
○ 채집(하다)	[採集]	사이슈- さいしゅう	采集	차이지 【cǎijí】
○ 책	[本]	홍 ほん	书	수 【shū】
○ 책상	[机]	쓰꾸에 つくえ	书桌儿	수주얼 【shūzhuōr】
○ 책임	[責任]	세끼닝 せきにん	责任	저런 【zérèn】
○ 처녀	[処女]	쇼죠 しょじょ	姑娘	꾸니앙 【gūniang】
○ 처리(하다)	[処理]	쇼리 しょり	处理	추리 【chùlǐ】
○ 처방(하다)	[処方]	쇼호- しょほう	处方	추팡 【chǔfāng】
○ 처벌(하다)	[処罰]	쇼바쓰 しょばつ	处罚	추파 【chǔfá】
○ 처분(하다)	[処分]	쇼붕 しょぶん	处分	추펀 【chǔfèn】

ㅊ
· 찾
채
처

○ 처음	[初め]	하지메 はじめ	始初	스추 【shǐchū】
○ 척도	[尺度]	샤꾸도 しゃくど	尺度	츠뚜 【chǐdù】
○ 척추	[脊椎]	세끼쓰이 せきつい	脊椎	지줴이 【jǐzhuī】
○ 천	[千]	셍 せん	千	치엔 【qiān】
○ 천국	[天国]	뎅고꾸 てんごく	天堂	티엔탕 【tiāntáng】
○ 천문학	[天文学]	뎅몽가꾸 てんもんがく	天文学	티엔원쯔에 【tiānwénxué】
○ 천사	[天使]	뎅시 てんし	天使	티엔스 【tiānshǐ】
○ 천재	[天才]	뎅사이 てんさい	天才	티엔차이 【tiāncái】
○ 천재(지변)	[天災]	뎅사이 てんさい	开天辟地	카이티엔피띠 【kāitiānpìdì】
○ 천직	[天職]	뎅쇼꾸 てんしょく	天职	티엔즈 【tiānzhí】
○ 천천히		육꾸리 ゆっくり	徐徐	쉬쉬 【xúxú】
○ 천체	[天体]	뎅따이 てんたい	天体	티엔티 【tiāntǐ】
○ 철강	[鉄鋼]	뎃꼬- てっこう	铁钢	티에깡 【tiěgāng】
○ 철도	[鉄道]	데쓰도- てつどう	铁道	티에따오 【tiědào】
○ 철사	[針金]	하리가네 はりがね	铁丝	티에쓰 【tiěsī】
○ 철새	[渡り鳥]	와따리도리 わたりどり	候鸟	허우니아오 【hòuniǎo】

○ 철야(하다)	[徹夜]	데쓰야 てつや	彻夜	처예 【chèyè】
○ 철저(한)	[徹底]	뎃떼- てってい	十足	스주 【shízú】
○ 철학	[哲学]	데쓰가꾸 てつがく	哲学	저쉬에 【zhéxué】
○ 첨부하다	[添える]	소에루 そえる	附添	푸티엔 【fùtiān】
○ 청각	[聴覚]	죠-까꾸 ちょうかく	听觉	팅쥐에 【tīngjué】
○ 청구서	[請求書]	세-뀨-쇼 せいきゅうしょ	取条儿	취티아올 【qǔtiáor】
○ 청소(하다)	[掃除]	소-지 そうじ	打扫	다싸오 【dǎsǎo】
○ 청어	[鰊]	니싱 にしん	鲱鱼	페이위 【fēiyú】
○ 체격	[体格]	다이까꾸 たいかく	身材	션차이 【shēncái】
○ 체계	[体系]	다이께- たいけい	体系	티씨 【tǐxì】
○ 체면	[体面]	다이멩 たいめん	体面	티미엔 【tǐmiàn】
○ 체온	[体温]	다이옹 たいおん	体温	티원 【tǐwēn】
○ 체육	[体育]	다이-꾸 たいいく	体育	티위 【tǐyù】
○ 체재	[体制]	다이세- たいせい	体制	티즈 【tǐzhì】
○ 체조	[体操]	다이소- たいそう	体操	티차오 【tǐcāo】
○ 체중	[体重]	다이쥬- たいじゅう	体重	티중 【tǐzhòng】

츠
·
철
청
체

○ 체포(하다)	[逮捕]	다이호 たいほ	逮捕	따이부 【dàibǔ】
○ 체험(하다)	[体験]	다이껭 たいけん	体验	티이엔 【tǐyàn】
○ 초과(하다)	[超過]	쬬-까 ちょうか	超过	차오꾸어 【chāoguò】
○ 초기	[初期]	쇼끼 しょき	初期	추치 【chūqī】
○ 초등학교	[小学校]	쇼-각꼬- しょうがっこう	小学	시아오쉬에 【xiǎoxué】
○ 초라하다		미스보라시- みすぼらしい	寒酸	한쑤안 【hánsuān】
○ 초래	[招来]	쇼-라이 しょうらい	引	인 【yǐn】
○ 초면	[初対面]	쇼따이멩 しょたいめん	初见	추지엔 【chūjiàn】
○ 초보자	[初歩]	쇼호 しょほ	初学者	추쉬에저 【chūxuézhě】
○ 초상화	[肖像画]	쇼-조-가 しょうぞうが	画像	화시앙 【huàxiàng】
○ 초승달	[三日月]	미까즈끼 みかづき	新月	신위에 【xīnyuè】
○ 초안	[草案]	소-앙 そうあん	草案	차오안 【cǎo'àn】
○ 초원	[草原]	소-겡 そうげん	草原	차오위엔 【cǎoyuán】
○ 초콜릿	[chocolate]	쬬꼬레-또 チョコレート	巧克力	치아오커리 【qiǎokèlì】
○ 총	[銃]	쥬- じゅう	枪	치앙 【qiāng】
○ 총계	[総計]	소-께- そうけい	合计	허지 【héjì】

한국어	한자	일본어	중국어	중국어 발음
○ 총명한	[利口]	리꼬- りこう	聡明	총밍 【cōngmíng】
○ 총액	[総額]	소-가꾸 そうがく	总额	종어 【zǒng'é】
○ 최고	[最高]	사이꼬- さいこう	最	쮀이 【zuì】
○ 최근(에)	[最近]	사이낑 さいきん	最近	쮀이진 【zuìjìn】
○ 최대	[最大]	사이다이 さいだい	至多	즈뚜어 【shìduō】
○ 최선	[最善]	사이젱 さいぜん	最善	쮀이샨 【zuìshàn】
○ 최소	[最少]	사이쇼- さいしょう	至少	즈샤오 【zhìshǎo】
○ 최악	[最悪]	사이아꾸 さいあく	最坏	쮀이화이 【zuìhuài】
○ 최저	[最低]	사이떼- さいてい	最低	쮀이디 【zuìdī】
○ 추가	[追加]	쓰이까 ついか	追加	쮀이지아 【zhuījiā】
○ 추락(하다)	[墜落]	쓰이라꾸 ついらく	坠落	쮀이루어 【zhuìluò】
○ 추방(하다)	[追放]	쓰이호- ついほう	开除	카이추 【kāichú】
○ 추상적(인)	[抽象的]	쵸-쇼-떼끼 ちゅうしょうてき	抽象	처우시양 【chōuxiàng】
○ 추억	[思い出]	오모이데 おもいで	回忆	훼이이 【huíyì】
○ 추위	[寒さ]	사무사 さむさ	寒气	한치 【hánqì】
○ 추정	[推定]	스이떼- すいてい	推定	퉤이띵 【tuīdìng】

ㅊ · 총 최 추

한국어	일본어		중국어	
○ 추진	[推進]	스이싱 すいしん	推进	퉤이찐 【tuījìn】
○ 추파	[秋波]	슈-하 しゅうは	秋波	치우보 【qiūbō】
○ 축구	[soccer]	삭까- サッカー	足球	주치우 【zúqiú】
○ 축배	[祝杯]	슈꾸하이 しゅくはい	祝酒	주지우 【zhùjiǔ】
○ 축복(하다)	[祝福]	슈꾸후꾸 しゅくふく	祝福	주푸 【zhùfú】
○ 축소(하다)	[縮小]	슈꾸쇼- しゅくしょう	收缩	셔우쑤어 【shōusuō】
○ 축제	[お祭り]	오마쓰리 おまつり	庆祝会	칭주훼이 【qìngzhùhuì】
○ 축하	[祝い]	이와이 いわい	祝贺	주허 【zhùhè】
○ 축하하다	[祝う]	이와우 いわう	祝贺	주허 【zhùhè】
○ 출국(하다)	[出国]	슉꼬꾸 しゅっこく	出国	추구어 【chūguó】
○ 출근(하다)	[出勤]	슉낑 しゅっきん	上班	샹빤 【shàngbān】
○ 출력	[出力]	슈쓰료꾸 しゅつりょく	功率	꽁뤼 【gōnglǜ】
○ 출발(하다)	[出発]	슙빠쓰 しゅっぱつ	出发	추파 【chūfā】
○ 출산(하다)	[出産]	슛상 しゅっさん	分娩	펀미엔 【fēnmiǎn】
○ 출신	[出身]	슛싱 しゅっしん	出身	추션 【chūshēn】
○ 출연(하다)	[出演]	슈쓰엥 しゅつえん	扮演	빤이엔 【bànyǎn】

○ 출입	[出入り]	데이리 でいり	出入	추루 【chūrù】
○ 출장(出張)	[出張]	슛쪼- しゅっちょう	出差	추차이 【chūchāi】
○ 출처	[出所]	데도꼬로 でどころ	出処	추추 【chūchù】
○ 출판(하다)	[出版]	시슙빵 しゅっぱん	出版	추반 【chūbǎn】
○ 출하	[出荷]	슉까 しゅっか	发货	파후어 【fāhuò】
○ 출현(하다)	[出現]	슈쓰껭 しゅつげん	出现	추시엔 【chūxiàn】
○ 출혈	[出血]	슉께쓰 しゅっけつ	出血	추쉬에 【chūxuè】
○ 춤	[踊り]	오도리 おどり	舞	우 【wǔ】
○ 춤추다	[踊る]	오도루 おどる	跳舞	티아오우 【tiàowǔ】
○ 춥다	[寒い]	사무이 さむい	冷	렁 【lěng】
○ 충격	[衝撃]	쇼-게 しょうげき	冲击	총지 【chōngjī】
○ 충고(하다)	[忠告]	쥬-꼬꾸 ちょうこく	忠告	중까오 【zhōnggào】
○ 충돌(하다)	[衝突]	쇼-또쓰 しょうとつ	冲突	총투 【chōngtū】
○ 충동	[衝動]	쇼-도- しょうどう	冲动	총똥 【chōngdòng】
○ 충전(하다)	[充電]	쥬-뎅 じゅうでん	充电	총띠엔 【chōngdiàn】
○ 충치	[虫歯]	무시바 むしば	龋齿	취츠 【qǔchǐ】

ㅊ · 출 춥 충

○ 취급	[取り扱い]	도리아쓰까이 とりあつかい	看待	칸따이 【kàndài】
○ 취미	[趣味]	슈미 しゅみ	爱好	아이하오 【àihào】
○ 취소(하다)	[取り消し]	도리께시 とりけし	取消	취시아오 【qǔxiāo】
○ 취임	[就任]	슈-닝 しゅうにん	上任	샹런 【shàngrèn】
○ 취직(하다)	[就職]	슈-쇼꾸 しゅうしょく	就职	찌우즈 【jiùzhí】
○ 취학	[就学]	슈-가꾸 しゅうがく	上学	샹쉬에 【shàngxué】
○ 측량(하다)	[測量]	소꾸료- そくりょう	測量	처리양 【cèliáng】
○ 측정(하다)	[測定]	소꾸떼- そくてい	測定	처띵 【cèdìng】
○ 치과의사	[歯医者]	하이샤 はいしゃ	牙科医生	야커이셩 【yákēyīshēng】
○ 치다	[打つ]	우쓰 うつ	打	다 【dǎ】
○ 치료	[治療]	치료- ちりょう	医治	이즈 【yīzhì】
○ 치밀(한)	[緻密]	치미쓰 ちみつ	细致	씨즈 【xìzhì】
○ 치수	[寸法]	슴뽀- すんぽう	尺寸	츠춘 【chǐchùn】
○ 치안	[治安]	치앙 ちあん	治安	즈안 【zhì'ān】
○ 치약	[歯磨き粉]	하미가끼꼬 はみがきこ	牙膏	야까오 【yágāo】
○ 치우다	[片付ける]	가따즈께루 かたづける	收拾	셔우스 【shōushi】

한국어		일본어	중국어	
○ 치즈	[cheese]	치-즈 チーズ	干酪	깐라오 【gānlào】
○ 치킨	[chicken]	치낑 チキン	炸鸡	자지 【zhájī】
○ 치통	[齒痛]	하이따 はいた	牙痛	야통 【yátòng】
○ 친구	[友人]	유-징 ゆうじん	朋友	펑여우 【péngyou】
○ 친밀(한)	[親密]	심미쓰 しんみつ	亲密	친미 【qīnmì】
○ 친절	[親切]	신세쓰 しんせつ	亲切	친치에 【qīnqiè】
○ 친척	[親戚]	신세끼 しんせき	亲戚	친치 【qīnqi】
○ 친하다	[親しい]	시따시- したしい	亲	친 【qīn】
○ 칠면조	[七面鳥]	시찌멘쬬- しちめんちょう	火鸡	후어지 【huǒjī】
○ 칠하다	[塗る]	누루 ぬる	涂	투 【tú】
○ 침구	[寢具]	싱구 しんぐ	寝具	친쮜 【qǐnjù】
○ 침대	[寢台]	신다이 しんだい	床	추앙 【chuáng】
○ 침략(하다)	[侵略]	신랴꾸 しんりゃく	侵略	친뤼에 【qīnlüè】
○ 침몰	[沈没]	침보쓰 ちんぼつ	沉没	천모 【chénmò】
○ 침묵	[沈默]	침모꾸 ちんもく	沉默	천모 【chénmò】
○ 침실	[寢室]	신시쓰 しんしつ	卧室	워스 【wòshì】

ㅊ
·
치
칠
침

○ 침입(하다)	[侵入]	신뉴- しんにゅう	侵入	친루 【qīnrù】
○ 침착(한)	[沈着]	친쨔꾸 ちんちゃく	镇静	전징 【zhènjìng】
○ 침해(하다)	[侵害]	싱가이 しんがい	侵害	친하이 【qīnhài】
○ 칫솔	[歯brush]	하브라시 はブラシ	牙刷	야수아 【yáshuā】
○ 칭찬하다	[誉める]	호메루 ほめる	称赞	청짠 【chēngzàn】

とにかく30 歳(さい)になるまでに何(なん)とかしよう.

어쨌든 서른 살이 될 때까진 뭔가 이루자.

- 小室(こむろ) 哲哉(てつや)(코무로 테츠야)

僕(ぼく)の「無意識(むいしき)」の本能(ほんのう)は

一度(いちど)だって嘘(うそ)をついたことがないよ.

내 '무의식'의 본능은, 한번도 내게 거짓말을 한 적이 없다.

- タイガ.ウッズ(타이거 우즈)

ㅋ

카나리아	[스canaria]	카나리아 カナリア	小黄鸟	시아오황니아오 【xiǎohuángniǎo】
○ 카나리아	[스canaria]	카나리아 カナリア	小黄鸟	시아오황니아오 【xiǎohuángniǎo】
○ 카네이션	[carnation]	카-네-숑 カーネーション	康乃馨	캉나이씬 【kāngnǎixīn】
○ 카드	[card]	카-도 カード	卡片	카피엔 【kǎpiàn】
○ 카레	[curry]	카레- カレー	咖喱	까리 【gālí】
○ 카메라	[camera]	카메라 カメラ	照相机	자오시앙지 【zhàoxiàngjī】
○ 카세트	[cassette]	카셋또 カセット	磁带	츠따이 【cídài】
○ 카운터	[counter]	카운따- カウンター	柜台	꿰이타이 【guìtái】
○ 카운트(하다)	[count]	카운또 カウント	计数	찌수 【jìshù】
○ 카지노	[이casino]	카지노 カジノ	娱乐场	위러창 【yúlèchǎng】
○ 카탈로그	[catalogue]	카따로구 カタログ	样本	양번 【yàngběn】
○ 카테고리	[독Kategorie]	카떼고리- カテゴリー	范畴	판처우 【fànchóu】
○ 카페	[프cafe]	카훼- カフェー	咖啡厅	카페이팅 【kāfēitīng】
○ 카펫	[carpet]	카-뺏또 カーペット	地毯	띠탄 【dìtǎn】

ㅋ
·
카

○ 칵테일	[cocktail]	카꾸떼루 カクテル	鸡尾酒	지웨이지우 【jīwěijiǔ】
○ 칼	[刀]	가따나 かたな	刀	따오 【dāo】
○ 칼럼	[column]	코라무 コラム	专栏	주안란 【zhuānlán】
○ 칼로리	[calorie]	카로리- カロリー	卡	카 【kǎ】
○ 캐나다	[Canada]	카나다 カナダ	加拿大	지아나다 【jiānádà】
○ 캐리어	[career]	갸리아 キャリア	经历	징리 【jīnglì】
○ 캐스터	[cast]	갸스또 キャスト	主持人	주츠런 【zhǔchírén】
○ 캐주얼	[casual]	카쥬아루 カジュアル	便装	비엔주앙 【biànzhuāng】
○ 캔버스	[canvas]	칸바스 カンバス	画布	화뿌 【huàbù】
○ 캘린더	[calendar]	카렌다- カレンダー	月历	위에리 【yuèlì】
○ 캠페인	[campaign]	캄뻬-ㄴ キャンペーン	战役	잔이 【zhànyì】
○ 캠프	[camp]	캄뿌 キャンプ	营	잉 【yíng】
○ 캡슐	[독Kapsel]	카뿌세루 カプセル	胶囊	지아오낭 【jiāonáng】
○ 캥거루	[kangaroo]	캉가루- カンガルー	大袋鼠	따따이수 【dàdàishǔ】
○ 커닝	[cunning]	칸닝구 カンニング	抄小抄	차오시아오차오 【chāoxiǎochāo】
○ 커리큘럼	[curriculum]	카리꾸라무 カリキュラム	课程	커청 【kèchéng】

○ 커뮤니케이션	[communication]	코무니께-숑 コミュニケーション	通讯	통쉰 【tōngxùn】
○ 커미션	[commission]	코밋숀 コミッション	手续费	셔우쉬페이 【shǒuxùfèi】
○ 커브	[curve]	카-부 カーブ	曲线	취시엔 【qūxiàn】
○ 커튼	[curtain]	카-뗑 カーテン	帘	리엔 【lián】
○ 커플	[couple]	캅뿌루 カップル	一对	이두에이 【yíduì】
○ 커피	[coffee]	코-히 コーヒー	咖啡	카페이 【kāfēi】
○ 컨디션	[condition]	콘디숑 コンディション	状态	주앙타이 【zhuàngtài】
○ 컨설턴트	[consultant]	콘사루딴또 コンサルタント	顾问	꾸원 【gùwèn】
○ 컬러	[color]	카라- カラー	彩色	차이써 【cǎisè】
○ 컬렉션	[collection]	코레꾸숑 コレクション	收集	셔우지 【shōují】
○ 컴퍼스	[compass]	콤빠스 コンパス	圆规	위엔꿰이 【yuánguī】
○ 컴퓨터	[computer]	콤쀼-따 コンピューター	电脑	띠엔나오 【diànnǎo】
○ 컵	[cup]	캅뿌 カップ	杯子	뻬이즈 【bēizi】
○ 케이블카	[cable car]	케-부루까- ケーブルカー	电缆车	디엔란처 【diànlǎnchē】
○ 케이크	[cake]	케-끼 ケーキ	蛋糕	딴까오 【dàngāo】
○ 케첩	[ketchup]	케짭뿌 ケチャップ	番茄酱	판치에지앙 【fānqiéjiàng】

○ 켜다	[付ける]	쓰께루 つける	打开	다카이 【dǎkāi】
○ 코	[鼻]	하나 はな	鼻子	비즈 【bízi】
○ 코끼리	[象]	조- ぞう	大象	따시앙 【dàxiàng】
○ 코너	[corner]	코-나- コーナー	角	지아오 【jiǎo】
○ 코드	[code]	코-도 コード	软线	루안시엔 【ruǎnxiàn】
○ 코러스	[chorus]	코-라스 コーラス	合唱	허창 【héchàng】
○ 코미디	[comedy]	코메디- コメディー	喜剧	시쥐 【xǐjù】
○ 코뿔소	[犀]	사이 さい	犀牛	시니우 【xīniú】
○ 코스	[course]	코-스 コース	进程	찐청 【jìnchéng】
○ 코스모스	[cosmos]	코스모스 コスモス	波斯菊	뽀쓰쥐 【bōsījú】
○ 코알라	[koala]	코아라 コアラ	树袋熊	수따이시옹 【shùdàixióng】
○ 코치	[coach]	코-찌 コーチ	教练	지아오리엔 【jiàoliàn】
○ 코코넛	[coconuts]	코꼬나쓰 ココナツ	椰子果	예즈구어 【yēziguǒ】
○ 코코아	[cocoa]	코꼬아 ココア	蔻蔻	커우커우 【kòukòu】
○ 코트(외투)	[coat/court]	코-또 コート	外套	와이타오 【wàitào】
○ 코피	[鼻血]	하나지 はなぢ	鼻血	비쉐 【bíxuè】

○ **콘돔**	[프condom]	콘도-무 コンドーム	保险套	바오시안타오 【bǎoxiǎntào】
○ **콘서트**	[concert]	콘사-또 コンサート	音乐会	인위에훼이 【yīnyuèhuì】
○ **콘크리트**	[concrete]	콩꾸리-또 コンクリート	混凝土	훈닝투 【hùnníngtǔ】
○ **콘택트렌즈**	[contact lens]	콘따꾸또렌즈 コンタクトレンズ	接触透镜	지에추터우징 【jiēchùtòujìng】
○ **콘테스트**	[contest]	콘떼스또 コンテスト	竞赛会	찡싸이훼이 【jìngsàihuì】
○ **콧물**	[鼻水]	하나미즈 はなみず	鼻涕	비티 【bítì】
○ **콩**	[豆]	마메 まめ	豆子	떠우즈 【dòuzi】
○ **콩나물**		모야시 もやし	豆芽	떠우야 【dòuyá】
○ **쾌활한**	[快活]	가이까쓰 かいかつ	快活	콰이후어 【kuàihuo】
○ **쿠션**	[cushion]	쿳숀 クッション	靠垫	카오띠엔 【kàodiàn】
○ **쿠키**	[cookie]	국끼- クッキー	甜饼干	티엔빙깐 【tiánbǐnggān】
○ **퀴즈**	[quiz]	쿠이즈 クイズ	竞猜	찡차이 【jìngcāi】
○ **크기**	[大きさ]	오-끼사 おおきさ	大小	따시아오 【dàxiǎo】
○ **크다**	[大きい]	오-끼- おおきい	大	따 【dà】
○ **크래커**	[cracker]	쿠락까- クラッカー	薄脆饼干	바오췌이빙깐 【báocuìbǐnggān】
○ **크레용**	[프crayon]	쿠레용 クレヨン	蜡笔	라비 【làbǐ】

○ 크레파스	[Craypas]	쿠레빠스 クレパス	粉蜡笔	펀라비 【fěnlàbǐ】
○ 크로켓	[프croquette]	코롯께 コロッケ	炸丸子	자완즈 【zháwánzi】
○ 크리스마스	[Christmas]	쿠리스마스 クリスマス	圣诞节	성딴지에 【shèngdànjié】
○ 크림	[cream]	쿠리-무 クリーム	奶油	나이여우 【nǎiyóu】
○ 클래식	[classic]	쿠라식꾸 クラシック	古典	구디엔 【gǔdiǎn】
○ 클럽	[club]	쿠라부 クラブ	俱乐部	쥐러뿌 【jùlèbù】
○ 클로버	[clover]	쿠로-바 クローバ	三叶草	싼예차오 【sānyècǎo】
○ 클로즈업	[close-up]	쿠로-즈압뿌 クローズアップ	特写镜头	터시에찡터우 【tèxiějìngtóu】
○ 클리닉	[clinic]	쿠리닉꾸 クリニック	同诊室	원전스 【wènzhěnshì】
○ 클릭(하다)	[click]	쿠릭꾸 クリック	点取	디엔취 【diǎnqǔ】
○ 키(열쇠)	[key]	키- キー	钥匙	야오스 【yàoshi】
○ 키(신장)	[背丈]	세다께 せたけ	个儿	걸 【gèr】
○ 키다리		놉뽀 のっぽ	大高个子	따까오꺼즈 【dàgāogèzi】
○ 키스(하다)	[kiss]	키스 キス	吻	원 【wěn】
○ 키우다	[育てる]	소다떼루 そだてる	养活	양후어 【yánghuo】
○ 킬로그램	[kilogramstature]	키로구라무 キログラム	公斤	꽁진 【gōngjīn】

ㅋ
·
ㅋ
클
킬

○ 킬로미터	[kilometer] キロメートル 키로메-또루	公里 【gōnglǐ】 꽁리

頭(あたま)で稼(かせ)ぐより.

足(あし)で稼(かせ)いだ方(ほう)が 長持(ながも)ちするよ.

머리로 버는 것보다, 다리로 버는 것이 오래 간다.

-黒澤(くろざわ)明(あきら)(구로자와 아키라)

一日一日(いちにちいちにち)を

大事(だいじ)にして悔(く)いなき人生(じんせい)を.

하루하루를 소중하게 보내서 후회 없는 인생을.

- 金澤(かねざわ)嘉市(かいち)(카네자와 카이치)

きれいで.有名(ゆうめい)で,お金持(かねも)ちで.

世界中(せかいじゅう)の女(おんな)たちが 憧(あこが)れる…

そういうふうに あたしはなるの.

예쁘고 유명하고 돈 많고, 온세계의 여자들이 동경하는…

나는 그런 사람이 될거야.

- エビタ(에비타)

ㅋ
·
킬

○ 타개(하다)	[打開]	다까이 だかい	打开	다카이 【dǎkāi】
○ 타격	[打擊]	다게끼 だげき	打击	다지 【dǎjī】
○ 타다(불)	[焼ける]	야께루 やける	燃烧	란샤오 【ránshāo】
○ 타다	[乗る]	노루 のる	乘	청 【chéng】
○ 타당성	[妥当]	다또- だとう	稳妥	원투어 【wěntuǒ】
○ 타도(하다)	[打倒]	다또- だとう	打倒	다다오 【dǎdǎo】
○ 타락	[堕落]	다라꾸 だらく	堕落	뚜어루어 【duòluò】
○ 타성	[惰性]	다세- だせい	惰性	뚜어씽 【duòxìng】
○ 타악기	[打楽器]	다각끼 だがっき	打击乐器	다지위에치 【dǎjīyuèqì】
○ 타액	[唾液]	다에끼 だえき	唾液	투어예 【tuòyè】
○ 타이밍	[timing]	타이밍구 タイミング	时机	스지 【shíjī】
○ 타인	[他人]	다닝 たにん	他人	타런 【tārén】
○ 타자	[打者]	다샤 だしゃ	打字	다쯔 【dǎzì】

E · 타

○ 타조	[駝鳥]	다쬬- だちょう	鸵鸟	투어니아오 【tuóniǎo】
○ 타협(하다)	[妥協]	다꾜- だきょう	妥协	투어시에 【tuǒxié】
○ 탁상시계	[置時計]	오끼도께 おきどけい	座钟	쭈어종 【zuòzhōng】
○ 탁아소	[託児所]	다꾸지쇼 たくじしょ	托儿所	투어얼쑤어 【tuō'érsuǒ】
○ 탁월한	[卓越]	다꾸에쓰 たくえつ	卓越	주어위에 【zhuóyuè】
○ 탄력	[弾力]	단료꾸 だんりょく	弹力	탄리 【tánlì】
○ 탄생	[誕生]	단죠- たんじょう	诞生	딴셩 【dànshēng】
○ 탄식	[嘆息]	단소꾸 たんそく	叹气	탄치 【tànqì】
○ 탄약	[弾薬]	당야꾸 だんやく	弹药	딴야오 【dànyào】
○ 탄핵(하다)	[弾劾]	당가이 だんがい	弹劾	탄허 【tánhé】
○ 탄환	[弾丸]	당강 だんがん	弹丸	딴완 【dànwán】
○ 탈곡(하다)	[脱穀]	닷꼬꾸 だっこく	打稻	다따오 【dǎdào】
○ 탈락(하다)	[脱落]	다쓰라꾸 だつらく	脱落	투어뤄 【tuōluò】
○ 탈선	[脱線]	닷셍 だっせん	越轨	위에궤이 【yuèguǐ】
○ 탈세	[脱税]	다쓰제- だつぜい	偷税	터우쉐이 【tōushuì】
○ 탈지면	[脱脂綿]	닷시멩 だっしめん	脱脂绵	투어즈미엔 【tuōzhīmián】

ㅌ
·
타
탄
탈

○ 탈출(하다)	[脱出]	닷슈쓰 だっしゅつ	冲出	총츠우 【chōng chū】
○ 탈퇴(하다)	[脱退]	닷따이 だったい	脱离	투어리 【tuōlí】
○ 탐구(하다)	[探求]	당뀨- たんきゅう	探究	탄지우 【tànjiū】
○ 탐내다	[欲しがる]	호시가루 ほしがる	眼热	이엔러 【yǎnrè】
○ 탐닉(하다)	[耽溺]	단데끼 たんでき	着迷	자오미 【zháomí】
○ 탐욕	[貪欲]	동요꾸 どんよく	贪欲	탄위 【tānyù】
○ 탐험(하다)	[探検]	당껭 たんけん	探险	탄시엔 【tànxiǎn】
○ 탑	[塔]	도- とう	塔	타 【tǎ】
○ 탑승(하다)	[搭乗]	도-죠- とうじょう	乘坐	청쭈어 【chéngzuò】
○ 태도	[態度]	다이도 たいど	态度	타이뚜 【tàidu】
○ 태만한	[怠ける]	나마께루 なまける	怠慢	따이만 【dàimàn】
○ 태어나다	[生まれる]	우마레루 うまれる	诞生	딴셩 【dànshēng】
○ 태연한	[平気]	헤-끼 へいき	泰然	타이란 【tàirán】
○ 태우다	[燃やす]	모야스 もやす	烧	샤오 【shāo】
○ 태평양	[太平洋]	다이헤-요 たいへいよう	太平洋	타이핑양 【Tàipíngyáng】
○ 태풍	[台風]	다이후 たいふう-	台风	타이펑 【táifēng】

E
·
탈
탑
태

단어	영어	일본어	중국어
○ 택시	[taxi]	타꾸시- タクシー	出租汽车 추주치처 【chūzūqìchē】
○ 탤런트	[talent]	타렌또 タレント	电视演员 띠엔스이엔위엔 【diànshìyǎnyuán】
○ 탱고	[tango]	탕고 タンゴ	探戈舞 탄꺼우 【tàngēwǔ】
○ 터널	[tunnel]	톤네루 トンネル	隧道 쒜이따오 【suìdào】
○ 터미널	[terminal]	타-미나루 ターミナル	终端站 종뚜안잔 【zhōngduānzhàn】
○ 터부	[taboo]	타부- タブー	禁忌 찐지 【jìnjì】
○ 터지다	[弾ける]	하지께루 はじける	炸 자 【zhà】
○ 터키	[Turkey]	토루꼬 トルコ	土耳其 투얼치 【Tǔ'ěrqí】
○ 턱	[顎]	아고 あご	下巴 시아바 【xiàba】
○ 턱시도	[tuxedo]	타끼시-도 タキシード	晚礼服 완리푸 【wǎnlǐfú】
○ 털	[毛]	게 け	毛 마오 【máo】
○ 테너	[tenor]	테나- テナー	男高音 난까오인 【nángāoyīn】
○ 테니스	[tennis]	테니스 テニス	网球 왕치우 【wǎngqiú】
○ 테러	[terror]	테로 テロ	恐怖 쿵뿌 【kǒngbù】
○ 테마	[theme]	테-마 テーマ	主题 주티 【zhǔtí】
○ 테스트(하다)	[test]	테스또 テスト	测试 처스 【cèshì】

○ 테이블	[table]	테-부루 テーブル	桌子	주어즈 【zhuōzi】
○ 테이프	[tape]	테-뿌 テープ	磁带	츠따이 【cídài】
○ 테크닉	[technic]	테꾸닉꾸 テクニック	技巧	찌치아오 【jìqiǎo】
○ 텐트	[tent]	텐또 テント	帐篷	장펑 【zhàngpéng】
○ 텔레비전	[television]	테레비 テレビ	电视	띠엔스 【diànshì】
○ 텔레파시	[telepathy]	테레빠시- テレパシー	传心	추안신 【chuánxīn】
○ 템포	[tempo]	템뽀 テンポ	节奏	지에쩌우 【jiézòu】
○ 토끼	[兎]	우사기 うさぎ	兔子	투즈 【tùzi】
○ 토대	[土台]	도다이 どだい	地盘	띠판 【dìpán】
○ 토라지다	[拗ねる]	스네루 すねる	别扭	삐에니우 【bièniu】
○ 토마토	[tomato]	토마또 トマト	西红柿	시훙스 【xīhóngshì】
○ 토목	[土木]	도보꾸 どぼく	土木	투무 【tǔmù】
○ 토스트	[toast]	토-스또 トースト	吐司	투쓰 【tǔsī】
○ 토요일	[土曜日]	도요-비 どようび	星期六	씽치리우 【xīngqīliù】
○ 토지	[土地]	도찌 とち	土地	투띠 【tǔdì】
○ 토하다	[吐く]	하꾸 はく	吐	투 【tù】

○ 톤	[ton]	통 トン	吨	뚠 【dūn】
○ 톱	[鋸]	노꼬기리 のこぎり	锯	쥐 【jù】
○ 통	[筒]	쓰쓰 つつ	桶	통 【tǒng】
○ 통계	[統計]	도-께- とうけい	统计	통지 【tǒngjì】
○ 통과(하다)	[通過]	쓰-까 つうか	通过	통꾸어 【tōngguò】
○ 통나무	[丸太]	마루따 まるた	圆木	위엔무 【yuánmù】
○ 통로	[通路]	쓰-로 つうろ	通道	통따오 【tōngdào】
○ 통솔(하다)	[統率]	도-소쓰 とうそつ	统率	통수아이 【tǒngshuài】
○ 통신	[通信]	쓰-싱 つうしん	通信	통씬 【tōngxìn】
○ 통역(하다)	[通訳]	쓰-야꾸 つうやく	翻译	판이 【fānyì】
○ 통일(하다)	[統一]	도-이쓰 とういつ	统一	통이 【tǒngyī】
○ 통장	[通帳]	쓰-쬬- つうちょう	折子	저즈 【zhézi】
○ 통제(하다)	[統制]	도-세- とうせい	调度	띠아오뚜 【diàodù】
○ 통조림	[缶詰]	간즈메 かんづめ	罐头	관터우 【guàntóu】
○ 통지(하다)	[通知]	쓰-찌 つうち	通知	통즈 【tōngzhī】
○ 통치(하다)	[統治]	도-지 とうじ	统治	통즈 【tǒngzhì】

○ **통하다**	[通じる]	쓰-지루 つうじる	通	통 【tōng】
○ **통학(하다)**	[通学]	쓰-가꾸 つうがく	通学	통쉐에 【tōngxué】
○ **통화(금융)**	[通貨]	쓰-까 つうか	通貨	통후어 【tōnghuò】
○ **통화하다**	[通話]	쓰-와 つうわ	通话	통화 【tōnghuà】
○ **퇴각(하다)**	[退却]	다이까꾸 たいきゃく	撤退	처퉤이 【chètuì】
○ **퇴역(하다)**	[退役]	다이에끼 たいえき	退伍	퉤이우 【tuìwǔ】
○ **퇴원(하다)**	[退院]	다이잉 たいいん	出院	추위엔 【chūyuàn】
○ **퇴장(하다)**	[退場]	다이죠- たいじょう	退场	퉤이창 【tuìchǎng】
○ **퇴직(하다)**	[退職]	다이쇼꾸 たいしょく	退休	퉤이시우 【tuìxiū】
○ **퇴치(하다)**	[退治]	다이지 たいじ	扫除	싸오추 【sǎochú】
○ **퇴폐**	[頽廃]	다이하이 たいはい	衰颓	수아이퉤이 【shuāituí】
○ **투고**	[投稿]	도-꼬- とうこう	投稿	터우가오 【tóugǎo】
○ **투기**	[投機]	도-끼 とうき	投机	터우지 【tóujī】
○ **투명**	[透明]	도-메- とうめい	透明	터우밍 【tòumíng】
○ **투병(하다)**	[闘病]	도-뵤- とうびょう	与疾病作斗争	위지삥쭈어더우정 【yǔjíbìngzuòdòuzhēng】
○ **투서(하다)**	[投書]	도-쇼 とうしょ	举报	쥐빠오 【juěbào】

ㅌ
·
통
퇴
투

○ 투자	[投資]	도-시 とうし	投资	터우즈 【tóuzī】
○ 투쟁(하다)	[鬪爭]	도-소- とうそう	斗争	떠우정 【dòuzhēng】
○ 투표(하다)	[投票]	도-효- とうひょう	投票	터우피아오 【tóupiào】
○ 투피스	[two-piece]	삐-스 쓰- ツーピース	套裙	타오췬 【tàoqún】
○ 퉁소	[尺八]	샤꾸하찌 しゃくはち	洞箫	똥시아오 【dòngxiāo】
○ 튜브	[tube]	츄-부 チューブ	管子	관즈 【guǎnzi】
○ 튤립	[tulip]	츄-립뿌 チューリップ	郁金香	위진시앙 【yùjīnxiāng】
○ 트랩	[네trap]	타랍뿌 タラップ	跑道	파오따오 【pǎodào】
○ 트러블	[trouble]	토라부루 トラブル	纠纷	찌우펀 【jiūfēn】
○ 트럭	[track]	토락꾸 トラック	卡车	카처 【kǎchē】
○ 트럼펫	[trumpet]	토람뻿또 トランペット	小号	시아오하오 【xiǎohào】
○ 트럼프	[trump]	토람뿌 トランプ	扑克牌	푸커파이 【pūkèpái】
○ 트렁크	[trunk]	토랑꾸 トランク	皮箱	피시앙 【píxiāng】
○ 트레이너	[trainer]	도레-나- トレーナー	教练	찌아오리엔 【jiàoliàn】
○ 트로피	[trophy]	토로휘- トロフィー	奖杯	지앙뻬이 【jiǎngbēi】
○ 트리오	[trio]	토리오 トリオ	三重奏	싼총쩌우 【sānchóngzòu】

E
·
투
튜
트

○ 트릭	[trick]	토릭꾸 トリック	花招	화자오 【huāzhāo】
○ 트림		겝뿌 げっぷ	响嗝	시앙거 【xiǎnggé】
○ 특권	[特権]	독껭 とっけん	特权	티취엔 【tèquán】
○ 특급	[特急]	독뀨- とっきゅう	特级	티지 【tèjí】
○ 특기	[特技]	도꾸기 とくぎ	专长	주안창 【zhuāncháng】
○ 특별(한)	[特別]	도꾸베쓰 とくべつ	特别	티비에 【tèbié】
○ 특수	[特殊]	도꾸슈 とくしゅ	特殊	티수 【tèshū】
○ 특이	[特異]	도꾸이 とくい	特异	티이 【tèyì】
○ 특정(한)	[特定]	두꾸떼- とくてい	特定	티띵 【tèdìng】
○ 특집	[特集]	도꾸슈- とくしゅう	特辑	티지 【tèjí】
○ 특징	[特徴]	도꾸쬬- とくちょう	特征	터정 【tèzhēng】
○ 특허	[特許]	독꾜 とっきょ	专利	주안리 【zhuānlì】
○ 특히	[特に]	도꾸니 とくに	特地	티띠 【tèdì】
○ 튼튼한	[丈夫]	죠-부 じょうぶ	扎实	자스 【zhāshi】
○ 틀니	[入れ歯]	이레바 いれば	假牙	지아야 【jiǎyá】
○ 틀리다	[異なる]	고또나루 ことなる	不对	부뚜에이 【búduì】

○ **틀림없이**		깃또 きっと	没错	메이추어 【méicuò】
○ **틀어박히다**	[閉じこもる]	도지꼬모루 とじこもる	隔离	거리 【gélí】
○ **틈**	[隙間]	스끼마 すきま	空隙	콩시 【kòngxi】
○ **티켓**	[ticket]	치껫또 チケット	票	피아오 【piào】
○ **팀**	[team]	치-무 チーム	队	뚜에이 【duì】
○ **팁**	[tip]	칩뿌 チップ	小费	시아오페이 【xiǎofèi】

「無理(むり)」という壁(かべ)を

越(こ)えなければ 強(つよ)くならない.

'무리'라는 벽을 넘지 않으면 강해질 수 없다.

– 櫻井(さくらい)章一(しょういち)(사쿠라이 쇼이치)

「口(くち)でいう前(まえ)にやれと私(わたし)は言(い)いたい.

'입으로 말하기 전에 하라'고 나는 말하고 싶다.

– ロバとデニ口(로버트 드 니로)

E
·
틀
틈
팁

ㅍ

한국어	일본어		중국어	
○ 파	[葱]	네기 ねぎ	葱	총 【cōng】
○ 파견(하다)	[派遣]	하껭 はけん	派	파이 【pài】
○ 파괴(하다)	[破壊]	하까이 はかい	破坏	포화이 【pòhuài】
○ 파국	[破局]	하꾜꾸 はきょく	崩溃	뻥퀘이 【bēngkuì】
○ 파급(하다)	[波及]	하뀨- はきゅう	波及	뽀지 【bōjí】
○ 파기(하다)	[破棄]	하끼 はき	废除	페이추 【fèichú】
○ 파노라마	[panorama]	파노라마 パノラマ	全景	취엔징 【quánjǐng】
○ 파다	[掘る]	호루 ほる	掘	쥐에 【jué】
○ 파도	[波]	나미 なみ	波涛	뽀타오 【bōtāo】
○ 파리	[蝿]	하에 はえ	苍蝇	창잉 【cāngying】
○ 파멸(하다)	[破滅]	하메쓰 はめつ	破灭	포미에 【pòxiè】
○ 파문	[波紋]	하몽 はもん	波纹	뽀원 【bōwén】
○ 파산(하다)	[破産]	하상 はさん	破产	포찬 【pòchǎn】

ㅍ · 파

한국어	영어/일어 원어	일본어	중국어	중국어 발음
○ **파생(하다)**	[派生]	하세- はせい	派生	파이성 【pàishēng】
○ **파손**	[破損]	하송 はそん	损坏	쑨화이 【sǔnhuài】
○ **파수꾼**	[見張り]	미하리 みはり	守哨	셔우샤오 【shǒushào】
○ **파악(하다)**	[把握]	하아꾸 はあく	把握	바워 【bǎwò】
○ **파업**	[罷業]	히교- ひぎょう	罢工	빠꽁 【bàgōng】
○ **파열**	[破裂]	하레쓰 はれつ	破裂	포리에 【pòliè】
○ **파운드**	[pound]	폰도 ポンド	英镑	잉빵 【yīngbang】
○ **파울**	[foul]	화우루 ファウル	犯规	판꿰이 【fànguī】
○ **파이프**	[pipe]	파이뿌 パイプ	管子	관즈 【guǎnzi】
○ **파인애플**	[pineapple]	파이납뿌루 パイナップル	菠萝	뽀루어 【bōluó】
○ **파일**	[file]	화이루 ファイル	文件	원지엔 【wénjiàn】
○ **파일럿**	[pilot]	파이롯또 パイロット	飞行员	페이씽위엔 【fēixíngyuán】
○ **파자마**	[pajamas]	파쟈마 パジャマ	睡衣裤	쒜이이쿠 【shuiyīkù】
○ **파출소**	[派出所]	하슈-죠 はしゅつじょ	派出所	파이추쑤어 【pàichūsuǒ】
○ **파충류**	[爬虫類]	하쮸-루이 はちゅうるい	爬虫	파총 【páchóng】
○ **파트너**	[partner]	파-또나- パートナー	伙伴	후어빤 【huǒbàn】

ㅍ · 파

판결(하다)	[判決]	항께쓰 はんけつ	判決	판쮜에 【pànjué】
판단(하다)	[判断]	한당 はんだん	判断	판뚜안 【pànduàn】
판례	[判例]	한레- はんれい	例案	리안 【lì'àn】
판매(하다)	[販売]	함바이 はんばい	销售	시아오셔우 【xiāoshòu】
판명(되다)	[判明]	함메- はんめい	判明	판밍 【pànmíng】
판사	[判事]	한지 はんじ	审判员	션판위엔 【shěnpànyuán】
판정(하다)	[判定]	한떼- はんてい	判定	판띵 【pàndìng】
팔	[腕]	우데 うで	臂	삐 【bì】
팔꿈치	[肘]	히지 ひじ	胳膊	꺼보 【gēbo】
팔다	[売る]	우루 うる	卖	마이 【mài】
팔찌	[腕輪]	우데와 うでわ	手镯	셔우주어 【shǒuzhuó】
패랭이꽃	[撫子]	나데시꼬 なでしこ	石竹	스주 【shízhú】
패배	[敗北]	하이보꾸 はいぼく	败北	빠이베이 【bàiběi】
패션	[fashion]	확숑 ファッション	时装	스주앙 【shízhuāng】
패턴	[pattern]	파땅 パタン	格局	거쮜 【géjú】
패하다	[負ける]	마께루 まける	败	빠이 【bài】

ㅍ·판·팔·패

한국어	영어	일본어	한자	중국어
○ 팬	[fan]	황 ファン	迷	미 【mí】
○ 팬츠	[pants]	판쓰 パンツ	短裤	두안쿠 【duǎnkù】
○ 팬터마임	[pantomime]	판또마이무 パントマイム	默剧	모쥐 【mòjù】
○ 팬티	[panties]	판띠- パンティー	裤衩	쿠차 【kùchǎ】
○ 팸플릿	[pamphlet]	팡후렛또 パンフレット	副册	푸처 【fùcè】
○ 팽이	[独楽]	고마 こま	陀螺	투어루어 【tuóluó】
○ 팽창(하다)	[膨張]	보-쬬- ぼうちょう	膨胀	펑장 【péngzhàng】
○ 퍼센트	[percent]	파-센또 パーセント	百分	바이펀 【bǎifēn】
○ 퍼즐	[puzzle]	파즈루 パズル	迷	미 【mí】
○ 펀치	[punch]	판찌 パンチ	打孔	다콩 【dǎkǒng】
○ 펄럭이다		하따메꾸 はためく	飘	피아오 【piāo】
○ 펄프	[pulp]	파루뿌 パルプ	纸浆	즈지앙 【zhǐjiāng】
○ 펌프	[pump]	폼뿌 ポンプ	泵	뼁 【bèng】
○ 펑크	[puncture]	팡꾸 パンク	放炮	팡파오 【fàngpào】
○ 페달	[pedal]	페다루 ペダル	脚板	지아오반 【jiǎobǎn】
○ 페스트	[pest]	페스또 ペスト	鼠疫	수이 【shǔyì】

ㅍ · 팬 퍼 페

한국어	일본어		중국어	
○ 페이지	[頁]	페-지 ページ	頁	예 【yè】
○ 페인트	[네pek]	펭끼 ペンキ	油漆	여우치 【yóuqī】
○ 페트	[pet]	펫또 ペット	Pet瓶	Pet핑 【Pet píng】
○ 펜	[pen]	펭 ペン	钢笔	깡비 【gāngbǐ】
○ 펜던트	[pendant]	펜단또 ペンダント	项坠儿	시앙쮀얼 【xiàngzhuìr】
○ 펴다	[広げる]	히로게루 ひろげる	打开	다카이 【dǎkāi】
○ 편견	[偏見]	헹껭 へんけん	偏见	피엔지엔 【piānjiàn】
○ 편도	[片道]	가따미찌 かたみち	单程	딴청 【dānchéng】
○ 편도선	[扁桃腺]	헨또-셍 へんとうせん	扁桃体	비엔타오티 【biǎntáotǐ】
○ 편리	[便利]	벤리 べんり	便	삐엔 【biàn】
○ 편물	[編物]	아미모노 あみもの	编物	삐엔우 【biānwù】
○ 편성(하다)	[編成]	헨세- へんせい	编制	삐엔즈 【biānzhì】
○ 편안함	[楽]	라꾸 らく	舒适	수스 【shūshì】
○ 편지	[手紙]	데가미 てがみ	信	신 【xìn】
○ 편집(하다)	[編集]	헨슈- へんしゅう	编辑	삐엔지 【biānjí】
○ 편찬(하다)	[編纂]	헨상 へんさん	编纂	삐엔주안 【biānzuǎn】

ㅍ
·
페
퍼
펴
편

펼치다	[拡げる]	히로게루 ひろげる	施展	스잔 【shīzhǎn】
평가(하다)	[評価]	효-까 ひょうか	评价	핑지아 【píngjià】
평균	[平均]	헤-낑 へいきん	平均	핑쥔 【píngjūn】
평등	[平等]	뵤-도- びょうどう	平等	핑덩 【píngděng】
평론(하다)	[評論]	효-롱 ひょうろん	评论	핑룬 【pínglùn】
평면	[平面]	헤-멩 へいめん	平面	핑미엔 【píngmiàn】
평방	[平方]	헤-호- へいほう	平方	핑팡 【píngfāng】
평범한	[平凡]	헤-봉 へいぼん	平凡	핑판 【píngfán】
평상복	[平服]	헤-후꾸 へいふく	便装	삐엔쭈앙 【biànzhuāng】
평소	[普段]	후당 ふだん	往常	왕창 【wǎngcháng】
평야	[平野]	헤-야 へいや	平野	핑예 【píngyě】
평온	[平穏]	헤-옹 へいおん	平稳	핑원 【píngwěn】
평일	[平日]	헤-지쓰 へいじつ	平日	핑르 【píngrì】
평판	[評判]	효-방 ひょうばん	名声	밍셩 【míngshēng】
평행선	[平行線]	헤-꼬-셍 へいこうせん	平行线	핑씽시엔 【píngxíngxiàn】
평화	[平和]	헤-와 へいわ	和平	허핑 【hépíng】

ㅍ · 펼 평

○ 폐(허파)	[肺]	하이 はい	肺	페이 【fèi】
○ 폐(피해)	[迷惑]	메-와구 めいわく	打饶	다라오 【dǎrǎo】
○ 폐렴	[肺炎]	하이이엥 はいえん	肺炎	페이이엔 【fèiyán】
○ 폐쇄(하다)	[閉鎖]	헤-사 へいさ	闭锁	삐쑤어 【bìsuǒ】
○ 폐암	[肺癌]	하이강 はいがん	肺癌	페이아이 【fèi'ái】
○ 폐지(하다)	[廃止]	하이시 はいし	作废	쭈어페이 【zuòfèi】
○ 폐허	[廃墟]	하이꾜 はいきょ	废墟	페이쉬 【fèixū】
○ 포개다	[重ねる]	가사네루 かさねる	堆摞	뚜에이루어 【duīluò】
○ 포기(하다)	[放棄]	호-끼 ほうき	放弃	팡치 【fàngqì】
○ 포도	[葡萄]	부도- ぶどう	葡萄	푸타오 【pútao】
○ 포로	[虜]	도리꼬 とりこ	俘虏	푸루 【fúlǔ】
○ 포르투갈	[Portugal]	포루또가루 ポルトガル	葡萄牙	푸타오야 【pútáoyá】
○ 포부	[抱負]	호-후 ほうふ	抱负	빠오푸 【bàofù】
○ 포상	[褒賞]	호-쇼- ほうしょう	褒赏	빠오샹 【bāoshǎng】
○ 포스터	[poster]	포스따- ポスター	招贴	자오티에 【zhāotiē】
○ 포스트	[post]	포스또 ポスト	信箱	신시앙 【xìnxiāng】

ㅍ · 폐 포

○ 포옹(하다)	[抱擁]	호-요- ほうよう	拥抱	용빠오 【yōngbào】
○ 포인트	[point]	포인또 ポイント	点	디엔 【diǎn】
○ 포장(하다)	[幌]	호로 ほろ	包装	빠오주앙 【bāozhuāng】
○ 포장도로	[舗道]	호도- ほどう	柏油路	바이여우루 【bǎiyóulù】
○ 포크	[fork]	훠-꾸 フォーク	叉子	차즈 【chāzi】
○ 포플러	[poplar]	포뿌라 ポプラ	白杨	바이양 【báiyáng】
○ 포함하다	[含む]	후꾸무 ふくむ	包含	빠오한 【bāohán】
○ 포화	[砲火]	호-까 ほうか	炮火	파오후어 【pàohuǒ】
○ 포획(하다)	[捕獲]	호까꾸 ほかく	捕获	부후어 【bǔhuò】
○ 폭격(하다)	[爆撃]	바꾸게끼 ばくげき	轰炸	훙자 【hōngzhà】
○ 폭군	[暴君]	보-꿍 ぼうくん	暴君	빠오쥔 【bàojūn】
○ 폭동	[暴動]	보-도- ぼうどう	暴动	빠오똥 【bàodòng】
○ 폭락(하다)	[暴落]	보-라꾸 ぼうらく	暴落	빠오루어 【bàoluò】
○ 폭력	[暴力]	보-료꾸 ぼうりょく	暴力	빠오리 【bàolì】
○ 폭로(하다)	[暴露]	바꾸로 ばくろ	暴露	빠오루 【bàolù】
○ 폭리	[暴利]	보-리 ぼうり	暴利	빠오리 【bàolì】

한국어	한자	일본어	중국어	병음
○ 폭발(하다)	[爆発]	바꾸하쓰 ばくはつ	爆发	빠오파 【bàofā】
○ 폭주족	[暴走族]	보-소-조구 ぼうそうぞく	暴走族	빠오저우주 【bàozǒuzú】
○ 폭탄	[爆弾]	바꾸당 ばくだん	炮弹	파오딴 【pàodàn】
○ 폭파(하다)	[爆破]	바꾸하 ばくは	爆破	빠오퍼 【bàopò】
○ 폭포	[滝]	다끼 たき	瀑布	푸뿌 【pùbù】
○ 폭풍	[暴風]	보-후- ぼうふう	风暴	펑빠오 【fēngbào】
○ 폭행(하다)	[暴行]	보-꼬- ぼうこう	暴行	빠오씽 【bàoxíng】
○ 폴란드	[Poland]	포-란도 ポーランド	波兰	뽀란 【Bōlán】
○ 표	[切符]	김뿌 きっぷ	票	피아오 【piào】
○ 표결(하다)	[票決]	효-께쓰 ひょうけつ	表决	비아오쮀에 【biǎojué】
○ 표류(하다)	[漂流]	효-류- ひょうりゅう	漂流	피아오리우 【piāoliú】
○ 표면	[表面]	효-멩 ひょうめん	表面	비아오미엔 【biǎomiàn】
○ 표백(하다)	[晒し]	사라시 さらし	漂	피아오 【piāo】
○ 표범	[豹]	효- ひょう	豹	빠오 【bào】
○ 표시	[印]	시루시 しるし	表示	비아오스 【biǎoshì】
○ 표어	[標語]	효-고 ひょうご	标语	비아오위 【biāoyǔ】

ㅍ
·
폭
폴
표

한국어	일본어		중국어	
○ 표적	[的]	마또 まと	标的	삐아오띠 【biāodì】
○ 표절	[剽窃]	효-세쓰 ひょうせつ	剽窃	피아오치에 【piāoqiè】
○ 표정	[表情]	효-죠- ひょうじょう	表情	비아오칭 【biǎoqíng】
○ 표제	[見出し]	미다시 みだし	标题	삐아오티 【biāotí】
○ 표준	[標準]	효-쥰 ひょうじゅん	标准	삐아오준 【biāozhǔn】
○ 표지	[表紙]	효-시 ひょうし	标	삐아오 【biāo】
○ 표창(하다)	[表彰]	효-쇼- ひょうしょう	表彰	비아오장 【biǎozhāng】
○ 표현(하다)	[表現]	효-겡 ひょうげん	表现	비아오시엔 【biǎoxiàn】
○ 풀(식물)	[草]	구사 くさ	草	차오 【cǎo】
○ 풀(문구)	[糊]	노리 のり	糨糊	지앙후 【jiànghu】
○ 풀리다	[解ける]	도께루 とける	解	지에 【jiě】
○ 품다	[抱く]	다꾸 だく	含	한 【hán】
○ 품목	[品目]	힘모꾸 ひんもく	品种	핀종 【pǐnzhǒng】
○ 품절	[品切れ]	시나기레 しなぎれ	短货	두안후어 【duǎnhuò】
○ 품종	[品種]	힌슈 ひんしゅ	品种	핀종 【pǐnzhǒng】
○ 풍경	[風景]	후-께- ふうけい	景物	징우 【jǐngwù】

ㅍ
·
표
풀
풍

한국어		일본어	중국어	
○ 풍선	[風船]	후-생 ふうせん	气球	치치우 【qìqiú】
○ 풍속(습관)	[風俗]	후-조꾸 ふうぞく	风习	펑시 【fēngxí】
○ 풍속(속도)	[風速]	후-소꾸 ふうそく	风速	펑쑤 【fēngsú】
○ 풍자(하다)	[諷刺]	후-시 ふうし	讽刺	펑츠 【fěngcì】
○ 풍차	[風車]	가자구루마 かざぐるま	风车	펑처 【fēngchē】
○ 풍채	[風采]	후-사이 ふうさい	风度	펑뚜 【fēngdù】
○ 프라이버시	[privacy]	푸라이바시 プライバシー	隐私	인쓰 【yǐnsī】
○ 프랑스	[France]	후란스 フランス	法国	파구어 【Fǎguó】
○ 프러포즈	[propose]	푸로뽀-즈 プロポーズ	提议	티이 【tíyì】
○ 프런트	[front]	후론또 フロント	总服务台	종푸우타이 【zǒngfúwùtái】
○ 프로그램	[program]	푸로구라무 プログラム	程序	청쉬 【chéngxù】
○ 프로덕션	[production]	푸로다꾸숑 プロダクション	制作	즈쭈어 【zhìzuò】
○ 프로듀서	[producer]	푸로듀-사- プロデューサー	制片人	즈피엔런 【zhìpiànrén】
○ 프로젝트	[project]	푸로제꾸또 プロジェクト	研究项目	이엔지우시앙무 【yánjiūxiàngmù】
○ 프로펠러	[propeller]	푸로뻬라 プロペラ	螺旋桨	루어쉬엔지앙 【luóxuánjiǎng】
○ 프린트(하다)	[print]	푸린또 プリント	印刷	인수아 【yìnshuā】

○ 플라스틱	[plastics]	푸라스칙꾸 プラスチック	塑料	쑤리아오 【sùliào】
○ 플라타너스	[platanus]	푸라따나스 プラタナス	悬铃木	쉬엔링무 【xuánlíngmù】
○ 플랑크톤	[plankton]	푸랑꾸똥 プランクトン	浮游生物	푸여우셩우 【fúyóushēngwù】
○ 플래시	[flash]	후랏슈 フラッシュ	手电筒	셔우띠엔퉁 【shǒudiàntǒng】
○ 플랫폼	[platform]	푸랏또호-무 プラットホーム	站台	잔타이 【zhàntái】
○ 플러스	[plus]	푸라스 プラス	加法	지아파 【jiāfǎ】
○ 피	[血]	치 ち	血	쉬에 【xuè】
○ 피고	[被告]	히꼬꾸 ひこく	被告	뻬이까오 【bèigào】
○ 피난(하다)	[避難]	히낭 ひなん	避难	삐난 【bìnàn】
○ 피라미드	[pyramid]	피라밋또 ピラミット	金字塔	진즈타 【jīnzìtǎ】
○ 피로	[疲勞]	히로- ひろう	疲劳	피라오 【píláo】
○ 피리	[笛]	후에 ふえ	笛子	디즈 【dízi】
○ 피부	[皮膚]	치후 ひふ	皮肤	피푸 【pífū】
○ 피아노	[piano]	피아노 ピアノ	钢琴	깡친 【gāngqín】
○ 피아니스트	[pianist]	피아니스또 ピアニスト	钢琴家	깡친지아 【gāngqínjiā】
○ 피앙세	[0|fianc]	휘안세 フィアンセ	未婚夫	웨이훈푸 【wèihūnfū】

ㅍ
·
플
피

○ **피에로**	[프pierrot]	피에로 ピエロ	小丑儿	시아오처올 【xiǎochǒur】
○ **피우다**	[吸う]	스우 すう	点燃	디엔란 【diǎnrán】
○ **피임**	[避妊]	히닝 ひにん	避孕	삐윈 【bìyùn】
○ **피자**	[pizza]	피자 ピザ	彼萨饼	비싸빙 【bǐsàbǐng】
○ **피투성이**	[血塗れ]	치마미레 ちまみれ	蹀血	디에쉬에 【diéxuè】
○ **피하다**	[避ける]	사께루 さける	避	삐 【bì】
○ **픽션**	[fiction]	휘꾸숑 フィクション	虚构	쉬꺼우 【xūgòu】
○ **핀**	[pin]	핑 ピン	大头针	따터우전 【dàtóuzhēn】
○ **핀셋**	[프pincette]	핀세또 ピンセット	铗子	지아즈 【jiázi】
○ **필기(하다)**	[筆記]	힉끼 ひっき	记录	찌루 【jìlù】
○ **필름**	[film]	휘루무 フィルム	胶卷	지아오쥐엔 【jiāojuǎn】
○ **필사적(인)**	[必死的]	힛시떼끼 ひっしてき	拼命	핀밍 【pīnmìng】
○ **필자**	[筆者]	힛샤 ひっしゃ	作者	쭈어저 【zuòzhě】
○ **필터**	[filter]	휘루따- フィルター	滤光器	뤼꽝치 【lǜguāngqì】
○ **핑크**	[pink]	핑꾸 ピンク	粉红	펀홍 【fěnhóng】

ㅍ · 피 · 핀 · 핑

ㅎ

하나	[一つ]	히또쓰 ひとつ	一	이 【yī】
하계	[夏季]	가끼 かき	夏天	시아티엔 【xiàtiān】
하락(하다)	[下落]	게라꾸 げらく	下跌	시아디에 【xiàdiē】
하루	[一日]	이찌니찌 いちにち	一天	이티엔 【yìtiān】
하마	[河馬]	가바 かば	河马	허마 【hémǎ】
하모니카	[harmonica]	하-모니까 ハーモニカ	口琴	커우친 【kǒuqín】
하숙(하다)	[下宿]	게슈꾸 げしゅく	寄宿	찌수 【jìsù】
하이에나	[hyena]	하이에나 ハイエナ	鬣狗	리에거우 【liègǒu】
하이힐	[high heel]	하이히-루 ハイヒール	高跟鞋	까오껀시에 【gāogēnxié】
하인	[下男]	게낭 げなん	仆人	푸런 【púrén】
하품	[欠伸]	아꾸비 あくび	哈欠	하치엔 【hāqian】
학	[鶴]	쓰루 つる	鹤	허 【hè】
학계	[学界]	각까이 がっかい	学界	쉬에찌에 【xuéjiè】

ㅎ · 하 학

○ 학과	[学科]	각까 がっか	学科	쉬에커 【xuékē】
○ 학교	[学校]	각꼬- がっこう	学校	쉬에시아오 【xuéxiào】
○ 학급	[学級]	각뀨- がっきゅう	班级	빤지 【bānjí】
○ 학기	[学期]	각끼 がっき	学期	쉬에치 【xuéqī】
○ 학년	[学年]	가꾸넹 がくねん	学年	쉬에니엔 【xuénián】
○ 학대(하다)	[虐待]	갸꾸따이 ぎゃくたい	虐待	뉘에따이 【nüèdài】
○ 학력	[学歴]	가꾸레끼 がくれき	学历	쉬에리 【xuélì】
○ 학문	[学問]	가꾸몽 がくもん	学问	쉬에원 【xuéwen】
○ 학비	[学費]	가꾸히 がくひ	学费	쉬에페이 【xuéfèi】
○ 학사	[学士]	가꾸시 がくし	学士	쉬에스 【xuéshì】
○ 학설	[学説]	가꾸세쓰 がくせつ	学说	쉬에슈어 【xuéshuō】
○ 학술	[学術]	가꾸쥬쓰 がくじゅつ	学术	쉬에수 【xuéshù】
○ 학습(하다)	[学習]	가꾸슈- がくしゅう	学习	쉬에시 【xuéxí】
○ 학예회	[学芸会]	가꾸제-까이 がくげいかい	学艺会	쉬에이훼이 【xuéyìhuì】
○ 학위	[学位]	가꾸이 がくい	学位	쉬에웨이 【xuéwèi】
○ 학자	[学者]	가꾸샤 がくしゃ	学者	쉬에저 【xuézhě】

ㅎ · 학

○ 학회	[学会]	각까이 がっかい	学会	쉬에훼이 【xuéhuì】
○ 한계	[限界]	겡까이 げんかい	界限	지에시엔 【jièxiàn】
○ 한국	[韓国]	캉꼬꾸 かんこく	韩国	한구어 【Hánguó】
○ 한국인(어)	[韓国人]	캉꼬꾸징 かんこくじん	韩国人	한구어런 【Hánguórén】
○ 한눈팔다	[脇目をふる]	와끼메오 후루 わきめをふる	东张西望	똥장시왕 【dōngzhāngxīwàng】
○ 한대	[寒帯]	간따이 かんたい	寒冷	한렁 【hánlěng】
○ 한류	[寒流]	간류- かんりゅう	寒流	한리우 【hánliú】
○ 한문	[漢文]	감붕 かんぶん	汉文	한원 【Hànwén】
○ 한 사람	[一人]	히또리 ひとり	一个人	이거런 【yígerén】
○ 한숨	[溜息]	다메이끼 ためいき	叹气	탄치 【tànqì】
○ 한심하다	[情けない]	나사께나이 なさけない	寒心	한신 【hánxīn】
○ 한여름	[真夏]	마나쓰 まなつ	盛夏	셩시아 【shèngxià】
○ 한자	[漢字]	간지 かんじ	汉字	한쯔 【hànzì】
○ 한정	[限定]	겐떼- げんてい	限定	시엔띵 【xiàndìng】
○ 한쪽	[一方]	입뽀- いっぽう	一旁	이팡 【yìpáng】
○ 한창	[最中]	사이쮸- さいちゅう	盛期	셩치 【shèngqī】

○ 한파	[寒波]	감빠 かんぱ	寒流	한리우 【hánliú】
○ 할당	[割当て]	와리아떼 わりあて	分配	펀페이 【fēnpèi】
○ 할머니	[お婆さん]	오바-상 おばあさん	奶奶	나이나이 【nǎinai】
○ 할아버지	[お爺さん]	오지-상 おじいさん	爷爷	예예 【yéye】
○ 할인(하다)	[割引]	와리비끼 わりびき	折扣	저커우 【zhékòu】
○ 핥다	[嘗める]	나메루 なめる	舔	티엔 【tiǎn】
○ 함께	[一緒に]	잇쇼니 いっしょに	一起	이치 【yìqǐ】
○ 함락(되다)	[陥落]	간라꾸 かんらく	陷落	시엔루어 【xiànluò】
○ 함부로	[無闇に]	무야미니 むやみに	胡乱	후루안 【húluàn】
○ 합격(하다)	[合格]	고-까꾸 ごうかく	合格	허거 【hégé】
○ 합계(하다)	[合計]	고-께- ごうけい	一共	이꽁 【yígòng】
○ 합동	[合同]	고-도- ごうどう	合同	허퉁 【hetong】
○ 합리적(인)	[合理的]	고-리떼끼 ごうりてき	合理	허리 【hélǐ】
○ 합법	[合法]	고-호- ごうほう	合法	허파 【héfǎ】
○ 합성	[合成]	고-세- ごうせい	合成	허청 【héchéng】
○ 합의(하다)	[合意]	고-이 ごうい	接洽	지에치아 【jiēqià】

ㅎ · 한 할 합

○ 합주(하다)	[合奏]	갓소- がっそう	合奏	허쩌우 【hézòu】
○ 합창(하다)	[合唱]	갓쇼- がっしょう	合唱	허창 【héchàng】
○ 항공	[航空]	고-꾸- こうくう	航空	항콩 【hángkōng】
○ 항구	[港]	미나또 みなと	港口	강커우 【gǎngkǒu】
○ 항목	[項目]	고-모꾸 こうもく	项目	시앙무 【xiàngmù】
○ 항문	[肛門]	고-몽 こうもん	肛门	깡먼 【gāngmén】
○ 항복(하다)	[降参]	고-상 こうさん	降伏	시앙푸 【xiángfú】
○ 항아리	[壷]	쓰보 つぼ	缸	깡 【gāng】
○ 항의(하다)	[抗議]	고-기 こうぎ	抗议	캉이 【kàngyì】
○ 항해(하다)	[航海]	고-까이 こうかい	航海	항하이 【hánghǎi】
○ 해(태양)	[日]	히 ひ	太阳	타이양 【tàiyáng】
○ 해(年)	[年]	도시 とし	年	니엔 【nián】
○ 해결(하다)	[解決]	가이께쓰 かいけつ	解决	지에쥐에 【jiějué】
○ 해골	[骸骨]	가이꼬쓰 がいこつ	骸骨	하이구 【háigǔ】
○ 해군	[海軍]	가이궁 かいぐん	海军	하이쥔 【hǎijūn】
○ 해녀	[海女]	아마 あま	渔女	위뉘 【yúnǚ】

한국어	일본어		중국어	
○ 해답	[解答]	가이또- かいとう	解答	지에다 【jiědá】
○ 해독(하다)	[解読]	가이도꾸 かいどく	解毒	지에두 【jiědú】
○ 해류	[海流]	가이류- かいりゅう	海流	하이리우 【hǎiliú】
○ 해명(하다)	[解明]	가이메- かいめい	弄清楚	농칭추 【nòngqīngchu】
○ 해바라기	[向日葵]	히마와리 ひまわり	葵花	퀘이화 【kuíhuā】
○ 해발	[海抜]	가이바쓰 かいばつ	海拔	하이바 【hǎibá】
○ 해방(하다)	[解放]	가이호- かいほう	解放	지에팡 【jiěfàng】
○ 해변	[海辺]	우미베 うみべ	海滨	하이빈 【hǎibīn】
○ 해부	[解剖]	가이보- かいぼう	解剖	지에퍼우 【jiěpōu】
○ 해산	[解散]	가이상 かいさん	解散	지에싼 【jiěsàn】
○ 해산물	[海産物]	가이산부쓰 かいさんぶつ	海产	하이찬 【hǎichǎn】
○ 해삼	[海鼠]	나마꼬 なまこ	海参	하이선 【hǎishēn】
○ 해석	[解釈]	가이샤꾸 かいしゃく	解释	지에스 【jiěshì】
○ 해수욕	[海水浴]	가이스이요꾸 かいすいよく	海浴	하이위 【hǎiyù】
○ 해안	[海岸]	가이강 かいがん	海岸	하이안 【hǎi'àn】
○ 해약(하다)	[解約]	가이야꾸 かいやく	解约	지에위에 【jiěyuē】

한국어	한자	일본어	중국어	중국어 발음
○ 해양	[海洋]	가이요- かいよう	海洋	하이양 【hǎiyáng】
○ 해외	[海外]	가이가이 かいがい	海外	하이와이 【hǎiwài】
○ 해적	[海賊]	가이조꾸 かいぞく	海盗	하이따오 【hǎidào】
○ 해제	[解除]	가이죠 かいじょ	解除	지에추 【jiěchú】
○ 해초	[海草]	가이소- かいそう	海藻	하이자오 【hǎizǎo】
○ 해충	[害虫]	가이쮸- がいちゅう	害虫	하이총 【hàichóng】
○ 해치다	[害する]	가이스루 がいする	害	하이 【hài】
○ 해파리	[水母]	구라게 くらげ	海蜇	하이저 【hǎizhé】
○ 해피엔드	[happy end]	합삐-엔도 ハッピーエンド	大团圆	따투안위엔 【dàtuányuán】
○ 해협	[海峡]	가이꾜- かいきょう	海峡	하이시아 【hǎixiá】
○ 핵가족	[核家族]	가꾸가조꾸 かくかぞく	小家庭	시오지아팅 【xiǎojiātíng】
○ 핸드백	[handbag]	한도박구 ハンドバッグ	手提包	셔우티빠오 【shǒutíbāo】
○ 햄	[ham]	하무 ハム	火腿	후어퉤이 【huǒtuǐ】
○ 행동(하다)	[行動]	고-도- こうどう	行动	씽동 【xíngdòng】
○ 행렬	[行列]	교-레쓰 ぎょうれつ	队伍	뚜에이우 【duìwǔ】
○ 행복	[幸福]	고-후꾸 こうふく	幸福	씽푸 【xìngfú】

○ 행사	[行事]	교-지 ぎょうじ	行使	씽스 【xíngshǐ】
○ 행운	[幸運]	고-웅 こううん	福气	푸치 【fúqi】
○ 행위	[行為]	고-이 こうい	行为	씽웨이 【xíngwéi】
○ 행정	[行政]	교-세- ぎょうせい	行政	씽정 【xíngzhèng】
○ 행진(하다)	[行進]	고-싱 こうしん	行进	씽진 【xíngjìn】
○ 행하다	[行う]	오꼬나우 おこなう	施行	스씽 【shīxíng】
○ 향기	[香り·薫り]	가오리 かおり	香味	시앙웨이 【xiāngwèi】
○ 향수(고향)	[鄕愁]	교-슈- きょうしゅう	享受	시앙서우 【xiǎngshòu】
○ 향수	[香水]	고-스이 こうすい	香水	시앙쉐이 【xiāngshuǐ】
○ 향하다	[向う]	무까우 むかう	向	시앙 【xiàng】
○ 허가(하다)	[許可]	교까 きょか	许可	쉬커 【xǔkě】
○ 허구	[虛構]	교꼬- きょこう	虚构	쉬꺼우 【xūgòu】
○ 허니문	[honeymoon]	하네무-ㄴ ハネムーン	蜜月	미위에 【mìyuè】
○ 허락(하다)	[承諾]	쇼-다꾸 しょうだく	允许	윈쉬 【yǔnxǔ】
○ 허리	[腰]	고시 こし	腰	야오 【yāo】
○ 허무	[虛無]	교무 きょむ	空虚	콩쉬 【kōngxū】

○ 허무하다	[儚い]	하까나이 はかない	虚无	쉬우 【xūwú】
○ 허수아비	[案山子]	가까시 かかし	稻草人	다오차오런 【dàocǎorén】
○ 허스키	[husky]	하스끼- ハスキー	嘶哑的	쓰야더 【sīyǎde】
○ 허위	[虚偽]	교기 きょぎ	虚伪	쉬웨이 【xūwěi】
○ 허풍	[駄法螺]	다보라 だぼら	吹牛	췌이니우 【chuīniú】
○ 헌금(하다)	[献金]	겡낑 けんきん	捐献	쥐엔시엔 【juānxiàn】
○ 헌법	[憲法]	겜뽀- けんぽう	宪法	시엔파 【xiànfǎ】
○ 헌신	[献身]	겐싱 けんしん	献身	시엔션 【xiànshēn】
○ 헐뜯다	[貶す]	게나스 けなす	中伤	중샹 【zhòngshāng】
○ 험하다	[険しい]	게와시- けわしい	险峻	시엔쥔 【xiǎnjùn】
○ 헛간	[納屋]	나야 なや	库房	쿠팡 【kùfáng】
○ 헛기침(하다)	[咳払い]	세끼바라이 せきばらい	干咳嗽	깐커써우 【gānkésòu】
○ 헛소리	[たわ言]	다와고또 たわごと	谵语	잔위 【zhānyǔ】
○ 헛수고	[無駄骨]	무다보네 むだぼね	白费劲	바이페이찐 【báifèijìn】
○ 헤드라이트	[headlight]	헷도라이또 ヘッドライト	前灯	치엔띵 【qiándēng】
○ 헤아리다	[察する]	삿스루 さっする	计	찌 【jì】

ㅎ · 허 헌 헤

○ 헤어스타일	[hair style]	헤아스따이루 ヘアスタイル	发型	파씽 【fàxíng】
○ 헤어지다	[別れる]	와까레루 わかれる	分手	편셔우 【fēnshǒu】
○ 헥타르	[hectare]	헤꾸따-루 ヘクタール	公顷	꽁칭 【gōngqǐng】
○ 헬리콥터	[helicopter]	헤리꼬뿌따- ヘリコプター	直升机	즈셩지 【zhíshēngjī】
○ 헹구다	[濯ぐ]	스스구 すすぐ	涮	수안 【shuàn】
○ 혀	[舌]	시따 した	舌头	셔터우 【shétou】
○ 혁명	[革命]	가꾸메- かくめい	革命	거밍 【gémìng】
○ 혁신(하다)	[革新]	가꾸싱 かくしん	革新	거씬 【géxīn】
○ 현관	[玄関]	겡깡 げんかん	门口	먼커우 【ménkǒu】
○ 현금	[現金]	겡낑 げんきん	现钱	시엔치엔 【xiànqián】
○ 현기증	[眩暈]	메마이 めまい	头晕	터우윈 【tóuyūn】
○ 현대	[現代]	겐다이 げんだい	现代	시엔따이 【xiàndài】
○ 현명한	[賢い]	가시꼬이 かしこい	贤亮	시엔리앙 【xiánliàng】
○ 현미	[玄米]	겜마이 げんまい	黑米	헤이미 【hēimǐ】
○ 현상	[現象]	겐쇼- げんしょう	现象	시엔시앙 【xiànxiàng】
○ 현실	[現実]	겐지쓰 げんじつ	现实	시엔스 【xiànshí】

○ 현역	[現役]	겡에끼 げんえき	现役	시엔이 【xiànyì】
○ 현장	[現場]	겐바 げんば	现场	시엔창 【xiànchǎng】
○ 현재	[現在]	겐자이 げんざい	现在	시엔짜이 【xiànzài】
○ 현지	[現地]	겐찌 げんち	现地	시엔띠 【xiàndì】
○ 혈관	[血管]	겍깡 けっかん	血管	쉬에관 【xuèguǎn】
○ 혈압	[血圧]	게쓰아쓰 けつあつ	血压	쉬에야 【xuèyā】
○ 혈액형	[血液型]	게쓰에끼가따 けつえきがた	血型	쉬에씽 【xuèxíng】
○ 혈연	[血縁]	게쓰엥 けつえん	血缘	쉬에위엔 【xuèyuán】
○ 혈통	[血統]	겟또- けっとう	血统	쉬에퉁 【xuètǒng】
○ 혐오(하다)	[嫌悪]	겡오 けんお	嫌恶	시엔우 【xiánwù】
○ 혐의	[嫌疑]	겡기 けんぎ	嫌疑	시엔이 【xiányí】
○ 협력(하다)	[協力]	교-료꾸 きょうりょく	协作	시에쭈어 【xiézuò】
○ 협박(하다)	[脅迫]	교-하꾸 きょうはく	恐吓	콩허 【kǒnghè】
○ 협정	[協定]	교-떼- きょうてい	协定	시에띵 【xiédìng】
○ 협회	[協会]	교-까이 きょうかい	协会	시에훼이 【xiéhuì】
○ 형	[兄]	아니 あに	兄	시옹 【xiōng】

ㅎ
·
현
혈
형

○ 형광등	[蛍光灯]	게-꼬-또- けいこうとう	日光灯	르꽝떵 【rìguāngdēng】
○ 형벌	[刑罰]	게-바쓰 けいばつ	刑	씽 【xíng】
○ 형사	[刑事]	게-지 けいじ	刑事	씽스 【xíngshì】
○ 형성	[形成]	게-세- けいせい	形成	씽청 【xíngchéng】
○ 형식	[形式]	게-시끼 けいしき	形式	씽스 【xíngshì】
○ 형제	[兄弟]	교-다이 きょうだい	兄弟	시옹띠 【xiōngdì】
○ 형태	[形態]	게-따이 けいたい	形态	씽타이 【xíngtài】
○ 호기	[好期]	고-끼 こうき	良机	량지 【liángjī】
○ 호기심	[好奇心]	고-끼싱 こうきしん	好奇心	하오치신 【hàoqíxīn】
○ 호두	[胡桃]	구루미 くるみ	核桃	허타오 【hétāo】
○ 호랑이	[虎]	도라 とら	老虎	라오후 【lǎohǔ】
○ 호르몬	[독Hormone]	호루몽 ホルモン	激素	지쑤 【jīsù】
○ 호박	[南瓜]	가보쨔 かぼちゃ	冬瓜	똥과 【dōngguā】
○ 호반	[湖畔]	고항 こはん	湖畔	후판 【húpàn】
○ 호소(하다)	[訴え]	웃따에 うったえ	号召	하오자오 【hàozhào】
○ 호수	[湖]	미즈우미 みずうみ	湖泊	후포 【húpō】

한국어		일본어	중국어	
○ 호스티스	[hostess]	호스떼스 ホステス	女主人	뉘주런 【nǚzhǔrén】
○ 호우	[豪雨]	고-우 ごうう	豪雨	하오위 【háoyǔ】
○ 호의	[好意]	고-이 こうい	恩	언 【ēn】
○ 호적	[戸籍]	고세끼 こせき	戸口	후커우 【hùkǒu】
○ 호텔	[hotel]	호떼루 ホテル	饭店	판띠엔 【fàndiàn】
○ 호평	[好評]	고-효- こうひょう	好评	하오핑 【hǎopíng】
○ 호황	[好況]	고-꾜- こうきょう	旺市	왕스 【wàngshì】
○ 호흡(하다)	[呼吸]	고뀨- こきゅう	呼吸	후시 【hūxī】
○ 혹	[瘤]	고부 こぶ	肿瘤	중리우 【zhǒngliú】
○ 혼	[魂]	다마시- たましい	灵魂	링훈 【línghún】
○ 혼담	[縁談]	엔당 えんだん	婚事	훈스 【hūnshì】
○ 혼동(하다)	[混同]	곤도- こんどう	混同	훈통 【hùntóng】
○ 혼란	[混乱]	곤랑 こんらん	混乱	훈루안 【hùnluàn】
○ 혼선(되다)	[混線]	곤셍 こんせん	串线	추안시엔 【chuànxiàn】
○ 혼잡(하다)	[混雑]	곤자쓰 こんざつ	拥挤	용지 【yōngjǐ】
○ 혼잣말	[独り言]	히또리고또 ひとりごと	自言自语	쯔이엔쯔위 【zìyánzìyǔ】

ㅎ · 호 · 혹 · 혼

한국어	일본어 한자	일본어	중국어	중국어 발음
○ 혼합(하다)	[混合]	공고- こんごう	混合	훈허 【hùnhé】
○ 혼합물		짠뽕 ちゃんぽん	混合物	훈허우 【hùnhéwù】
○ 혼혈아	[合の子]	하이노꼬 あいのこ	混血儿	훈쉬에얼 【hùnxuè'ér】
○ 홀딱 반하다	[首っ丈]	구빗다께 くびったけ	完全迷住	완취엔미주 【wánquánmízhù】
○ 홀수	[奇数]	기스- きすう	单数	딴수 【dānshù】
○ 홍수	[洪水]	고-즈이 こうずい	洪水	홍쉐이 【hóngshuǐ】
○ 홍역	[麻疹]	하시까 はしか	麻疹	마전 【mázhěn】
○ 홍차	[紅茶]	고-쨔 こうちゃ	红茶	홍차 【hóngchá】
○ 환각	[幻覚]	겡가꾸 げんかく	幻觉	후안쮀에 【huànjué】
○ 환경	[環境]	강꾜- かんきょう	环境	환징 【huánjìng】
○ 환불	[払戻し]	하라이모도시 はらいもどし	还钱	환치엔 【huánqián】
○ 환상	[幻想]	겐소- げんそう	幻想	환시앙 【huànxiǎng】
○ 환영(하다)	[歓迎]	강게- かんげい	欢迎	환잉 【huānyíng】
○ 환자	[患者]	간쟈 かんじゃ	患者	환저 【huànzhě】
○ 환전(하다)	[両替]	료-가에 りょうがえ	兑领	뚜에이링 【duìlǐng】
○ 환호(하다)	[歓呼]	강꼬 かんこ	欢呼	환후 【huānhū】

ㅎ · 혼 홍 환

○ 활	[弓]	유미 ゆみ	弓	꽁 【gōng】
○ 활기	[活気]	각끼 かっき	热闹	러나오 【rènao】
○ 활동(하다)	[活動]	가쓰도- かつどう	活动	후어동 【huódòng】
○ 활발(한)	[活力]	가쓰료꾸 かつりょく	活泼	후어포 【huópo】
○ 활약(하다)	[活用]	가쓰요- かつよう	活跃	후어위에 【huóyuè】
○ 활자	[活字]	가쓰지 かつじ	活字	후어쯔 【huózì】
○ 활주로	[滑走路]	갓소-로 かっそうろ	跑道	파오따오 【pǎodào】
○ 황금	[黄金]	오-공- おうごん	黄金	후앙진 【huángjīn】
○ 황새	[鸛]	고-노도리 こうのとり	鹳	꽌 【guàn】
○ 황야	[荒野]	고-야 こうや	荒野	후앙예 【huāngyě】
○ 황제	[皇帝]	고-떼- こうてい	皇帝	후앙띠 【huángdì】
○ 황혼	[黄昏]	다소가레 たそがれ	黄昏	후앙훈 【huánghūn】
○ 회계	[会計]	가이께- かいけい	会计	콰이지 【kuàijì】
○ 회고(하다)	[回顧]	가이꼬 かいこ	回顾	훼이꾸 【huígù】
○ 회담(하다)	[会談]	가이당 かいだん	会谈	훼이탄 【huìtán】
○ 회답(하다)	[回答]	가이또- かいとう	回答	훼이다 【huídá】

ㅎ · 활 황 회

		가이후꾸 かいふく	收复	셔우푸 【shōufù】
○ 회복	[回復]	가이히 かいひ	会费	훼이페이 【huìfèi】
○ 회비	[会費]	가이샤 かいしゃ	公司	꽁쓰 【gōngsī】
○ 회사	[会社]	하이-로 はいいろ	灰色	훼이써 【huīsè】
○ 회색	[灰色]	쓰무지카제 つむじかぜ	旋风	쉬엔펑 【xuànfēng】
○ 회오리바람	[つむじ風]	가이기 かいぎ	会议	훼이이 【huìyì】
○ 회의	[会議]	가이쬬- かいちょう	会长	훼이장 【huìzhǎng】
○ 회장	[会長]	가이뗑 かいてん	回转	훼이주안 【huízhuǎn】
○ 회전(하다)	[回転]	가이쮸- かいちゅう	蛔虫	훼이총 【huíchóng】
○ 회충	[蛔虫]	가이가 かいが	绘画	훼이화 【huìhuà】
○ 회화(미술)	[絵画]	가이와 かいわ	会话	훼이화 【huìhuà】
○ 회화	[会話]	가꾸또꾸 かくとく	获得	후어더 【huòdé】
○ 획득(하다)	[獲得]	오-당 おうだん	横断	헝뚜안 【héngduàn】
○ 횡단(하다)	[横断]	오-료- おうりょう	贪污	탄우 【tānwū】
○ 횡령(하다)	[横領]	고-께-샤 こうけいしゃ	继承人	지청런 【jìchéngrén】
○ 후계자	[後継者]	고-하이 こうはい	晚辈	완뻬이 【wǎnbèi】
○ 후배	[後輩]			

한국어	한자	일본어	중국어	
○ 후보	[候補]	고-호 こうほ	候补	허우부 【hòubǔ】
○ 후비다		호지꾸루 ほじくる	抠	커우 【kōu】
○ 후세	[後世]	고-세- こうせい	后世	허우스 【hòushì】
○ 후예	[後裔]	고-에- こうえい	后嗣	허우쓰 【hòusì】
○ 후임	[後任]	고-닝 こうにん	后任	허우런 【hòurèn】
○ 후회하다	[悔いる]	구이루 くいる	后悔	허우훼이 【hòuhuǐ】
○ 훈련(하다)	[訓練]	군렝 くんれん	训练	쉰리엔 【xùnliàn】
○ 훈장	[勳章]	군쇼- くんしょう	勋章	쉰장 【xūnzhāng】
○ 훔치다	[盗む]	누스무 ぬすむ	偷	터우 【tōu】
○ 휘두르다	[振り回す]	후리마와스 ふりまわす	抡动	룬뚱 【lūndòng】
○ 휘파람	[口笛]	구찌부에 くちぶえ	口哨	커우샤오 【kǒushào】
○ 휴가	[休暇]	규-까 きゅうか	假	지아 【jià】
○ 휴게소	[休憩所]	규-께-쇼 きゅうけいしょ	过路店	꾸어루띠엔 【guòlùdiàn】
○ 휴대(하다)	[携帯]	게-따이 けいたい	携带	시에따이 【xiédài】
○ 휴대폰	[携帯電話]	게-따이뎅와 けいたいでんわ	手机	셔우지 【shǒujī】
○ 휴식(하다)	[休息]	규-소꾸 きゅうそく	休息	시우시 【xiūxi】

ㅎ · 후 · 훈 · 휴

한국어	일본어		중국어	
○ 휴전	[休戦]	규-셍 きゅうせん	休战	시우잔 【xiūzhàn】
○ 휴지	[塵紙]	치리가미 ちりがみ	手纸	셔우즈 【shǒuzhǐ】
○ 휴학	[休学]	규-가꾸 きゅうがく	休学	시우쉬에 【xiūxué】
○ 흉내	[真似]	마네 まね	学	쉬에 【xué】
○ 흉내 내다	[真似る]	마네루 まねる	学样	쉬에양 【xuéyàng】
○ 흐르다	[流れる]	나가레루 ながれる	流	리우 【liú】
○ 흐리다	[曇る]	구모루 くもる	浑浊	훈주어 【húnzhuó】
○ 흐물흐물(한)		구냐구냐 ぐにゃぐにゃ	烂	란 【làn】
○ 흐뭇한	[微笑ましい]	호호에마시- ほほえましい	心满意足	신만이주 【xīnmǎnyìzú】
○ 흑백	[黒白]	고꾸뱌꾸 こくびゃく	黑白	헤이바이 【hēibái】
○ 흔들다	[振る]	후루 ふる	摇晃	야오후앙 【yáohuàng】
○ 흔적	[跡形]	아또가따 あとかた	痕迹	헌지 【hénjì】
○ 흘리다	[流す]	나가스 ながす	掉	띠아오 【diào】
○ 흙	[土]	쓰찌 つち	土	투 【tǔ】
○ 흠뻑 젖다	[びしょ濡れ]	쇼누레 びしょぬれ	湿透	스터우 【shītòu】
○ 흡수(하다)	[吸収]	규-슈- きゅうしゅう	吸收	시셔우 【xīshōu】

○ 흡연(하다)	[喫煙]	기쓰엥 きつえん	吸烟	시이엔 【xīyān】
○ 흥미	[興味]	교-미 きょうみ	兴趣	씽취 【xìngqù】
○ 흥분하다	[逆上せる]	노보세루 のぼせる	兴奋	씽펀 【xīngfèn】
○ 흥분	[興奮]	고-훙 こうふん	兴奋	씽펀 【xīngfèn】
○ 흥정	[駆引き]	가께히끼 かけひき	交易	지아오이 【jiāoyì】
○ 희곡	[戯曲]	기교꾸 ぎきょく	戏剧	시쥐 【xìjù】
○ 희망	[希望]	기보- きぼう	希望	시왕 【xīwàng】
○ 희미하게	[薄暗い]	우스구라이 うすぐらい	模糊	모후 【móhu】
○ 희생	[犠牲]	기세- ぎせい	牺牲	시성 【xīshēng】
○ 흰색	[白色]	시로이로 しろいろ	白色	바이써 【báisè】

仕事(しごと)が樂(たの)しみならば人生(じんせい)は極樂(ごくらく),

仕事(しごと)が義務(ぎむ)なら人生(じんせい)は地獄(じごく)だ.

일이 재미있으면 인생은 극락, 일이 의무라면 인생은 지옥이다.

– ゴリキ(고리키)

해외 여행 중 장소와 상황에 따라
쉽게 찾아 쓰는

간단

일본어

여행회화

여행지 어느 곳에서나 인사는 그 사람의 첫 이미지를 좌우한다.

특히 외국을 여행할 때는 첫인사(안녕 하세요)를 아침, 점심, 저녁 등으로 구분하여 적절히 쓰는 것이 중요하다.

또한 공항이나 비행기, 배, 열차, 버스, 기타 교통수단에서 발생하는 여러 상황에 대처할 수 있는 간단한 실용회화와 호텔이나 쇼핑몰에서 상황에 따라 쓸 수 있는 실용회화를 부록으로 수록하였다.

1 인사할 때

○ **안녕하세요.(아침)**

おはようございます.

오하요-고자이마스

○ **안녕하세요.(점심)**

こんにちは.

곤니찌와

○ **안녕하세요.(저녁)**

こんばんは.

곰방와

○ **처음 뵙겠습니다.**

はじめまして.

하지메마시떼

○ **뵙게 되어 매우 기쁩니다.**

お目にかかれてとてもうれしいです.

오메니카까레떼 도떼모 우레시-데스

○ **날씨가 좋네요.**

いい天気ですね.

이-텡끼데스네

◦ 또 비가 올 것 같군요.	また<ruby>雨<rt>あめ</rt></ruby>になりそうですね. 마따 아메니 나라소-데스네
◦ 오랜만이군요.	おひさしぶりですね. 오히사시 부리데스네
◦ 잘 지내십니까?	お<ruby>元気<rt>げんき</rt></ruby>ですか. 오겡끼데스까
◦ 다시 만나서 반갑습니다.	また<ruby>お会<rt>あ</rt></ruby>いできてうれしいですね. 마따 오아이데끼떼 우레시-데스네
◦ 요즘은 어떠십니까?	この<ruby>頃<rt>ごろ</rt></ruby>はいかがですか. 고노고로와 이까가데스까
◦ 별일 없으세요?	お<ruby>変<rt>かわ</rt></ruby>りありませんか. 오까와리 아리마셍까
◦ 부모님은 잘 지내십니까?	ご<ruby>両親<rt>りょうしん</rt></ruby>はお<ruby>元気<rt>げんき</rt></ruby>ですか. 고료-싱와 오겡끼데스까
◦ 조심해서 가요!	<ruby>気<rt>き</rt></ruby>をつけてね! 기오 쓰께떼네

○ 안녕히 가세요.	さようなら. 사요-나라
○ 고마워요.	ありがとう. 아리가또-
○ 초대해 주셔서 고맙습니다.	<ruby>招待<rt>しょうたい</rt></ruby> ご招待ありがとうございます. 고쇼-따이 아리가또- 고자이마스
○ 늦어서 미안합니다.	<ruby>遅<rt>おそ</rt></ruby> 遅くなってすみません. 오소꾸낫떼 스미마셍
○ 천만에요.	どういたしまして. 도-이따시마시떼
○ 정말로 고맙습니다.	<ruby>本当<rt>ほんとう</rt></ruby> 本当にありがとうございます. 혼또-니 아리가또- 고자이마스
○ 저야말로 감사합니다.	こちらこそ、どうもありがとう. 고찌라꼬소 도-모 아리가또-
○ 미안합니다.	すみません. 스미마셍

∘ 실례합니다만, 일본 분입니까?	しつれい　　　　　にほん　かた 失礼ですが、日本の方ですか. 시쯔레-데스가 니혼노 가따데스까
∘ 죄송합니다.	もう　わけ 申し訳ありません. 모-시 와께 아리마셍
∘ 착각했습니다. 미안합니다.	まちが 間違えました.すみません. 마찌가에마시다　스미마셍
∘ 실례했습니다.	しつれい 失礼しました. 시쯔레-시마시다
∘ 어서 오세요!	いらっしゃい！ 이랏샤이
∘ 축하합니다.	おめでとうございます. 오메데또- 고자이마스
∘ 새해 복 많이 받으세요.	あけましておめでとうございます. 아께마시떼 오메데또- 고자이마스
∘ 행운을 빌겠습니다.	こううん　いの 幸運を祈ります. 코-웅오 이노리마스

2 공항, 비행기, 배 등을 이용할 때

○ 여권을 보여 주십시오.	パスポートを見せてください. 파스뽀-또오 미세떼 구다사이
○ 일본은 처음입니까?	日本は初めてですか. 니홍와 하지메떼데스까
○ 입국 목적은 무엇입니까?	入国の目的は何ですか. 뉴-꼬꾸노 목떼끼와 난데스까
○ 어디에 머무십니까?	どこに滞在しますか. 도꼬니 타이자이시마스까
○ 단체여행이라서 모릅니다.	団体旅行なのでわかりません. 단따이료꼬-나노데 와까리마셍
○ 이 서류 작성법을 가르쳐 주세요.	この書類の書き方を教えてください. 고노 쇼루이노 가키까따오 오시에떼 구다사이

○ 짐은 어디서 찾습니까?	てにもつ　　　　　う　と 手荷物はどこで受け取りますか. 테니모쯔와 도꼬데 우께또리마스까
○ 제 짐이 보이지 않았습니다.	わたし てにもつ　み 私の手荷物が見つかりません. 와따시노 데니모쯔가 미쓰까리마셍
○ 이게 수화물인환증입니다.	てにもつひきかえしょう これが手荷物引換証です. 고레가 데니모쯔 히끼까에쇼-데스
○ 여권과 신고서를 보여 주십시오.	しんこくしょ　はいけん パスポートと申告書を拝見します. 파스뽀-또또 싱꼬꾸쇼오 하이껜시마스
○ 신고할 것은 있습니까?	しんこく 申告するものはありますか. 싱꼬꾸스루 모노와 아리마스까
○ 내용물은 무엇입니까?	なかみ　なん 中身は何ですか. 나까미와 난데스까
○ 이 가방을 열어 주십시오.	あ このバッグを開けてください. 고노 박구오 아께떼 구다사이
○ 다른 짐은 있나요?	ほか　にもつ 他に荷物はありますか. 호까니 니모쯔와 아리마스까

○ 카트는 어디에 있습니까?	カートはどこにありますか. 카-또와 도꼬니 아리마스까
○ 이 짐을 택시 승강장까지 옮겨 주세요.	この荷物をタクシー乗り場まで運んでください. 고노 니모쯔오 타꾸시- 노리바마데 하꼰데 구다사이
○ 매표소는 어디에 있습니까?	切符売場はどこですか. 김뿌우리바와 도꼬데스까
○ 관광안내소는 어디에 있습니까?	観光案内所はどこですか. 캉꼬-안나이죠와 도꼬데스까
○ 여기서 렌터카를 예약할 수 있습니까?	ここでレンタカーの予約ができますか. 고꼬데 렌따카-노 요야꾸가 데끼마스까
○ 어떤 음료가 있습니까?	どんな飲み物がありますか. 돈나 노미모노가 아리마스까
○ 맥주를 주시겠습니까?	ビールをいただけますか. 비-루오 이따다께마스까
○ 커피에 설탕을 넣지 마세요.	コーヒーに砂糖を入れないでください. 코-히-니 사또-오 이레나이데 구다사이

○ 식사는 언제 나옵니까?	しょくじ　　　で 食事はいつ出ますか. 쇼꾸지와 이쯔 데마스까
○ 기내에서 면세품을 판매합니까?	めんぜいひん　き　ないはんばい 免税品を機内販売していますか. 멘제-힝오 기나이 함바이 시떼 이마스까
○ 비행기 멀미약은 있습니까?	ひこうきよ　　　くすり 飛行機酔いの薬はありますか. 히꼬-끼요이노 구스리와 아리마스까
○ 자리를 바꿔도 되겠습니까?	せき　か 席を替わってもいいですか. 세끼오 가왓떼모 이-데스까
○ 제 선실은 어딘가요?	わたし　せんしつ 私の船室はどこですか. 와따시노 센시쯔와 도꼬데스까
○ 뱃멀미가 납니다.	ふなよ 船酔いにかかりました. 후나요이니 가까리마시다
○ 토할 것 같습니다.	は 吐きそうです. 하끼소-데스

3 호텔, 식당에서

○ 예약은 되어 있습니까?

よやく
予約はされていますか.

요야꾸와 사레떼 이마스까

○ 성함을 말씀하십시오.

なまえ
お名前をどうぞ.

오나마에오 도-조

○ 아직 예약은 하지 않았습니다.

よやく
まだ予約はしていません.

마다 요야꾸와 시떼 이마셍

○ 오늘 밤, 빈 방 있습니까?

こんや　あ　べや
今夜、空き部屋はありますか.

공야 아끼베야와 아리마스까

○ 몇 박을 하실 겁니까?

なんぱく
何泊なさいますか.

남빠꾸 나사이마스까

○ 1박에 얼마입니까?

いっぱく
一泊いくらですか.

입빠꾸 이꾸라데스까

○ 전망이 좋은 방으로 부탁합니다.	なが　　　　へや　ねが 眺めのいい部屋を願いします. 나가메노 이- 헤야오 오네가이시마스
○ 방을 보여 주세요.	へや　み 部屋を見せてください. 헤야오 미세떼 구다사이
○ 이 방으로 하겠습니다.	へや この部屋にします. 고노 헤야니 시마스
○ 짐을 방까지 옮겨 주겠어요?	にもつ　へや　　　はこ 荷物を部屋まで運んでくれますか. 니모쯔오 헤야마데 하꼰데 구레마스까
○ 룸서비스를 부탁합니다.	ねが ルームサービスをお願いします. 루-무사-비스오 오네가이시마스
○ 세탁 서비스는 있습니까?	せんたく 洗濯のサービスはありますか. 센따꾸노 사-비스와 아리마스까
○ 모닝콜을 부탁합니다.	ねが モーニングコールをお願いします. 모-닝구코-루오 오네가이시마스
○ 식당은 어디에 있습니까?	しょくどう 食堂はどこですか. 쇼꾸도-와 도꼬데스까

○ 식당 예약 좀 해 주시겠어요?	レストランを予約していただけますか. よやく 레스또랑오 요야꾸시떼 이따다께마스까
○ 바는 언제까지 합니까?	バーはいつまで開いていますか. あ 메-루오 쳭꾸시따이노데스가
○ 열쇠를 맡아 주세요.	鍵を預かってください. かぎ あず 가기오 아즈깟떼 구다사이
○ 방 번호를 잊어버렸습니다.	部屋の番号を忘れました. へや ばんごう わす 헤야노 방고-오 와스레마시다
○ 뜨거운 물이 나오지 않는데요.	お湯が出ないのですが. ゆ で 오유가 데나이노데스가
○ 타월을 바꿔 주세요.	タオルを取り替えてください. と か 타오루오 도리까에떼 구다사이
○ 옆방이 무척 시끄럽습니다.	となりの部屋がとてもうるさいんです. へや 도나리노 헤야가 도떼모 우루사인데스
○ 방을 바꿔 주세요.	部屋を替えてください. へや か 헤야오 가에떼 구다사이

○ 체크아웃을 하고 싶은데요.

チェックアウトをしたいのですが.

첵꾸아우또오 시따이노데스가

○ 계산을 부탁합니다.

かいけい　ねが
会計をお願いします.

카이께-오 오네가이시마스

○ 짐을 아래까지 옮겨 주세요.

にもつ　した　　はこ
荷物を下まで運んでください.

니모쯔오 시따마데 하꼰데 구다사이

○ 고맙습니다. 즐겁게 보냈습니다.

かいてき　たいざい
ありがとう.快適を滞在でした.

아리가또- 카이떼끼나 타이자이데시다

○ 이 근처에 맛있게 하는 음식점은 없습니까?

ちか
この近くにおいしいレストランはありませんか.

고노 치까꾸니 오이시- 레스또랑와 아리마셍까

○ 식당이 많은 곳은 어디입니까?

おお　　　　　　　あた
レストランが多いのはどの辺りですか.

레스또랑가 오-이노와 도노 아따리데스까

○ 이 도시에 한국 식당은 있습니까?

まち　かんこく
この町に韓国レストランはありますか.

고노 마찌니 캉꼬꾸 레스또랑와 아리마스까

○ 거기는 어떻게 갑니까?

い
そちらへはどうやって行くのですか.

소찌라에와 도-얏떼 이꾸노데스까

○ 안녕하세요, 예약은 하셨습니까?	こんばんは.ご<ruby>予約<rt>よやく</rt></ruby>はいただいていますか. 곰방와. 고요야꾸와 이따다이떼 이마스까
○ 조용한 안쪽 자리로 부탁합니다.	<ruby>静<rt></rt></ruby>かな<ruby>奥<rt>おく</rt></ruby>の<ruby>席<rt>せき</rt></ruby>にお<ruby>願<rt>ねが</rt></ruby>いします. 시즈까나 오꾸노 세끼니 오네가이시마스
○ 안내해드릴 때까지 기다려 주십시오.	ご<ruby>案内<rt>あんない</rt></ruby>するまでお<ruby>待<rt>ま</rt></ruby>ちください. 고안나이스루마데 오마찌 구다사이
○ 메뉴 좀 보여 주세요.	メニューを<ruby>見<rt>み</rt></ruby>せてください. 메뉴-오 미세떼 구다사이
○ 여기서 잘하는 요리는 무엇입니까?	ここの<ruby>自慢料理<rt>じまんりょうり</rt></ruby>は<ruby>何<rt>なん</rt></ruby>ですか. 고꼬노 지만료-리와 난데스까
○ 이것은 무슨 요리입니까?	これはどういう<ruby>料理<rt>りょうり</rt></ruby>ですか. 고레와 도-이우 료-리데스까
○ 이건 어떻게 먹으면 됩니까?	これはどうやって<ruby>食<rt>た</rt></ruby>べたらいいですか. 고레와 도-얏떼 다베따라 이-데스까
○ 이것과 이것을 주세요.	これとこれをお<ruby>願<rt>ねが</rt></ruby>いします. 고레또 고레오 오네가이시마스

○ 저도 같은 것으로 주세요.	わたし　おな　もの　ねが 私にも同じ物をお願いします. 와따시니모 오나지 모노오 오네가이시마스
○ 주문을 취소하고 싶은데요.	ちゅうもん 注文をキャンセルしたいのですが. 츄-몽오 칸세루 시따이노데스가
○ 주문을 바꿔도 되겠습니까?	ちゅうもん　か 注文を変えてもいいですか. 츄-몽오 가에떼모 이-데스까
○ 이건 주문한 것과 다릅니다.	ちゅうもん　　　ちが これは注文したのと違います 고레와 츄-몬시따노또 치가이마스
○ 디저트는 뭐가 있나요?	なん デザートは何がありますか. 데자-또와 나니가 아리마스까
○ 커피를 한 잔 마실까요?	いっぱいの コーヒーを一杯飲みましょうか. 코-히-오 입빠이 노미마쇼-까
○ 뜨거운 커피와 아이스커피 중에 어느 것으로 하겠습니까?	ホットとアイスのどちらにしますか. 홋또또 아이스노 도찌라니 시마스까
○ 커피에 설탕과 크림을 넣습니까?	さとう　　　　　い コーヒーに砂糖とクリームを入れますか. 코-히-니 시또-또 쿠리-무오 이레마스까

○ 담배를 피워도 되겠습니까?	<ruby>吸<rt>す</rt></ruby> タバコを吸ってもいいですか. 다바꼬오 숫떼모 이-데스까
○ 계산해 주세요.	<ruby>勘定<rt>かんじょう</rt></ruby> <ruby>願<rt>ねが</rt></ruby> お勘定お願いします. 오깐죠-오네가이시마스
○ 봉사료는 포함되어 있습니까?	<ruby>料<rt>りょう</rt></ruby> <ruby>入<rt>はい</rt></ruby> サービス料は入っていますか. 사-비스료-와 하잇떼 이마스까
○ 신용카드도 받나요?	<ruby>支払<rt>しはら</rt></ruby> クレジットカードで支払えますか. 쿠레짓또카-도데 시하라에마스까
○ 영수증을 주세요.	<ruby>領収書<rt>りょうしゅうしょ</rt></ruby> 領収書をください. 료-슈-쇼오 구다사이

鬼(おに)に 金棒(かなぼう).

도깨비에게 쇠방망이.

馬子(まご)にも 衣装(いしょう).

옷이 날개.

4 대중교통(열차, 버스, 택시, 지하철)이용할 때

○ 매표소는 어디입니까?	きっぷう　ば 切符売り場はどこですか. 깁뿌우리바와 도꼬데스까
○ 예약 창구는 어디입니까?	よやく　まどぐち 予約の窓口はどこですか. 요야꾸노 마도구찌와 도꼬데스까
○ 오사카까지 편도 주세요.	おおさか　　　　かたみちきっぷ 大阪までの片道切符をください. 오-사까마데노 가따미찌 깁뿌오 구다사이
○ 급행열차입니까?	きゅうこうれっしゃ 急行列車ですか. 큐-꼬-렛샤데스까
○ 이 열차 맞습니까?	れっしゃ この列車でいいのですか. 고노 렛샤데 이-노데스까
○ 거기는 제 자리입니다.	わたし せき そこは私の席です. 소꼬와 와따시노 세끼데스

○ 표를 보여 주십시오.	じょうしゃけん　はいけん 乗車券を拝見します. 죠-샤껜오 하이껜시마스
○ 오사카까지 몇 시간 걸립니까?	おおさか　　なんじかん 大阪まで何時間ですか. 오-사까마데 난지깐데스까
○ 버스 터미널은 어디에 있습니까?	バスターミナルはどこにありますか. 바스타-미나루와 도꼬니 아리마스까
○ 매표소는 어디에 있습니까?	う　ば チケット売り場はどこですか. 치켓또 우리바와 도꼬데스까
○ 얼마입니까?	おいくらですか. 오이꾸라데스까
○ 어디서 버스 노선도를 얻을 수 있습니까?	ろせんず どこでバスの路線図をもらえますか. 도꼬데 바스노 로센즈오 모라에마스까
○ 버스는 어디서 기다립니까?	ま バスはどこで待っていてくれるのですか. 바스와 도꼬데 맛떼이떼 구레루노데스까
○ 어느 버스를 타면 됩니까?	の どのバスに乗ればいいですか. 도노 바스니 노레바 이-데스까

○ 도착하면 알려 주세요.	着いたら教えてください. 쓰이따라 오시에떼 구다사이
○ 여기서 내려요.	ここで降ります. 고꼬데 오리마스
○ 어디서 택시를 탈 수 있습니까?	どこでタクシーに乗れますか. 도꼬데 타꾸시-니 노레마스까
○ 우리들 모두 탈 수 있습니까?	私たちは全員乗れますか. 와따시다찌와 젠인 노레마스까
○ 트렁크를 열어 주시겠어요?	トランクを開けてください. 토랑꾸오 아께떼 구다사이
○ 이 주소로 가 주세요.	ここへ行ってください. 고꼬에 잇떼 구다사이
○ 여기서 세워 주세요.	ここで止めてください. 고꼬데 도메떼 구다사이
○ 다음 신호에서 세워 주세요.	次の信号で止めてください. 쓰기노 싱고-데 도메떼 구다사이

○ 이 근처에 지하철역이 있습니까?	ちか　ちかてつ　えき この近くに地下鉄の駅はありませんか. 고노 치까꾸니 치까떼즈노 에끼와 아리마셍까
○ 표는 어디서 삽니까?	きっぷ　　　　か 切符はどこで買えますか. 깁뿌와 도꼬데 가에마스까
○ 지하철 노선도를 주시겠습니까?	ちかてつ　でんしゃ　ろせんず 地下鉄（電車）の路線図をください. 치카떼쯔(덴샤)노 로센즈오 구다사이
○ (노선도를 가리키며)어디서 갈아탑니까?	の　か どこで乗り換るのですか. 도꼬데 노리까에루노데스까
○ 신주쿠로 가려면 어느 선을 타면 됩니까?	しんじゅく　い　　　　せん　の 新宿へ行くにはどの線に乗ればいいですか. 신쥬꾸에 이꾸니와 도노센니 노레바 이-데스까
○ 다음은 어디입니까?	つぎ 次はどこですか. 쓰기와 도꼬데스까
○ 이 노선의 종점은 어디입니까?	ろせん　しゅうてん この路線の終点はどこですか. 고노 로센노 슈-뗑와 도꼬데스까
○ 지하철에 가방을 두고 내렸습니다.	ちかてつ　　　　　わす 地下鉄にかばんを忘れました. 치까테쯔니 가방오 와스레마시다

5

쇼핑, 관광할 때

○이 도시의 쇼핑가는 어디에 있습니까?	この町のショッピング街はどこですか. 고노 마찌노 숍핑구가이와 도꼬데스까
○면세점은 있습니까?	免税店はありますか. 멘제-뗑와 아리마스까
○이 주변에 백화점은 있습니까?	この辺りにデパートはありますか. 고노 아따리니 데빠-또와 아리마스까
○여기서 멉니까?	ここから遠いですか. 고꼬까라 도-이데스까
○몇 시까지 합니까?	何時まで開いていますか. 난지마데 아이떼 이마스까
○그냥 구경하는 겁니다.	見ているだけです. 미떼이루 다께데스

○ 뭔가 선물로 적당한 것은 없습니까?	何かおみやげに適当な物はありませんか. 나니까 오미야게니 데끼또-나 모노와 아리마셍까
○ 아내에게 선물할 것을 찾고 있습니다.	妻へのプレゼントを探しています. 쓰마에노 푸레젠또오 사가시떼 이마스
○ 요즘에는 어떤 것이 잘 팔립니까?	最近はどんな物がよく売れていますか. 사이낑와 돈나 모노가 요꾸 우레떼 이마스까
○ 어떤 디자인이 유행하고 있습니까?	どんなデザインが流行していますか. 돈나 데자잉가 류-꼬-시떼 이마스까
○ 몇 가지 보여 주세요.	いくつか見せてください. 이꾸쓰까 미세떼 구다사이
○ 다른 것을 보여 주시겠어요?	別のものを見せていただけますか. 베쯔노 모노오 미세떼 이따다께마스까
○ 사이즈는 이것뿐입니까?	サイズはこれだけですか. 사이즈와 고레다께데스까
○ 더 작은 것은 있습니까?	もっと小さいのはありますか. 못또 치-사이노와 아리마스까

○ 더 큰 것은 있습니까?	^{おお} もっと大きいのはありますか. 못또 오-끼-노와 아리마스까
○ 다른 디자인은 있습니까?	^{ほか} 他のデザインはありますか. 호까노 데자잉와 아리마스까
○ 재질은 무엇입니까?	^{ざいしつ} ^{なん} 材質は何ですか. 자이시쯔와 난데스까
○ 다른 것으로 바꿔 주시겠어요?	^{べつ} ^{もの} ^と ^か 別の物と取り替えていただけますか. 베쯔노 모노또 도리까에떼 이따다께마스까
○ 이걸로 하겠습니다.	これにします. 고레니 시마스
○ 하나에 얼마입니까?	1つ、いくらですか. 히또쯔 이꾸라데스까
○ 전부해서 얼마가 됩니까?	^{ぜんぶ} 全部でいくらになりますか. 젬부데 이꾸라니 나리마스까
○ 너무 비쌉니다.	^{たか} 高すぎます. 다까스기마스

○ 깎아 주겠어요?	^ま負けてくれますか. 마께떼 구레마스까
○ 깎아주면 사겠습니다.	^ま負けて^かくれたら買います. 마께떼 구레따라 가이마스
○ 여행자수표도 받나요?	トラベラーズチェックで^{しはら}支払いできますか. 토라베라-즈 첵꾸데 시하라이 데끼마스까
○ 영수증을 주시겠어요?	^{りょうしゅうしょ}領収書をいただけますか. 료-슈-쇼오 이따다께마스까

ローマは 一日(いちにち)にして ならず.

로마는 하루에 이루어지지 않았다.

能(のう)ある たかは 爪(つめ)を 隠(かく)す.

능력있는 매는 발톱을 감춘다.

1급

중국어
상용한자

중국문자개혁위원회에서 제정한 사용한자와 통용한자어가 있는데 상용 한자어는 총 3500자가 사용되고 있으며 여기에 수록한 2500자는 2급 1000자를 제외한 1급 2500자 전체를 우리가 쓰는 한자어(번체자)와 현재 중국에서 쓰고 있는 한자어(간체자)의 병음을 한글 발음과 함께 표기하였다.

번체자(繁体字)와 간체자(简体字)는 우리가 흔히 사용하는 한자어를 중국에서는 번체자(繁体字)라 하고 이것을 단순화시킨 것을 간체자(简体字)라고 하여 중국정부의 모든 공식문서를 비롯하여 출판물에 널리 사용하고 있다. 우리는 초기교육 시절부터 한자어를 많이 접하여 중국어가 낯설지는 않지만 간혹 익숙지 못한 한자어를 발견하기도 하는데, 이는 중국대륙에서 사용되는 간체자(简体字)와 대만, 홍콩에서 사용되는 번체자(繁体字)의 차이 때문이다. 중국정부는 1955~1964년에 걸친 개정 작업 끝에 2,238개 한자의 표기법을 통합 정리하고 간략화 하였다.

한국한자음훈		간체자	병음	발음
가	假 거짓 가	假	jiǎ,jià	지아
	歌 노래 가	歌	gē	꺼
	加 더할 가	加	jiā	지아
	駕 멍에 가	驾	jià	지아
	家 집 가	家	jiā	지아
	佳 아름다울 가	佳	jiā	지아
	可 옳을 가	可	kě	커
	架 시렁 가	架	jià	지아
	哥 형 가	哥	gē	꺼
	嫁 시집갈 가	嫁	jià	지아
	稼 심을 가	稼	jià	지아
	價 값 가	价	jià,jiè,jié	지아, 지에, 지에
	呵 꾸짖을 가	呵	kē	커
각	各 각각 각	各	gè,gě	꺼, 거
	胳 겨드랑이 각	胳	gē,gā,gé	꺼, 까, 거
	覺 깨달을 각	觉	jué,jiào	쥐에, 지아오
	殼 껍질 각	壳	ké,qiào	커, 치아오
	擱 놓을 각	搁	gē,gé	꺼, 거
	閣 문설주 각	阁	gǎo,gé	가오, 거
	却 물리칠 각	却	què	취에
	脚 다리 각	脚	jiǎo	지아오

	刻 새길 각	刻	kè, kē	커, 커
	角 뿔 각	角	jiǎo, jué	지아오, 쥐에
간	揀 가릴 간	拣	jiǎn	지엔
	肝 간 간	肝	gān	깐
	杆 나무 이름 간	杆	gān, gǎn	깐, 간
	趕 달릴 간	赶	gǎn, qián, què	간, 치엔, 취에
	簡 대쪽 간	简	jiǎn	지엔
	奸 범할 간	奸	jiān	지엔
	看 볼 간	看	kàn, kān	칸, 칸
	艱 어려울 간	艰	jiān	지엔
	懇 정성 간	恳	kěn	컨
	竿 장대 간	竿	gān	깐
	幹 줄기 간	干	gàn	깐
	間 틈 간	间	jiān, xián	지엔, 시엔
	刊 책 펴낼 간	刊	kān	칸
갈	竭 다할 갈	竭	jié	지에
	喝 더위먹을 갈	喝	hē, hè	허, 허
	渴 목마를 갈	渴	kě	커
감	敢 감히 감	敢	gǎn	간
	鑒 거울 감	鉴	jiàn	지엔
	堪 견딜 감	堪	kān	칸
	感 느낄 감	感	gǎn	간
	甘 달 감	甘	gān	깐
	監 볼 감	监	jiān, jiàn	지엔, 지엔
	減 덜 감	减	jiǎn	지엔
	砍 벨 감	砍	kǎn	칸

갑	閘 물문 갑	闸	zhá	자
	甲 첫째천간 갑	甲	jiǎ	지아
강	鋼 강철 강	钢	gāng,gàng	깡,깡
	江 강 강	江	jiāng	지앙
	强 굳셀 강	强	qiáng,jiàng,qiǎng	치앙,지앙,치앙
	降 내릴 강/항복할 항	降	jiàng,xiáng	지앙,시앙
	扛 들 강	扛	káng,gāng	캉,깡
	講 익힐 강	讲	jiǎng	지앙
	崗 언덕 강	岗	gǎng,gāng	강,깡
	剛 굳셀 강	刚	gāng	깡
	岡 산등성이 강	冈	gāng	깡
	僵 쓰러질 강	僵	jiāng	지앙
	康 편안할 강	康	kāng	캉
	腔 속 빌 강	腔	qiāng	치앙
개	改 고칠 개	改	gǎi	가이
	個 낱 개	个	gè,gě	꺼,거
	蓋 덮을 개	盖	gài,gě	까이,거
	漑 물댈 개	溉	gài	까이
	慨 분개할 개	慨	kǎi	카이
	開 열 개	开	kāi	카이
	豈 어찌 개/개가 기	岂	qǐ,kǎi	치,카이
	概 평미레 개	概	gài	까이
	介 끼일 개	介	jiè,gà	지에,까
객	客 손 객	客	kè	커
갱	坑 구덩이 갱	坑	kēng	컹
	更 다시 갱	更	gēng,gèng	껑,껑

거	去 갈 거	去	qù	취
	擧 들 거	擧	jǔ	쥐
	渠 도랑 거	渠	qú	취
	拒 막을 거	拒	jù	쥐
	居 있을 거	居	jū	쥐
	據 의거할 거	据	jù,jū	쥐,쥐
	巨 클 거	巨	jù	쥐
	距 떨어질 거	距	jù	쥐
건	件 사건 건	件	jiàn	지엔
	建 세울 건	建	jiàn	지엔
	巾 수건 건	巾	jīn	진
	鍵 열쇠 건	键	jiàn	지엔
	健 튼튼할 건	健	jiàn	지엔
검	劍 칼 검	剑	jiàn	지엔
	檢 봉함 검	检	jiǎn	지엔
	臉 뺨 검	脸	liǎn,jiǎn	리엔,지엔
겁	怯 겁낼 겁	怯	qiè	치에
게	揭 들 게	揭	jiē	지에
격	激 물결 부딪쳐 흐를 격	激	jī	지
	擊 부딪칠 격	击	jī	지
	格 바로잡을 격	格	gé,gē	거,꺼
	隔 사이 뜰 격	隔	gé	거
	繳 주살의 줄 격	缴	jiǎo,jǐ,juè	지아오,지,쥐에
견	堅 굳을 견	坚	jiān	지엔
	牽 끌 견	牵	qiān	치엔
	遣 보낼 견	遣	qiǎn	치엔

見 볼 견	见	jiàn, xiàn	지엔, 시엔
肩 어깨 견	肩	jiān	지엔
潔 깨끗할 결	洁	jié	지에
結 맺을 결	结	jié, jiē	지에, 지에
缺 이지러질 결	缺	quē	취에
決 터질 결	决	jué	쥐에
兼 겸할 겸	兼	jiān	지엔
謙 겸손할 겸	谦	qiān	치엔
輕 가벼울 경	轻	qīng	칭
鯨 고래 경	鲸	jīng	징
鏡 거울 경	镜	jìng	징
敬 공경할 경	敬	jìng	징
傾 기울 경	倾	qīng	칭
警 경계할 경	警	jǐng	징
勁 굳셀 경	劲	jìn, jìng	진, 징
經 날 경	经	jīng, jìng	징, 징
驚 놀랄 경	惊	jīng	징
竟 다할 경	竟	jìng	징
景 볕 경	景	jǐng	징
耕 밭갈 경	耕	gēng	껑
境 지경 경	境	jìng	징
徑 지름길 경	径	jìng	징
氫 수소 경	氢	qīng	칭
頃 밭 넓이 단위 경	顷	qǐng	칭
慶 경사 경	庆	qìng	칭
硬 굳을 경	硬	yìng	잉

계	戒 경계할 계	戒	jiè	지에
	計 꾀 계	计	jì	지
	鷄 닭 계	鸡	jī	지
	繼 이을 계	继	jì	지
	系 이을 계	系	xì	시
	屆 이를 계	届	jiè	지에
	啓 열 계	启	qǐ	치
	溪 시내 계	溪	xī	시
	階 섬돌 계	阶	jiē	지에
	界 지경 계	界	jiè	지에
	械 형틀 계	械	xiè	시에
고	估 값 고	估	gū,gù	꾸,꾸
	靠 기댈 고	靠	kào	카오
	庫 곳집 고	库	kù	쿠
	固 굳을 고	固	gù	꾸
	高 높을 고	高	gāo	까오
	股 넓적다리 고	股	gǔ	구
	敲 두드릴 고	敲	qiāo	치아오
	顧 돌아볼 고	顾	gù	꾸
	枯 마를 고	枯	kū	쿠
	糕 떡 고	糕	gāo	까오
	稿 볏짚 고	稿	gǎo	가오
	鼓 북 고	鼓	gǔ	구
	褲 바지 고	裤	kù	쿠
	烤 불에 말릴 고	烤	kǎo	카오
	膏 살찔 고	膏	gāo,gào	까오,까오

ㄱ · 계
고

	考 상고할 고	考	kǎo	카오
	姑 시어미 고	姑	gū	꾸
	搞 옆으로 칠 고	搞	gǎo	가오
	告 알릴 고	告	gào	까오
	孤 외로울 고	孤	gū	꾸
	古 옛 고	古	gǔ	구
	故 옛 고	故	gù	꾸
	雇 품살 고/새 이름 호	雇	gù	꾸
	苦 쓸 고	苦	kǔ	쿠
	咕 투덜거릴 고	咕	gū	꾸
곡	曲 굽을 곡	曲	qū,qǔ	취,취
	谷 골 곡	谷	gǔ,yù	구,위
	哭 울 곡	哭	kū	쿠
곤	困 괴로울 곤	困	kùn	쿤
	捆 두드릴 곤	捆	kǔn	쿤
	棍 몽둥이 곤/묶을 혼	棍	gùn	꾼
	磙 흐를 곤	磙	gǔn	군
	昆 형 곤	昆	kūn	쿤
골	滑 어지러울 골/미끄러울 활	滑	huá	화
	骨 뼈 골	骨	gǔ,gū	구,꾸
공	功 공 공	功	gōng	꽁
	公 공변될 공	公	gōng	꽁
	恭 공손할 공	恭	gōng	꽁
	孔 구멍 공	孔	kǒng	콩
	拱 두 손 맞잡을 공	拱	gǒng	공
	控 당길 공	控	kòng	콩

	恐 두려울 공	恐	kǒng	콩
	鞏 묶을 공	巩	gǒng	공
	貢 바칠 공	贡	gòng	꽁
	空 빌 공	空	kōng, kòng	콩, 콩
	供 이바지할 공	供	gōng, gòng	꽁, 꽁
	工 장인 공	工	gōng	꽁
	攻 칠 공	攻	gōng	꽁
	共 함께 공	共	gòng	꽁
과	科 과정 과	科	kē	커
	顆 낱알 과	颗	kē	커
	棵 나무 이름 과	棵	kē	커
	鍋 노구솥 과	锅	guō	꾸어
	垮 무너질 과	垮	kuǎ	콰
	課 매길 과	课	kè	커
	果 실과 과	果	guǒ	구어
	裹 쌀 과	裹	guǒ	구어
	瓜 오이 과	瓜	guā	꽈
	寡 적을 과	寡	guǎ	과
	過 지날 과	过	guò, guō, guo	꾸어, 꾸어, 구어
	誇 자랑할 과	夸	kuā	콰
	跨 타넘을 과	跨	kuà	콰
관	冠 갓 관	冠	guān, guàn	꽌, 꽌
	館 객사 관	馆	guǎn	관
	貫 꿸 관	贯	guàn	꽌
	寬 너그러울 관	宽	kuān	콴
	罐 두레박 관	罐	guàn	관

灌	물 댈 관	灌	guàn	꽌
官	벼슬 관	官	guān,guǎn	꽌,관
關	빗장 관	关	guān	꽌
觀	볼 관	观	guān,guàn	꽌,꽌
慣	버릇 관	惯	guàn	꽌
串	익힐 관	串	chuàn	추안
款	정성 관	款	kuǎn	콴
管	피리 관	管	guǎn	관
刮	깎을 괄	刮	guā	꽈
括	묶을 괄	括	guā,kuò	꽈,쿠어
筐	광주리 광	筐	kuāng	쾅
廣	넓을 광	广	guǎng	광
框	문테 광	框	kuàng,kuāng	쾅,쾅
狂	미칠 광	狂	kuáng	쾅
光	빛 광	光	guāng	꽝
礦	쇳돌 광	矿	kuàng,gǒng	쾅,공
挂	걸 괘	挂	guà	꽈
褂	마고자 괘	褂	guà	꽈
怪	기이할 괴	怪	guài	꽈이
壞	무너질 괴	坏	huài	화이
愧	부끄러워 할 괴	愧	kuì	퀘이
拐	속일 괴	拐	guǎi	꽈이
塊	흙덩이 괴	块	kuài	콰이
宏	클 굉	宏	hóng	훙
轟	울릴 굉	轰	hōng	훙
教	가르침 교	教	jiào,jiāo	지아오,지아오

괘
괴

굉

교

轎	가마 교	轿	jiào	지아오
較	견줄 교	较	jiào	지아오
驕	교만할 교	骄	jiāo	지아오
巧	공교할 교	巧	qiǎo	치아오
翹	꼬리 긴 깃털 교	翘	qiáo,qiào	치아오,치아오
橋	다리 교	桥	qiáo	치아오
交	사귈 교	交	jiāo	지아오
郊	성 밖 교	郊	jiāo	지아오
咬	새소리 교	咬	yǎo	야오
嬌	아리따울 교	娇	jiāo	지아오
膠	아교 교	胶	jiāo	지아오
攪	어지러울 교	搅	jiǎo	지아오
校	학교 교	校	xiào,jiào	시아오,지아오
鉤	갈고랑이 구	钩	gōu	꺼우
狗	개 구	狗	gǒu	거우
矩	곱자 구	矩	jǔ	쥐
具	갖출 구	具	jù	쥐
救	건질 구	救	jiù	찌우
究	궁구할 구	究	jiū	지우
求	구할 구	求	qiú	치우
球	공 구	球	qiú	치우
句	글귀 구	句	jù,gōu	쥐,꺼우
勾	굽을 구	勾	gōu,gòu	꺼우,꺼우
龜	나라 이름 구/거북 귀	龟	guī,jūn,qiū	꿰이,쥔,치우
懼	두려워할 구	惧	jù	쥐
扣	두드릴 구	扣	kòu	커우

驅 몰 구	驱	qū	취
溝 봇도랑 구	沟	gōu	꺼우
夠 많을 구	够	gòu,kōu	꺼우,커우
九 아홉 구	九	jiǔ	지우
久 오랠 구	久	jiǔ	지우
舊 예 구	旧	jiù	찌우
構 얽을 구	构	gòu	꺼우
口 입 구	口	kǒu	커우
丘 언덕 구	丘	qiū	치우
購 살 구	购	gòu	꺼우
舅 시아비 구	舅	jiù	찌우
拘 잡을 구	拘	jū	쥐
區 지경 구	区	qū,ōu	취,어우
國 나라 국	国	guó	구어
局 판 국	局	jú	쥐
軍 군사 군	军	jūn	쥔
群 무리 군	群	qún	췬
君 임금 군	君	jūn	쥔
裙 치마 군	裙	qún	췬
屈 굽을 굴	屈	qū	취
窮 다할 궁	穷	qióng	치웅
宮 집 궁	宫	gōng	꽁
弓 활 궁	弓	gōng	꽁
倦 게으를 권	倦	juàn	쥐엔
勸 권할 권	劝	quàn	취엔
卷 쇠뇌 권	卷	juǎn,juàn	쥐엔,쥐엔

	圈 우리 권	圈	quān, juān	취엔, 쥐엔
	拳 주먹 권	拳	quán	취엔
	權 저울추 권	权	quán	취엔
궤	軌 길 궤	轨	guǐ	꿰이
	跪 꿇어앉을 궤	跪	guì	꿰이
	潰 무너질 궤	溃	kuì, huì	퀘이, 훼이
	櫃 함 궤	柜	guì	꿰이
귀	鬼 귀신 귀	鬼	guǐ	꿰이
	貴 귀할 귀	贵	guì, guǐ	꿰이, 꿰이
	歸 돌아갈 귀	归	guī	꿰이
규	糾 꼴 규	纠	jiū	지우
	閨 도장방 규	闺	guī	꿰이
	規 법 규	规	guī	꿰이
	叫 부르짖을 규	叫	jiào	지아오
균	均 고를 균	均	jūn, jùn, yùn	쥔, 쥔, 윈
	菌 버섯 균	菌	jùn, jūn	쥔, 쥔
	勻 적을 균	匀	yún	윈
귤	橘 귤나무 귤	橘	jú	쥐
극	極 다할 극	极	jí	지
	劇 심할 극	剧	jù	쥐
	克 이길 극	克	kè	커
	隙 틈 극	隙	xì	시
근	近 가까울 근	近	jìn	진
	斤 도끼 근	斤	jīn	진
	僅 겨우 근	仅	jǐn, jìn	진, 진
	跟 발꿈치 근	跟	gēn	껀

ㄱ · 궤
귀
규

	勤 부지런할 근	勤	qín	친
	根 뿌리 근	根	gēn	껀
	謹 삼갈 근	谨	jǐn	진
	哏 우스울 근	哏	gén	건
	筋 힘줄 근	筋	jīn	진
金	琴 거문고 금	琴	qín	친
	禁 금할 금	禁	jìn,jīn	진,진
	錦 비단 금	锦	jǐn	진
	金 쇠 금	金	jīn	진
	今 이제 금	今	jīn	진
급	急 급할 급	急	jí	지
	給 넉넉할 급	给	gěi,jí	게이,지
	級 등급 급	级	jí	지
	及 미칠 급	及	jí	지
	圾 위태할 급	圾	jī	지
긍	肯 옳이 여길 긍	肯	kěn	컨
기	幾 기미 기	几	jǐ,jī	지,지
	期 기약할 기	期	qī,jī	치,지
	奇 기이할 기	奇	qí,jī	치,지
	旗 기 기	旗	qí	치
	記 기록할 기	记	jì	지
	汽 김 기	汽	qì	치
	氣 기운 기	气	qì	치
	器 그릇 기	器	qì	치
	其 그 기	其	qí,jī	치,지
	企 꾀할 기	企	qǐ	치

	한자	뜻	간체	병음	발음
	騎	말 탈 기	骑	qí	치
	棋	바둑 기	棋	qí	치
	弃	버릴 기	弃	qì	치
	紀	벼리 기	纪	jì,jǐ	지,지
	寄	부칠 기	寄	jì	지
	肌	살 기	肌	jī	지
	欺	속일 기	欺	qī	치
	旣	이미 기	既	jì	지
	起	일어날 기	起	qǐ	치
	己	자기 기	己	jǐ	지
	技	재주 기	技	jì	지
	飢	주릴 기	饥	jī	지
	基	터 기	基	jī	지
	機	틀 기	机	jī	지
긴	緊	굳게 얽을 긴	紧	jǐn	진
길	吉	길할 길	吉	jí	지

개미구멍이 뚝을 무너뜨린다.

千里長堤, 潰於蟻穴.

가까운 남이 먼 일가보다 낫다.

遠親不如近隣.

나	拿	붙잡을 나	拿	ná	나
	那	어찌 나	那	nà,nǎ,nǎi	나,나,나이
	哪	역귀 쫓는 소리 나	哪	nǎ,nǎi,né,něi	나,나이,너,네이
난	難	어려울 난	难	nán,nàn,nuó	난,난,누어
	暖	따뜻할 난	暖	nuǎn	누안
날	捏	이길 날	捏	niē	니에
남	南	남녘 남	南	nán	난
	男	사내 남	男	nán	난
납	納	바칠 납	纳	nà	나
내	耐	견딜 내	耐	nài	나이
	內	안 내	內	nèi	네이
	乃	이에 내	乃	nǎi	나이
	奶	젖 내	奶	nǎi	나이
녀	女	여자 녀	女	nǚ	뉘
년	年	해 년	年	nián	니엔
념	念	생각할 념	念	niàn	니엔
	埝	제방 념	埝	niàn	니엔
녕	寧	편안할 녕	宁	níng,nìng	닝,닝
	擰	어지러워질 녕	拧	níng,nǐng,nìng	닝,닝,닝
노	奴	종 노	奴	nú	누
	怒	성낼 노	怒	nù	누

	努 힘쓸 노	努	nǔ	누
농	農 농사 농	农	nóng	농
	濃 짙을 농	浓	nóng	농
뇌	惱 괴로워할 뇌	恼	nǎo	나오
	腦 뇌 뇌	脑	nǎo	나오
뇨	尿 오줌 뇨	尿	niào,suī	니아오,쒜이
눈	嫩 어릴 눈	嫩	nèn	넌
뉴	扭 묶을 뉴	扭	niǔ	니우
능	能 능할 능	能	néng	닝
니	你 너 니	你	nǐ	니
	您 너 니	您	nín	닌
	呢 소곤거릴 니	呢	ní,ne	니,너
	泥 진흙 니	泥	ní,nì	니,니

ㄴ · 농 뇌 뇨

♣

늙은 고양이가 아랫목을 찾는다.

人老貪舒服.

늦게 배운 도적이 날 새는 줄 모른다.

老了才學吹笛, 吹到眼飜白.

ㄷ · 다
단
달

다	多 많을 다	多	duō	뚜어
	爹 아비 다	爹	diē	띠에
단	段 구분 단	段	duàn	뚜안
	斷 끊을 단	断	duàn	뚜안
	但 다만 단	但	dàn	딴
	團 둥글 단	团	tuán	투안
	端 바를 단	端	duān	뚜안
	丹 붉을 단	丹	dān	딴
	蛋 새알 단	蛋	dàn	딴
	鍛 쇠 불릴 단	锻	duàn	뚜안
	旦 아침 단	旦	dàn	딴
	短 짧을 단	短	duǎn	두안
	單 홑 단	单	dān, chán	딴, 찬
달	達 통달할 달	达	dá, tà	다, 타
담	潭 깊을 담	潭	tán	탄
	毯 담요 담	毯	tǎn	탄
	談 말씀 담	谈	tán	탄
	擔 멜 담	担	dān, dǎn, dàn	딴, 단, 딴
	淡 묽을 담	淡	dàn	딴
	膽 쓸개 담	胆	dǎn	단
답	踏 밟을 답	踏	tà, tā	타, 타

	答 팥 답	答	dá,dā	다,다	
당	躺 누울 당	躺	tǎng	탕	
	當 당할 당	当	dāng,dàng	땅,땅	
	膛 뚱뚱할 당	膛	táng	탕	
	黨 무리 당	党	dǎng	당	
	塘 못 당	塘	táng	탕	
	糖 사탕 당	糖	táng	탕	
	擋 숨길 당	挡	dǎng,dàng	당,땅	
	檔 의자 당	档	dàng	땅	
	堂 집 당	堂	táng	탕	
	撞 칠 당	撞	zhuàng	주앙	
	倘 혹시 당	倘	tǎng,chǎng	탕,창	
대	待 기다릴 대	待	dài,dāi	따이,따이	
	大 큰 대	大	dà,dài	따,따이	
	代 대신할 대	代	dài	따이	
	對 대답할 대	对	duì	뚜에이	
	隊 대 대	队	duì	뚜에이	
	臺 돈대 대	台	tái,tāi	타이,타이	
	擡 들 대	抬	tái	타이	
	帶 띠 대	带	dài	따이	
	袋 자루 대	袋	dài	따이	
덕	德 덕 덕	德	dé	더	
도	掏 가릴 도	掏	tāo,táo	타오,타오	
	道 길 도	道	dào	따오	
	渡 건널 도	渡	dù	뚜	
	賭 걸 도	赌	dǔ	두	

圖 그림 도	图	tú	투	
途 길 도	途	tú	투	
倒 넘어질 도	倒	dǎo,dào	다오,따오	
逃 달아날 도	逃	táo	타오	
堵 담 도	堵	dǔ	두	
都 도읍 도	都	dū,dōu	뚜,떠우	
挑 돋을 도	挑	tiāo,tiǎo	티아오,티아오	
跳 뛸 도	跳	tiào	티아오	
滔 물 넘칠 도	滔	tāo	타오	
徒 무리 도	徒	tú	투	
稻 벼 도	稻	dào	따오	
度 법도 도	度	dù,duó	뚜,두어	
桃 복숭아나무 도	桃	táo	타오	
島 섬 도	岛	dǎo	다오	
到 이를 도	到	dào	따오	
導 이끌 도	导	dǎo	다오	
淘 일 도	淘	táo	타오	
塗 진흙 도	涂	tú	투	
陶 질그릇 도	陶	táo,yáo	타오,야오	
搗 찧을 도	捣	dǎo	다오	
萄 포도 도	萄	táo	타오	
濤 큰 물결 도	涛	tāo	타오	
刀 칼 도	刀	dāo	따오	
叨 탐낼 도	叨	dáo,dāo,tāo	다오,따오,타오	
盜 훔칠 도	盗	dào	따오	
掉 흔들 도	掉	diào	띠아오	

독	毒	독 독	毒	dú	두
	禿	대머리 독	禿	tū	투
	督	살펴볼 독	督	dū	뚜
	讀	읽을 독	读	dú, dòu	두, 떠우
	獨	홀로 독	独	dú	두
돈	墩	돈대 돈	墩	dūn	뚠
	頓	조아릴 돈	顿	dùn, dú	뚠, 두
돌	突	갑자기 돌	突	tū	투
동	冬	겨울 동	冬	dōng	뚱
	憧	그리워할 동	憧	chōng	충
	銅	구리 동	铜	tóng	퉁
	洞	골 동	洞	dòng	뚱
	東	동녘 동	东	dōng	뚱
	童	아이 동	童	tóng	퉁
	疼	아플 동	疼	téng	텅
	凍	얼 동	冻	dòng	뚱
	動	움직일 동	动	dòng	뚱
	同	한가지 동	同	tóng, tòng	퉁, 퉁
두	抖	떨 두	抖	dǒu	더우
	斗	말 두	斗	dǒu, dòu	더우, 떠우
	頭	머리 두	头	tóu, tou	터우
	逗	머무를 두	逗	dòu	떠우
	肚	배 두	肚	dù, dǔ	뚜, 두
	豆	콩 두	豆	dòu	떠우
	兜	투구 두	兜	dōu	떠우
	陡	험할 두	陡	dǒu	더우

둔	吨	말 분명치 못할 둔	吨	dūn	뚠
득	得	얻을 득	得	dé,de,děi	더, 더, 데이
등	等	가지런할 등	等	děng	덩
	凳	걸상 등	凳	dèng	떵
	燈	등잔 등	灯	dēng	떵
	蹬	비틀거릴 등	蹬	dēng,dèng	떵, 떵
	登	오를 등	登	dēng	떵
	騰	오를 등	腾	téng	텅

돈만 있으면 귀신도 부릴 수 있다.

有錢能使鬼推磨.

돌아오지 못할 길을 가다.

走上不能返回的道路.

들으면 병, 안 들으면 약.

耳不聞, 心不煩.

라	懶 게으를 라	懒	lǎn	란
	喇 나팔 라	喇	lǎ,lā,lá,là	라, 라, 라, 라
	蘿 무 라	萝	luó	루어
	羅 새그물 라	罗	luó	루어
	螺 소라 라	螺	luó	루어
	鑼 징 라	锣	luó	루어
락	駱 낙타 락	骆	luò	루어
	落 떨어질 락	落	luò,là,luō	루어, 라, 루어
	樂 즐길 락/풍류 악	乐	lè,yào,yuè	러, 야오, 위에
	絡 헌솜 락	络	luò,lào	루어, 라오
란	欄 난간 란	栏	lán	란
	攔 막을 란	拦	lán	란
	爛 문드러질 란	烂	làn	란
	卵 알 란	卵	luǎn	루안
	亂 어지러울 란	乱	luàn	루안
랄	垃 더러운 것을 모을 랄	垃	lā	라
	辣 매울 랄	辣	là	라
람	覽 볼 람	览	lǎn	란
	藍 쪽 람	蓝	lán	란
	濫 퍼질 람	滥	làn	란
랍	拉 꺾을 랍	拉	lā,lá,lǎ,là	라, 라, 라, 라

ㄹ · 랑 래 랭

蠟 밀 랍	蜡	là	라
啦 어조사 랍	啦	lā,la	라,라
랑 狼 이리 랑	狼	láng	랑
浪 물결 랑	浪	làng	랑
朗 밝을 랑	朗	lǎng	랑
廊 복도 랑	廊	láng	랑
래 來 올 래	来	lái,lai	라이,라이
랭 冷 찰 랭	冷	lěng	렁
략 掠 노략질할 략	掠	lüè,lüě	뤼에,뤼에
略 다스릴 략	略	lüè	뤼에
량 糧 양식 량	粮	liáng	리앙
兩 두 량	两	liǎng	리앙
梁 들보 량	梁	liáng	리앙
諒 믿을 량	谅	liàng,liáng	리앙,리앙
涼 서늘할 량	凉	liáng,liàng	리앙,리앙
輛 수레 량	辆	liàng	리앙
倆 재주 량	俩	liǎ,liǎng	리아,리앙
良 좋을 량	良	liáng	리앙
量 헤아릴 량	量	liáng,liàng	리앙,리앙
려 厲 갈 려	厉	lì	리
黎 검을 려	黎	lí	리
麗 고울 려	丽	lì,lí	리,리
旅 군사 려	旅	lǚ	뤼
驢 나귀 려	驴	lú	뤼
慮 생각할 려	虑	lǜ	뤼
鋁 줄 려	铝	lǚ	뤼

	勵 힘쓸 려	励	lì	리
력	歷 지낼 력	历	lì	리
	力 힘 력	力	lì	리
련	煉 불릴 련	炼	liàn	리엔
	戀 사모할 련	恋	liàn,lián	리엔,리엔
	憐 불쌍히 여길 련	怜	lián	리엔
	蓮 연밥 련	莲	lián	리엔
	連 잇달을 련	连	lián	리엔
	聯 잇달 련	联	lián	리엔
	練 익힐 련	练	liàn	리엔
렬	劣 못할 렬	劣	liè	리에
	咧 새소리 렬	咧	liě,liē,lie	리에,리에,리에
	烈 세찰 렬	烈	liè	리에
	列 줄 렬	列	liè	리에
	裂 찢을 렬	裂	liè,liě	리에,리에
렴	簾 발 렴	帘	lián	리엔
렵	獵 사냥 렵	猎	liè	리에
령	齡 나이 령	龄	líng	링
	鈴 방울 령	铃	líng	링
	靈 신령 령	灵	líng	링
	令 영 령	令	lìng,lǐng	링,링
	領 옷깃 령	领	lǐng	링
	嶺 재 령	岭	lǐng	링
	零 조용히 오는 비 령	零	líng,lián	링,리엔
	另 헤어질 령	另	lìng	링
례	例 법식 례	例	lì	리

리 · 료 록 론

	隷 붙을 례	隶	lì	리
	禮 예도 례	礼	lǐ	리
로	蘆 갈대 로	芦	lú,lǔ	루,루
	路 길 로	路	lù	루
	老 늙은이 로	老	lǎo	라오
	嚕 아까워할 로	噜	lǔ	루
	露 이슬 로	露	lù,lòu	루,러우
	勞 일할 로	劳	láo	라오
	撈 잡을 로	捞	lāo	라오
	虜 포로 로	虏	lǔ	루
	爐 화로 로	炉	lú	루
록	錄 기록할 록	录	lù	루
	碌 돌 모양 록	碌	lù,liù	루,리우
	綠 초록빛 록	绿	lǜ,lù	뤼,루
론	論 말할 론	论	lùn,lún	룬,룬
롱	攏 누를 롱	拢	lóng	롱
	籠 대그릇 롱	笼	lóng,lǒng	롱,롱
	壟 언덕 롱	垄	lǒng	롱
	朧 흐릿할 롱	胧	lóng	롱
	弄 희롱할 롱	弄	nòng,lòng	농,롱
뢰	牢 우리 뢰	牢	láo	라오
	雷 우레 뢰	雷	léi	레이
	賴 힘입을 뢰	赖	lài	라이
료	聊 귀 울료	聊	liáo	리아오
	僚 동료 료	僚	liáo	리아오
	料 되질할 료	料	liào	리아오

	한자		简体	拼音	한글
	了	마칠 료	了	liǎo,le,liào	리아오, 러, 리아오
	遼	멀 료	辽	liáo	리아오
	療	병 고칠 료	疗	liáo	리아오
	鬧	시끄러울 료	闹	nào	나오
룡	龍	용 룡	龙	lóng	롱
루	淚	눈물 루	泪	lèi	레이
	樓	다락 루	楼	lóu	러우
	累	묶을 루	累	lèi,léi,lěi	레이, 레이, 레이
	漏	샐 루	漏	lòu	러우
	嘍	시끄러울 루	喽	lóu,lou	러우, 러우
	縷	실 루	缕	lǚ,lóu	루, 러우
	壘	진 루	垒	lěi	레이
	類	무리 류	类	lèi	레이
	留	머무를 류	留	liú	리우
	柳	버들 류	柳	liǔ	리우
	熘	볶을 류	熘	liū	리우
	榴	석류나무 류	榴	liú	리우
	硫	유황 류	硫	liú	리우
	流	흐를 류	流	liú	리우
륙	陸	뭍 륙	陆	lù,liù	루, 리우
	六	여섯 륙	六	liù,lù	리우, 루
륜	綸	낚싯줄 륜	纶	lún,guān	룬, 관
	輪	바퀴 륜	轮	lún	룬
률	律	법률 률	律	lǜ	뤼
륭	隆	클 륭	隆	lóng,lōng	롱, 롱
릉	愣	멍청할 릉	愣	lèng	렁

ㄹ · 룡 루 륙

	陵 큰 언덕 릉	陵	líng	링
리	利 날카로울 리	利	lì	리
	釐 다스릴 리	厘	lí	리
	理 다스릴 리	理	lǐ	리
	潾 돌 틈을 물이 흐르는 모양 린	磷	lín, lìn	린
	裏 속 리	里	lǐ	리
	哩 어조사 리	哩	li, lī, lǐ, yīng, lǐ	리, 잉
	璃 유리 리	璃	lí	리
	李 자두나무 리	李	lǐ	리
	離 떼놓을 리	离	lí	리
림	淋 물 뿌릴 림	淋	lín, lìn	린
	林 수풀 림	林	lín	린
	臨 임할 림	临	lín	린
립	立 설 립	立	lì	리
	粒 알 립	粒	lì	리

둘째며느리 맞아보아야 맏며느리가 무던한 줄 안다.

不怕不識貨, 只怕貨比貨.

무소식이 희소식.

無消息卽好消息.

口

마	麻	삼 마	麻	má,mā	마
	摩	갈 마	摩	mó,mā	마
	磨	갈 마	磨	mó,mò	모,모
	嘛	나마 마	嘛	má,má	마,마
	罵	꾸짖을 마	骂	mà,mā,mǎ	마
	碼	마노 마	码	mǎ	마
	魔	마귀 마	魔	mó	모
	螞	말거머리 마	蚂	mǎ,mā,mà	마
	馬	말 마	马	mǎ	마
	媽	어미 마	妈	mā	마
	麼	잘 마	么	me,má,mà,mo	머,마,마,모
막	膜	막 막	膜	mó	모
	幕	막 막	幕	mù	무
	漠	사막 막	漠	mò	모
	莫	없을 막/저물 모	莫	mò	모
만	慢	게으를 만	慢	màn	만
	彎	굽을 만	弯	wān	완
	挽	당길 만	挽	wǎn	완
	饅	만두 만	馒	mán	만
	瞞	속일 만	瞒	mán	만
	萬	일만 만	万	wàn,mò	완,모

口 · 마 막 만

ㅁ·말 망 매

	晩 저물 만	晚	wǎn	완
	漫 질펀할 만	漫	màn	만
	滿 찰 만	满	mǎn	만
말	沫 거품 말	沫	mò	모
	抹 바를 말	抹	mǒ,mā,mò	모,마,모
	襪 버선 말	袜	wà,mò	와,모
	末 끝 말	末	mò,mè	모,머
망	網 그물 망	网	wǎng	왕
	芒 까끄라기 망	芒	máng,wáng	망,왕
	亡 망할 망	亡	wáng,wú	왕,우
	望 바랄 망	望	wàng	왕
	忙 바쁠 망	忙	máng	망
	茫 아득할 망	茫	máng	망
	忘 잊을 망	忘	wàng,wáng	왕
	妄 허망할 망	妄	wàng	왕
매	邁 갈 매	迈	mài	마이
	煤 그을음 매	煤	méi	메이
	妹 누이 매	妹	mèi	메이
	霉 매우 매	霉	méi	메이
	梅 매화나무 매	梅	méi	메이
	每 매양 매	每	měi	메이
	埋 묻을 매	埋	mái,mán	마이,만
	買 살 매	买	mǎi	마이
	昧 새벽 매	昧	mèi	메이
	罵 욕할 매	骂	mà	마
	賣 팔 매	卖	mài	마이

맥	陌 두렁 맥	陌	mò	모
	脈 맥 맥	脉	mài,mò	마이,모
	麥 보리 맥	麦	mài	마이
맹	盟 맹세할 맹	盟	méng,míng	멍,밍
	勐 사나울 맹	勐	měng	멍
	盲 소경 맹	盲	máng	망
면	面 낯 면	面	miàn	미엔
	免 면할 면	免	miǎn	미엔
	棉 목화 면	棉	mián	미엔
	綿 이어질 면	绵	mián	미엔
	眠 잠잘 면	眠	mián	미엔
	勉 힘쓸 면	勉	miǎn	미엔
멸	滅 멸망할 멸	灭	miè	미에
	蔑 업신여길 멸	蔑	miè	미에
명	命 목숨 명	命	mìng	밍
	明 밝을 명	明	míng	밍
	名 이름 명	名	míng	밍
	鳴 울 명	鸣	míng	밍
모	慕 그리워할 모	慕	mù	무
	謀 꾀할 모	谋	móu	머우
	茅 띠 모	茅	máo	마오
	冒 무릅쓸 모	冒	mào,mò	마오,모
	帽 모자 모	帽	mào	마오
	模 법 모	模	mó,mú	모,무
	某 아무 모	某	mǒu	머우
	母 어미 모	母	mǔ	무

ㅁ · 맥 맹 면

	貌 얼굴 모	貌	mào	마오
	侮 업신여길 모	侮	wǔ	우
	綿 이어질 면	绵	mián	미엔
	耗 줄 모	耗	hào	하오
	矛 창 모	矛	máo	마오
	摸 찾을 모	摸	mō,mó	모,모
	毛 털 모	毛	máo	마오
목	木 나무 목	木	mù	무
	目 눈 목	目	mù	무
	牧 칠 목	牧	mù	무
몰	沒 가라앉을 몰	沒	méi,mò	메이,모
몽	夢 꿈 몽	梦	mèng	멍
	蒙 입을 몽	蒙	méng,mēng	멍
	朦 풍부할 몽	朦	méng	멍
묘	猫 고양이 묘	猫	māo,máo	마오
	描 그릴 묘	描	miáo	미아오
	苗 모 묘	苗	miáo	미아오
	妙 묘할 묘	妙	miào	미아오
	墓 무덤 묘	墓	mù	무
	廟 사당 묘	庙	miào	미아오
	渺 아득할 묘	渺	miǎo	미아오
무	武 굳셀 무	武	wǔ	우
	誣 무고할 무	诬	wū	우
	貿 바꿀 무	贸	mào	마오
	霧 안개 무	雾	wù	우
	撫 어루만질 무	扶	fú	푸

ㅁ · 목 몰 몽

	無 없을 무	无	wú,mó	우,모
	茂 우거질 무	茂	mào	마오
	畝 이랑 무/묘	亩	mǔ	무
	務 일 무	务	wù	우
	舞 춤출 무	舞	wǔ	우
묵	嘿 고요할 묵	嘿	hēi,mò	헤이,모
	墨 먹 묵	墨	mò	모
	黙 묵묵할 묵	默	mò	모
문	們 들 문	们	mén	먼
	聞 들을 문	闻	wén	원
	蚊 모기 문	蚊	wén	원
	紋 무늬 문	纹	wén,wèn	원
	文 무늬 문	文	wén	원
	門 문 문	门	mén	먼
	問 물을 문	问	wèn	원
물	物 만물 물	物	wù	우
미	尾 꼬리 미	尾	wěi,yǐ	웨이,이
	眯 눈에 티 들 미	眯	mi,mèi,mí	미,메이,미
	眉 눈썹 미	眉	méi	메이
	彌 두루 미	弥	mí	미
	迷 미혹할 미	迷	mí	미
	味 맛 미	味	wèi	웨이
	未 아닐 미	未	wèi	웨이
	米 쌀 미	米	mǐ	미
	微 작을 미	微	wēi	웨이
민	民 백성 민	民	mín	민

	悶 번민할 민	闷	mēn,mèn	먼
	敏 재빠를 민	敏	mǐn	민
밀	蜜 꿀 밀	蜜	mì	미
	密 빽빽할 밀	密	mì	미

말이 말을 만든다.

話傳三人, 能變本意

목마른 사람이 우물 판다.

誰渴誰掘井.

모기보고 칼빼기.

殺鷄用牛刀.

못살면 조상 탓.

好往身上攬, 壞向門外推.

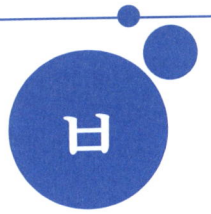

박	博 넓을 박	博	bó	보
	迫 닥칠 박	迫	pò,pǎi	포,파이
	縛 묶을 박	縛	fù	푸
	泊 배 댈 박	泊	bó	보
	剝 벗길 박	剝	bāo,bō	빠오,뽀
	啪 부딪치는 소리 박	啪	pā	파
	駁 얼룩말 박	駁	bó	보
	薄 엷을 박	薄	báo,bó,bò	바오,보,보
	搏 잡을 박	搏	bó	보
	膊 포 박	膊	bó	보
	拍 칠 박	拍	pāi,pò	파이,포
	撲 칠 박	撲	pū	푸
	樸 통나무 박	朴	pǔ,piáo,pō	푸,피아오,포
반	班 나눌 반	班	bān	빤
	盼 눈 예쁠 반	盼	pàn	판
	攀 더위잡을 반	攀	pān	판
	般 돌 반	般	bān,bō,pán	빤,뽀,판
	返 돌아올 반	返	fǎn	판
	半 반 반	半	bàn	빤
	飯 밥 반	饭	fàn	판
	拌 버릴 반	拌	bàn	빤

反	되돌릴 반	反	fǎn	판
盤	소반 반	盘	pán	판
斑	얼룩 반	斑	bān	빤
搬	옮길 반	搬	bān	빤
伴	짝 반	伴	bàn	빤
胖	희생 반 쪽 반	胖	pàng, pán	팡, 판
叛	배반할 반	叛	pàn	판
撥	다스릴 발	拨	bō	뽀
脖	배꼽 발	脖	bó	보
拔	뺄 발	拔	bá	바
潑	뿌릴 발	泼	pō	포
發	쏠 발	发	fā	파
勃	우쩍 일어날 발	勃	bó	보
傍	곁 방	傍	bàng, bāng	빵, 빵
放	놓을 방	放	fàng	팡
榜	매 방	榜	bǎng, bàng	방, 빵
膀	쌍배 방	膀	bǎng, páng	방, 팡
幫	도울 방	帮	bāng	빵
綁	동여맬 방	绑	bǎng	방
旁	두루 방	旁	páng	팡
防	둑 방	防	fáng	팡
方	모 방	方	fāng	팡
房	방 방	房	fáng	팡
妨	방해할 방	妨	fáng, fāng	팡, 팡
倣	본뜰 방	仿	fǎng	팡
紡	자을 방	纺	fǎng	팡

ㅂ · 발 방

	訪 찾을 방	访	fǎng	팡
	龐 클 방	庞	páng	팡
배	倍 곱 배	倍	bèi	뻬이
	背 등 배	背	bèi,bēi	뻬이, 뻬이
	輩 무리 배	辈	bèi	뻬이
	賠 물어줄 배	赔	péi	페이
	排 밀칠 배	排	pái,pǎi	파이, 파이
	培 북돋울 배	培	péi	페이
	扒 뺄 배	扒	bā,pá	빠, 파
	陪 쌓아올릴 배	陪	péi	페이
	配 아내 배	配	pèi	페이
	坯 언덕 배	坯	pī	피
	杯 잔 배	杯	bēi	뻬이
	拜 절 배	拜	bài	빠이
백	栢 나무 이름 백	栢	bǎi,bó,bò	바이, 보, 보
	伯 맏 백	伯	bó,bǎi	보, 바이
	百 일백 백	百	bǎi,bó	바이, 보
	白 흰 백	白	bái	바이
번	番 갈마들 번	番	fān,pān	판, 판
	煩 괴로워할 번	烦	fán	판
	繁 많을 번	繁	fán,pó	판, 포
	翻 뒤칠 번	翻	fān	판
범	凡 무릇 범	凡	fán	판
	帆 돛 범	帆	fān,fán	판, 판
	泛 뜰 범	泛	fàn	판
	犯 범할 범	犯	fàn,fán	판, 판

	範	법 범	范	fàn	판
법	法	법 법	法	fǎ, fá, fà	파, 파, 파
벽	壁	벽 벽	壁	bì	삐
	辟	임금 벽	辟	bì, bó, mǐ, pì	삐, 보, 미, 피
	霹	터지는 소리 벽	霹	pī	피
	碧	푸를 벽	碧	bì	삐
변	邊	가 변	边	biān	삐엔
	辯	말 잘할 변	辩	biàn	삐엔
	辮	땋을 변	辫	biàn	삐엔
	變	변할 변	变	biàn	삐엔
	辨	분별할 변	辨	biàn	삐엔
별	別	나눌 별	别	bié	비에
병	兵	군사 병	兵	bīng	삥
	丙	남녘 병	丙	bǐng	빙
	餠	떡 병	饼	bǐng	빙
	乒	물건 부딪치는 소리 병	乒	pīng	핑
	拼	물리칠 병	拼	pīn	핀
	病	병 병	病	bìng	삥
	瓶	병 병	瓶	píng	핑
	屛	병풍 병	屛	píng, bǐng	핑, 빙
	碰	부딪칠 병	碰	pèng	펑
	竝	아우를 병	并	bìng	삥
	幷	어우를 병	并	bìng, bīng	삥, 삥
	柄	자루 병	柄	bǐng	빙
	乓	풍 소리 병	乓	pāng	팡
보	報	갚을 보	报	bào	빠오

ㅂ · 법 벽 변

	步 걸음 보	步	bù	뿌	
	譜 계보 보	谱	pǔ	푸	
	補 기울 보	补	bu	뿌	
	普 널리 보	普	pǔ	푸	
	輔 덧방나무 보	辅	fǔ	푸	
	寶 보배 보	宝	bǎo	바오	
	堡 작은 성 보	堡	bǎo,bǔ	바오,부	
	保 지킬 보	保	bǎo	바오	
복	輻 바퀴살 복	辐	fú	푸	
	腹 배 복	腹	fù	푸	
	袱 보 복	袱	fú	푸	
	福 복 복	福	fú	푸	
	復 돌아올 복	復	fù	푸	
	覆 뒤집힐 복	覆	fù	푸	
	伏 엎드릴 복	伏	fú	푸	
	服 옷 복	服	fú	푸	
	卜 점 복	卜	bǔ,bó	부,보	
본	本 밑 본	本	běn	번	
봉	縫 꿰맬 봉	缝	féng,fèng	펑,펑	
	篷 뜸 봉	篷	péng	펑	
	逢 만날 봉	逢	féng	펑	
	棒 몽둥이 봉	棒	bàng	빵	
	奉 받들 봉	奉	fèng	펑	
	捧 받들 봉	捧	pěng	펑	
	蜂 벌 봉	蜂	fēng	펑	
	峰 봉우리 봉	峰	fēng	펑	

ㅂ · 복 본 봉

ㅂ · 봉 부 북

	封 봉할 봉	封	fēng	펑
	蓬 쑥 봉	蓬	péng	펑
	鋒 칼끝 봉	锋	fēng	펑
부	富 가멸 부	富	fù	푸
	部 거느릴 부	部	bù	뿌
	府 곳집 부	府	fǔ	푸
	俯 구푸릴 부	俯	fǔ	푸
	扶 도울 부	扶	fú	푸
	斧 도끼 부	斧	fǔ	푸
	浮 뜰 부	浮	fú	푸
	婦 며느리 부	妇	fù	푸
	副 버금 부	副	fù	푸
	符 부신 부	符	fú	푸
	咐 분부할 부	咐	fù	푸
	附 붙을 부	附	fù	푸
	俘 사로잡을 부	俘	fú	푸
	膚 살갗 부	肤	fū	푸
	傅 스승 부	傅	fù	푸
	腐 썩을 부	腐	fǔ	푸
	否 아닐 부	否	fǒu,pǐ	퍼우,피
	父 아비 부	父	fù,fū	푸,푸
	夫 지아비 부	夫	fū	푸
	負 질 부	负	fù	푸
	付 줄 부	付	fù	푸
	剖 쪼갤 부	剖	pōu	퍼우
북	北 북녘 북	北	běi,bó,bèi	베이,보,베이

분	粉 가루 분	粉	fěn	펀
	笨 거칠 분	笨	bèn	뻔
	憤 결낼 분	愤	fèn	펀
	扮 꾸밀 분	扮	bàn	빤
	分 나눌 분	分	fēn, fèn	펀, 펀
	奔 달릴 분	奔	bēn, bén, bèn	뻔, 뻔, 뻔
	盆 동이 분	盆	pén	펀
	奮 떨칠 분	奋	fèn	펀
	糞 똥 분	粪	fèn	펀
	墳 무덤 분	坟	fén	펀
	吩 분부할 분	吩	fēn	펀
	噴 뿜을 분	喷	pēn, pèn	펀, 펀
불	佛 부처 불	佛	fó, fú	포, 푸
	不 아닐 불	不	bù	뿌
붕	崩 무너질 붕	崩	bēng	뻥
	繃 묶을 붕	绷	bēng, běng	뻥, 벙
	蹦 뛸 붕	蹦	bēng	뻥
	朋 벗 붕	朋	péng	펑
	棚 시렁 붕	棚	péng, pēng	펑, 펑
비	備 갖출 비	备	bèi	뻬이
	比 견줄 비	比	bǐ, bì	비, 삐
	沸 끓을 비	沸	fèi	페이
	飛 날 비	飞	fēi	페이
	鄙 다라울 비	鄙	bǐ, bì	비, 삐
	呸 다투는 소리 비	呸	pēi	페이
	匪 대상자 비	匪	fěi	페이

ㅂ · 분 불 붕

	屁 방귀 비	屁	pì	피
	譬 비유할 비	譬	pì	피
	碑 돌기둥 비	碑	bēi	뻬이
	肥 살찔 비	肥	féi	페이
	泌 샘물 흐르는 모양 비	泌	bì	삐
	悲 슬플 비	悲	bēi	뻬이
	秘 숨길 비	秘	mì,bì	미, 삐
	費 쓸 비	费	fèi,bì	페이, 삐
	非 아닐 비	非	fēi	페이
	脾 지라 비	脾	pí	피
	批 칠 비	批	pī	피
	臂 팔 비	臂	bì,bèi	삐, 뻬이
	鼻 코 비	鼻	bí	비
빈	貧 가난할 빈	贫	pín	핀
	份 빛날 빈	份	fèn	펀
	頻 자주 빈	频	pín	핀
빙	憑 기댈 빙	凭	píng	핑
	冰 얼음 빙	冰	bīng	삥

ㅂ · 비 빈 빙

♣

바늘 도둑이 소도둑 된다.

做賊只爲偸針起.

사	似 같을 사	似	sì	쓰
	紗 깁 사	紗	shā	샤
	射 궁술사	射	shè	셔
	四 넉 사	四	sì	쓰
	辭 말 사	辞	cí	츠
	詞 말씀 사	词	cí	츠
	司 맡을 사	司	sī	쓰
	砂 모래 사	砂	shā	샤
	啥 무엇 사	啥	shá	샤
	飼 먹일 사	饲	sì	쓰
	它 다를 타 사	它	tā	타
	駛 달릴 사	驶	shǐ	스
	蛇 뱀 사	蛇	shé,yí	셔,이
	捨 버릴 사	舍	shě,shè	셔,셔
	寫 베낄 사	写	xiě	시에
	斜 비낄 사	斜	xié	시에
	謝 사례할 사	谢	xiè	시에
	私 사사 사	私	sī	쓰
	査 사실할 사	查	chá,zhā	차,자
	思 생각할 사	思	sī,sāi	쓰,싸이
	士 선비 사	士	shì	스

師 스승 사	师	shī	스
絲 실 사	丝	sī	쓰
傻 약을 사	傻	shǎ	샤
史 역사 사	史	shǐ	스
斯 이 사	斯	sī	쓰
事 일 사	事	shì	스
些 적을 사	些	xiē,suò	시에,쑤어
死 죽을 사	死	sǐ	쓰
渣 찌끼 사	渣	zhā	자
卸 풀 사	卸	xiè	시에
社 토지의 신 사	社	shè	서
使 하여금 사	使	shǐ,shì	스,스
耍 희롱할 사	耍	shuǎ	수아
삭 削 깎을 삭	削	xiāo,xuē	시아오,쉬에
산 産 낳을 산	产	chǎn	찬
鏟 대패 산	铲	chǎn,chàn	찬,찬
山 뫼 산	山	shān	샨
算 셀 산	算	suàn	쑤안
傘 우산 산	伞	sǎn	싼
酸 초 산	酸	suān	쑤안
散 흩을 산	散	sǎn,sàn	싼,싼
살 殺 죽일 살	杀	shā,shài	샤,샤이
撒 뿌릴 살	撒	sā,sǎ	싸,싸
삼 森 나무 빽빽할 삼	森	sēn	썬
滲 스밀 삼	渗	shèn	션
參 석 삼	叁	cān,cēn,shēn	찬,천,션

	衫 적삼 삼	衫	shān	샨	
삽	霎 가랑비 삽	霎	shà	샤	
	插 꽂을 삽	插	chā	차	
상	償 갚을 상	偿	cháng	창	
	嘗 맛볼 상	尝	cháng	창	
	嗓 목구멍 상	嗓	sǎng	쌍	
	桑 뽕나무 상	桑	sāng	쌍	
	床 상 상	床	chuáng	추앙	
	箱 상자 상	箱	xiāng	시앙	
	賞 상줄 상	赏	shǎng	샹	
	傷 상처 상	伤	shāng	샹	
	想 생각할 상	想	xiǎng	시앙	
	相 서로 상	相	xiāng, xiàng	시앙	
	霜 서리 상	霜	shuāng	수앙	
	橡 상수리나무 상	橡	xiàng	시앙	
	爽 시원할 상	爽	shuǎng	수앙	
	上 위 상	上	shàng, shǎng, shàng	샹	
	尚 오히려 상	尚	shàng	샹	
	詳 자세할 상	详	xiáng	시앙	
	喪 죽을 상	丧	sāng, sàng	쌍, 쌍	
	裳 치마 상	裳	cháng, shǎng	창, 샹	
	象 코끼리 상	象	xiàng	시앙	
	常 항상 상	常	cháng	창	
	商 헤아릴 상	商	shāng	샹	
	像 모양 상	像	xiàng	시앙	
	狀 형상 상	状	zhuàng	주앙	

새	賽	굿할 새	赛	sài	싸이
색	塞	막힐 색/변방 새	塞	sāi,sài,sè	싸이,싸이,써
	色	빛 색	色	sè,shǎi	써, 샤이
	索	찾을 색/동아줄 삭	索	suǒ	쑤어
	嗦	핥을 색	嗦	suō	쑤어
생	生	날 생	生	shēng	셩
	牲	희생 생	牲	shēng	셩
서	逝	갈 서	逝	shì	스
	署	관청 서	署	shǔ	수
	誓	맹세할 서	誓	shì	스
	叙	베풀 서	叙	xù	쉬
	捿	살 서	栖	qī,xī	치,시
	西	서녘 서	西	xī	시
	緖	실마리 서	绪	xù	쉬
	書	쓸 서	书	shū	수
	鼠	쥐 서	鼠	shǔ	수
	序	차례 서	序	xù	쉬
	舒	펼 서	舒	shū	수
석	析	가를 석	析	xī	시
	石	돌 석	石	shí,dàn	스,딴
	晳	밝을 석	晳	xī	시
	惜	아낄 석	惜	xī	시
	席	자리 석	席	xí	시
	夕	저녁 석	夕	xī	시
	釋	풀 석	释	shì	스
선	選	가릴 선	选	xuǎn	쉬엔

	鮮 고울 선	鲜	xiān, xiǎn	시엔, 시엔
	旋 돌 선	旋	xuán, xuàn	쉬엔, 쉬엔
	蟬 매미 선	蝉	chán	찬
	先 먼저 선	先	xiān	시엔
	船 배 선	船	chuán	추안
	宣 베풀 선	宣	xuān	쉬엔
	扇 사립문 선	扇	shàn, shān	샨, 샨
	腺 샘 선	腺	xiàn	시엔
	仙 신선 선	仙	xiān	시엔
	線 줄 선	线	xiàn	시엔
	善 착할 선	善	shàn	샨
설	雪 눈 설	雪	xuě, xuè	쉬에, 쉬에
	說 말씀 설	说	shuō, shui, yuè	슈어, 쉐이, 위에
	設 베풀 설	设	shè	셔
	泄 샐 설	泄	xiè	시에
	舌 혀 설	舌	shé	셔
섬	纖 가늘 섬	纤	xiān, qiàn	시엔, 치엔
	殲 다 죽일 섬	歼	jiān	지엔
	閃 번쩍할 섬	闪	shǎn	샨
섭	涉 건널 섭	涉	shè	셔
	攝 당길 섭	摄	shè	셔
성	醒 깰 성	醒	xǐng	씽
	盛 담을 성	盛	shèng, chéng	셩, 청
	星 별 성	星	xīng	씽
	腥 비릴 성	腥	xīng	씽
	省 살필 성	省	shěng, xǐng	셩, 씽

	한자	훈음	간체	병음	발음
	城	성 성	城	chéng	청
	姓	성 성	姓	xìng	씽
	猩	성성이 성	猩	xīng	씽
	聖	성스러울 성	圣	shèng	셩
	性	성품 성	性	xìng	씽
	聲	소리 성	声	shēng	셩
	成	이룰 성	成	chéng	청
	誠	정성 성	诚	chéng	청
세	細	가늘 세	细	xì	씨
	勢	기세 세	势	shì	스
	稅	세금 세	稅	shuì	쉐이
	洗	씻을 세	洗	xǐ,xiǎn	시,시엔
	世	인간 세	世	shì	스
	歲	해 세	岁	suì	쒜이
소	銷	녹일 소	销	xiāo	시아오
	所	바 소	所	suǒ	쑤어
	宵	밤 소	宵	xiāo	시아오
	召	부를 소	召	zhào,shào	자오,샤오
	梳	빗 소	梳	shū	수
	消	사라질 소	消	xiāo	시아오
	掃	쓸 소	扫	sǎo,sào	싸오,싸오
	笑	웃을 소	笑	xiào	시아오
	紹	이을 소	绍	shào	샤오
	小	작을 소	小	xiǎo	시아오
	少	적을 소	少	shǎo,shào	샤오,샤오
	巢	집 소	巢	cháo	차오

	蘇 차조기 소	苏	sū	쑤
	蔬 푸성귀 소	蔬	shū	수
	塑 토우 소	塑	sù	쑤
	疏 트일 소	疏	shū	수
	訴 하소연할 소	诉	sù	쑤
	素 흴 소	素	sù	쑤
속	束 묶을 속	束	shù	수
	速 빠를 속	速	sù	쑤
	屬 엮을 속/이을 촉	属	shǔ,zhǔ	수,주
	俗 풍속 속	俗	sú	쑤
손	損 덜 손	损	sǔn	쑨
	孫 손자 손	孙	sūn	쑨
솔	率 거느릴 솔	率	shuài,lǜ	수아이,뤼
	摔 땅에 버릴 솔	摔	shuāi	수아이
	甩 던질 솔	甩	shuǎi	수아이
송	頌 기릴 송	颂	sòng	쑹
	送 보낼 송	送	sòng	쑹
	鬆 소나무 송	松	sòng	쑹
쇄	碎 부술 쇄	碎	suì	쒜이
	刷 쓸 쇄	刷	shuā,shuà	수아,수아
	曬 쬘 쇄	晒	shài,shà,shì	샤이,샤,스
쇠	衰 쇠할 쇠	衰	shuāi,cuī	수아이,췌이
수	酬 갚을 수	酬	chóu	처우
	收 거둘 수	收	shōu	셔우
	嗽 기침할 수	嗽	sòu	써우
	需 구할 수	需	xū	쉬

人·속손솔

樹 나무 수	树	shù	수
輸 나를 수	输	shū	수
誰 누구 수	谁	shéi,shuí	쉐이
銹 녹슬 수	锈	xiù	시우
修 닦을 수	修	xiū	시우
豎 더벅머리 수	竖	shù	수
垂 드리울 수	垂	chuí	췌이
隨 따를 수	随	suí	쒜이
首 머리 수	首	shǒu	셔우
須 모름지기 수	须	xū	쉬
壽 목숨 수	寿	shòu	셔우
水 물 수	水	shuǐ	쉐이
羞 바칠 수	羞	xiū	시우
受 받을 수	受	shòu	셔우
雖 비록 수	虽	suī	쒜이
秀 빼어날 수	秀	xiù	시우
數 셀 수	数	shù,shǔ,shuò	수,수,수어
愁 시름 수	愁	chóu	처우
袖 소매 수	袖	xiù	시우
手 손 수	手	shǒu	셔우
綉 수놓을 수	绣	xiù	시우
穗 이삭 수	穗	suì	쒜이
讐 원수 수	仇	chóu	처우
睡 잘 수	睡	shuì	쉐이
殊 죽일 수	殊	shū	수
授 줄 수	授	shòu	셔우

人 · 수

	守 지킬 수	守	shǒu	셔우
	獸 짐승 수	兽	shòu	셔우
	搜 찾을 수	搜	sōu	써우
	瘦 파리할 수	瘦	shòu	셔우
	售 팔 수	售	shòu	셔우
	嫂 형수 수	嫂	sǎo	싸오
숙	宿 묵을 숙	宿	sù,xiǔ,xiu	쑤,시우,시우
	叔 아재비 숙	叔	shū	수
	肅 엄숙할 숙	肃	sù	쑤
	熟 익을 숙	熟	shú,shóu	수,셔우
순	巡 돌 순	巡	xún	쉰
	詢 물을 순	询	xún	쉰
	盾 방패 순	盾	dùn	뚠
	純 생사 순	纯	chún	춘
	順 순할 순	顺	shùn	순
	脣 입술 순	唇	chún	춘
	循 좇을 순	循	xún	쉰
술	術 꾀 술	术	shù,zhú	수,주
	述 지을 술	述	shù	수
숭	崇 높을 숭	崇	chóng	총
슬	膝 무릎 슬	膝	xī	시
습	襲 엄습할 습	袭	xí	시
	習 익힐 습	习	xí	시
	拾 주울 습	拾	shí,shě,shè	스,셔,서
	濕 축축할 습	湿	shī	스
승	升 되 승	升	shēng	성

人
·
숙
순
술

承	받들 승	承	chéng	청
勝	이길 승	胜	shèng, shēng	성, 성
繩	줄 승	绳	shéng	성
乘	탈 승	乘	chéng, shèng	청, 성
蠅	파리 승	蝇	yíng	잉
시 翅	날개 시	翅	chì	츠
時	때 시	时	shí	스
侍	모실 시	侍	shì	스
施	베풀 시	施	shī	스
示	보일 시	示	shì	스
視	볼 시	视	shì	스
猜	샘할 시	猜	cāi	차이
柴	섶 시	柴	chái, cī, zhài, zì	차이, 츠, 자이, 쯔
詩	시 시	诗	shī	스
試	시험할 시	试	shì	스
是	옳을 시	是	shì	스
嘶	울 시	嘶	sī	쓰
市	저자 시	市	shì	스
尸	주검 시	尸	shī	스
撕	쪼갤 시/훈계할 서	撕	sī	쓰
始	처음 시	始	shǐ	스
식 熄	꺼질 식	熄	xī	시
飾	꾸밀 식	饰	shì	스
媳	며느리 식	媳	xí	시
食	밥 식	食	shí, sì, yì	스, 쓰, 이
殖	번성할 식	殖	zhí, shi	즈, 스

	式 법 식	式	shì	ㅅ
	植 심을 식	植	zhí	ㅈ
	息 숨 쉴 식	息	xī	ㅅ
	識 알 식	识	shí, zhì	ㅅ,ㅈ
	蝕 좀먹을 식	蚀	shí	ㅅ
신	神 귀신 신	神	shén	션
	辛 매울 신	辛	xīn	신
	身 몸 신	身	shēn, yuán	션,위엔
	訊 물을 신	讯	xùn	쉰
	信 믿을 신	信	xìn	신
	迅 빠를 신	迅	xùn	쉰
	愼 삼갈 신	慎	shèn	션
	晨 새벽 신	晨	chén	천
	新 새 신	新	xīn	신
	申 아홉째 지지 신	申	shēn	션
	伸 펼 신	伸	shēn	션
	紳 큰 띠 신	绅	shēn	션
실	悉 다 실	悉	xī	시
	實 열매 실	实	shí	ㅅ
	失 잃을 실	失	shī	ㅅ
	室 집 실	室	shì	ㅅ
심	深 깊을 심	深	shēn	션
	心 마음 심	心	xīn	신
	審 살필 심	审	shěn	션
	嬸 숙모 심	婶	shēn	션
	甚 심할 심	甚	shèn, shén, shí	션,션,션

ㅅ
·
식
신
실

尋 찾을 심	寻	xún	쉰
십 十 열 십	十	shí	스
쌍 雙 쌍 쌍	双	shuāng	수앙
씨 氏 성 씨	氏	shì,zhī	스,즈

사촌이 땅을 사면 배가 아프다.

自己不喝酒, 嫉妬人臉紅.

산 입에 거미줄 치랴.

天生一個人, 必有一分糧.

선무당이 사람잡는다.

蹩脚的巫師害死人.

소경 문고리 잡은 듯.

瞎子摸門環兒, 靠運氣.

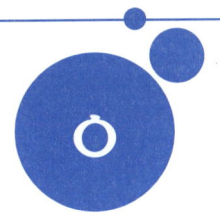

아	丫	가장귀 아	丫	yā	야
	鴉	갈까마귀 아	鸦	yā	야
	鵝	거위 아	鹅	é	어
	我	나 아	我	wǒ	워
	訝	맞을 아	讶	yà	야
	亞	버금 아	亚	yà	야
	啞	벙어리 아	哑	yā,yǎ	야,야
	啊	사랑할 아	啊	ā,á,ǎ,à,a	아
	芽	싹 아	芽	yá	야
	兒	아이 아	儿	ér,ní	얼,니
	牙	어금니 아	牙	yá	야
	阿	언덕 아	阿	ā,a,ē	아,아,어
	哦	읊을 아	哦	ó,ǒ,ò,é	오,오,오,어
	餓	주릴 아	饿	è	어
악	惡	악할 악	恶	è,ě,wū,wù	어,어,우,우
	握	쥘 악	握	wò	워
	樂	풍류 악	乐	lè,yào,yue	러,야오,위에
안	按	누를 안	按	àn	안
	眼	눈 안	眼	yǎn	이엔
	氨	암모니아 안	氨	ān	안
	岸	언덕 안	岸	àn	안

ㅇ · 아 악 안

	顔 얼굴 안	颜	yán	이엔
	案 책상 안	案	àn	안
	安 편안할 안	安	ān	안
알	軋 삐걱거릴 알	轧	yà,gá,zha	야,가,자
	挖 우벼낼 알	挖	wā	와
암	巖 바위 암	岩	yán	이엔
	癌 암 암	癌	yán	이엔
	暗 어두울 암	暗	àn	안
압	壓 누를 압 압	压	yā,yà	야,야
	押 누를 압	押	yà	야
	鴨 오리 압	鸭	yā	야
앙	央 가운데 앙	央	yāng	양
	秧 모 앙	秧	yāng	양
	昂 오를 앙	昂	yáng	양
	仰 우러를 앙	仰	yǎng	양
애	礙 거리낄 애	碍	ài	아이
	崖 벼랑 애	崖	yá,ái	야,아이
	愛 사랑 애	爱	ài	아이
	哀 슬플 애	哀	āi	아이
	哎 애통한 소리 애	哎	āi	아이
	挨 칠 애	挨	āi,ái	아이,아이
	埃 티끌 애	埃	āi	아이
	欸 한숨 쉴 애	唉	āi,ǎi,ē,é,ě,è	아이,아이,어,어,어,어
액	額 이마 액	额	é	어
	液 진액 액	液	yè	예
야	夜 밤 야	夜	yè	예

ㅇ · 알 암 압

野 들 야	野	yě	예	
冶 불릴 야	冶	yě	예	
爺 아비 야	爷	yé	예	
也 어조사 야	也	yě	예	
惹 이끌 야	惹	rě	러	
약 喲 감탄하는 어조사 약	哟	yō,yo	요,요	
若 같을 약	若	ruò,rě	루어,러	
約 묶을 약	约	yuē,yāo	위에,야오	
躍 뛸 약	跃	yuè	위에	
葯 약 약	药	yào	야오	
弱 약할 약	弱	ruò	루어	
양 癢 가려울 양	痒	yǎng	양	
養 기를 양	养	yǎng	양	
樣 모양 양	样	yàng	양	
洋 바다 양	洋	yáng	양	
楊 버들 양	杨	yáng	양	
陽 볕 양	阳	yáng	양	
氧 불 양	氧	yǎng	양	
讓 사양할 양	让	ràng	랑	
羊 양 양	羊	yáng	양	
孃 여자애 양	娘	niáng	니앙	
揚 오를 양	扬	yáng	양	
嚷 외칠 양	嚷	rǎng,rāng,ráng	랑,랑,랑	
壤 흙 양	壤	rǎng	랑	
어 魚 고기 어	鱼	yú	위	
漁 고기 잡을 어	渔	yú	위	

	語 말씀 어	语	yǔ, yù	위, 위
	御 어거할 어	御	yù	위
억	抑 누를 억	抑	yì	이
	億 억 억	亿	yì	이
언	言 말씀 언	言	yán	이엔
엄	掩 가릴 엄	掩	yǎn	이엔
	俺 나 엄	俺	ǎn	안
	淹 담글 엄	淹	yān	이엔
	嚴 엄할 엄	严	yán	이엔
업	業 업 업	业	yè	예
여	如 같을 여	如	rú	루
	予 나 여	予	yú, yǔ	위, 위
	餘 남을 여	余	yú	위
	與 줄 여	与	yǔ, yú, yù	위
역	亦 또 역	亦	yì	이
	易 바꿀 역	易	yì	이
	役 부릴 역	役	yì	이
	域 지경 역	域	yù	위
	譯 통변할 역	译	yì	이
연	研 갈 연	研	yán, yàn	이엔, 이엔
	然 그러할 연	然	rán	란
	延 끌 연	延	yán	이엔
	鉛 납 연	铅	qiān, yán	치엔, 이엔
	沿 따를 연	沿	yán	이엔
	演 멀리 흐를 연	演	yǎn	이엔
	燃 사를 연	燃	rán	란

ㅇ · 억 언 엄

	軟 연할 연	软	ruǎn	루안
	烟 연기 연	烟	yān,yīn	이엔, 인
	宴 잔치 연	宴	yàn	이엔
	燕 제비 연	燕	yàn,yān	이엔, 이엔
열	閱 검열할 열	阅	yuè	위에
	悅 기쁠 열	悦	yuè	위에
	熱 더울 열	热	rè	러
	咽 목멜 열/목구멍 인	咽	yān,yàn,yè	이엔, 이엔, 예
염	艶 고울 염	艳	yàn	이엔
	染 물들일 염	染	rǎn	란
	炎 불탈 염	炎	yán	이엔
	焰 불 댕길 염	焰	yàn	이엔
	厭 싫을 염	厌	yàn	이엔
	鹽 소금 염	盐	yán	이엔
엽	葉 잎 엽	叶	yè,yé	예, 예
영	嬰 갓난아이 영	婴	yīng	잉
	營 경영할 영	营	yíng	잉
	影 그림자 영	影	yǐng	잉
	永 길 영	永	yǒng	용
	英 꽃부리 영	英	yīng	잉
	榮 꽃 영	荣	róng	룽
	迎 맞이할 영	迎	yíng	잉
	映 비출 영	映	yìng	잉
예	銳 날카로울 예	锐	ruì	뤠이
	譽 기릴 예	誉	yù	위
	預 미리 예	预	yù	위

ㅇ · 연 열 염

	豫 미리 예	豫	yù	위
	藝 심을 예	艺	yì	이
오	傲 거만할 오	傲	ào	아오
	誤 그릇할 오	误	wù	우
	烏 까마귀 오	乌	wū,wù	우,우
	悟 깨달을 오	悟	wù	우
	五 다섯 오	五	wǔ	우
	伍 대오 오	伍	wǔ	우
	汚 더러울 오	污	wū	우
	噢 슬퍼할 오/욱	噢	ō	오
	午 낮 오	午	wǔ	우
	襖 웃옷 오	袄	ǎo	아오
	嗚 탄식 소리 오	呜	wū	우
옥	玉 옥 옥	玉	yù	위
	獄 옥 옥	狱	yù	위
	屋 집 옥	屋	wū	우
온	溫 따뜻할 온	温	wēn,yūn	원,윈
	穩 평온할 온	稳	wěn	원
옹	翁 늙은이 옹	翁	wēng	윙
	嗡 소 울음 옹	嗡	wēng	윙
	擁 안을 옹	拥	yōng,wěng	용,윙
와	蛙 개구리 와	蛙	wā	와
	瓦 기와 와	瓦	wǎ,wà	와,와
	渦 소용돌이 와	涡	wō,guō	워,꾸어
	臥 엎드릴 와	卧	wò	워
	窩 움집 와	窝	wō	워

완	緩 느릴 완	缓	huǎn	후안
	完 완전할 완	完	wán	완
	頑 완고할 완	顽	wán	완
	碗 주발 완	碗	wǎn	완
	玩 희롱할 완	玩	wán	완
왕	往 갈 왕	往	wǎng	왕
	汪 넓을 왕	汪	wāng	왕
	枉 굽을 왕	枉	wǎng	왕
	旺 성할 왕	旺	wàng	왕
	王 임금 왕	王	wáng,wàng	왕,왕
왜	歪 비뚤 왜/외	歪	wāi,wǎi	와이,와이
	娃 예쁠 왜	娃	wá	와
	哇 음란한소리 왜/토할 와	哇	wā,wa	와,와
	矮 키 작을 왜	矮	ǎi	아이
외	畏 두려워할 외	畏	wèi	웨이
	外 밖 외	外	wài	와이
요	要 구할 요	要	yào,yāo	야오,야오
	窰 기와 가마 요	窰	yáo	야오
	饒 넉넉할 요	饶	ráo	라오
	謠 노래 요	谣	yáo	야오
	繞 두를 요	绕	rào	라오
	邀 맞을 요	邀	yāo	야오
	遙 멀 요	遥	yáo	야오
	澆 물 댈 요	浇	jiāo	지아오
	耀 빛날 요	耀	yào	야오
	吆 애통한 소리 요	吆	yāo	야오

ㅇ · 완 왕 왜

	擾 어지러울 요	扰	ráo,nǎo,rǎo	라오,라오,라오
	凹 오목할 요	凹	āo,wā	아오,와
	腰 허리 요	腰	yāo	야오
	搖 흔들릴 요	搖	yáo	야오
욕	辱 욕되게 할 욕	辱	rǔ	루
	欲 하고자 할 욕	欲	yù	위
용	勇 날쌜 용	勇	yǒng	용
	熔 녹일 용	熔	róng	룽
	茸 무성할 용	茸	róng,rǒng	룽,룽
	涌 샘 솟을 용	涌	yǒng,chōng	용,총
	聳 솟을 용	耸	sǒng	쏭
	甭 쓰지 않을 용	甭	béng	벙
	用 쓸 용	用	yòng	용
	容 얼굴 용	容	róng	룽
	溶 질펀히 흐를 용	溶	róng	룽
우	憂 근심할 우	忧	yōu	여우
	優 넉넉할 우	优	yōu	여우
	遇 만날 우	遇	yù	위
	尤 더욱 우	尤	yóu	여우
	又 또 우	又	yòu	여우
	友 벗 우	友	yǒu	여우
	雨 비 우	雨	yǔ,yù	위,위
	牛 소 우	牛	niú	니우
	郵 역참 우	邮	yóu	여우
	右 오른쪽 우	右	yòu	여우
	于 어조사 우	于	yú	위

ㅇ · 요 욕 용

	宇 집 우	宇	yǔ	위	
	偶 짝 우	偶	ǒu	어우	
	吁 탄식할 우	吁	xū,yū,yù	쉬, 위, 위	
욱	郁 성할 욱	郁	yù	위	
운	雲 구름 운	云	yún	윈	
	運 돌 운	运	yùn	윈	
웅	熊 곰 웅	熊	xióng	시웅	
	雄 수컷 웅	雄	xióng	시웅	
원	源 근원 원	源	yuán	위엔	
	塬 근원 원	塬	yuán	위엔	
	援 당길 원	援	yuán	위엔	
	院 담 원	院	yuàn	위엔	
	園 동산 원	园	yuán	위엔	
	圓 둥글 원	圆	yuán	위엔	
	遠 멀 원	远	yuǎn	위엔	
	員 수효 원	员	yuán,yún,yùn	위엔, 윈, 윈	
	怨 원망할 원	怨	yuàn	위엔	
	猿 원숭이 원	猿	yuán	위엔	
	寃 원통할 원	冤	yuān	위엔	
	願 원할 원	愿	yuàn	위엔	
	元 으뜸 원	元	yuán	위엔	
월	越 넘을 월	越	yuè	위에	
	月 달 월	月	yuè	위에	
위	葦 갈대 위	苇	wěi	웨이	
	偽 거짓 위	伪	wěi	웨이	
	委 맡길 위	委	wěi,wēi	웨이, 웨이	

ㅇ · 욱 운 웅

圍 둘레 위	围	wéi	웨이
胃 밥통 위	胃	wèi	웨이
喂 부르는 소리 위	喂	wèi	웨이
緯 씨 위	纬	wěi	웨이
慰 위로할 위	慰	wèi	웨이
危 위태할 위	危	wēi	웨이
威 위엄 위	威	wēi	웨이
違 어길 위	违	wéi	웨이
謂 이를 위	谓	wèi	웨이
位 자리 위	位	wèi	웨이
衛 지킬 위	卫	wèi	웨이
偉 훌륭할 위	伟	wěi	웨이
爲 할 위	为	wéi,wèi	웨이,웨이
유 幽 그윽할 유	幽	yōu	여우
油 기름 유	油	yóu	여우
遺 끼칠 유	遗	yí,wèi	이,웨이
誘 꾈 유	诱	yòu	여우
愈 나을 유	愈	yù	위
由 말미암을 유	由	yóu	여우
悠 멀 유	悠	yōu	여우
維 바 유	维	wéi	웨이
柔 부드러울 유	柔	róu	러우
惟 생각할 유	惟	wéi	웨이
幼 어릴 유	幼	yòu	여우
唯 오직 유	唯	wéi	웨이
猶 오히려 유	犹	yóu	여우

ㅇ · 위
유

	有 있을 유	有	yǒu, yòu	여우
	乳 젖 유	乳	rǔ	루
	揉 주무를 유	揉	róu, rǒu	러우, 러우
	愉 즐거울 유	愉	yú	위
	游 헤엄칠 유	游	yóu	여우
육	肉 고기 육	肉	ròu	러우
	育 기를 육	育	yù, yò	위, 요
윤	允 진실로 윤	允	yǔn	윈
	潤 유택할 윤	润	rùn	룬
융	絨 융 융	绒	róng	룽
	融 화할 융	融	róng	룽
은	嗯 대답할 은	嗯	ńg, ń, ňg, ň, ǹg, ǹ	응
	隱 숨길 은	隐	yǐn	인
	銀 은 은	银	yín	인
을	乙 새 을	乙	yǐ	이
음	飮 마실 음	饮	yǐn	인
	音 소리 음	音	yīn	인
	陰 응달 음	阴	yīn	인
	吟 읊을 음	吟	yín	인
읍	泣 울 읍	泣	qì	치
응	鷹 매 응	鹰	yīng	잉
	凝 엉길 응	凝	níng	닝
	應 응할 응	应	yīng	잉
의	蟻 개미 의	蚁	yǐ	이
	儀 거동 의	仪	yí	이
	毅 굳셀 의	毅	yì	이

ㅇ · 유 육 윤

宜 마땅할 의	宜	yí	이
意 뜻 의	意	yì	이
衣 옷 의	衣	yī,yì	이,이
義 옳을 의	义	yì	이
誼 옳을 의	谊	yì	이
椅 의나무 의	椅	yǐ,yī	이,이
議 의논할 의	议	yì	이
疑 의심할 의	疑	yí	이
醫 의원 의	医	yī	이
依 의지할 의	依	yī	이
倚 의지할 의	倚	yǐ	이
擬 헤아릴 의	拟	nǐ	니
이 耳 귀 이	耳	ěr	얼
爾 너 이	尔	ěr	얼
而 말 이을 이	而	ér	얼
異 다를 이	异	yì	이
二 두 이	二	èr	얼
以 써 이	以	yǐ	이
姨 이모 이	姨	yí	이
已 이미 이	已	yǐ	이
移 옮길 이	移	yí	이
嘰 크게 부를 이	嘰	yí	이
익 翼 날개 익	翼	yì	이
益 더할 익	益	yì	이
인 引 끌 인	引	yǐn	인
印 도장 인	印	yìn	인

	人 사람 인	人	rén	런
	認 알 인	认	rèn	런
	因 인할 인	因	yīn	인
	忍 참을 인	忍	rěn	런
일	一 한 일	一	yī	이
	日 해 일	日	rì	르
임	任 맡길 임	任	rèn,rén	런,런
입	入 들 입	入	rù	루
잉	剩 남을 잉	剩	shèng	성
	扔 당길 잉	扔	rēng	렁
	仍 인할 잉	仍	réng	렁

ㅇ · 인 일 임

아이 싸움이 어른 싸움 된다.

小事是大事的根.

아는 것이 힘이다.

知識就是力量.

웃는 얼굴에 침 못뱉는다.

伸手不打笑臉人.

자 字 글자 자	字	zì	쯔
者 놈 자	者	zhě	저
姿 맵시 자	姿	zī	즈
滋 불을 자	滋	zī	즈
慈 사랑할 자	慈	cí	츠
煮 삶을 자	煮	zhǔ	주
自 스스로 자	自	zì	쯔
子 아들 자	子	zǐ,zi	즈,즈
雌 암컷 자	雌	cí	츠
瓷 오지그릇 자	瓷	cí	츠
仔 자세할 자	仔	zǐ,zǎi,zī	즈,자이,즈
磁 자석 자	磁	cí	츠
紫 자줏빛 자	紫	zǐ	즈
資 재물 자	资	zī	즈
刺 찌를 자	刺	cì,cī	츠,츠
작 昨 어제 작	昨	zuó	주어
作 지을 작	作	zuó,zuō,zuò	주어,쭈어,쭈어
炸 터질 작	炸	zhà,zhá	자,자
雀 참새 작	雀	què,qiāo,qiǎo	취에,치아오,치아오
잔 盞 잔 잔	盏	zhǎn	잔
殘 해칠 잔	残	cán	찬

즈 · 자 작 잔

잠	蠶 누에 잠	蚕	cán	찬
	潛 자맥질 할 잠	潜	qián	치엔
	暫 잠시 잠	暂	zàn	짠
잡	卡 관 잡	卡	kǎ,qiǎ	카,치아
	眨 눈 깜작일 잡/자	眨	zhǎ	자
	雜 섞일 잡	杂	zá	자
	砸 칠 잡	砸	zá	자
장	障 가로막을 장	障	zhàng	장
	藏 감출 장	藏	cáng,zàng	창,짱
	章 글 장	章	zhāng	장
	長 길 장	长	cháng,zhǎng	창,장
	奬 권면할 장	奖	jiǎng	지앙
	裝 꾸밀 장	装	zhuāng	주앙
	墙 담 장	墙	qiáng	치앙
	場 마당 장	场	chǎng,cháng	창,창
	樁 말뚝 장	桩	zhuāng	주앙
	仗 무기 장	仗	zhàng	장
	漿 미음 장	浆	jiāng	지앙
	張 베풀 장	张	zhāng	장
	掌 손바닥 장	掌	zhǎng	장
	壯 씩씩할 장	壮	zhuàng	주앙
	丈 어른 장	丈	zhàng	장
	欌 장롱 장	藏	zàng	짱
	葬 장사지낼 장	葬	zàng	짱
	匠 장인 장	匠	jiàng	지앙
	將 장차 장	将	jiāng,jiàng	지앙,지앙

	醬	젓갈 장	酱	jiàng	지앙
	腸	창자 장	肠	cháng,chǎng	창,창
	莊	풀 성할 장	庄	zhuāng	주앙
	帳	휘장 장	帐	zhàng	장
재	裁	마를 재	裁	cái	차이
	再	두 재	再	zài	짜이
	載	실을 재	载	zài,zǎi	짜이,자이
	栽	심을 재	栽	zāi	짜이
	在	있을 재	在	zài	짜이
	災	재앙 재	灾	zāi	짜이
	材	재목 재	材	cái	차이
	財	재물 재	财	cái	차이
	才	재주 재	才	cái	차이
쟁	爭	다툴 쟁	争	zhēng	정
	趟	뛸 쟁(창),/물 건널 당	趟	tàng,tāng	탕,탕
	掙	찌를 쟁	挣	zhēng,zhèng,chēng	정,정,청
저	抵	거스를 저	抵	dǐ	디
	姐	누이 저	姐	jiě	지에
	猪	돼지 저	猪	zhū	주
	底	밑 저	底	dǐ,de	디,더
	低	낮을 저	低	dī	띠
	着	분명할 저	着	zhuó,zhù	주어,주
	儲	쌓을 저	储	chǔ	추
	她	아가씨 저	她	tā	타
	這	이 저	这	zhè	저
적	適	갈 적	适	shì	스

ㅈ · 재 쟁 저

的 과녁 적	的	de, dí, dì	더, 디, 띠
滴 물방울 적	滴	dī	띠
赤 붉을 적	赤	chì	츠
敵 원수 적	敌	dí	디
咪 웃음소리 적	咪	chī	츠
笛 피리 적	笛	dí	디
寂 고요할 적	寂	jì	찌
賊 도둑 적	贼	zéi	제이
摘 딸 적	摘	zhāi	자이
積 쌓을 적	积	jī	지
籍 서적 적	籍	jí	지
績 실 낳을 적	绩	jī	지
迹 자취 적	迹	jì	찌
田 甸 경기 전	甸	diàn	띠엔
轉 구를 전	转	zhuǎn, zhuàn	주안, 주안
顚 꼭대기 전	颠	diān	띠엔
錢 돈 전	钱	qián	치엔
顫 떨릴 전	颤	chàn, zhàn	찬, 잔
拴 맬 전	拴	shuān	수안
塡 메울 전	填	tián	티엔
田 밭 전	田	tián	티엔
電 번개 전	电	diàn	띠엔
典 법 전	典	diǎn	디엔
磚 벽돌 전	砖	zhuān	주안
戰 싸울 전	战	zhàn	잔
前 앞 전	前	qián	치엔

ㅈ · 적 전

	纏 얽힐 전	缠	chán	찬
	專 오로지 전	专	zhuān	주안
	全 온전할 전	全	quán	취엔
	剪 자를 전	剪	jiǎn	지엔
	傳 전할 전	传	chuán,zhuàn	추안,주안
	奠 제사 지낼 전	奠	diàn	띠엔
	展 펼 전	展	zhǎn	잔
	殿 큰 집 전	殿	diàn	띠엔
	箭 화살 전	箭	jiàn	찌엔
절	折 꺾을 절	折	zhé,shé,zhē	저,서,저
	截 끊을 절	截	jié	지에
	絶 끊을 절	绝	jué	쥐에
	切 끊을 절	切	qiē,qiè	치에,치에
	節 마디 절	节	jié,jiē	지에,지에
	竊 훔칠 절	窃	qiè	치에
점	店 가게 점	店	diàn	띠엔
	點 점 점	点	diǎn	디엔
	漸 점점 점	渐	jiàn,jiān	지엔,지엔
	占 차지할 점	占	zhān,zhàn	잔,잔
	黏 찰질 점	黏	nián	니엔
접	蝶 나비 접	蝶	dié	디에
	接 사귈 접	接	jiē	지에
정	整 가지런할 정	整	zhěng	정
	艇 거룻배 정	艇	tǐng	팅
	淨 깨끗할 정	净	jìng	징
	靜 고요할 정	静	jìng	징

ㅈ · 전 절 점

	睛 눈동자 정	睛	jīng	징
	丁 넷째 천간 정	丁	dīng,zhēng	띵,정
	程 단위 정	程	chéng	청
	呈 드릴 정	呈	chéng	청
	盯 똑바로 볼 정	盯	dīng	띵
	庭 뜰 정	庭	tíng	팅
	情 뜻 정	情	qíng	칭
	停 머무를 정	停	tíng	팅
	釘 못 정	钉	dīng,dìng	띵,띵
	正 바를 정	正	zhèng,zhēng	정,정
	訂 바로 잡을 정	订	dìng	띵
	晶 밝을 정	晶	jīng	징
	挺 빼낼 정	挺	tǐng	팅
	睜 싫어하는 눈빛 정	睁	zhēng	정
	精 쓿은 쌀 정	精	jīng	징
	井 우물 정	井	jǐng	징
	亭 정자 정	亭	tíng	팅
	政 정사 정	政	zhèng	정
	叮 정성스러울 정	叮	dīng	띵
	頂 정수리 정	顶	dǐng	딩
	偵 정탐할 정	侦	zhēn	전
	定 정할 정	定	dìng	띵
	征 칠 정	征	zhēng	정
제	齊 가지런할 제	齐	qí,jì,zhāi	치,찌,자이
	濟 건널 제	济	jì,jǐ	찌,지
	提 끌 제	提	tí,dī	티,띠

ㅈ · 정 제

堤 둑 제	堤	dī	띠
制 마를 제	制	zhì	즈
諸 모든 제	诸	zhū	주
擠 밀 제	挤	jǐ	지
梯 사다리 제	梯	tī	티
際 사이 제	际	jì	찌
除 섬돌 제	除	chú	추
弟 아우 제	弟	dì	띠
劑 약지을 제	剂	jì	찌
帝 임금 제	帝	dì	띠
第 차례 제	第	dì	띠
題 표제 제	题	tí	티
條 가지 조	条	tiáo	티아오
粗 거칠 조	粗	cū	추
槽 구유 조	槽	cáo	차오
租 구실 조	租	zū	주
調 고를 조	调	diào,tiáo	띠아오, 티아오
抓 긁을 조	抓	zhuā	주아
組 끈 조	组	zǔ	주
釣 낚시 조	钓	diào	띠아오
措 둘 조	措	cuò	추어
助 도울 조	助	zhù	주
雕 독수리 조	雕	diāo	띠아오
燥 마를 조	燥	zào	짜오
遭 만날 조	遭	zāo	짜오
竈 부엌 조	灶	zào	자오

ㅈ · 제 조

罩 보쌈 조	罩	zhào	자오	
嘲 비웃을 조	嘲	cháo,zhāo	차오,자오	
照 비출 조	照	zhào	자오	
早 새벽 조	早	zǎo	자오	
鳥 새 조	鸟	niǎo,diǎo	니아오,디아오	
躁 성급할 조	躁	zào	짜오	
爪 손톱 조	爪	zhǎo,zhuǎ	자오,주아	
朝 아침 조	朝	zhāo,cháo	자오,차오	
操 잡을 조	操	cāo	차오	
糟 전국 조	糟	zāo	짜오	
祖 조상 조	祖	zǔ	주	
弔 조상할 조	吊	diào	띠아오	
潮 조수 조	潮	cháo	차오	
造 지을 조	造	zào	짜오	
找 채울 조	找	zhǎo	자오	
皂 하인 조	皂	zào	짜오	
阻 험할 조	阻	zǔ	주	
족	族 겨레 족	族	zú	주
	足 발 족	足	zú	주
	簇 조릿대 족	簇	cù	추
존	尊 높을 존	尊	zūn	쭌
	存 있을 존	存	cún	춘
종	終 끝날 종	终	zhōng	종
	縱 늘어질 종	纵	zòng	쫑
	宗 마루 종	宗	zōng	쫑
	腫 부스럼 종	肿	zhǒng	종

	種 씨 종	种	zhǒng, zhòng	종,종
	綜 잉아 종	综	zōng, zèng	쫑,쩡
	踪 자취 종	踪	zōng	쫑
	從 좇을 종	从	cóng	총
좌	挫 꺾을 좌	挫	cuò	추어
	坐 앉을 좌	坐	zuò	쭈어
	左 왼 좌	左	zuǒ	주어
	座 자리 좌	座	zuò	쭈어
죄	罪 허물 죄	罪	zuì	쮀이
주	晝 낮 주	昼	zhòu	저우
	蛛 거미 주	蛛	zhū	주
	珠 구슬 주	珠	zhū	주
	州 고을 주	州	zhōu	저우
	株 그루 주	株	zhū	주
	柱 기둥 주	柱	zhù	주
	走 달릴 주	走	zǒu	저우
	周 두루 주	周	zhōu	저우
	駐 머무를 주	驻	zhù	주
	注 물 댈 주	注	zhù	주
	湊 모일 주	湊	còu	처우
	廚 부엌 주	厨	chú	추
	住 살 주	住	zhù	주
	洲 섬 주	洲	zhōu	저우
	酒 술 주	酒	jiǔ	지우
	鑄 쇠 부어 만들 주	铸	zhù	주
	奏 아뢸 주	奏	zòu	쩌우

ㅈ
·
좌
죄
주

	綢 얽힐 주/쌀 도	绸	chóu	처우
	丟 잃어버릴 주	丟	diū	띠우
	主 주인 주	主	zhǔ	주
	做 지을 주	做	zuò	쭈어
	宙 집 주	宙	zhòu	저우
	籌 투호 살 주	筹	chóu	처우
죽	竹 대 죽	竹	zhú	주
	粥 죽 죽	粥	zhōu,yù	저우,위
준	峻 높을 준	峻	jùn	쥔
	準 수준기 준	准	zhǔn	준
	蹲 웅크릴 준	蹲	dūn,cūn,zǔn	뚠,춘,쭌
	遵 좇을 준	遵	zūn	쭌
중	中 가운데 중	中	zhōng,zhòng	종,종
	重 무거울 중	重	zhòng,chóng	종,총
	衆 무리 중	众	zhòng,zhōng	종,종
즉	卽 곧 즉	即	jí	지
	則 법칙 칙/곧 즉	则	zé	저
즘	怎 어찌 즘	怎	zěn	쩐
즙	汁 즙 즙	汁	zhī	즈
증	增 불을 증	增	zēng	쩡
	曾 일찍 증	曾	zēng,céng	쩡,청
	症 증세 증	症	zhèng,zhēng	정,정
	證 증거 증	证	zhèng	정
	蒸 찔 증	蒸	zhēng	정
지	吱 가는 소리 지	吱	zhī,zī	즈,쯔
	支 가를 지	支	zhī	즈

枝 가지 지	枝	zhī,qí	즈,치
持 가질 지	持	chí	츠
之 갈 지	之	zhī	즈
脂 기름 지	脂	zhī	즈
蜘 거미 지	蜘	zhī	즈
遲 늦을 지	迟	chí	츠
只 다만 지	只	zhǐ,zhī	즈,즈
地 땅 지	地	dì,de,di	띠,더,띠
志 뜻 지	志	zhì	즈
池 못 지	池	chí	츠
知 알 지	知	zhī	즈
止 발 지	止	zhǐ	즈
肢 사지 지	肢	zhī	즈
指 손가락 지	指	zhǐ	즈
智 슬기 지	智	zhì	즈
至 이를 지	至	zhì	즈
紙 종이 지	纸	zhǐ	즈
址 터 지	址	zhǐ	즈
직 直 곧을 직	直	zhí	즈
職 벼슬 직	职	zhí	즈
織 짤 직	织	zhī	즈
진 津 나루 진	津	jīn	진
進 나아갈 진	进	jìn	진
陳 늘어놓을 진	陈	chén	천
盡 다될 진	尽	jìn,jǐn	진,진
振 떨칠 진	振	zhèn	전

	震 벼락 진	震	zhèn	전
	珍 보배 진	珍	zhēn	전
	診 볼 진	诊	zhěn	전
	鎭 진압할 진	镇	zhèn	전
	陣 줄 진	阵	zhèn	전
	趁 좇을 진	趁	chèn	천
	眞 참 진	眞	zhēn	전
	塵 티끌 진	尘	chén	천
질	跌 넘어질 질	跌	diē	띠에
	質 바탕 질	质	zhì	즈
	疾 병 질	疾	jí	지
	秩 차례 질	秩	zhì	즈
집	集 모일 집	集	jí	지
	輯 모을 집	辑	jí	지
	執 잡을 집	执	zhí	즈
징	瞪 바로 볼 징	瞪	chéng,zhèng	청,정
	懲 징계할 징	惩	chéng	청

ㅈ · 진 질 집

짐승도 은혜를 안다.

烏鴉反哺, 尙答親恩.

집안이 화목해야 만사가 잘된다.

家內和睦萬事亨通.

ㅊ · 차 착 찬

차	遮 막을 차	遮	zhē	저
	且 또 차	且	qiě,jū	치에, 쥐
	次 버금 차	次	cì	츠
	借 빌 차	借	jiè	지에
	車 수레 차/거	车	chē,jū	처, 쥐
	差 어긋날 차	差	chā,chà,chāi	차, 차, 차이
	此 이 차	此	cǐ	츠
	茶 차 차	茶	chá	차
	扯 찢어버릴 차	扯	chě	처
착	着 붙을 착/저	着	zhuó,zhù	주어, 주
	鑿 뚫을 착	凿	záo	자오
	錯 섞일 착	错	cuò	추어
	捉 잡을 착	捉	zhuō	주어
	窄 좁을 착	窄	zhǎi	자이
찬	餐 먹을 찬	餐	cān	찬
	贊 도울 찬	赞	zàn	짠
	燦 빛날 찬	灿	càn	찬
	竄 숨을 찬	窜	cuàn	추안
찰	扎 감을 찰	扎	zhá	자
	咱 나 찰	咱	zán,zan,zá	잔, 잔, 자
	擦 비빌 찰	擦	cā	차

	察 살필 찰	察	chá	차
	刹 절 찰	刹	chà, shā	차, 샤
참	參 간여할 참	參	cān, cēn, shēn	찬, 천, 션
	嶄 높을 참	崭	zhǎn	잔
	慙 부끄러울 참	惭	cǎn	찬
	站 우두커니 설 참	站	zhàn	잔
	攙 찌를 참	搀	chān, chán, chàn	찬, 찬, 찬
	慘 참혹할 참	惨	cǎn	찬
창	唱 노래 창	唱	chàng	창
	倉 곳집 창	仓	cāng	창
	敞 높을 창	敞	chǎng	창
	搶 닿을 창	抢	qiǎng, qiāng, qiàng	치앙
	脹 배부를 창	胀	zhàng	장
	漲 불을 창	涨	zhǎng	장
	創 비롯할 창	创	chuàng, chuāng	추앙, 추앙
	艙 선창 창	舱	cāng	창
	倡 여광대 창	倡	chàng, cāng, càng	창, 창, 창
	窓 창 창	窗	chuāng	추앙
	槍 창 창	枪	qiāng	치앙
	暢 펼 창	畅	chàng	창
	蒼 푸를 창	苍	cāng	창
	廠 헛간 창	厂	chǎng	창
채	菜 나물 채	菜	cài	차이
	彩 무늬 채	彩	cǎi	차이
	踩 뗄 채	踩	cǎi	차이
	債 빚 채	债	zhài	자이

	采 캘 채	采	căi,cài	차이,차이
책	責 꾸짖을 책	责	zé	저
	策 채찍 책	策	cè	처
	冊 책 책	册	cè	처
처	妻 아내 처	妻	qī,qì	치,치
	處 살 처	处	chù,chǔ	추,추
	凄 쓸쓸할 처	凄	qī	치
척	戚 겨레 척	戚	qī	치
	斥 물리칠 척	斥	chì	츠
	嵴 산등성이 척	嵴	jǐ	지
	尺 자 척	尺	chǐ,chě,chè	츠,처,처
	踢 찰 척	踢	tī	티
천	川 내 천	川	chuān	추안
	穿 뚫을 천	穿	chuān	추안
	踐 밟을 천	践	jiàn	지엔
	泉 샘 천	泉	quán	취엔
	淺 얕을 천	浅	qiǎn,jiān	치엔,지엔
	遷 옮길 천	迁	qiān	치엔
	千 일천 천	千	qiān	치엔
	賤 천할 천	贱	jiàn	지엔
	天 하늘 천	天	tiān	티엔
	喘 헐떡거릴 천	喘	chuǎn	추안
철	撤 거둘 철	撤	chè	처
	哲 밝을 철	哲	zhé	저
	凸 볼록할 철	凸	tū	투
	鐵 쇠 철	铁	tiě	티에

ㅊ · 책 처 척

	徹 통할 철	彻	chè	처	
첨	簽 농 첨	签	qiān	치엔	
	甛 달 첨	甜	tián	티엔	
	添 더할 첨	添	tiān	티엔	
	沾 젖을 첨	沾	zhān	잔	
	尖 뾰족할 첨	尖	jiān	지엔	
	檐 처마 첨	檐	yán	이엔	
첩	疊 겹쳐질 첩	叠	dié	디에	
	鉆 골 첩	钻	zuàn, zuān	주안, 주안	
	貼 붙을 첩	贴	tiē	티에	
청	晴 갤 청	晴	qíng	칭	
	廳 관청 청	厅	tīng	팅	
	聽 들을 청	听	tīng	팅	
	淸 맑을 청	清	qīng	칭	
	請 청할 청	请	qǐng	칭	
	靑 푸를 청	青	qīng	칭	
체	遞 갈마들 체	递	dì	띠	
	體 몸 체	体	tǐ, tī	티, 티	
	逮 미칠 체	逮	dǎi, dài	다이, 따이	
	替 쇠퇴할 체	替	tì	티	
초	梢 나무 끝 초	梢	shāo, sào	샤오, 싸오	
	超 넘을 초	超	chāo	차오	
	剿 노곤할 초	剿	jiǎo, chāo, chāo	지아오, 차오, 차오	
	抄 노략질할 초	抄	chāo	차오	
	鈔 지폐 초	钞	chāo, chào	차오, 차오	
	焦 그을릴 초	焦	jiāo	지아오	

悄 근심할 초	悄	qiǎo,qiāo	치아오,치아오
肖 닮을 초	肖	xiào,xiāo	시아오,시아오
哨 망볼 초	哨	shào	샤오
楚 모형 초	楚	chǔ	추
瞧 몰래 볼 초	瞧	qiáo	치아오
稍 벼 줄기 끝 초	稍	shāo,shào	샤오,샤오
招 부를 초	招	zhāo	자오
吵 소리 초/지저귈 묘	吵	chǎo,chāo	차오,차오
初 처음 초	初	chū	추
礎 촛돌 초	础	chǔ	추
硝 초석 초	硝	xiāo	시아오
秒 초 초/까끄라기 묘	秒	miǎo	미아오
草 풀 초	草	cǎo	차오
촉 觸 닿을 촉	触	chù	추
囑 부탁할 촉	嘱	zhǔ	주
促 재촉할 촉	促	cù	추
燭 촛불 촉	烛	zhú	주
촌 寸 마디 촌	寸	cùn	춘
村 마을 촌	村	cūn	춘
총 總 거느릴 총	总	zǒng,cōng	종,총
聰 귀 밝을 총	聪	cōng	총
叢 모일 총	丛	cóng	총
匆 바쁠 총	匆	cōng	총
葱 파 총	葱	cōng,chuāng	총,추앙
최 最 가장 최	最	zuì	쮀이
摧 꺾을 최	摧	cuī	쮀이

ㅊ · 초 촉 촌

		催 재촉할 최	催	cuī	췌이
추	秋 가을 추		秋	qīu	치우
	趨 달릴 추		趋	qū	취
	揪 모을 추		揪	jiū	지우
	瞅 볼 추		瞅	chǒu	처우
	抽 뺄 추		抽	chōu	처우
	啾 소리 추		啾	jiū	지우
	推 옮을 추		推	tuī	퉤이
	皺 주름 추		皱	zhòu	저우
	追 쫓을 추		追	zhuī	줴이
축	軸 굴대 축		轴	zhóu,zhòu	저우,저우
	祝 빌 축		祝	zhù	주
	丑 소 축		丑	chǒu	처우
	畜 가축 축		畜	chù,xù	추,쉬
	蓄 모을 축		蓄	xù	쉬
	築 쌓을 축		筑	zhù	주
	縮 줄일 축		缩	suō,sù	쑤어,쑤
	逐 쫓을 축		逐	zhú	주
춘	春 봄 춘		春	chūn	춘
출	出 날 출		出	chū	추
충	蟲 벌레 충		虫	chóng	총
	衝 찌를 충		冲	chōng,chòng	총,총
	充 찰 충		充	chōng	총
	忠 충성 충		忠	zhōng	종
취	臭 냄새 취		臭	chòu,xiù	처우,시우
	趣 달릴 취		趣	qù	취

ㅊ · 추 축 춘

	驟	달릴 취	骤	zhòu	저우
	脆	무를 취	脆	cuì	췌이
	翠	물총새 취	翠	cuì	췌이
	聚	모일 취	聚	jù	쥐
	嘴	부리 취	嘴	zuǐ	줴이
	吹	불 취	吹	chuī	췌이
	就	이룰 취	就	jiù	지우
	娶	장가들 취	娶	qǔ	취
	醉	취할 취	醉	zuì	줴이
측	側	곁 측	侧	cè, zè, zhāi	처, 저, 자이
	測	잴 측	测	cè	처
층	層	층 층	层	céng	청
치	值	값 치	值	zhí	즈
	幟	기 치	帜	zhì	즈
	治	다스릴 치	治	zhì	즈
	馳	달릴 치	驰	chí	츠
	置	둘 치	置	zhì	즈
	恥	부끄러울 치	耻	chǐ	츠
	致	보낼 치	致	zhì	즈
	齒	이 치	齿	chǐ	츠
	哆	클 치	哆	duō	뚜어
칙	則	법칙 칙/곧 즉	则	zé	저
친	襯	속옷 친	衬	chèn	천
	親	친할 친	亲	qīn, qìng	친, 칭
칠	七	일곱 칠	七	qī	치
	漆	옻 칠	漆	qī	치

침	沈 가라앉을 침	沈	shěn,shén	션,션
	浸 담글 침	浸	jìn	진
	針 바늘 침	针	zhēn	전
	枕 베개 침	枕	zhěn	전
	侵 침노할 침	侵	qīn	친
칭	稱 일컬을 칭	称	chēng,chèn	청,천

| 쾌 | 快 쾌할 쾌 | 快 | kuài | 콰이 |
| | 筷 젓가락 쾌 | 筷 | kuài | 콰이 |

ㅋ · 쾌

♣

첫술에 배부를까.

胖子不是一口吃的.

♣

찬물도 위아래가 있다.

冷水也有上下之分.

타	拖	끌 타	拖	tuō	투어
	駝	낙타 타	驼	tuó	투어
	朶	늘어질 타	朵	duǒ	두어
	他	다를 타	他	tā	타
	它	뱀 사	它	tā	타
	躱	비킬 타	躲	duǒ	두어
	馱	실을 타/태	驮	tuò,duò,tuó	투어,두어,투어
	妥	온당할 타	妥	tuǒ	투어
	詫	자랑할 타	诧	chà,xià	차,시아
	打	칠 타	打	dǎ,dá	다,다
탁	躅	맨발 탁	躅	duó	두어
	托	밀 탁	托	tuō	투어
	桌	탁자 탁	桌	zhuō	주어
	柝	터질 탁	柝	chāi	차이
탄	呑	삼킬 탄	吞	tūn	툰
	炭	숯 탄	炭	tàn	탄
	灘	여울 탄	滩	tān	탄
	彈	탄알 탄	弹	dàn,tán	딴,탄
	碳	탄소 탄	碳	tàn	탄
	嘆	탄식할 탄	叹	tàn	탄
	誕	태어날 탄	诞	dàn	딴

	攤 펼 탄	摊	tān	탄
	坦 평평할 탄	坦	tǎn	탄
탈	脫 벗을 탈	脱	tuō	투어
	奪 빼앗을 탈	夺	duó	두어
탐	耽 즐길 탐	耽	dān	딴
	貪 탐할 탐	贪	tān	탄
	探 찾을 탐	探	tàn	탄
탑	塌 떨어질 탑	塌	tā	타
	搭 탈 탑	搭	dā	다
	塔 탑 탑	塔	tǎ,dā	타,다
탕	湯 끓인물 탕	汤	tāng,shāng	탕,상
	燙 데울 탕	烫	tàng	탕
	蕩 쓸어버릴 탕	荡	dàng	땅
태	態 모양 태	态	tài	타이
	胎 아이 밸 태	胎	tāi	타이
	呆 어리석을 태/매	呆	dāi	따이
	太 클 태	太	tài	타이
택	擇 가릴 택	择	zé,zhái	저,자이
	宅 집 택	宅	zhái	자이
탱	撐 버팀목 탱	撑	chēng	청
토	吐 토할 토	吐	tǔ	투
	兔 토끼 토	兔	tù	투
	討 칠 토	讨	tǎo	타오
	土 흙 토	土	tǔ	투
통	筒 대롱 통	筒	tǒng	퉁
	痛 아플 통	痛	tòng	퉁

ㅌ · 탈 탐 탑

	統	큰 줄기 통	统	tǒng	통
	桶	통 통	桶	tǒng	통
	通	통할 통	通	tōng,tǒng	통,통
퇴	腿	넓적다리 퇴	腿	tuǐ	퉤이
	退	물러날 퇴	退	tuì	퉤이
	堆	언덕 퇴	堆	duī,zuī	뚜에이,쮀이
투	投	던질 투	投	tóu	터우
	套	덮개 투	套	tào	타오
	透	통할 투	透	tòu	터우
	偷	훔칠 투	偷	tōu	터우
특	特	수컷 특	特	tè	터
틈	闖	말이 문을 나오는 모양 틈	闯	chuǎng	추앙

하나만 알고 둘은 모른다.

只知其一, 不知其二.

하늘의 별따기.

難如上天摘星星.

ㅌ · 퇴 투 특

亚

파	坡 고개 파	坡	pō	포
	趴 엎드릴 파	趴	pā	파
	爬 긁을 파	爬	pá	파
	破 깨뜨릴 파	破	pò	포
	怕 두려워할 파	怕	pà	파
	巴 땅 이름 파	巴	bā	빠
	波 물결 파	波	bō	뽀
	派 물갈래 파	派	pài, pā, pài	파이, 파, 파이
	罷 방면할 파	罢	bà	빠
	播 뿌릴 파	播	bō	뽀
	吧 아이 다툴 파	吧	bā, ba	바, 바
	爸 아비 파	爸	bà	빠
	擺 열릴 파	摆	bǎi	바이
	玻 유리 파	玻	bō	뽀
	頗 자못 파	颇	pō	포
	把 잡을 파	把	bǎ, bà	바, 빠
	婆 할미 파	婆	pó	포
판	板 널빤지 판	板	bǎn	반
	版 널 판	版	bǎn	반
	瓣 외씨 판	瓣	bàn	빤
	判 판가름할 판	判	pàn	판

	辦 힘쓸 판	办	bàn	빤
팔	八 여덟 팔	八	bā,bá	빠, 바
	叭 입 벌릴 팔	叭	bā	빠
패	敗 깨뜨릴 패	败	bài	빠이
	壩 방죽 패/원음(原音)파	坝	bà,pèi	빠, 페이
	霸 으뜸 패	霸	bà,pò	빠, 포
	貝 조개 패	贝	bèi	뻬이
	佩 찰 패	佩	pèi	페이
	牌 패 패	牌	pái	파이
팽	膨 부풀 팽	膨	péng	펑
편	扁 넓적할 편	扁	biǎn,piān	비엔, 피엔
	遍 두루 편	遍	biàn	뻬엔
	騙 속일 편	骗	piàn	피엔
	編 엮을 편	编	biān	뻬엔
	片 조각 편	片	piàn,piān	피엔, 피엔
	篇 책 편	篇	piān	피엔
	鞭 채찍 편	鞭	biān	뻬엔
	偏 치우칠 편	偏	piān	피엔
	便 편할 편	便	biàn,bián,pián	뻬엔, 비엔, 피엔
평	萍 개구리밥 평	萍	píng	핑
	平 평평할 평	平	píng	핑
	評 평할 평	评	píng	핑
폐	閉 닫을 폐	闭	bì	삐
	蔽 덮을 폐	蔽	bì	삐
	幣 비단 폐	币	bì	삐
	廢 폐할 폐	废	fèi	페이

ㅍ · 팔 패 팽

	肺	허파 폐	肺	fèi	페이
포	泡	거품 포	泡	pào,pāo	파오, 파오
	刨	깎을 포	刨	páo,bào	파오, 빠오
	抛	던질 포	抛	pāo	파오
	飽	물릴 포	饱	bǎo,bào,páo	바오, 빠오, 파오
	怖	두려워할 포	怖	bù	뿌
	布	베 포	布	bù	뿌
	捕	사로잡을 포	捕	bǔ,bù	부, 뿌
	包	쌀 포	包	bāo	빠오
	抱	안을 포	抱	bào	빠오
	胞	태보 포	胞	bāo	빠오
	炮	통째로 구울 포	炮	pào,páo,bāo	파오, 파오, 빠오
	鋪	펼 포	铺	pū,pù	푸, 푸
	葡	포도 포	葡	pú	푸
	跑	허빌 포	跑	pǎo,páo	파오, 파오
	袍	핫옷 포	袍	páo	파오
폭	暴	사나울 폭/포	暴	bào,pù	빠오, 푸
	爆	터질 폭	爆	bào	빠오
	幅	폭 폭	幅	fú	푸
표	表	겉 표	表	biǎo	비아오
	漂	떠돌 표	漂	piāo,piǎo	피아오, 피아오
	票	쪽지 표	票	piào	피아오
	標	우듬지 표	标	biāo	삐아오
	飄	회오리바람 표	飘	piāo	피아오
품	品	물건 품	品	pǐn	핀
풍	瘋	두풍 풍	疯	fēng	펑

	風 바람 풍	风	fēng	펑
	豊 풍성할 풍/굽놉은 그릇 례	丰	fēng	펑
피	皮 가죽 피	皮	pí	피
	披 나눌 피	披	pī	피
	被 이불 피	被	bèi	뻬이
	疲 지칠 피	疲	pí	피
	彼 저 피	彼	bǐ	비
	避 피할 피	避	bí	비
필	畢 마칠 필	毕	bì	삐
	必 반드시 필	必	bì	삐
	筆 붓 필	笔	bǐ	비
	匹 필 필	匹	pǐ	피
핍	乏 가난할 핍	乏	fá	파
	逼 닥칠 핍	逼	bí	비

핑계없는 무덤 없다.

存心要回避, 不怕沒借口.

평안감사도 저 싫으면 그만이다.

老牛不喝水, 不能強按頭.

ㅍ · 피 필 핍

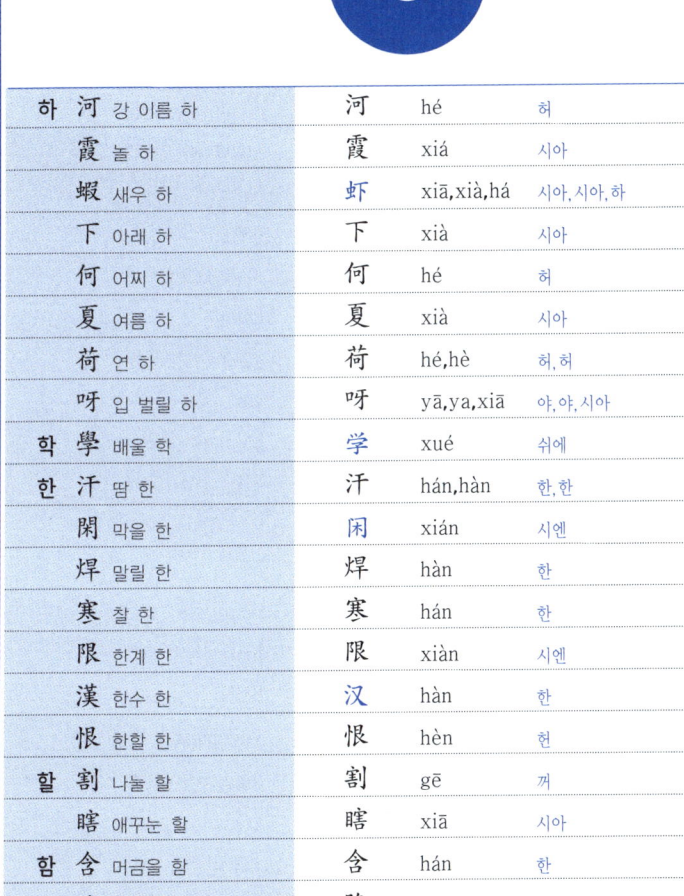

하	河	강 이름 하	河	hé	허
	霞	놀 하	霞	xiá	시아
	蝦	새우 하	虾	xiā, xià, há	시아, 시아, 하
	下	아래 하	下	xià	시아
	何	어찌 하	何	hé	허
	夏	여름 하	夏	xià	시아
	荷	연 하	荷	hé, hè	허, 허
	呀	입 벌릴 하	呀	yā, ya, xiā	야, 야, 시아
학	學	배울 학	学	xué	쉬에
한	汗	땀 한	汗	hán, hàn	한, 한
	閑	막을 한	闲	xián	시엔
	焊	말릴 한	焊	hàn	한
	寒	찰 한	寒	hán	한
	限	한계 한	限	xiàn	시엔
	漢	한수 한	汉	hàn	한
	恨	한할 한	恨	hèn	헌
할	割	나눌 할	割	gē	꺼
	瞎	애꾸눈 할	瞎	xiā	시아
함	舍	머금을 함	舍	hán	한
	陷	빠질 함	陷	xiàn	시엔
	喊	소리 함	喊	hǎn	한

ㅎ · 하 학 한

	艦 싸움배 함	舰	jiàn	지엔
합	盒 합 합	盒	hé	허
	合 합할 합	合	hé,gě	허,꺼
항	巷 거리 항	巷	xiàng,hàng	시앙,항
	抗 막을 항	抗	kàng	캉
	炕 말릴 항	炕	kàng	캉
	項 목 항	项	xiàng	시앙
	航 배 항	航	háng	항
	港 항구 항	港	gǎng	강
	降 항복할 항/내릴 강	降	jiàng,xiáng	지앙,시앙
	恒 항상 항	恒	héng	헝
	缸 항아리 항	缸	gāng	깡
해	該 그 해	该	gāi	까이
	嗨 웃음소리 해	嗨	hāi,hēi	하이,헤이
	海 바다 해	海	hǎi	하이
	咳 어린아이 웃을 해	咳	ké,hāi,kài	커,하이,카이
	孩 어린아이 해	孩	hái	하이
	解 풀 해	解	jiě,jiè,xiè	지에,지에,시에
	害 해칠 해	害	hài	하이
핵	核 씨 핵	核	hé,hù	허,후
행	行 갈 행	行	xíng,háng	씽,항
	幸 다행 행	幸	xìng	씽
향	鄕 시골 향	乡	xiāng	시앙
	響 울림 향	响	xiǎng	시앙
	香 향기 향	香	xiāng	시앙
	嚮 향할 향	向	xiàng	시앙

ㅎ · 합 항 해

			向 향할 향	向	xiàng	시앙
허	虛 빌 허			虚	xū	쉬
	許 허락할 허			许	xǔ	쉬
헌	獻 바칠 헌			献	xiàn	시엔
	憲 법 헌			宪	xiàn	시엔
혈	歇 쉴 헐			歇	xiē	시에
험	險 험할 험			险	xiǎn	시엔
	驗 증험할 험			验	yàn	이엔
혁	革 가죽 혁			革	gé,jí	거,지
	嚇 노할 혁			吓	xià,hè	시아,허
현	顯 나타날 현			显	xiǎn	시엔
	現 나타날 현			现	xiàn	시엔
	縣 고을 현			县	xiàn	시엔
	懸 달 현			悬	xuán	쉬엔
혈	穴 구멍 혈			穴	xué	쉬에
	血 피 혈			血	xiě,xuè	시에,쉬에
혐	嫌 싫어할 혐			嫌	xián	시엔
협	峽 골짜기 협			峡	xiá	시아
	夾 낄 협			夹	jiā,gā,jié	지아,까,지에
	協 맞을 협			协	xié	시에
	脅 옆구리 협			胁	xié	시에
	狹 좁을 협			狭	xiá	시아
형	型 거푸집 형			型	xíng	씽
	哼 겁낼 형			哼	hēng,hng	형,흥
	兄 맏 형			兄	xiōng	시옹
	形 모양 형			形	xíng	씽

ㅎ · 허 헌 혈

	衡 저울대 형	衡	héng	형
	刑 형벌 형	刑	xíng	씽
	亨 형통할 형	亨	hēng,héng	형,형
혜	慧 슬기로울 혜	慧	huì	훼이
	鞋 신 혜	鞋	xié	시에
호	毫 가는 털 호	毫	háo	하오
	蝴 나비 호	蝴	hú	후
	葫 마늘 호	葫	hú	후
	虎 범 호	虎	hū	후
	壺 병 호	壶	hú	후
	號 부르짖을 호	号	hào,háo	하오,하오
	唿 부를 호	唿	hū	후
	護 보호할 호	护	hù	후
	互 서로 호	互	hù	후
	乎 어조사 호	乎	hū	후
	戶 지게 호	户	hù	후
	好 좋을 호	好	hǎo,hào	하오,하오
	煳 탈 호	煳	hú	후
	胡 턱밑 살 호	胡	hú	후
	浩 클 호	浩	hào	하오
	豪 호걸 호	豪	háo	하오
	湖 호수 호	湖	hú	후
	壕 해자 호	壕	háo	하오
혹	酷 독할 혹	酷	kù	쿠
	惑 미혹할 혹	惑	huò	후어
	或 혹 혹	或	huò	후어

ㅎ · 혜 호 혹

혼	魂 넋 혼	魂	hún	훈
	混 섞을 혼	混	hùn,hún	훈,훈
	昏 어두울 혼	昏	hūn	훈
	婚 혼인할 혼	婚	hūn	훈
	渾 흐릴 혼	浑	hún	훈
홀	忽 소홀히 할 홀	忽	hū	후
홍	哄 떠들썩할 홍	哄	hōng,hòng	홍,홍
	紅 붉을 홍	红	hóng,gōng	홍,공
	洪 큰물 홍	洪	hóng	홍
	烘 횃불 홍	烘	hōng	홍
화	花 꽃 화	花	huā	화
	畫 그림 화	画	huà	화
	化 될 화	化	huà,huā	화,화
	話 말씀 화	话	huà	화
	華 빛날 화	华	huá,huà	화,화
	火 불 화	火	huǒ	후어
	伙 세간 화	伙	huǒ	후어
	嘩 시끄러울 화	哗	huá,huā	화,화
	貨 재화 화	货	huò	후어
	禍 재화 화	祸	huò	후어
	和 화할 화	和	hé,huó,huò	허,후어,후어
확	確 굳을 확	确	què	취에
	擴 넓힐 확	扩	kuò	쿠어
환	環 고리 환	环	huán	후안
	歡 기뻐할 환	欢	huān	후안
	患 근심 환	患	huàn	후안

	還 돌아올 환	还	hái,huán	하이,후안
	換 바꿀 환	换	huàn	후안
	幻 변할 환	幻	huàn	후안
	喚 부를 환	唤	huàn	후안
활	豁 뚫린 골 활	豁	huō,huá,huo	후어,화,후어
	滑 미끄러울 활	滑	huá	화
	活 살 활	活	huó	후어
	闊 트일 활	阔	kuò	쿠어
황	荒 거칠 황	荒	huāng	후앙
	黃 누를 황	黄	huáng	후앙
	蝗 누리 황	蝗	huáng	후앙
	晃 밝을 황	晃	huǎng,huàng	후앙,후앙
	惶 두려워할 황	惶	huáng	후앙
	煌 빛날 황	煌	huáng	후앙
	慌 어렴풋할 황	慌	huāng	후앙
	皇 임금 황	皇	huáng	후앙
	況 하물며 황	况	kuàng	쿠앙
회	恢 넓을 회	恢	huī	훼이
	悔 뉘우칠 회	悔	huǐ	훼이
	繪 그림 회	绘	huì	훼이
	回 돌 회	回	huí	훼이
	匯 물 합할 회	汇	huì	훼이
	會 모일 회	会	huì,kuài	훼이,콰이
	灰 재 회	灰	huī	훼이
	懷 품을 회	怀	huái	화이
획	劃 그을 획	划	huà,huá,huái	화,화,화이

ㅎ · 활 황 회

	獲	얻을 획	获	huò	후어
횡	橫	가로 횡	横	héng,hèng	헝,헝
효	效	본받을 효	效	xiào	시아오
	曉	새벽 효	晓	xiǎo	시아오
후	後	뒤 후	后	hòu	허우
	厚	두터울 후	厚	hòu	허우
	喉	목구멍 후	喉	hóu	허우
	候	물을 후	候	hòu,hóu	허우,허우
	朽	썩을 후	朽	xiǔ	시우
	吼	울 후	吼	hǒu	허우
	猴	원숭이 후	猴	hóu	허우
훈	訓	가르칠 훈	训	xùn	쉰
	暈	무리 훈	晕	yūn,yún,yùn	윈,윈,윈
훼	毁	헐 훼	毁	huǐ	훼이
휘	輝	빛날 휘	辉	huī	훼이
	揮	휘두를 휘	挥	huī	훼이
휴	携	끌 휴	携	xié	시에
	休	쉴 휴	休	xiū	시우
	虧	이지러질 휴	亏	kuī	퀘이
흉	胸	가슴 흉	胸	xiōng	시옹
	洶	물살 세찰 흉	汹	xiōng	시옹
	凶	흉할 흉	凶	xiōng	시옹
흑	黑	검을 흑	黑	hēi	헤이
흔	欣	기뻐할 흔	欣	xīn	신
	掀	치켜들 흔	掀	xiān	시엔
	很	패려궂을 흔	很	hěn	헌

	痕 흉터 흔	痕	hén	헌
흘	吃 말 더듬을 흘	吃	chī	츠
흠	欠 하품 흠	欠	qiàn	치엔
흡	恰 마치 흡	恰	qià	치아
	吸 숨 들이쉴 흡	吸	xī	시
흥	興 일 흥	兴	xīng,xìng	씽,씽
희	喜 기쁠 희	喜	xǐ	시
	稀 드물 희	稀	xī	시
	希 바랄 희	希	xī	시
	嘻 웃을 희	嘻	xī	시
	戲 탄식할 희	戏	xì,hū	시,후
	犧 희생 희	牺	xī	시

흔한 개똥도 약에 쓰려면 없다.

比比皆是的狗屎, 一旦當藥使就找不見.

하늘 높은 줄 모른다.

不知天高地厚.